Bildwörterbuch
Tschechisch
Deutsch

PONS Langenscheidt GmbH
Stuttgart

INHALT

OBSAH

LEICHTER LERNEN MIT BILDERN – WARUM IST DAS SO?

Liebe Leserin, lieber Leser,

wie wichtig die Bedeutung von Bildern ist, wenn es um das Merken von Begriffen geht, wissen wir seit Jahren aus der Lernpsychologie. Kennen Sie das? Wenn Sie ein Bild zu einem Wort sehen, bleibt das Wort viel schneller im Gedächtnis haften, als wenn es nur geschrieben dasteht. Und wenn es darum geht, in einer fremden Sprache Wortschatz nicht nur nachzuschlagen, sondern auch zu verstehen und ihn sich zu merken, unterstützen die Bilder Sie dabei, sich die Wörter schneller und besser einzuprägen. Das hat ganz einfache Gründe:

→ ***Bilder wirken schneller und direkter als reiner Text****. Schon als kleine Kinder denken wir in Bildern und können sie ganz intuitiv entschlüsseln, interpretieren und aufnehmen. Sind Bilder mit Wörtern verknüpft, bilden sie eine Einheit, die unser Gehirn mit hoher Effizienz verarbeitet und abspeichert.*

→ ***Bilder erleichtern und unterstützen das Verständnis.*** *Sie vermitteln Zusammenhänge und liefern uns deutlich mehr Informationen als nur Text alleine.*

→ ***Bilder sind emotional.*** *Sie wecken unser Interesse, steigern unsere Motivation und bleiben besser im Gedächtnis haften als einzelne Wörter.*

→ ***Bilder machen Freude.*** *Wo viel Text abschreckt, sorgen Bilder dafür, dass uns das Lernen Spaß macht, und wir bleiben länger bei der Sache.*

Gesehen, verstanden und schon gemerkt – so leicht kann das visuelle Lernen sein. Überzeugen Sie sich selbst!

Ihre

PONS-Redaktion

S OBRÁZKY SE ČLOVĚK UČÍ SNÁZE – PROČ TOMU TAK JE?

Milá čtenářko, milý čtenáři,

o tom, jak velký význam mají obrázky, chceme-li si zapamatovat nějaký výraz, víme už dlouhou dobu z psychologie učení. Znáte to? Vidíte-li k nějakému slovíčku obrázek, uloží se slovíčko do paměti mnohem rychleji, než když ho máte pouze napsané. A pokud si slovní zásobu v cizím jazyce chcete nejen dohledat, ale také jí porozumět a zapamatovat si ji, pomáhají obrázky v tom, abyste si slovíčka osvojili rychleji a lépe. Důvody jsou prosté:

→ **Obrázky působí rychleji a příměji než prostý text.** Už jako malé děti myslíme v obrazech a umíme je intuitivně rozšifrovat, interpretovat a zapamatovat si je. Pokud je mezi obrazem a slovem spojení, tvoří jednotku, kterou náš mozek velmi efektivně zpracuje a uloží.

→ **Obrázky usnadňují a podporují porozumění.** Zprostředkovávají spojitosti a poskytují nám mnohem více informací než jen samotný text.

→ **Obrázky jsou emocionální.** Probouzejí náš zájem, zvyšují naši motivaci a zůstanou lépe uloženy v paměti než samotné texty.

→ **Obrázky dělají radost.** Kde odrazuje množství textu, zajistí obrázky, aby nás učení bavilo a vydrželi jsme u něj déle.

Viděl jsem, pochopil jsem, zapamatoval jsem si – tak jednoduché může být vizuální učení. Přesvědčte se sami!

Vaše redakce

PONS

SO ARBEITEN SIE EFFIZIENT MIT DEM BILDWÖRTERBUCH

Ganz gleich, ob Sie erst anfangen, eine Fremdsprache zu erlernen, oder ob Sie bereits über gute Sprachkenntnisse verfügen: Dieses Wörterbuch ist Ihr idealer Begleiter. Für jede Sprache decken rund 8.000 Begriffe alle Bereiche des Alltags ab und die Kombination von Wort und Bild ermöglicht Ihnen, Wörter schnell nachzuschlagen, zu übersetzen und sich mühelos einzuprägen. Hier die wichtigsten Tipps, wie Sie den größten Nutzen aus diesem Wörterbuch ziehen:

Je úplně jedno, jestli se cizí jazyk učit teprve začínáte, nebo jestli ho už ovládáte na dobré úrovni: tento slovník je pro vás ideálním pomocníkem. V každém jazyce pokrývá ca 8.000 pojmů všechny oblasti každodenního života. Kombinace slova a obrázku vám umožní slovíčko rychleji dohledat, přeložit a bez námahy si ho osvojit. Zde jsou nejdůležitější tipy, jak čerpat z tohoto slovníku největší užitek:

1. Wörter im Zusammenhang lernen

Wörter werden schneller gemerkt, wenn man sie im Kontext lernt. Aus diesem Grund ist dieses Wörterbuch nach Themenfeldern aus dem Alltagsleben gegliedert. Ganz gleich, in welches Thema Sie eintauchen - ob Einkaufen, Kleidung, Lebensmittel oder Familie - betrachten Sie beim Lernen das Thema als Ganzes und versuchen Sie, möglichst viele Wörter aus dem Themenbereich aufzunehmen. Sie werden erstaunt sein, wie viel Wortschatz Sie sich in kürzester Zeit merken können.

1. Učte se slovíčka v souvislostech

Člověk si slovíčko zapamatuje rychleji, když se ho učí v kontextu. Z tohoto důvodu je tento slovník rozčleněn do tematických úseků z každodenního života. Je úplně jedno, do jakého tématu se ponoříte - jestli to bude nakupování, oblečení, potraviny, nebo rodina - dívejte se při učení na téma jako na celek a pokuste se osvojit si z tohoto tematického okruhu co nejvíce slovíček. Budete se divit, jak velkou slovní zásobu si v krátkém čase zapamatujete.

JAK SE S OBRÁZKOVÝM SLOVNÍKEM EFEKTIVNĚ UČIT

Herzlichen Glückwunsch!	**Blahopřeju!**	['blaɦɔpr̝ɛjʊ]
Alles Gute zum Geburtstag!	**Všechno nejlepší k narozeninám!**	['vʃɛxnɔ 'nɛjlɛpʃiː 'k‿narɔzɛɲɪnaːm]
Wie viel Uhr ist es?	**Kolik je hodin?**	['kɔlɪk‿jɛ 'ɦɔɟɪn]
Es ist zwei Uhr.	**Jsou dvě hodiny.**	['jsɔu̯ 'dvjɛ 'ɦɔɟɪnɪ]
Guten Appetit!	**Dobrou chuť!**	['dɔbrɔu̯ 'xʊc]
Zum Wohl!	**Na zdraví!**	['na‿zdraviː]
①		②

2. Die wichtigsten Schlüsselsätze auf einen Blick

Ob in der Fremdsprache nach der Uhrzeit fragen, oder zum Geburtstag gratulieren: In den 13 thematisch sortierten Kapiteln finden Sie neben der reinen Wort-Bild-Zuordnung die wichtigsten Sätze für die häufigsten Situationen ①. Prägen Sie sich diese Schlüsselsätze gut ein und schon haben Sie den Grundstein für eine erfolgreiche Kommunikation gelegt.

2. Nejdůležitější klíčové věty v kostce

Ať již se chcete zeptat v cizím jazyce, kolik je hodin, nebo chcete někomu popřát k narozeninám: v třinácti tematicky seřazených kapitolách najdete vedle vlastního přiřazení slovo-obrázek i nejdůležitější věty pro nejčastější situace. Dobře si tyto klíčové věty osvojte a tím položíte základní kámen pro úspěšnou komunikaci.

3. Richtig aussprechen

Damit Sie jedes Wort richtig aussprechen, haben wir allen Wörtern und Sätzen eine Lautschrift beigefügt ②. Eine Übersicht über die verwendeten phonetischen Zeichen finden Sie bequem auf der letzten Seite des Buches.

3. Správná výslovnost

Abyste každé slovo správně vyslovili, doplnili jsme ke všem slovíčkům a větám jejich výslovnost. Přehled použitých fonetických znaků si můžete pohodlně dohledat na poslední straně knihy.

③

glutenfrei
bez lepku
[ˈbɛz͜lɛpkʊ]

laktosefrei
bez laktózy
[ˈbɛz͜laktɔːzɪ]

④

4. Schnell übersetzen

Wenn es einfach schnell gehen muss, schlagen Sie im Anhang im Stichwortverzeichnis die richtige Übersetzung nach ③. Dort ist jedes Stichwort in Deutsch und Tschechisch in alphabetischer Reihenfolge aufgeführt und im Nu gefunden.

4. Rychlý překlad

Tlačí-li vás čas, jednoduše vyhledejte v příloze v seznamu hesel odpovídající překlad. Tam je uvedeno každé heslo v němčině a češtině v abecedním pořádku, a tak ho v mžiku najdete.

5. Für den Notfall

Bilder sind eine universelle Sprache, die von allen Kulturen verstanden wird. Sollten Ihnen doch mal die Worte fehlen, zeigen Sie einfach auf das entsprechende Bild ④. Ob im Hotel, Restaurant oder auf der Straße – so können Sie sich überall auf der Welt ganz ohne Sprache verständigen.

5. Pro případ nouze

Obrázky jsou univerzálním jazykem, který pochopí každá kultura. Pokud Vám budou někdy chybět slova, jednoduše ukažte odpovídající obrázek. Ať už to bude v hotelu, v restauraci nebo na ulici – tímto způsobem se můžete dorozumět zcela bez jazyka kdekoli na světě.

6. Noch mehr Sprache

Für die ersten Schritte in der fremden Sprache liefern Ihnen die Extras im Anhang des Bildwörterbuchs praktische Unterstützung: Mit den wichtigsten Sätzen auf Deutsch und auf Tschechisch sind Sie für den gelungenen Einstieg in die Fremdsprache gewappnet. Und wenn es darum geht, eigene Sätze zu bilden, hilft Ihnen unsere ausführliche Verbliste, wo Sie auch abstrakte Verben, die sich nicht abbilden lassen, nachschlagen und übersetzen können.

6. Ještě více jazyka

Při prvních krocích vám poskytnou praktickou podporu přílohy obrázkového slovníku: díky nejdůležitějším větám v němčině a češtině budete vyzbrojeni k povedenému začátku. A když budete potřebovat tvořit vlastní věty, pomůže Vám náš podrobný seznam sloves, kde najdete i abstraktní slovesa, která se nedají nakreslit.

die Bankkauffrau
bankovní úřednice f
[ˈbaŋkɔvɲiː ˈʔuːr̝ɛdɲɪt͡sɛ]

der Lehrer
učitel m
[ˈʔʊt͡ʃɪtɛl]

die Ingenieurin
inženýrka f
[ˈʔɪnʒɛniːrka]

der Kellner
číšník m
[ˈt͡ʃiːʃɲiːk]

Das sollten Sie noch wissen

Die Stichwörter in diesem Wörterbuch stehen immer in der Einzahl, es sei denn sie werden in der Regel nur in der Pluralform verwendet.
Die tschechischen Substantive sind mit einer Genusangabe versehen: m = Maskulinum, f = Femininum, n = Neutrum.

Co byste ještě měli vědět

Heslová slova v tomto slovníku jsou uvedena zpravidla v jednotném čísle, s výjimkou případů, kdy se dané slovo užívá v běžné mluvě pouze v čísle množném.

Es war uns wichtig, bei Funktions- und Berufsbezeichnungen Männer und Frauen gleichermaßen und gleichberechtigt zu berücksichtigen. Da wir aber aus Platzgründen nicht immer beide Geschlechter gleichzeitig abbilden können, haben wir uns immer für eines entscheiden müssen. Dabei orientiert sich das Geschlecht des Wortes immer am Geschlecht der abgebildeten Figur.

U pojmenování funkcí a povolání jsme považovali za důležité zohlednit stejnou měrou a rovnoprávně muže i ženy. Protože jsme ale kvůli nedostatku místa nemohli všude zobrazit obě pohlaví současně, museli jsme se rozhodnout vždy pro jedno z nich. Gramatický rod slova přitom vždy odpovídá pohlaví zobrazené osoby.

MENSCHEN

LIDI

DIE FAMILIE – RODINA

Der Stammbaum – Rodokmen

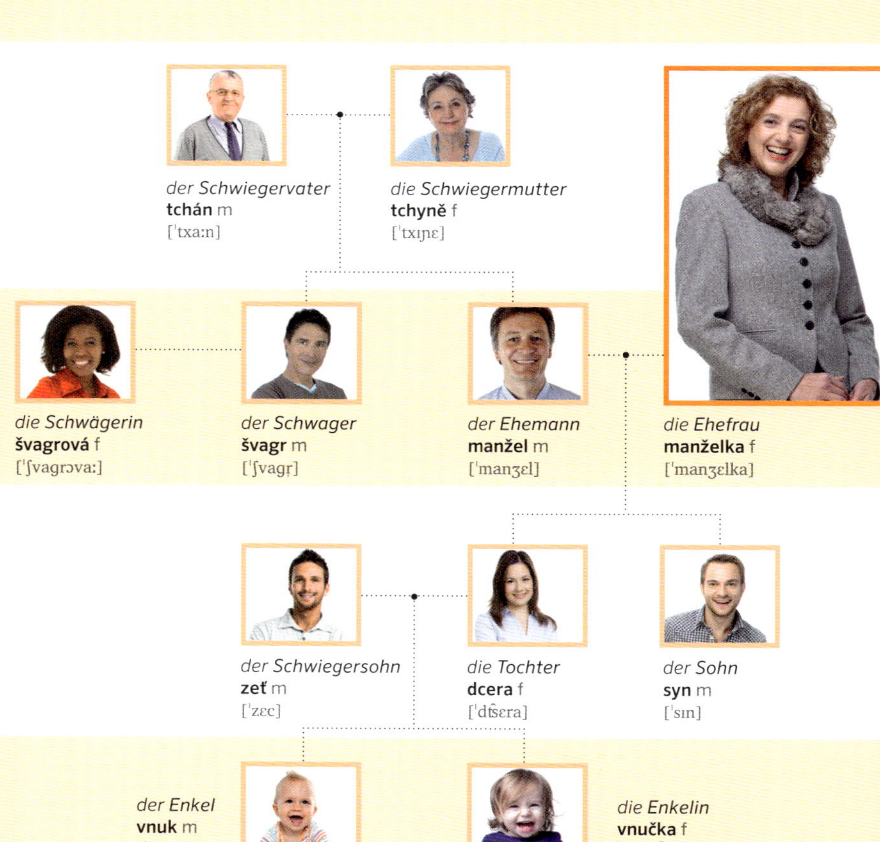

DIE FAMILIE – RODINA

Der Stammbaum – Rodokmen

der/die Verwandte	**příbuzný/příbuzná** m/f ['pr̝̊iːbuzniː/'pr̝̊iːbuznaː]
die Großeltern	**prarodiče** pl ['prarɔɟɪt͡ʃɛ]
die Eltern	**rodiče** pl ['rɔɟɪt͡ʃɛ]
das Ehepaar	**manželský pár** m ['manʒɛlskiː 'paːr]
der Vorfahre	**předek** m ['pr̝̊ɛdɛk]
ledig	**svobodný/svobodná** m/f ['svɔbɔdniː/'svɔbɔdnaː]
verheiratet	**ženatý/vdaná** m/f ['ʒɛnatiː/'vdanaː]
geschieden	**rozvedený/rozvedená** m/f ['rɔzvɛdɛniː/'rɔzvɛdɛnaː]
verlobt	**zasnoubený/zasnoubená** m/f ['zasnɔu̯bɛniː/'zasnɔu̯bɛnaː]
verwitwet	**vdovec/vdova** m/f ['vdɔvɛt͡s/vdɔva]
verwandt	**příbuzný/příbuzná** m/f ['pr̝̊iːbuzniː/'pr̝̊iːbuznaː]

BEZIEHUNGEN – RODINNÉ VZTAHY

Familie und Lebensphasen – Rodina a životní období

das Baby
miminko n
[ˈmɪmɪŋkɔ]

das Kind
dítě n
[ˈɟiːcɛ]

Herr …
pan m
[ˈpan]

der Mann
muž m
[ˈmʊʃ]

die Jugendliche
dospívající m/f
[ˈdɔspiːvajiːt͡siː]

die Zwillinge
dvojčata pl
[ˈdvɔjt͡ʃata]

die Frau
žena f
[ˈʒɛna]

Frau …
paní/slečna f
[ˈpaɲiː/ˈslɛt͡ʃna]

der/die Bekannte
známý/známá m/f
[ˈznaːmiː/ˈznaːmaː]

der Junge
kluk m
[ˈklʊk]

das Mädchen
holka f
[ˈɦɔlka]

die Freunde
kamarádi pl
[ˈkamaraːɟɪ]

das Paar
pár m
[ˈpaːr]

die Freundin
přítelkyně f
[ˈpr̝̊iːtɛlkɪɲɛ]

der Freund
přítel m
[ˈpr̝̊iːtɛl]

der Erwachsene	**dospělý** m [ˈdɔspjɛliː]
die Geschwister	**sourozenci** pl [ˈsoʊ̯rɔzɛnt͡sɪ]
der Patenonkel	**kmotr** m [ˈkmɔtr̩]
die Patentante	**kmotra** f [ˈkmɔtra]
der Stiefvater	**nevlastní otec** m [ˈnɛvlastɲiː ˈʔɔtɛt͡s]
die Stiefmutter	**nevlastní matka** f [ˈnɛvlastɲiː ˈmatka]
der Stiefbruder	**nevlastní bratr** m [ˈnɛvlastɲiː ˈbratr̩]
die Stiefschwester	**nevlastní sestra** f [ˈnɛvlastɲiː sɛstra]
der Nachbar	**soused** m [ˈsoʊ̯sɛt]
die Nachbarin	**sousedka** f [ˈsoʊ̯sɛtka]

BEZIEHUNGEN – RODINNÉ VZTAHY

Begrüßen und verabschieden – Pozdravy při setkání a rozloučení

jemanden vorstellen
někoho představit
[ˈɲɛkɔɦɔ př͡ɛtstavɪt]

jemanden begrüßen
někoho pozdravit
[ˈɲɛkɔɦɔ ˈpɔzdravɪt]

sich die Hand geben
podat si ruce
[ˈpɔdat͜ sɪ ˈrʊt͡sɛ]

sich verbeugen
poklonit se
[ˈpɔklɔɲɪt͜ sɛ]

sich umarmen
obejmout se
[ˈˀɔbɛjmɔu̯t͜ sɛ]

lachen
smát se
[ˈsmaːt͜ sɛ]

weinen
plakat
[ˈplakat]

sich verabschieden
rozloučit se
[ˈrɔzlɔu̯t͡ʃɪt͜ sɛ]

einen Knicks machen
udělat pukrle
[ˈˀʊɟɛlat ˈpʊkr̩lɛ]

winken
mávat
[ˈmaːvat]

jemandem einen Kuss geben
dát někomu pusu
[ˈdaːt ˈɲɛkɔmʊ ˈpʊsʊ]

jemanden anrufen
někomu zavolat
[ˈɲɛkɔmʊ ˈzavɔlat]

Hallo!	**Ahoj!** [ˀaˈɦɔj]
Guten Tag!	**Dobrý den!** [ˈdɔbriː ˈdɛn]
Guten Morgen!	**Dobré ráno!** [ˈdɔbrɛː ˈraːnɔ]
Guten Abend!	**Dobrý večer!** [ˈdɔbriː ˈvɛt͡ʃɛr]
Wie heißt du?	**Jak se jmenuješ?** [ˈjak͜ sɛ ˈjmɛnʊjɛʃ]
Wie heißen Sie?	**Jak se jmenujete?** [ˈjak͜ sɛ ˈjmɛnʊjɛtɛ]
Ich heiße ...	**Jmenuju se...** [ˈjmɛnʊjʊ͜ sɛ]
Herzlich willkommen!	**Vítáme vás!** [ˈviːtaːmɛ͜ vaːs]
Tschüss!	**Ahoj!** [ˀaˈɦɔj]
Auf Wiedersehen!	**Na shledanou!** [ˈna͜ sxlɛdanɔu̯]

das kleine Geschenk
dáreček m
[ˈdaːrɛt͡ʃɛk]

EREIGNISSE IM LEBEN – ŽIVOTNÍ UDÁLOSTI

Feste – Svátky a oslavy

die Hochzeit
svatba f
[ˈsvadba]

der Geburtstag
narozeniny pl
[ˈnarɔzɛɲɪnɪ]

das Weihnachten
Vánoce pl
[ˈvaːnɔt͡sɛ]

der Valentinstag
Valentýn m
[ˈvalɛntiːn]

das Thanksgiving
Den díkůvzdání m
[ˈdɛn ˈɟiːkuːvzdaːɲiː]

das Halloween
Halloween m
[ˈɦɛlɔu̯viːn]

der/das Silvester
Silvestr m
[ˈsɪlvɛstr̩]

das Ostern
Velikonoce pl
[ˈvɛlɪkɔnɔt͡sɛ]

die Hanukkah
Chanuka f
[ˈxanʊka]

das Wesakfest
Vesak m
[ˈvɛsak]

das Ramadanfest
Ramadán m
[ˈramadaːn]

das chinesische Neujahr
čínský Nový rok m
[ˈt͡ʃiːnskiː ˈnɔviː ˈrɔk]

der Karneval
karneval m
[ˈkarnɛval]

das Diwalifest	**Diwali** [ˈdɪvalɪ]
das Passah	**pascha** f [ˈpasxa]
die Feier	**oslava** f [ˈˀɔslava]
der Hochzeitstag	**výročí svatby** n [ˈviːrɔt͡ʃiː ˈsvadbɪ]
der Feiertag	**státní svátek** m [ˈstaːtɲiː ˈsvaːtɛk]
der Muttertag	**Den matek** m [ˈdɛn ˈmatɛk]
der Vatertag	**Den otců** m [ˈdɛn ˈˀɔtt͡suː]
die Taufe	**křtiny** pl [ˈkr̝̊cɪnɪ]
Herzlichen Glückwunsch!	**Blahopřeju!** [ˈblaɦɔpr̝ɛjʊ]
Alles Gute zum Geburtstag!	**Všechno nejlepší k narozeninám!** [ˈvʃɛxnɔ ˈnɛjlɛpʃiː ˈk‿narɔzɛɲɪnaːm]

EREIGNISSE IM LEBEN – ŽIVOTNÍ UDÁLOSTI

Wendepunkte – Přelomové okamžiky

die Geburt
narození n
[ˈnarɔzɛɲiː]

der Kindergarten
mateřská školka f
[ˈmatɛr̝skaː ˈʃkɔlka]

die Einschulung
zápis do školy m
[ˈzaːpɪs ˈdɔ ʃkɔlɪ]

der Schulabschlussball
maturitní ples m
[ˈmaturɪtɲiː ˈplɛs]

sich verloben
zasnoubit se
[ˈzasnɔu̯bɪt sɛ]

sich verlieben
zamilovat se
[ˈzamɪlɔvat sɛ]

der Berufseinstieg
nástup do zaměstnání m
[ˈnaːstup ˈdɔ zamɲɛstnaːɲiː]

der Studienabschluss
dokončení studia n
[ˈdɔkɔnt͡ʃɛɲiː ˈstudɪja]

heiraten
oženit se (m)/**vdát se** (f)
[ˈˀɔʒɛɲɪt sɛ/ˈvdaːt sɛ]

die Schwangerschaft
těhotenství n
[ˈcɛɦɔtɛnstviː]

umziehen
přestěhovat se
[ˈpr̝ɛscɛɦɔvat sɛ]

in Rente gehen
jít do důchodu
[ˈjiːt ˈdɔ duːxɔdu]

die Beerdigung
pohřeb m
[ˈpɔɦr̝ɛp]

volljährig werden	**dosáhnout plnoletosti** [ˈdɔsaːɦnɔu̯t ˈplnɔlɛtɔscɪ]
jemandem einen Heiratsantrag machen	**požádat o ruku** [ˈpɔʒaːdat ˈˀɔ ruku]
das Brautkleid	**svatební šaty** pl [ˈsvatɛbɲiː ˈʃatɪ]
die Braut	**nevěsta** f [ˈnɛvjɛsta]
der Bräutigam	**ženich** m [ˈʒɛɲɪx]
eine Familie gründen	**založit rodinu** [ˈzalɔʒɪt ˈrɔɟɪnu]
die Scheidung	**rozvod** m [ˈrɔzvɔt]
sich scheiden lassen	**rozvést se** [ˈrɔzvɛːst sɛ]
sterben	**zemřít** [ˈzɛmr̝iːt]

MENSCHEN BESCHREIBEN – POPIS LIDÍ

Das Gesicht – Obličej

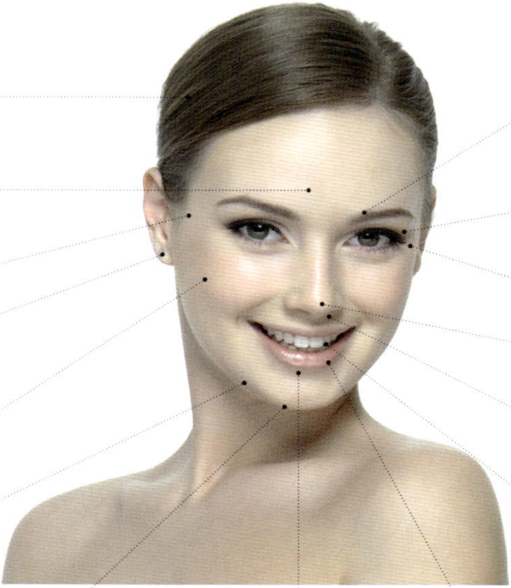

das Haar
vlasy pl
['vlası]

die Stirn
čelo n
['t͡ʃɛlɔ]

die Schläfe
spánek m
['spaːnɛk]

das Ohr
ucho n
['ˀʊxɔ]

die Wange
tvář f
['tvaːr̝̊]

der Unterkiefer
spodní čelist f
['spɔdɲiː 't͡ʃɛlɪst]

die Augenbraue
obočí n
['ˀɔbɔt͡ʃiː]

die Wimper
řasa f
['r̝asa]

das Auge
oko n
['ˀɔkɔ]

die Nase
nos m
['nɔs]

das Nasenloch
nosní dírka f
['nɔsɲiː 'ɟɪːrka]

der Zahn
zub m
['zʊp]

das Kinn
brada f
['brada]

der Mund
pusa f
['pʊsa]

die Lippe
ret m
['rɛt]

eine Grimasse schneiden
dělat grimasy
['ɟɛlat 'grɪmasɪ]

die Haut	**kůže** f ['kuːʒɛ]
die Falte	**vráska** f ['vraːska]
das Muttermal	**mateřské znaménko** n ['matɛr̝̊skɛː 'znamɛːŋkɔ]
das Grübchen	**důlek na tváři** m ['duːlɛk 'na‿tvaːr̝ɪ]
die Sommersprossen	**pihy** pl ['pɪɦɪ]
die Pore	**pór** m ['pɔːr]
der Pickel	**boláček** m ['bɔlaːt͡ʃɛk]

MENSCHEN BESCHREIBEN – POPIS LIDÍ

Das Haar – Vlasy

rothaarig
zrzavý
[ˈzrzaviː]

gewellt
vlnitý
[ˈvlɲɪtiː]

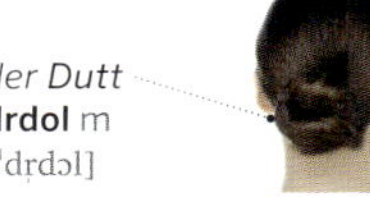

der Dutt
drdol m
[ˈdrdɔl]

brünett
hnědovlasý
[ˈɦɲɛdɔvlasiː]

grau meliert
prošedivělý
[ˈprɔʃɛɟɪvjɛliː]

der Kurzhaarschnitt
krátké vlasy pl
[ˈkraːtkɛː ˈvlasɪ]

die Perücke
paruka f
[ˈparʊka]

der Stufenschnitt
vrstvený sestřih m
[ˈvrstvɛniː sɛstr̝ɪx]

der Pony
ofina f
[ˈʔɔfɪna]

die Strähnchen
melír m
[ˈmɛliːr]

die Bobfrisur
mikádo n
[ˈmɪkaːdɔ]

glatt
rovné vlasy pl
[ˈrɔvnɛː ˈvlasɪ]

blond
blond
[ˈblɔnt]

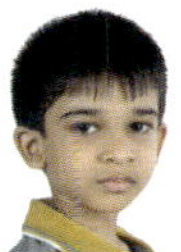

dunkel
tmavé vlasy
[ˈtmavɛː ˈvlasɪ]

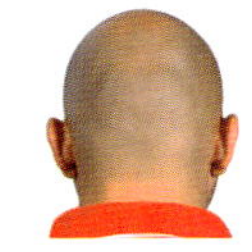

die Glatze
pleš f
[ˈplɛʃ]

der Pferdeschwanz
ohon m
[ˈʔɔɦɔn]

lockig
kudrnatý
[ˈkʊdr̩natiː]

der Zopf
cop m
[ˈt͡sɔp]

MENSCHEN BESCHREIBEN – POPIS LIDÍ

Die äußere Erscheinung – Vnější vzhled

der Bart
plnovous m
[ˈpl̩nɔvɔu̯s]

der Schnurrbart
knírek m
[ˈkɲiːrɛk]

jung
mladý
[ˈmladiː]

alt
starý
[ˈstariː]

muskulös
svalnatý
[ˈsvalnatiː]

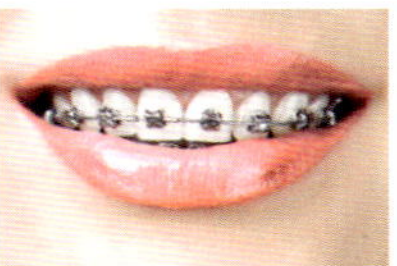

die Zahnspange
rovnátka pl
[ˈrɔvnaːtka]

blass
bledý
[ˈblɛdiː]

sonnengebräunt
opálený
[ˈˀɔpaːlɛniː]

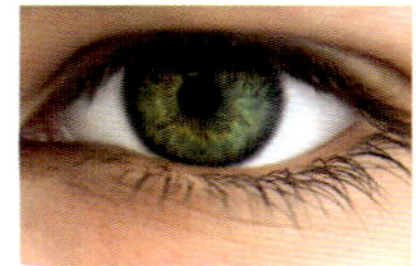

die grünen Augen
zelené oči pl
[ˈzɛlɛnɛː ˈˀɔt͡ʃɪ]

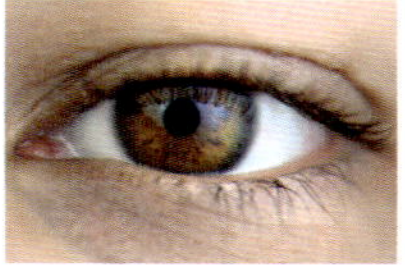

die braunen Augen
hnědé oči pl
[ˈɦɲɛdɛː ˈˀɔt͡ʃɪ]

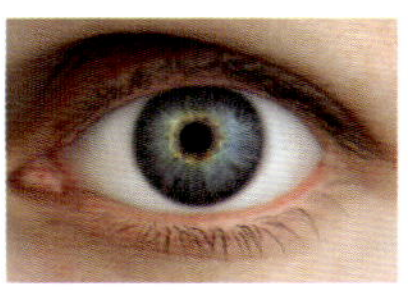

die grauen Augen
šedé oči pl
[ˈʃɛdɛː ˈˀɔt͡ʃɪ]

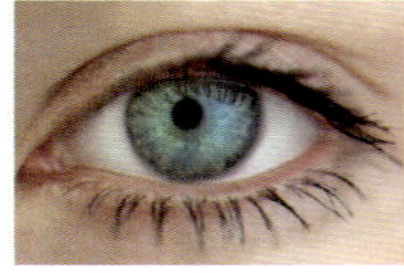

die blauen Augen
modré oči pl
[ˈmɔdrɛː ˈˀɔt͡ʃɪ]

attraktiv	**atraktivní** [ˈˀatraktɪvɲiː]
hübsch	**pěkný** [ˈpjɛkniː]
hässlich	**ošklivý** [ˈˀɔʃklɪviː]
schön	**krásný** [ˈkraːsniː]
jemanden nach dem Äußeren beurteilen	**soudit někoho podle jeho vzhledu** [ˈsɔu̯ɟɪt ˈɲɛkɔɦɔ ˈpɔdlɛ ˈjɛɦɔ ˈvzɦlɛdʊ]
schlank	**štíhlý** [ˈʃciːɦliː]
dick	**tlustý** [ˈtlʊstiː]
groß	**vysoký** [ˈvɪsɔkiː]
klein	**malý** [ˈmaliː]
die Narbe	**jizva** f [ˈjɪzva]

MENSCHEN BESCHREIBEN – POPIS LIDÍ

Gefühle und Persönlichkeit – Pocity a typy povah

glücklich
veselý
[ˈvɛsɛliː]

stolz
hrdý
[ˈɦr̩diː]

überrascht
překvapený
[ˈpr̝̊ɛkvapɛniː]

aufgeregt
rozrušený
[ˈrɔzrʊʃɛniː]

verlegen
v rozpacích
[ˈv‿rɔspat͡siːx]

verwirrt
zmatený
[ˈzmatɛniː]

schüchtern
nesmělý
[ˈnɛsmɲɛliː]

nachdenklich
přemýšlivý
[ˈpr̝̊ɛmiːʃlɪviː]

neugierig
zvědavý
[ˈzvjɛdaviː]

niedlich
roztomilý
[ˈrɔstɔmɪliː]

verliebt
zamilovaný
[ˈzamɪlɔvaniː]

selbstbewusst
sebevědomý
[ˈsɛbɛvjɛdɔmiː]

offen	**otevřený** [ˈʔɔtɛvr̝ɛniː]
tolerant	**tolerantní** [ˈtɔlɛrantɲiː]
geduldig	**trpělivý** [ˈtr̩pjɛlɪviː]
freundlich	**přátelský** [ˈpr̝̊aːtɛlskiː]
sympathisch	**sympatický** [ˈsɪmpatɪt͡skiː]
nett	**milý** [ˈmɪliː]
lächeln	**usmívat se** [ˈʔʊsmiːvat‿sɛ]
Ich bin verärgert/froh/traurig.	**Jsem rozzlobený/rád/smutný.** [jsɛm ˈrɔzlɔbɛniː/raːt/smʊtniː]

MENSCHEN BESCHREIBEN – POPIS LIDÍ

Gefühle und Persönlichkeit – Pocity a typy povah

traurig
smutný
[ˈsmʊtniː]

gestresst
vystresovaný
[ˈvɪstrɛsɔvaniː]

verärgert
rozzlobený
[ˈrɔzlɔbɛniː]

wütend
rozzuřený
[ˈrɔzzʊr̝ɛniː]

eifersüchtig
žárlivý
[ˈʒaːrlɪviː]

verängstigt
vyděšený
[ˈvɪɟɛʃɛniː]

nervös
nervózní
[ˈnɛrvɔːzɲiː]

müde
unavený
[ˈʔʊnavɛniː]

angeekelt
zhnusený
[ˈzɦnʊsɛniː]

dickköpfig
tvrdohlavý
[ˈtvr̩dɔɦlaviː]

gelangweilt
znuděný
[ˈznʊɟɛniː]

sauer
naštvaný
[ˈnaʃtvaniː]

die Stirn runzeln	**mračit se** [ˈmrat͡ʃɪt‿sɛ]
bestürzt	**vyděšený** [ˈvɪɟɛʃɛniː]
unsympathisch	**nesympatický** [ˈnɛsɪmpatɪt͡skiː]
verzweifelt	**zoufalý** [ˈzɔʊ̯faliː]
neidisch	**závistivý** [ˈzaːvɪscɪviː]
ungeduldig	**netrpělivý** [ˈnɛtr̩pjɛlɪviː]
arrogant	**arogantní** [ˈʔarɔgantɲiː]
intolerant	**netolerantní** [ˈnɛtɔlɛrantɲiː]
sensibel	**citlivý** [ˈt͡sɪtlɪviː]

DIE KLEIDUNG – OBLEČENÍ

Babysachen – Kojenecké potřeby

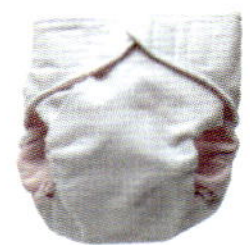

die Stoffwindel
látková plenka f
[ˈlaːtkɔvaː ˈplɛŋka]

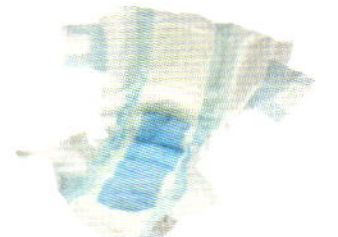

die Wegwerfwindel
jednorázová plenka f
[ˈjɛdnɔraːzɔvaː ˈplɛŋka]

der Body
bodýčko n
[ˈbɔdiːt͡ʃkɔ]

der Schneeanzug
zimní souprava f
[ˈzɪmɲiː ˈsɔu̯prava]

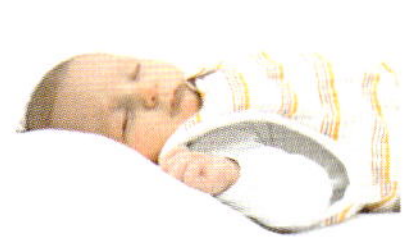

der Babyschlafsack
kojenecký spací pytel m
[ˈkɔjɛnɛt͡ski: ˈspat͡siː ˈpɪtɛl]

die Rassel
chrastítko n
[ˈxrasciːtkɔ]

der Strampler
dupačky pl
[ˈdʊpat͡ʃkɪ]

der Babyfäustling
palčák m
[ˈpalt͡ʃaːk]

die Mütze
čepice f
[ˈt͡ʃɛpɪt͡sɛ]

das Babyschühchen
dětská botička f
[ˈɟɛt͡skaː ˈbɔcɪt͡ʃka]

der Schnuller
dudlík m
[ˈdʊdliːk]

das Lätzchen
bryndák m
[ˈbrɪndaːk]

der Sonnenhut
klobouček proti slunci m
[ˈklɔbɔu̯t͡ʃɛk ˈprɔcɪ ˈslʊnt͡sɪ]

das Söckchen
ponožky pl
[ˈpɔnɔʃkɪ]

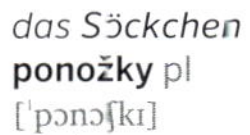

das Latzhöschen
kalhoty s laclem pl
[ˈkalɦɔtɪ ˈs‿lat͡slɛm]

die Babydecke
kojenecká deka f
[ˈkɔjɛnɛt͡skaː ˈdɛka]

das Babyfläschchen	**kojenecká lahvička** f [ˈkɔjɛnɛt͡skaː ˈlaɦvɪt͡ʃka]
die Biobaumwolle	**organická bavlna** f [ˈʔɔrganɪt͡skaː ˈbavl̩na]
aus Kunstfaser	**vyrobený ze syntetických vláken** [ˈvɪrɔbɛniː‿zɛ ˈsɪntɛtɪt͡skiːx ˈvlaːkɛn]

DIE KLEIDUNG – OBLEČENÍ

Unisex-Kleidung – Oblečení unisex

der Trainingsanzug
tepláková souprava f
[ˈtɛplaːkɔvaː sɔʊ̯prava]

der Kapuzenpullover
mikina s kapucí f
[ˈmɪkɪna ˈs͜kapʊt͡siː]

der Turnschuh
sportovní bota f
[ˈspɔrtɔvɲiː ˈbɔta]

der Schlafanzug
pyžamo n
[ˈpɪʒamɔ]

der Hausschuh
bačkora f
[ˈbat͡ʃkɔra]

der Bademantel
župan m
[ˈʒʊpan]

der Wintermantel
zimní kabát m
[ˈzɪmɲiː ˈkabaːt]

die Regenjacke
nepromokavá bunda f
[ˈnɛprɔmɔkavaː ˈbʊnda]

die Schneehose
lyžařské kalhoty pl
[ˈlɪʒar̝skɛː ˈkalɦɔtɪ]

Könnte ich das mal anprobieren?	**Můžu si to zkusit?** [ˈmuːʒʊ͜sɪ͜tɔ ˈskʊsɪt]
Haben Sie das auch eine Nummer größer/kleiner?	**Máte to ve větší/menší velikosti?** [ˈmaːtɛ͜tɔ ˈvɛ͜vjɛt͡ʃiː/mɛnt͡ʃiː ˈvɛlɪkɔscɪ]
eng/weit	**těsný/volný** [ˈcɛsniː/ˈvɔlniː]
kurz/lang	**krátký/dlouhý** [ˈkraːtkiː/ˈdlɔʊ̯ɦiː]
klein/groß	**malý/velký** [ˈmaliː/ˈvɛlkiː]
Das passt gut, ich nehme es.	**To mi sedí, vezmu si to.** [ˈtɔ͜mɪ ˈsɛɟiː ˈvɛzmʊ͜sɪ͜tɔ]
mit kurzen/langen Ärmeln	**s krátkým/dlouhým rukávem** [ˈs͜kraːtkiːm/ˈz͜dlɔʊ̯ɦiːm ˈrʊkaːvɛm]
der Knopf	**knoflík** m [ˈknɔfliːk]
der Druckknopf	**patentka** f [ˈpatɛntka]
das Knopfloch	**knoflíková dírka** f [ˈknɔfliːkɔvaː ˈɟiːrka]

DIE KLEIDUNG – OBLEČENÍ

Herrenkleidung – Pánské oblečení

das T-Shirt
tričko n
[ˈtrɪt͡ʃkɔ]

das Polohemd
tričko s límečkem n
[ˈtrɪt͡ʃkɔ ˈs‿liːmɛt͡ʃkɛm]

der Rollkragenpullover
rolák m
[ˈrɔlaːk]

die Weste
vesta f
[ˈvɛsta]

der Pullunder
vesta s výstřihem do V f
[ˈvɛstaˈs‿viːstr̝̊ɪɦɛm ˈdɔ‿vɛː]

die Fliege
motýlek m
[ˈmɔtiːlɛk]

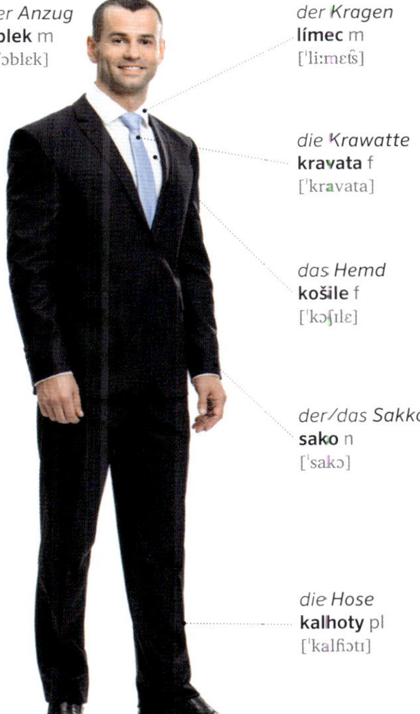

der Anzug
oblek m
[ˈʔɔblɛk]

der Kragen
límec m
[ˈliːmɛt͡s]

die Krawatte
kravata f
[ˈkravata]

das Hemd
košile f
[ˈkɔʃɪlɛ]

der/das Sakko
sako n
[ˈsakɔ]

die Hose
kalhoty pl
[ˈkalɦɔtɪ]

die kurze Hose
krátké kalhoty pl
[ˈkraːtkɛː ˈkalɦɔtɪ]

die Boxershorts
trenýrky pl
[ˈtrɛniːrkɪ]

die Unterhose
slipy pl
[ˈslɪpɪ]

die Badehose
pánské plavky pl
[ˈpaːnskɛː ˈplafkɪ]

DIE KLEIDUNG – OBLEČENÍ

Damenkleidung – Dámské oblečení

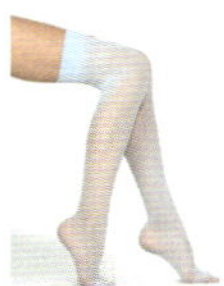

der Strumpf
punčocha f
[ˈpʊnt͡ʃɔxa]

die Strumpfhose
punčochové kalhoty pl
[ˈpʊnt͡ʃɔxɔvɛː ˈkalɦɔtɪ]

die Leggings
legíny pl
[ˈlɛgiːnɪ]

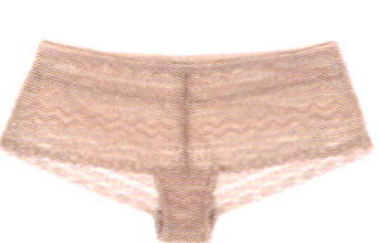

der Slip
dámské kalhotky pl
[ˈdaːmskɛː ˈkalɦɔtkɪ]

der Bikini
bikiny pl
[ˈbɪkɪnɪ]

der Badeanzug
plavky pl
[ˈplafkɪ]

der Sport-BH
sportovní podprsenka f
[ˈspɔrtɔvɲiː ˈpɔtpr̩sɛŋka]

der Büstenhalter/der BH
podprsenka f
[ˈpɔtpr̩sɛŋka]

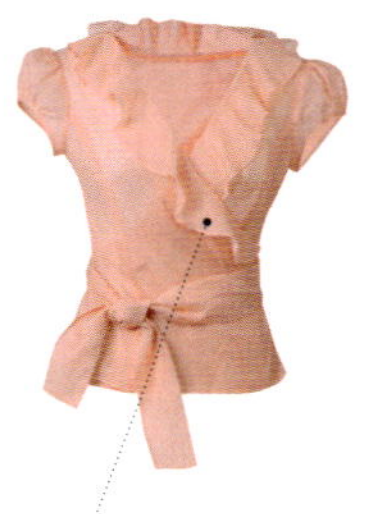

die Rüsche
kanýr m
[ˈkaniːr]

die Umstandsmode	**těhotenské oblečení** n [ˈcɛɦɔtɛnskɛː ˈʔɔblɛt͡ʃɛɲiː]
die Naht	**šev** m [ˈʃɛf]
der Ärmel	**rukáv** m [ˈrʊkaːf]
der Saum	**lem** m [ˈlɛm]
die Seide	**hedvábí** n [ˈɦɛdvaːbiː]
die Spitze	**krajka** f [ˈkrajka]
die Größe	**velikost** f [ˈvɛlɪkɔst]
der Ausschnitt	**výstřih** m [ˈviːstr̝̊ɪx]
trägerlos	**bez ramínek** [ˈbɛz‿ramiːnɛk]
tailliert	**vypasovaný** [ˈvɪpasɔvaniː]
leger	**ležérní** [ˈlɛʒɛːrɲiː]
schick	**elegantní** [ˈʔɛlɛgantɲiː]
bequem	**pohodlný** [ˈpɔɦɔdl̩niː]
mit Stretchanteil	**elastický** [ˈʔɛlastɪt͡skiː]
modisch	**módní** [ˈmɔːdɲiː]

DIE KLEIDUNG – OBLEČENÍ

Damenkleidung – Dámské oblečení

die Schleife
mašle f
['maʃlɛ]

das Kleid
šaty pl
['ʃatɪ]

das Trägertop
tričko s ramínky n
['trɪt͡ʃkɔ 's‿ramiːŋkɪ]

die Bluse
halenka f
['ɦalɛŋka]

die Strickjacke
svetřík m
['svɛtr̝̊iːk]

der Rock
sukně f
['sʊkɲɛ]

das Schulterpolster
ramenní vycpávka f
['ramɛɲiː 'vɪt͡spaːfka]

der Blazer
blejzr m
['blɛjzr̩]

das Oberteil
vršek m
['vr̩ʃɛk]

die Jeans
rifle pl
['rɪflɛ]

die Stiefelette
kotníková bota f
['kɔtɲiːkɔvaː 'bɔta]

die Shorts
šortky pl
['ʃɔrtkɪ]

die Röhrenhose
úzké kalhoty pl
['ʔuːskɛː 'kalɦɔtɪ]

die Schlaghose
kalhoty do zvonu pl
['kalɦɔtɪ 'dɔ‿zvɔnʊ]

die leicht ausgestellte Hose
kalhoty s rozšířenými nohavicemi pl ['kalɦɔtɪ 's‿rɔsʃiːr̝ɛniːmɪ 'nɔɦavɪt͡sɛmɪ]

DIE KLEIDUNG – OBLEČENÍ

Accessoires – Módní doplňky

der Sonnenhut
klobouk proti slunci m
[ˈklɔbɔu̯k ˈprɔcɪ ˈslʊnt͡sɪ]

der Hut
klobouk m
[ˈklɔbɔu̯k]

die Brille
brýle pl
[ˈbriːlɛ]

die Sonnenbrille
sluneční brýle pl
[ˈslʊnɛt͡ʃɲiː ˈbriːlɛ]

der Rucksack
batoh m
[ˈbatɔx]

die Krawattennadel
spona do kravaty f
[ˈspɔna ˈdɔ‿kravatɪ]

der Regenschirm
deštník m
[ˈdɛʃtɲiːk]

die Uhr
hodinky pl
[ˈɦɔɟɪŋkɪ]

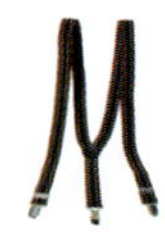

die Hosenträger
kšandy pl
[ˈkʃandɪ]

der Ring
prstýnek m
[ˈpr̩stiːnɛk]

der Handschuh
rukavice f
[ˈrʊkavɪt͡sɛ]

die Mütze
čepice f
[ˈt͡ʃɛpɪt͡sɛ]

der Schal
šála f
[ˈʃaːla]

der Ohrring
náušnice f
[ˈnaːʊʃɲɪt͡sɛ]

die Halskette
řetízek m
[ˈr̝ɛciːzɛk]

der Manschettenknopf
manžetový knoflíček m
[ˈmanʒɛtɔviː ˈknɔfliːt͡ʃɛk]

der Reißverschluss	**zip** m [ˈzɪp]
der Klettverschluss	**suchý zip** m [ˈsʊxiː ˈzɪp]
die Handytasche	**pouzdro na mobilní telefon** n [ˈpɔu̯zdrɔ‿na‿ˈmɔbɪlɲiː ˈtɛlɛfɔn]
die Reisetasche	**cestovní taška** f [ˈt͡sɛstɔvɲiː ˈtaʃka]
der Koffer	**kufr** m [ˈkʊfr̩]

DIE KLEIDUNG – OBLEČENÍ

Schuhe und Lederwaren – Obuv a kožené zboží

der Pumps
lodička f
[ˈlɔɟɪt͡ʃka]

die Sandale
sandál m
[ˈsandaːl]

der Ballerina
balerína f
[ˈbalɛriːna]

der Gummistiefel
holínka f
[ˈɦɔliːŋka]

der Flip-Flop®
žabka f
[ˈʒapka]

der hohe Stiefel
kozačka f
[ˈkɔzat͡ʃka]

die Handtasche
kabelka f
[ˈkabɛlka]

das Portemonnaie
peněženka f
[ˈpɛɲɛʒɛŋka]

die Brieftasche
náprsní taška f
[ˈnaːpr̩sɲiː ˈtaʃka]

die Aktentasche
aktovka f
[ˈˀaktɔfka]

der Gürtel
opasek m
[ˈˀɔpasɛk]

die Lederjacke
kožená bunda f
[ˈkɔʒɛnaː ˈbʊnda]

der Schnürschuh
bota s tkaničkami f
[ˈbɔta ˈs‿tkaɲɪt͡ʃkamɪ]

der Wanderstiefel
treková bota f
[ˈtrɛkɔvaː ˈbɔta]

die Socke
ponožka f
[ˈpɔnɔʃka]

der Schnürsenkel	**tkanička** f [ˈtkaɲɪt͡ʃka]
die Gürtelschlaufe	**poutko na opasek** n [ˈpɔu̯tkɔ ˈna‿ˀɔpasɛk]
der Keilabsatz	**klínový podpatek** m [ˈkliːnɔviː ˈpɔtpatɛk]
der Absatz	**podpatek** m [ˈpɔtpatɛk]
die Sohle	**podrážka** f [ˈpɔdraːʃka]
der Riemen	**řemínek** m [ˈr̝ɛmiːnɛk]
die Schnalle	**přezka** f [ˈpr̝̊ɛska]

die Trekkingsandale
trekový sandál m
[ˈtrɛkɔviː ˈsandaːl]

der Turnschuh
teniska f
[ˈtɛnɪska]

DIE KÖRPERPFLEGE – OSOBNÍ HYGIENA

die Zahnpasta
zubní pasta f
[ˈzubɲiː ˈpasta]

das Parfüm
parfém m
[ˈparfɛːm]

das Deo
deodorant m
[ˈdɛɔdɔrant]

die Gesichtscreme
krém na obličej m
[ˈkrɛːm ˈna‿ˀɔblɪt͡ʃɛj]

der Kamm
hřeben m
[ˈfir̝ɛbɛn]

das Duschgel
sprchový gel m
[ˈspr̩xɔviː ˈgɛl]

das Shampoo
šampon m
[ˈʃampɔːn]

die Spülung
kondicionér m
[ˈkɔndɪt͡sɪjɔnɛːr]

die Seife
mýdlo n
[ˈmiːdlɔ]

die Haarbürste
kartáč na vlasy m
[ˈkartaːt͡ʃ ˈna‿vlasɪ]

die Sonnencreme
opalovací krém m
[ˈˀɔpalɔvat͡siː ˈkrɛːm]

der Kulturbeutel
toaletní taška f
[ˈtɔalɛtɲiː ˈtaʃka]

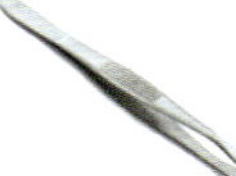

die Pinzette
pinzeta f
[ˈpɪnzɛta]

die Nagelschere
nůžky na nehty pl
[ˈnuːʃkɪ ˈna‿nɛxtɪ]

die Nagelfeile
pilník na nehty m
[ˈpɪlɲiːk‿ˈna‿nɛxtɪ]

die Haarspange
sponka do vlasů f
[ˈspɔŋka ˈdɔ‿vlasuː]

die Feuchtigkeitscreme	**hydratační krém** m [ˈɦɪdratat͡ʃɲiː ˈkrɛːm]
sich die Augenbrauen zupfen	**trhat si obočí** [ˈtr̩ɦat‿sɪ ˈˀɔbɔt͡ʃiː]
die Enthaarung	**depilace** f [ˈdɛpɪlat͡sɛ]
der Nagellackentferner	**odlakovač na nehty** m [ˈˀɔdlakɔvat͡ʃ ˈna‿nɛxtɪ]
das Haarprodukt	**vlasová kosmetika** f [ˈvlasɔvaː ˈkɔsmɛtɪka]
sich die Haare föhnen	**vyfénovat si vlasy** [ˈvɪfɛːnɔvat‿sɪ ˈvlasɪ]
sich die Haare glätten	**narovnat si vlasy** [ˈnarɔvnat‿sɪ ˈvlasɪ]
der/das Haargummi	**gumička do vlasů** f [ˈgumɪt͡ʃka ˈdɔ‿vlasuː]

SCHMINKSACHEN – LÍČIDLA

die Grundierung
podkladová báze f
[ˈpɔtkladɔvaː ˈbaːzɛ]

der Lippenstift
rtěnka f
[ˈrcɛŋka]

die Abdeckcreme
korektor m
[ˈkɔrɛktɔr]

die Wimperntusche
řasenka f
[ˈr̝asɛŋka]

der Spiegel
zrcadlo n
[ˈzr̩t͡sadlɔ]

die Farbpalette
paleta s líčidly f
[ˈpalɛta ˈs̯ liːt͡ʃɪdlɪ]

der Lidschatten
oční stíny pl
[ˈʔɔt͡ʃɲiː ˈsciːnɪ]

die Puderdose
pudřenka f
[ˈpʊdr̝ɛŋka]

der Nagellack
lak na nehty m
[ˈlak ˈna̯ nɛxtɪ]

der Bronzer
bronzující pudr m
[ˈbrɔnzʊjiːt͡siː ˈpʊdr̩]

das Rouge
růž f
[ˈruːʃ]

der Pinsel	**štěteček** m [ˈʃcɛtɛt͡ʃɛk]
der Kajalstift	**tužka na oční linky** f [ˈtʊʃka̯ na̯ ˈʔɔt͡ʃɲiː ˈlɪŋkɪ]
der/das Lipgloss	**lesk na rty** m [ˈlɛsk̯ ˈna̯ rtɪ]
die Wimpernzange	**kleštičky na řasy** pl [ˈklɛʃcɪt͡ʃkɪ ˈna̯ r̝asɪ]

ZU HAUSE

BYDLENÍ

DIE WOHNUNG – BYT

der Hausschlüssel
klíč od domu m
[ˈkliːt͡ʃ ˈʔɔd͜dɔmʊ]

die Sprechanlage
domovní telefon m
[ˈdɔmɔvɲiː ˈtɛlɛfɔn]

die Hausnummer
číslo domu n
[ˈt͡ʃiːslɔ ˈdɔmʊ]

die Türklingel
domovní zvonek m
[ˈdɔmɔvɲiː ˈzvɔnɛk]

das Türschloss
zámek m
[ˈzaːmɛk]

der Fußabtreter
rohožka f
[ˈrɔɦɔʃka]

der Briefkasten
poštovní schránka f
[ˈpɔʃtɔvɲiː ˈsxraːŋka]

das Einfamilienhaus
rodinný dům m
[ˈrɔɟɪniː ˈduːm]

das Doppelhaus
dvojdomek m
[ˈdvɔjdɔmɛk]

das Reihenhaus
řadovka f
[ˈr̝adɔfka]

das Mehrfamilienhaus
činžovní dům m
[ˈt͡ʃɪnʒɔvɲiː ˈduːm]

der Bungalow
bungalov m
[ˈbʊŋgalɔf]

der Schirmständer
stojan na deštníky m
[ˈstɔjan ˈna͜dɛʃcɲiːkɪ]

die Eigentumswohnung	**byt v osobním vlastnictví** m [ˈbɪt ˈf͜ʔɔsɔbɲiːm ˈvlastɲɪt͡stviː]
die Mietwohnung	**byt v pronájmu** m [ˈbɪt ˈf͜prɔnaːjmʊ]
der Hof	**dvůr** m [ˈdvuːr]
das Eigentum	**vlastnictví** n [ˈvlastɲɪt͡stviː]
das Grundstück	**pozemek** m [ˈpɔzɛmɛk]
der Umbau	**přestavba** f [ˈpr̝̊ɛstavba]
der Anbau	**přístavba** f [ˈpr̝̊iːstavba]
zu verkaufen	**na prodej** [ˈna͜prɔdɛj]

DIE WOHNUNG – BYT

der Dachboden
půda f
[ˈpu:da]

der Keller
sklep m
[ˈsklɛp]

der Flur
chodba f
[ˈxɔdba]

der Aufzug
výtah m
[ˈvi:tax]

der Grundriss
půdorys m
[ˈpu:dɔrɪs]

die Garage
garáž f
[ˈgara:ʃ]

der Carport
carport m
[ˈka:rpɔrt]

der Altbau
stará zástavba f
[ˈstara: ˈza:stavba]

der Hausmeister
domovník m
[ˈdɔmɔvɲi:k]

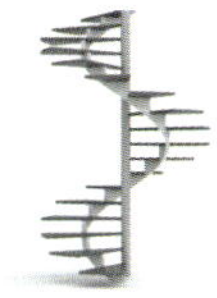
die Wendeltreppe
točité schody pl
[ˈtɔt͡ʃɪtɛ: ˈsxɔdɪ]

der Rauchmelder
detektor kouře m
[ˈdɛtɛktɔr ˈkou̯r̝ɛ]

das Treppenhaus
schodiště n
[ˈsxɔɟɪʃcɛ]

mieten	**najmout si** [ˈnajmɔu̯t sɪ]
die Miete	**nájemné** n [ˈna:jɛmnɛ:]
vermieten	**pronajmout** [ˈprɔnajmɔu̯t]
der Vermieter	**pronajímatel** m [ˈprɔnaji:matɛl]
die Vermieterin	**pronajímatelka** f [ˈprɔnaji:matɛlka]
der Mieter	**nájemník** m [ˈna:jɛmɲi:k]
die Mieterin	**nájemnice** f [ˈna:jɛmɲɪt͡sɛ]
die Kaution	**záloha** f [ˈza:lɔɦa]

der Mietvertrag
nájemní smlouva f
[ˈna:jɛmɲi: ˈsmlɔu̯va]

DAS HAUS – DŮM

das Dachfenster
střešní okno n
[ˈstr̝̊ɛʃɲiː ˈʔɔknɔ]

der Schornstein
komín m
[ˈkɔmiːn]

die Dachrinne
okap m
[ˈʔɔkap]

der Dachziegel
střešní taška f
[ˈstr̝̊ɛʃɲiː ˈtaʃka]

die Dachgaube
vikýř m
[ˈvɪkiːr̝̊]

der erste Stock
první patro n
[ˈpr̩vɲiː ˈpatrɔ]

das Dach
střecha f
[ˈstr̝̊ɛxa]

der Balkon
balkon m
[ˈbalkɔːn]

die Türschwelle
práh m
[ˈpraːx]

die Haustür
domovní dveře pl
[ˈdɔmɔvɲiː ˈdvɛr̝ɛ]

das Fenster
okno n
[ˈʔɔknɔ]

das Erdgeschoss
přízemí n
[ˈpr̝̊iːzɛmiː]

die Terrasse
terasa f
[ˈtɛrasa]

das Einzelhaus	**rodinný dům** m [ˈrɔɟɪniː ˈduːm]
der Neubau	**novostavba** f [ˈnɔvɔstavba]
die Dreizimmerwohnung	**třípokojový byt** m [ˈtr̝̊iːpɔkɔjɔviː ˈbɪt]
möbliert	**zařízený** [ˈzar̝iːzɛniː]
das Stockwerk	**patro** n [ˈpatrɔ]
der Eigentümer	**majitel** m [ˈmajɪtɛl]
die Eigentümerin	**majitelka** f [ˈmajɪtɛlka]
eine Hypothek aufnehmen	**vzít si hypotéku** [ˈvziːt‿sɪ ˈɦɪpɔtɛːkʊ]

DAS HAUS – DŮM

Der Eingang – Vstup

die Diele
chodba f
[ˈxɔdba]

der Spiegel
zrcadlo n
[ˈzr̩t͡sadlɔ]

der Sessel
křeslo n
[ˈkr̝̊ɛslɔ]

der Ablagetisch
odkládací stolek m
[ˈˀɔtklaːdat͡siː ˈstɔlɛk]

die Wohnungstür
dveře od bytu pl
[ˈdvɛr̝ɛ ˈˀɔd‿bɪtʊ]

der Garderoben-ständer
věšák m
[ˈvjɛʃaːk]

der Schirmständer
stojan na deštníky m
[ˈstɔjan ˈna‿dɛʃtɲiːkɪ]

das Treppengeländer
zábradlí n
[ˈzaːbradliː]

die Treppe
schody pl
[ˈsxɔdɪ]

der Treppenabsatz
odpočívadlo n
[ˈˀɔtpɔt͡ʃiːvadlɔ]

die Treppenstufe
schod m
[ˈsxɔt]

das Schlüsselbrett
věšáček na klíče m
[ˈvjɛʃaːt͡ʃɛk ˈna‿kliːt͡ʃɛ]

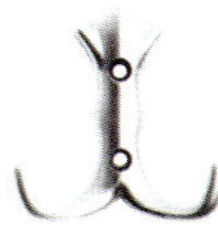

der Kleiderhaken
věšák na oděvy m
[ˈvjɛʃaːk ˈna‿ˀɔɟɛvɪ]

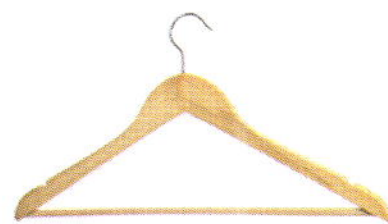

der Kleiderbügel
ramínko na šaty n
[ˈramiːŋkɔ ˈna‿ʃatɪ]

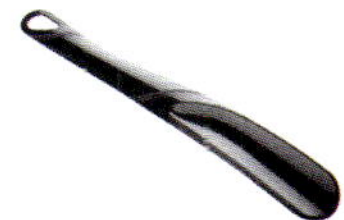

der Schuhlöffel
lžíce na boty f
[ˈlʒiːt͡sɛ ˈna‿bɔtɪ]

DAS HAUS – DŮM

Das Wohnzimmer – Obývací pokoj

der Spiegel
zrcadlo n [ˈzr̩t͡sadlɔ]

der Vorhang
závěs m [ˈzaːvjɛs]

der Ventilator
větrák m [ˈvjɛtraːk]

die Decke
strop m [ˈstrɔp]

der Bilderrahmen
rám obrazu m [ˈraːm ˈʔɔbrazʊ]

das Gemälde
obraz m [ˈʔɔbras]

das Sofa
gauč m
[ˈgau̯t͡ʃ]

die Lampe
lampa f
[ˈlampa]

das Sofakissen
polštářek m
[ˈpɔlʃtaːr̝ɛk]

der Beistellschrank
skříňka f
[ˈskr̝iːɲka]

der Kaminsims
římsa nad krbem f
[ˈr̝iːmsa ˈnat͜ kr̩bɛm]

der gepolsterte Hocker
taburet m
[ˈtabʊrɛt]

der Teppichboden
kobercová podlaha f
[ˈkɔbɛrt͡sɔvaː ˈpɔdlaɦa]

der Kamin
krb m
[ˈkr̩p]

der Sessel
křeslo n
[ˈkr̝ɛslɔ]

der Couchtisch
konferenční stolek m
[ˈkɔnfɛrɛnt͡ʃɲiː ˈstɔlɛk]

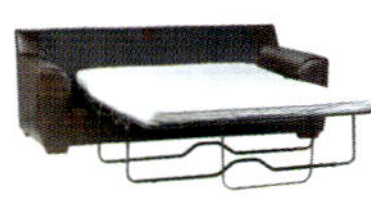

die Schlafcouch
rozkládací pohovka f
[ˈrɔsklaːdat͡siː ˈpɔɦɔfka]

die Vitrine
prosklená skříň f
[ˈprɔsklɛnaː ˈskr̝iːɲ]

die Fernsehbank
stolek pod televizi m
[ˈstɔlɛk ˈpɔt͜ tɛlɛvɪzɪ]

das Bücherregal
regál na knihy m
[ˈrɛgaːl ˈna͜ kɲɪɦɪ]

DAS HAUS – DŮM

Das Esszimmer – Jídelna

das Rollo
stahovací roleta f
[ˈstaɦɔvat͡siː ˈrɔlɛta]

der Kronleuchter
lustr m
[ˈlʊstr̩]

die Vitrine
prosklená skříň f
[ˈprɔsklɛnaː ˈskr̝iːɲ]

die Zimmerpflanze
pokojová rostlina f
[ˈpɔkɔjɔvaː ˈrɔstlɪna]

das Fensterbrett
parapet m
[ˈparapɛt]

der Tischläufer
běhoun na stůl m
[ˈbjɛɦɔu̯n ˈna‿stuːl]

die Kerze
svíčka f
[ˈsviːt͡ʃka]

der Stuhl
židle f
[ˈʒɪdlɛ]

der Esstisch
jídelní stůl m
[ˈjiːdɛlɲiː ˈstuːl]

die Tischdekoration
stolní dekorace f
[ˈstɔlɲiː ˈdɛkɔrat͡sɛ]

der Holzboden
dřevěná podlaha f
[ˈdr̝ɛvjɛnaː ˈpɔdlaɦa]

die Blumenvase
váza f
[ˈvaːza]

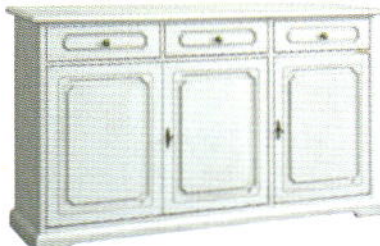

die Anrichte
příborník m
[ˈpr̝iːbɔrɲiːk]

die Wanduhr
nástěnné hodiny pl
[ˈnaːscɛnɛː ˈɦɔɟɪnɪ]

der Hochstuhl
dětská židle f
[ˈɟɛtskaː ˈʒɪdlɛ]

DAS HAUS – DŮM

Die Küche – Kuchyně

die Einbauküche
kuchyňská linka f
[ˈkʊxɪɲska: ˈlɪŋka]

die Einbauleuchte
zapuštěné svítidlo n
[ˈzapʊʃcɛnɛ: ˈsvi:cɪdlɔ]

die Dunstabzugshaube
digestoř f
[ˈdɪgɛstɔr̝̊]

die Arbeitsplatte
pracovní deska f
[ˈprat͡sɔvɲi: ˈdɛska]

der Hängeschrank
závěsná skříňka f
[ˈza:vjɛsna: ˈskr̝̊i:ɲka]

der Backofenschalter
knoflík od trouby m
[ˈknɔfli:k ˈʔɔt trɔu̯bɪ]

der Herd
sporák m
[ˈspɔra:k]

der Backofen
trouba f
[ˈtrɔu̯ba]

das Spülbecken
dřez m
[ˈdr̝ɛs]

der Küchenhocker
kuchyňská židle f
[ˈkʊxɪɲska: ˈʒɪdlɛ]

die Schublade
zásuvka f
[ˈza:sʊfka]

der Kühlschrank
lednička f
[ˈlɛdɲɪt͡ʃka]

die Frühstückstheke
snídaňový bar m
[ˈsɲi:daɲɔvi: ˈbar]

die Spülmaschine
myčka f
[ˈmɪt͡ʃka]

der Gefrierschrank
mrazák m
[ˈmraza:k]

das Geschirrtuch
utěrka f
[ˈʔʊcɛrka]

der Mülleimer	**odpadkový koš** m [ˈʔɔtpatkɔvi: ˈkɔʃ]
die Mülltrennung	**třídění odpadu** n [ˈtr̝̊i:ɟɛɲi: ˈʔɔtpadʊ]
die Verpackung	**obal** m [ˈʔɔbal]
das Altglas	**skleněný odpad** m [ˈsklɛɲɛni: ˈʔɔtpat]
den Ofen vorheizen	**předehřát troubu** [ˈpr̝̊ɛdɛɦr̝a:t ˈtrɔu̯bʊ]
die Spülmaschine laufen lassen	**spustit myčku** [ˈspʊscɪt ˈmɪt͡ʃkʊ]
das Essen auftauen	**rozmrazit jídlo** [ˈrɔzmrazɪt ˈji:dlɔ]
das Geschirr abtropfen lassen	**nechat odkapat nádobí** [ˈnɛxat ˈʔɔtkapat ˈna:dɔbi:]

DAS HAUS – DŮM

Küchengeräte – Kuchyňské spotřebiče

der Pürierstab
tyčový mixér m
[ˈtɪt͡ʃɔviː ˈmɪksɛːr]

der Mixer
mixér m
[ˈmɪksɛːr]

die Küchenmaschine
kuchyňský robot m
[ˈkʊxɪɲskiː ˈrɔbɔt]

die Mikrowelle
mikrovlnná trouba f
[ˈmɪkrɔvl̩naː ˈtrɔu̯ba]

das Handrührgerät
ruční elektrický mixér m
[ˈrʊt͡ʃɲiː ˈʔɛlɛktrɪt͡skiː ˈmɪksɛːr]

der Wasserkocher
varná konvice f
[ˈvarnaː ˈkɔnvɪt͡sɛ]

das Waffeleisen
vaflovač m
[ˈvaflɔvat͡ʃ]

der Elektrogrill
elektrický gril m
[ˈʔɛlɛktrɪt͡skiː ˈgrɪl]

der Toaster
topinkovač m
[ˈtɔpɪŋkɔvat͡ʃ]

die Küchenwaage
kuchyňská váha f
[ˈkʊxɪɲskaː ˈvaːɦa]

der Schnellkochtopf
tlakový hrnec m
[ˈtlakɔviːˈɦr̩nɛt͡s]

der Sandwichgrill
toustovač m
[ˈtɔu̯stɔvat͡ʃ]

die Kaffeemaschine
kávovar m
[ˈkaːvɔvar]

der Dampfgarer
parní hrnec m
[ˈparɲiː ˈɦr̩nɛt͡s]

der Raclettegrill
gril na raclette m
[ˈgrɪl ˈna‿raklɛt]

der Reiskocher
vařič rýže m
[ˈvar̝ɪt͡ʃ ˈriːʒɛ]

DAS HAUS – DŮM

Koch- und Backutensilien – Nádobí na vaření a pečení

der Küchenwecker
kuchyňská minutka f
[ˈkʊxɪɲska: ˈmɪnʊtka]

das Ausstechförmchen
vykrajovátko na těsto n
[ˈvɪkrajɔva:tkɔ ˈna͜cɛstɔ]

das Küchenpapier
kuchyňská papírová utěrka f
[ˈkʊxɪɲska: ˈpapi:rɔva: ˈʔʊcɛrka]

die Schürze
zástěra f
[ˈza:scɛra]

das Muffinförmchen
papírový košíček na muffiny m
[ˈpapi:rɔvi: ˈkɔʃi:t͡ʃɛk ˈna͜mafɪnɪ]

die Törtchenform
formička na dortíčky f
[ˈfɔrmɪt͡ʃka ˈna͜dɔrci:t͡ʃkɪ]

die Springform
forma na dort f
[ˈfɔrma ˈna͜dɔrt]

das Backblech
plech na pečení m
[ˈplɛx ˈna͜pɛt͡ʃɛɲi:]

der Messerschärfer
ostřič nožů m
[ˈʔɔstř̝ɪt͡ʃ ˈnɔʒu:]

das Teigrad
krájecí kolečko n
[ˈkra:jɛt͡si: ˈkɔlɛt͡ʃkɔ]

der Topfhandschuh
chňapka f
[ˈxɲapka]

das Tablett
podnos m
[ˈpɔdnɔs]

die Sanduhr
přesýpací hodiny pl
[ˈpř̝ɛsi:pat͡si: ˈɦɔɟɪnɪ]

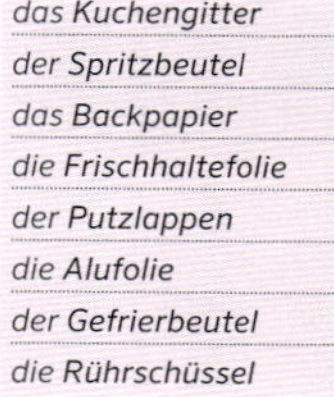

das Kuchengitter	**mřížka na cukroví** f [ˈmr̝i:ʃka ˈna͜t͡sʊkrɔvi:]
der Spritzbeutel	**cukrářský sáček** m [ˈt͡sʊkra:ř̝ski: ˈsa:t͡ʃɛk]
das Backpapier	**pečicí papír** m [ˈpɛt͡ʃɪt͡si: ˈpapi:r]
die Frischhaltefolie	**potravinová fólie** f [ˈpɔtravɪnɔva: ˈfɔ:lɪjɛ]
der Putzlappen	**hadr** m [ˈɦadr̩]
die Alufolie	**alobal** m [ˈʔalɔbal]
der Gefrierbeutel	**sáček do mrazáku** m [ˈsa:t͡ʃɛk ˈdɔ͜mraza:kʊ]
die Rührschüssel	**míchací mísa** f [ˈmi:xat͡si: ˈmi:sa]

DAS HAUS – DŮM

Koch- und Backutensilien – Nádobí na vaření a pečení

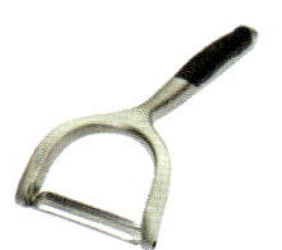

der Schäler
škrabka f
[ˈʃkrapka]

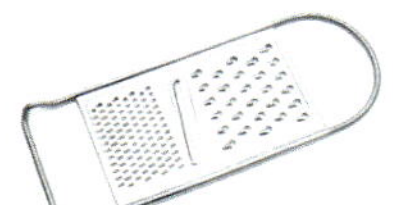

die Reibe
struhadlo n
[ˈstrʊɦadlɔ]

das Hackmesser
sekáček na maso m
[ˈsɛkaːt͡ʃɛk ˈna‿masɔ]

das Küchenmesser
kuchyňský nůž m
[ˈkʊxɪɲskiː ˈnuːʃ]

das Küchensieb
kuchyňské síto n
[ˈkʊxɪɲskɛː ˈsɪːtɔ]

das Abtropfsieb
cedník m
[ˈt͡sɛdɲiːk]

der Kartoffelstampfer
mačkadlo na brambory n
[ˈmat͡ʃkadlɔ ˈna‿bramborɪ]

die Knoblauchpresse
lis na česnek m
[ˈlɪs ˈna‿t͡ʃɛsnɛk]

die Schöpfkelle
naběračka na polévku f
[ˈnabjɛrat͡ʃka ˈna‿pɔlɛːfkʊ]

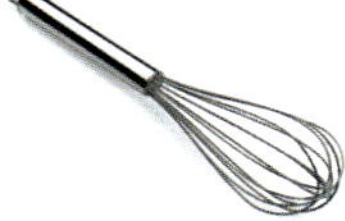

der Schneebesen
metla f
[ˈmɛtla]

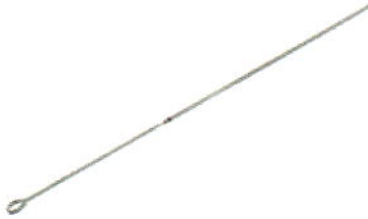

der Spieß
špejle f
[ˈʃpɛjlɛ]

der Dosenöffner
otvírák na konzervy m
[ˈʔɔtviːraːk ˈna‿kɔnzɛrvɪ]

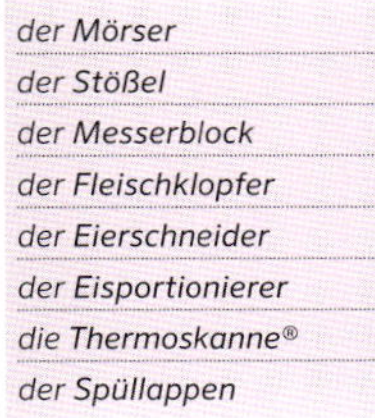

der Mörser	**hmoždíř** m [ˈɦmɔʒɟiːr̝̊]
der Stößel	**tlouk** m [ˈtlɔu̯k]
der Messerblock	**stojánek na nože** m [ˈstɔjaːnɛk ˈna‿nɔʒɛ]
der Fleischklopfer	**palička na maso** f [ˈpalɪt͡ʃka ˈna‿masɔ]
der Eierschneider	**kráječ na vejce** m [ˈkraːjɛt͡ʃ ˈna‿vɛjt͡sɛ]
der Eisportionierer	**naběračka na zmrzlinu** f [ˈnabjɛrat͡ʃka ˈna‿zmr̩zlɪnʊ]
die Thermoskanne®	**termoska** f [ˈtɛrmɔska]
der Spüllappen	**hadr na nádobí** m [ˈɦadr̩ ˈna‿naːdɔbiː]

das Schneidebrett
kuchyňské prkénko n
[ˈkʊxɪɲskɛː ˈprkɛːŋkɔ]

DAS HAUS - DŮM

Koch- und Backutensilien - Nádobí na vaření a pečení

der Korkenzieher
vývrtka na víno f
[ˈviːvr̩tka ˈna‿viːnɔ]

der Backpinsel
štětec na pečení m
[ˈʃcɛtɛt͡s ˈna‿pɛt͡ʃɛɲiː]

das Nudelholz
váleček na těsto m
[ˈvaːlɛt͡ʃɛk ˈna‿cɛstɔ]

der Pfannenwender
obracečka f
[ˈʔɔbrat͡sɛt͡ʃka]

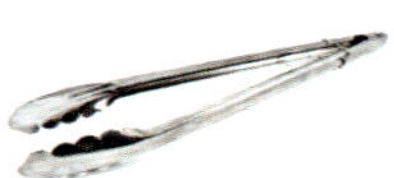

die Küchenzange
kuchyňské kleště pl
[ˈkʊxɪɲskɛː ˈklɛʃcɛ]

der Teigschaber
stěrka na těsto f
[ˈscɛrka ˈna‿cɛstɔ]

der Servierlöffel
servírovací lžíce f
[ˈsɛrviːrɔvat͡siː ˈlʒiːt͡sɛ]

der Kochlöffel
vařečka f
[ˈvar̝ɛt͡ʃka]

die Bratpfanne
pánvička f
[ˈpaːnvɪt͡ʃka]

der Wok
pánev wok m
[ˈpaːnɛf ˈvɔk]

der Kochtopf
hrnec m
[ˈɦr̩nɛt͡s]

der Schmortopf
kastrol m
[ˈkastrɔl]

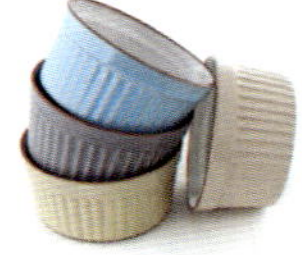

das Auflaufförmchen
zapékací miska f
[ˈzapɛːkat͡siː ˈmɪska]

die Bratengabel	**vidlička na maso** f [ˈvɪdlɪt͡ʃka ˈna‿masɔ]
der Untersetzer	**podložka pod hrnce** f [ˈpɔdlɔʃka ˈpɔd‿ɦr̩nt͡sɛ]
die Grillpfanne	**grilovací pánev** f [ˈgrɪlɔvat͡siː ˈpaːnɛf]
der Messbecher	**odměrka** f [ˈʔɔdmɲɛrka]
der Trichter	**trychtýř** m [ˈtrɪxtiːr̝̊]
der Messlöffel	**odměrka** f [ˈʔɔdmɲɛrka]
der Abtropfständer	**odkapávač nádobí** m [ˈʔɔtkapaːvat͡ʃ ˈnaːdɔbiː]
der Flaschenöffner	**otvírák na lahve** m [ˈʔɔtviːraːk ˈna‿laɦvɛ]

DAS HAUS - DŮM

Das Schlafzimmer - Ložnice

der Bettbezug
povlečení m
[ˈpɔvlɛt͡ʃɛɲiː]

die Bettdecke
přikrývka f
[ˈpr̝̊ɪkriːfka]

das Kopfteil
čelní pelest postele f
[ˈt͡ʃɛlɲiː ˈpɛlɛst ˈpɔstɛlɛ]

das Doppelbett
dvojlůžko n
[ˈdvɔjluːʃkɔ]

das Kopfkissen
polštář m
[ˈpɔlʃtaːr̝̊]

der Kissenbezug
povlak na polštář m
[ˈpɔvlak ˈna͜ pɔlʃtaːr̝̊]

die Nachttischlampe
lampička na nočním stolku f
[ˈlampɪt͡ʃka ˈna͜ nɔt͡ʃɲiːm ˈstɔlkʊ]

die Kommode
komoda f
[ˈkɔmɔda]

das Bettgestell
rám postele m
[ˈraːm ˈpɔstɛlɛ]

das Laken
prostěradlo n
[ˈprɔscɛradlɔ]

der Teppich
koberec m
[ˈkɔbɛrɛt͡s]

der Hocker
taburet m
[ˈtabʊrɛt]

die Matratze
matrace f
[ˈmadrat͡sɛ]

der Nachttisch
noční stolek m
[ˈnɔt͡ʃɲiː ˈstɔlɛk]

der Kleiderschrank	**šatní skříň** f [ˈʃatɲiː ˈskr̝̊iːɲ]
der Wecker	**budík** m [ˈbʊɟiːk]
den Wecker stellen	**nařídit budík** [ˈnar̝iːɟɪt ˈbʊɟiːk]
die Wärmflasche	**ohřívací lahev** f [ˈʔɔɦr̝iːvat͡siː ˈlaɦɛf]
die Heizdecke	**elektrická vyhřívací dečka** f [ˈʔɛlɛktrɪt͡ska: ˈvɪɦr̝iːvat͡siː ˈdɛt͡ʃka]
die Tagesdecke	**přehoz na postel** m [ˈpr̝̊ɛɦɔs ˈna͜ pɔstɛl]
die Schlafbrille	**oční maska na spaní** f [ˈʔɔt͡ʃɲiː ˈmaska ˈna͜ spaɲiː]
das Zimmer mit Bad	**pokoj s vlastní koupelnou** m [ˈpɔkɔj ˈz͜ vlastɲiː ˈkɔu̯pɛlnɔu̯]

DAS HAUS – DŮM

Das Kinderzimmer – Dětský pokoj

der Ball
míč m
[ˈmiːt͡ʃ]

die Puppe
panenka f
[ˈpanɛŋka]

die Wickeltasche
přebalovací taška f
[ˈpr̝ɛbalɔvat͡siː ˈtaʃka]

der Kinderwagen
kočárek m
[ˈkɔt͡ʃaːrɛk]

das Babyfon®
babyfon m
[ˈbɛjbɪfɔn]

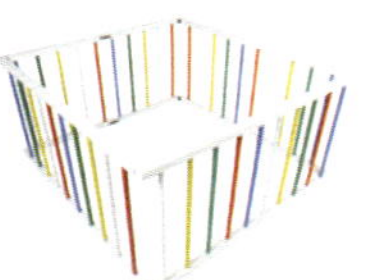

der Laufstall
ohrádka f
[ˈʔɔɦraːtka]

das Gitterbettchen
dětská postýlka f
[ˈɟɛt͡skaː ˈpɔstiːlka]

die Flauschdecke
flaušová deka f
[ˈflau̯ʃɔvaː ˈdɛka]

das Mobile
kolotoč nad postýlkou m
[ˈkɔlɔtɔt͡ʃ ˈnat͜pɔstiːlkɔu̯]

der Gitterstab
příčka f
[ˈpr̝iːt͡ʃka]

der Teddy
plyšový medvídek m
[ˈplɪʃɔviː ˈmɛdviːdɛk]

der Wickeltisch
přebalovací pult m
[ˈpr̝ɛbalɔvat͡siː ˈpʊlt]

das Kuscheltier
plyšová hračka f
[ˈplɪʃɔvaː ˈɦrat͡ʃka]

die Wickelauflage
přebalovací podložka f
[ˈpr̝ɛbalɔvat͡siː ˈpɔdlɔʃka]

das Spielzeug
hračka f
[ˈɦrat͡ʃka]

das Töpfchen
nočník m
[ˈnɔt͡ʃɲiːk]

die Babytragetasche
snímatelná korba f
[ˈsɲiːmatɛlnaː ˈkɔrba]

der Schulranzen
školní taška f
[ˈʃkɔlɲiː ˈtaʃka]

das Bauklötzchen
stavební kostka f
[ˈstavɛbɲiː ˈkɔstka]

DAS HAUS – DŮM

Das Jugendzimmer – Ložnice pro dospívající

das Einzelbett
jednolůžko n
[ˈjɛdnɔluːʃkɔ]

die Hängelampe
stropní lampa f
[ˈstrɔpɲiː ˈlampa]

der Schreibtisch
psací stůl m
[ˈpsat͡siː ˈstuːl]

das Bücherregal
regál na knihy m
[ˈrɛgaːl ˈna‿kɲɪɦɪ]

die Schreibtischlampe
stolní lampička f
[ˈstɔlɲiː ˈlampɪt͡ʃka]

der Stuhl
židle f
[ˈʒɪdlɛ]

der Teppichboden
kobercová podlaha f
[ˈkɔbɛrt͡sɔvaː ˈpɔdlaɦa]

die Fensterbank
parapet m
[ˈparapɛt]

die Schublade
zásuvka f
[ˈzaːsʊfka]

das Etagenbett	**patrová postel** f [ˈpatrɔvaː ˈpɔstɛl]
schlafen	**spát** [ˈspaːt]
schnarchen	**chrápat** [ˈxraːpat]
aufwachen	**probudit se** [ˈprɔbʊɟɪt‿sɛ]
aufstehen	**vstát** [ˈfstaːt]
der Albtraum	**noční můra** f [ˈnɔt͡ʃɲiː ˈmuːra]
träumen	**snít** [ˈsɲiːt]

einschlafen	**usnout** [ˈʔʊsnɔʊ̯t]
tief schlafen	**tvrdě spát** [ˈtvr̩ɟɛ ˈspaːt]
ausschlafen	**vyspat se** [ˈvɪspat‿sɛ]
wach sein	**být vzhůru** [ˈbiːt ˈvzɦuːrʊ]
das Bett machen	**ustlat postel** [ˈʔʊstlat ˈpɔstɛl]
ins Bett gehen	**jít do postele** [ˈjiːt ˈdɔ‿pɔstɛlɛ]
das Zimmer aufräumen	**uklidit si pokoj** [ˈʔʊklɪɟɪt‿sɪ ˈpɔkɔj]

DAS HAUS – DŮM

Das Arbeitszimmer – Pracovna

der Bilderrahmen
rám obrazu m
[ˈraːm ˈʔɔbrazʊ]

die Verandatür
dveře na verandu pl
[ˈdvɛr̝ɛ ˈna‿vɛrandʊ]

der Bücherschrank
knihovna f
[ˈkɲɪɦɔvna]

die Zimmerpflanze
pokojová rostlina f
[ˈpɔkɔjɔvaː ˈrɔstlɪna]

das Foto
fotka f
[ˈfɔtka]

das Tageslicht
denní světlo n
[ˈdɛɲiː ˈsvjɛtlɔ]

der/das Laptop
notebook m
[ˈnɔʊ̯tbʊk]

die Rückenlehne
opěradlo n
[ˈʔɔpjɛradlɔ]

der Sessel
křeslo n
[ˈkr̝̊ɛslɔ]

der Schreibtisch
psací stůl m
[ˈpsat͡siː ˈstuːl]

der Rollcontainer
skříňka se šuplíky f
[ˈskr̝̊iːɲka ˈsɛ‿ʃʊpliːkɪ]

der Drehstuhl
otočné křeslo n
[ˈʔɔtɔt͡ʃnɛː ˈkr̝̊ɛslɔ]

die Armlehne
podpěrka na ruce f
[ˈpɔtpjɛrka ˈna‿rʊt͡sɛ]

die Unterlage	**dokument** m [ˈdɔkʊmɛnt]
die Steuererklärung	**daňové přiznání** n [ˈdaɲɔvɛː ˈpr̝̊ɪznaːɲiː]
arbeiten	**pracovat** [ˈprat͡sɔvat]
sich konzentrieren	**soustředit se** [ˈsɔʊ̯str̝̊ɛɟɪt‿sɛ]
die Überstunde	**přesčas** [ˈpr̝̊ɛst͡ʃas]
von zu Hause arbeiten	**pracovat z domu** [ˈprat͡sɔvat ˈz‿dɔmʊ]
eine Pause machen	**udělat si přestávku** [ˈʔʊɟɛlat‿sɪ ˈpr̝̊ɛstaːfkʊ]
selbstständig sein	**být na volné noze** [ˈbiːt ˈna‿vɔlnɛː ˈnɔzɛ]

DAS HAUS – DŮM

Das Badezimmer – Koupelna

der Spiegel
zrcadlo n
[zr̩t͡sadlɔ]

das Waschbecken
umyvadlo n
[ˈʔʊmɪvadlɔ]

der Seifenspender
dávkovač na tekuté mýdlo m
[ˈdaːfkɔvat͡ʃ ˈna͜tɛkʊtɛː ˈmiːdlɔ]

der Waschbecken-unterschrank
skříňka pod umyvadlo f
[ˈskr̝̊iːɲka ˈpɔt͜ʔʊmɪvadlɔ]

die Duschkabine
sprchový kout m
[ˈspr̩xɔviː kɔu̯t]

die Dusche
sprcha f [ˈspr̩xa]

der Handtuchhalter
držák na ručníky m
[ˈdr̩ʒaːk ˈna͜rʊt͡ʃɲiːkɪ]

das Handtuch
ručník m [ˈrʊt͡ʃɲiːk]

der Wasserhahn
vodovodní kohoutek m
[ˈvɔdɔvɔdɲiː ˈkɔɦɔu̯tɛk]

die Badewanne
vana f [ˈvana]

die Toilette
záchod m
[ˈzaːxɔt]

die Toilettenspülung
splachovadlo n
[ˈsplaxɔvadlɔ]

der Spülkasten
splachovací nádržka f
[ˈsplaxɔvat͡siː ˈnaːdr̩ʃka]

auf die Toilette gehen
jít na záchod
[ˈjiːt ˈna͜zaːxɔt]

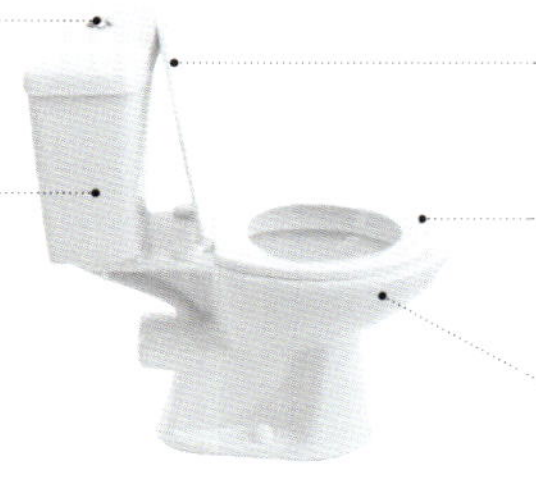

der Toilettendeckel
poklop na záchod m
[ˈpɔklɔp ˈna͜zaːxɔt]

die Toilettenbrille
záchodové prkénko n
[ˈzaːxɔdɔvɛː ˈpr̩kɛːŋkɔ]

die Kloschüssel
záchodová mísa f
[ˈzaːxɔdɔvaː ˈmiːsa]

die Klobürste
záchodová štětka f
[ˈzaːxɔdɔvaː ˈʃcɛtka]

das Toilettenpapier
toaletní papír m
[ˈtɔalɛtɲiː ˈpapiːr]

der Raumduft
osvěžovač vzduchu m
[ˈʔɔsvjɛʒɔvat͡ʃ ˈvzdʊxʊ]

der Klostein
vůně do záchodu f
[ˈvuːɲɛ ˈdɔ͜zaːxɔdʊ]

DAS HAUS – DŮM

Sanitäre Anlagen – Vybavení koupelny

der Elektroboiler
elektrický boiler m
[ˈˀɛlɛktrɪt͡ski: ˈbɔjlɛr]

der Behälter
nádrž f
[ˈna:drʃ]

das Thermostat
termostat m
[ˈtɛrmɔstat]

der Warmwasserablauf
odvod teplé vody m
[ˈˀɔdvɔt ˈtɛplɛ: ˈvɔdɪ]

der Kaltwasserzulauf
přívod studené vody m
[ˈpr̝̊i:vɔt ˈstʊdɛnɛ: ˈvɔdɪ]

das Gas-Wandheizgerät
závěsný plynový ohřívač m
[ˈza:vjɛsni: ˈplɪnɔvi: ˈˀɔɦr̝i:vat͡ʃ]

das Sicherheitsventil
pojistný ventil m
[ˈpɔjɪstni: ˈvɛntɪl]

der Regler
regulátor m
[ˈrɛgʊla:tɔr]

der Überlauf
přepad m
[ˈpr̝̊ɛpat]

das Waschbecken
umyvadlo n
[ˈˀʊmɪvadlɔ]

die Zuleitung
přívod m
[ˈpr̝̊i:vɔt]

der Absperrhahn
uzavírací kohout m
[ˈˀʊzavi:rat͡si: ˈkɔɦɔu̯t]

der Abfluss
odtok m
[ˈˀɔttɔk]

der Siphon
sifon m
[ˈsɪfɔn]

der Spülkasten
dřez m
[ˈdr̝̊ɛs]

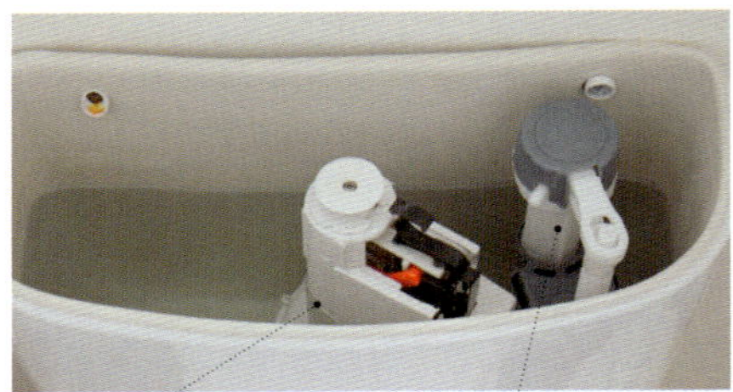

die Heberglocke
plovákový ventil
[ˈplɔva:kɔvi: ˈvɛntɪl]

der Überlauf
přepad m
[ˈpr̝̊ɛpat]

DAS HAUS - DŮM

Im Badezimmer - V koupelně

das Wattepad
vatový tampónek m
[ˈvatɔviː ˈtampɔːnɛk]

der Duschschwamm
houbička f
[ˈɦɔu̯bɪt͡ʃka]

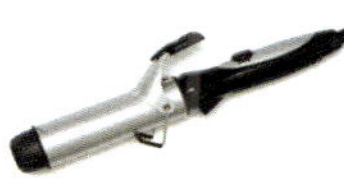

der Lockenstab
kulma f
[ˈkʊlma]

das Glätteisen
žehlička na vlasy f
[ˈʒɛɦlɪt͡ʃka ˈna͜vlasɪ]

der Rasierapparat
elektrický holicí strojek m [ˈʔɛlɛktrɪt͡ski: ˈɦɔlɪt͡siː ˈstrɔjɛk]

das Schwammtuch
houbová utěrka f
[ˈɦɔu̯bɔvaː ˈʔʊcɛrka]

die Zahnseide
zubní nit f
[ˈzʊbɲiː ˈɲɪt]

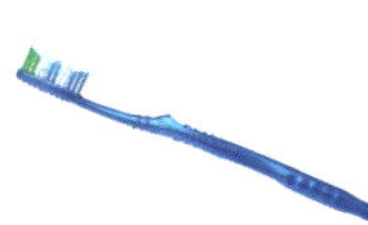

die Zahnbürste
kartáček na zuby m
[ˈkartaːt͡ʃɛk ˈna͜zʊbɪ]

das Taschentuch
papírový kapesník m
[ˈpapiːrɔviː ˈkapɛsɲiːk]

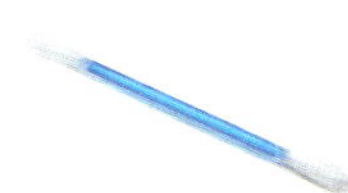

das Wattestäbchen
vatová tyčinka f
[ˈvatɔvaː ˈtɪt͡ʃɪŋka]

der Föhn
fén m
[ˈfɛːn]

der Rasierschaum
pěna na holení f
[ˈpjɛna ˈna͜ɦɔlɛɲiː]

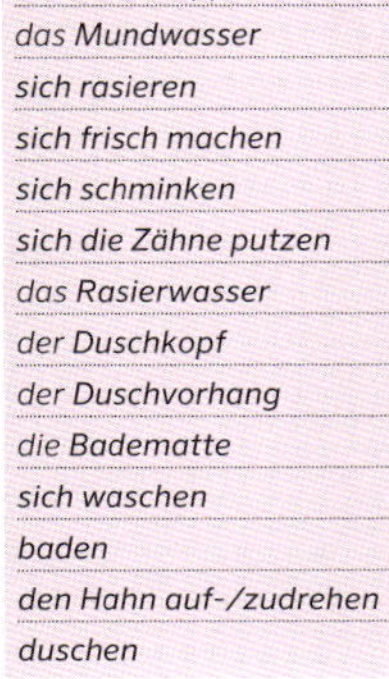
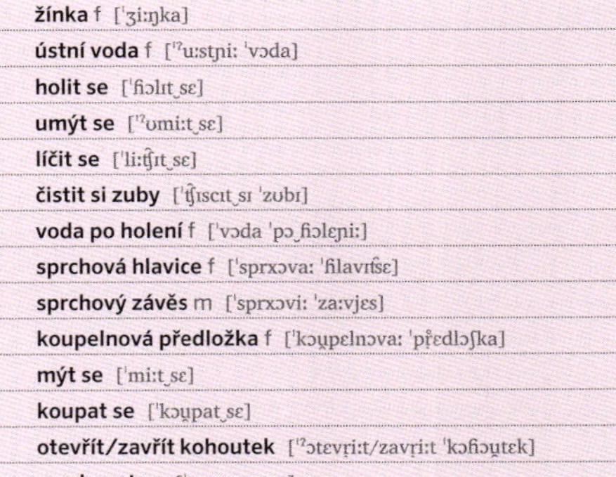

der Waschlappen	**žínka** f [ˈʒiːŋka]
das Mundwasser	**ústní voda** f [ˈʔuːstɲiː ˈvɔda]
sich rasieren	**holit se** [ˈɦɔlɪt͜sɛ]
sich frisch machen	**umýt se** [ˈʔʊmiːt͜sɛ]
sich schminken	**líčit se** [ˈliːt͡ʃɪt͜sɛ]
sich die Zähne putzen	**čistit si zuby** [ˈt͡ʃɪscɪt͜sɪ ˈzʊbɪ]
das Rasierwasser	**voda po holení** f [ˈvɔda ˈpɔ͜ɦɔlɛɲiː]
der Duschkopf	**sprchová hlavice** f [ˈsprxɔvaː ˈɦlavɪt͡sɛ]
der Duschvorhang	**sprchový závěs** m [ˈsprxɔviː ˈzaːvjɛs]
die Bademattte	**koupelnová předložka** f [ˈkɔu̯pɛlnɔvaː ˈpr̝ɛdlɔʃka]
sich waschen	**mýt se** [ˈmiːt͜sɛ]
baden	**koupat se** [ˈkɔu̯pat͜sɛ]
den Hahn auf-/zudrehen	**otevřít/zavřít kohoutek** [ˈʔɔtɛvr̝iːt/zavr̝iːt ˈkɔɦɔu̯tɛk]
duschen	**sprchovat se** [ˈsprxɔvat͜sɛ]

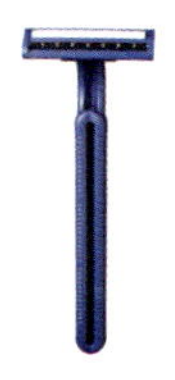

der Rasierer
holicí strojek m
[ˈɦɔlɪt͡siː ˈstrɔjɛk]

DAS HAUS – DŮM

Die Waschküche – Prádelna

die Waschmaschine
pračka f
[ˈpraʧka]

die Waschmittelkammer
přihrádka na prací prášek m
[ˈpřɪɦraːtka ˈna_praʦiː ˈpraːʃɛk]

der Frontlader
pračka s předním plněním f
[ˈpraʧka ˈs_přɛdɲiːm ˈplɲɛɲiːm]

der Wäschekorb
koš na prádlo m
[ˈkɔʃ ˈna_praːdlɔ]

die zusammengelegte Wäsche
složené prádlo n
[ˈslɔʒɛnɛː ˈpraːdlɔ]

die Wäscheleine
šňůra na prádlo f
[ˈʃɲuːra ˈna_praːdlɔ]

die Wäscheklammer
kolíček na prádlo m
[ˈkɔliːʧɛk ˈna_praːdlɔ]

der Fleckenentferner
odstraňovač skvrn m
[ˈˀɔtstraɲɔvaʧ ˈskvr̩n]

der Weichspüler
aviváž f
[ˈˀavɪvaːʃ]

das Bleichmittel
bělicí prostředek m
[ˈbjɛlɪʦiː ˈprɔstřɛdɛk]

das Waschpulver
prací prášek m
[ˈpraʦiː ˈpraːʃɛk]

das Bügeleisen
žehlička f
[ˈʒɛɦlɪʧka]

das Bügelbrett
žehlicí prkno n
[ˈʒɛɦlɪʦiː ˈpr̩knɔ]

die Waschmaschine füllen	**naplnit pračku** [ˈnapl̩ɲɪt ˈpraʧku]
die Wäsche waschen	**prát prádlo** [ˈpraːt ˈpraːdlɔ]
die Wäsche schleudern	**ždímat prádlo** [ˈʒɟiːmat ˈpraːdlɔ]
der Wäscheständer	**sušák na prádlo** m [ˈsuʃaːk ˈna_praːdlɔ]
der Wäschetrockner	**sušička** f [ˈsuʃɪʧka]
der Schmutzwäschekorb	**koš na špinavé prádlo** m [ˈkɔʃ_na_ˈʃpɪnavɛː ˈpraːdlɔ]
die Wäsche zum Trocknen aufhängen	**pověsit prádlo** [ˈpɔvjɛsɪt ˈpraːdlɔ]
bügeln	**žehlit** [ˈʒɛɦlɪt]

DAS HAUS – DŮM

Reinigungsartikel – Čisticí prostředky

das Reinigungsmittel
čisticí přípravek m
[ˈt͡ʃɪscɪt͡si: ˈpr̝i:pravɛk]

das Spülmittel
jar na nádobí m
[ˈjar ˈna͜na:dɔbi:]

die Bürste
štětka f
[ˈʃcɛtka]

die Sprühflasche
rozprašovač m
[ˈrɔspraʃɔvat͡ʃ]

der Gummiwischer
gumová stěrka f
[ˈgʊmɔva: ˈscɛrka]

die Kehrschaufel
lopatka na smetí f
[ˈlɔpatka ˈna͜smɛci:]

der Handfeger
smeták m
[ˈsmɛta:k]

der Wischmopp
mop m
[ˈmɔp]

der Schwamm
houbička f
[ˈɦɔu̯bɪt͡ʃka]

der Gummihandschuh
gumová rukavice f
[ˈgʊmɔva: ˈrʊkavɪt͡sɛ]

der Eimer
kbelík m
[ˈgbɛli:k]

der WC-Reiniger
tekutý čistič na WC m
[ˈtɛkʊti: ˈt͡ʃɪscɪt͡ʃ ˈna͜vɛ:t͡sɛ:]

schrubben	**drhnout** [ˈdr̩ɦnɔu̯t]
fegen	**zametat** [ˈzamɛtat]
polieren	**leštit** [ˈlɛʃcɪt]
putzen	**čistit** [ˈt͡ʃɪscɪt]
abwischen	**vytřít** [ˈvɪtr̝i:t]
der Staubsauger	**vysavač** m [ˈvɪsavat͡ʃ]
Staub saugen	**vysávat** [ˈvɪsa:vat]
der Staubwedel	**prachovka** f [ˈpraxɔfka]

die Wurzelbürste
rýžák m
[ˈri:ʒa:k]

DAS HAUS – DŮM

Die Heimwerkstatt – Dílna

die Handsäge
ruční pila f
[ˈrʊt͡ʃɲiː ˈpɪla]

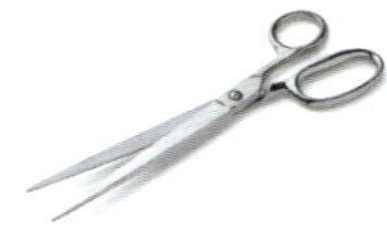

die Schere
nůžky pl
[ˈnuːʃkɪ]

die Schraube
šroub m
[ˈʃrɔu̯p]

die Mutter
matice f
[ˈmacɪt͡sɛ]

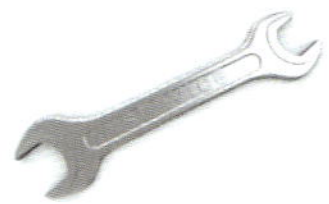

der Schrauben-schlüssel
klíč m
[ˈkliːt͡ʃ]

der Holzhammer
dřevěná palička f
[ˈdr̝ɛvjɛnaː ˈpalɪt͡ʃka]

die Rohrzange
hasák m
[ˈɦasaːk]

das Maßband
svinovací metr m
[ˈsvɪnɔvat͡siː ˈmɛtr̩]

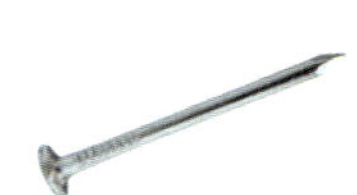

der Nagel
hřebík m
[ˈɦr̝ɛbiːk]

der Hammer
kladivo n
[ˈklaɟɪvɔ]

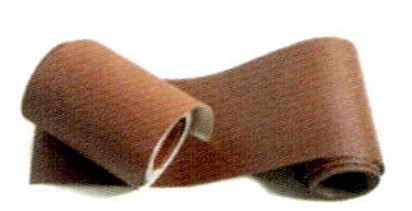

das Schleifpapier
smirkový papír m
[ˈsmɪrkɔviː ˈpapiːr]

die Wasserwaage
vodováha f
[ˈvɔdɔvaːɦa]

die Kombizange
kombinační kleště pl
[ˈkɔmbɪnat͡ʃɲiː ˈklɛʃcɛ]

der Schraubenzieher
šroubovák m
[ˈʃrɔu̯bɔvaːk]

die Bügelsäge
pilka na kov f
[ˈpɪlka ˈna‿kɔf]

das Teppichmesser
nůž na koberec m
[ˈnuːʃ ˈna‿kɔbɛrɛt͡s]

DAS HAUS – DŮM

Die Heimwerkstatt – Dílna

der Akkubohrer
akumulátorová vrtačka f
[ˈˀakʊmʊlaːtɔrɔvaː ˈvr̩tat͡ʃka]

der Akku
akumulátor m
[ˈˀakʊmʊlaːtɔr]

der Bohrer
vrták m
[ˈvr̩taːk]

der Elektrobohrer
elektrická vrtačka f
[ˈˀɛlɛktrɪt͡ska: ˈvr̩tat͡ʃka]

das Stemmeisen	**dláto** n [ˈdlaːtɔ]
die Nietenzange	**nýtovací kleště** pl [ˈniːtɔvat͡siː ˈklɛʃcɛ]
der Seitenschneider	**štípací kleště** pl [ˈʃciːpat͡siː ˈklɛʃcɛ]
das Sägeblatt	**čepel pro pilu** f [ˈˀt͡ʃɛpɛl ˈprɔ͜pɪlʊ]
schrauben	**šroubovat** [ˈʃrɔu̯bɔvat]
löten	**letovat** [ˈlɛtɔvat]
messen	**měřit** [ˈmɲɛr̝ɪt]
abschmirgeln	**osmirkovat** [ˈˀɔsmɪrkɔvat]
sägen	**řezat** [ˈr̝ɛzat]
schneiden	**krájet/stříhat** [ˈkraːjɛt/ˈstr̝iːɦat]
bohren	**vrtat** [ˈvr̩tat]
hämmern	**tlouct** [ˈtlɔu̯t͡st]
feilen	**pilovat** [ˈpɪlɔvat]
ausstemmen	**tesat** [ˈtɛsat]
nieten	**nýtovat** [ˈniːtɔvat]
streichen	**natírat** [ˈnaciːrat]
hobeln	**hoblovat** [ˈɦɔblɔvat]

die Klebepistole
lepicí pistole f
[ˈlɛpɪt͡siː ˈpɪstɔlɛ]

die Stichsäge
děrovka f
[ˈɟɛrɔfka]

der Bandschleifer
pásová bruska f
[ˈpaːsɔvaː ˈbrʊska]

die Kreissäge
kotoučová pila f
[ˈkɔtɔu̯t͡ʃɔvaː ˈpɪla]

DAS HAUS – DŮM

Die Heimwerkstatt – Dílna

der Müllbeutel
pytel na odpadky m
[ˈpɪtɛl ˈna͜ɔtpatkɪ]

das Mikrofasertuch
utěrka z mikrovlákna f
[ˈˀʊcɛrka ˈz͜mɪkrɔvla:kna]

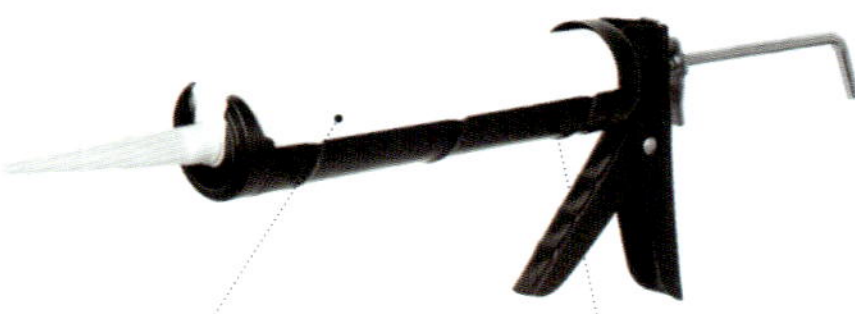

der Dichtstoff
těsnicí hmota f
[ˈcɛsɲɪt͡si: ˈɦmɔta]

die Kartuschenpistole
pistole pro utěsňování spár f
[ˈpɪstɔlɛ͜prɔ ˈˀʊcɛsɲɔva:ɲi: ˈspa:r]

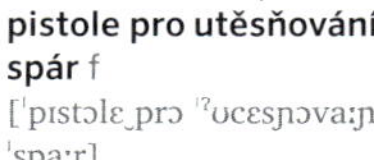

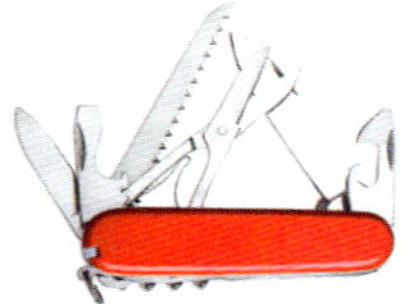

das Taschenmesser
kapesní nůž m
[ˈkapɛsɲi: ˈnu:ʃ]

der Werkzeugkasten
kufr na nářadí m
[ˈkʊfr na͜ˈna:r̝aɟi:]

die Werkbank
ponk m
[ˈpɔŋk]

der Inbus®-Schlüssel
imbusový klíč m
[ˈˀɪmbʊsɔvi: ˈkli:t͡ʃ]

der Besen
koště n
[ˈkɔʃcɛ]

die Schutzbrille
ochranné brýle pl
[ˈˀɔxranɛ: ˈbri:lɛ]

der Lötkolben
páječka f
[ˈpa:jɛt͡ʃka]

das Lötzinn
pájka f
[ˈpa:jka]

das Sperrholz	**překližka** f [ˈpr̝ɛklɪʃka]
die Spanplatte	**dřevotříska** f [ˈdr̝ɛvɔtr̝̊i:ska]
der Lack	**lak** m [ˈlak]
das Metall	**kov** m [ˈkɔf]
der rostfreie Stahl	**nerezová ocel** f [ˈnɛrɛzɔva: ˈˀɔt͡sɛl]
der Kunststoff	**plast** m [ˈplast]
der Draht	**drát** m [ˈdra:t]
das Holzbrett	**prkno** n [ˈpr̩knɔ]

DAS HAUS – DŮM

Renovieren – Renovace bytu

das Verdünnungsmittel
ředidlo n
[ˈrɛɟɪdlɔ]

der Acryllack
akrylový lak m
[ˈˀakrɪlɔviː ˈlak]

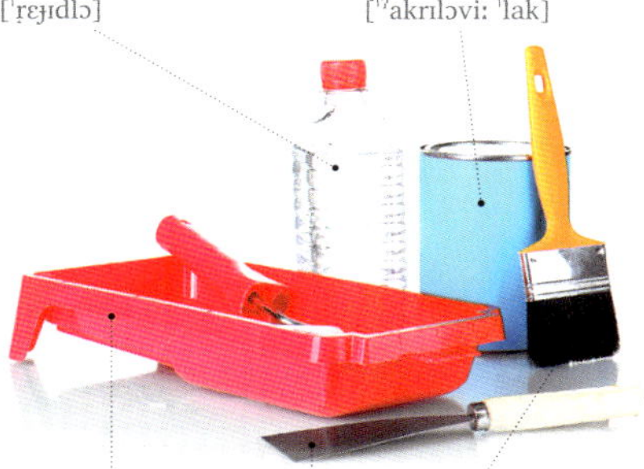

die Farbwanne
malířská miska f
[ˈmaliːr̝ska: ˈmɪska]

der Flachpinsel
plochý štětec m
[ˈplɔxiː ˈʃcɛtɛt͡s]

der/die Spachtel
špachtle f
[ˈʃpaxtlɛ]

der Farbroller
malířský váleček m
[ˈmaliːr̝skiː ˈvaːlɛt͡ʃɛk]

der Handwerker
řemeslník m
[ˈr̝ɛmɛsl̩ɲiːk]

die Leiter
žebřík m
[ˈʒɛbr̝iːk]

die Latzhose
montérky pl
[ˈmɔntɛːrkɪ]

die Farbdose
plechovka s barvou f
[ˈplɛxɔfka ˈz‿barvɔu̯]

tapezieren
tapetovat
[ˈtapɛtɔvat]

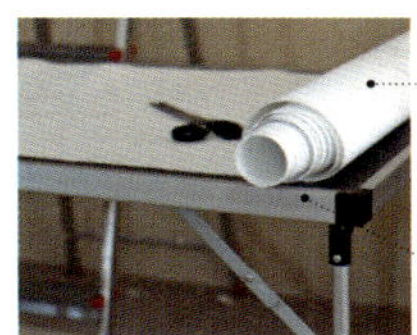

die Tapetenrolle
tapeta f
[ˈtapɛta]

der Tapeziertisch
tapetovací stůl m
[ˈtapɛtɔvat͡siː ˈstuːl]

die Farbe
barva f
[ˈbarva]

das Abdeckband
krycí lepicí páska f
[ˈkrɪt͡siː ˈlɛpɪt͡siː ˈpaːska]

kacheln	**kachličkovat** [ˈkaxlɪt͡ʃkɔvat]
verputzen	**omítnout** [ˈˀɔmiːtnɔu̯t]
spachteln	**vyplnit** [ˈvɪpl̩ɲɪt]
die Tapete entfernen	**stáhnout tapetu** [ˈstaːɦnɔu̯t ˈtapɛtu]
die Abdeckfolie	**zakrývací fólie** f [ˈzakriːvat͡siː ˈfɔːlɪjɛ]
die Spachtelmasse	**výplňový materiál** m [ˈviːpl̩ɲɔviː ˈmatɛrɪjaːl]
das Lösungsmittel	**rozpouštědlo** n [ˈrɔspɔu̯ʃcɛdlɔ]
das Versiegelungsmittel	**tmel** m [ˈtmɛl]

das Farbmuster
vzorkovnice barev f
[ˈvzɔrkɔvɲɪt͡sɛ ˈbarɛf]

DAS HAUS – DŮM

Strom und Heizung – Elektřina a topení

der Stromzähler
elektroměr m
[ˈʔɛlɛktrɔmɲɛr]

die Sicherung
pojistka f
[ˈpɔjɪstka]

der Heizkörper
radiátor m
[ˈradɪjaːtɔr]

der Kaminofen
krb m
[ˈkr̩p]

der Stecker
zástrčka f
[ˈzaːstr̩t͡ʃka]

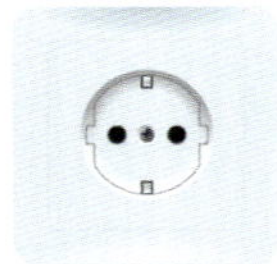

die Steckdose
elektrická zásuvka f
[ˈʔɛlɛktrɪt͡ska: ˈzaːsʊfka]

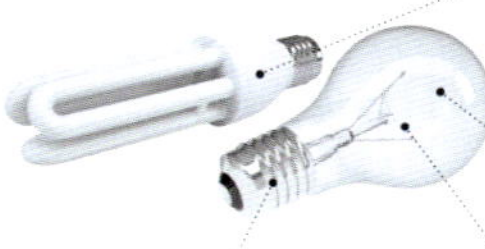

die Energiesparlampe
úsporná žárovka f
[ˈʔuːspɔrna: ˈʒaːrɔfka]

die Glühbirne
žárovka f
[ˈʒaːrɔfka]

der Lampensockel
patice žárovky f
[ˈpacɪt͡sɛ ˈʒaːrɔfkɪ]

der Glühfaden
žhavicí vlákno n
[ˈʒɦavɪt͡siː ˈvlaːknɔ]

das Verlängerungskabel
prodlužovací šňůra f
[ˈprɔdlʊʒɔvat͡siː ˈʃɲuːra]

der Schalter
vypínač m
[ˈvɪpiːnat͡ʃ]

die Mehrfachsteckdose
vícenásobná zásuvka f
[ˈviːt͡sɛnaːsɔbnaː ˈzaːsʊfka]

der Luftkanal	**vzduchové potrubí** n [ˈvzdʊxɔvɛː ˈpɔtrʊbiː]
die Heizung anschalten/ausschalten	**zapnout/vypnout topení** [ˈzapnɔu̯t/vɪpnɔu̯t ˈtɔpɛɲiː]
die erneuerbare Energie	**obnovitelná energie** f [ˈʔɔbnɔvɪtɛlnaː ˈʔɛnɛrgɪjɛ]
das Stromnetz	**elektrická síť** f [ˈʔɛlɛktrɪt͡skaː ˈsiːc]
die Stromstärke	**intenzita elektrického proudu** f [ˈʔɪntɛnzɪta ˈʔɛlɛktrɪt͡skɛːɦɔ ˈprɔu̯dʊ]
die Spannung	**napětí** n [ˈnapjɛciː]
die Solarheizung	**solární topení** n [ˈsɔlaːrɲiː ˈtɔpɛɲiː]
die Zentralheizung	**ústřední topení** n [ˈʔuːstr̝̊ɛdɲiː ˈtɔpɛɲiː]
die Fußbodenheizung	**podlahové topení** n [ˈpɔdlaɦɔvɛː ˈtɔpɛɲiː]
der Sicherungskasten	**pojistková skříň** f [ˈpɔjɪstkɔvaː ˈskr̝̊iːɲ]
die Leitung	**elektrické vedení** n [ˈʔɛlɛktrɪt͡skɛː ˈvɛdɛɲiː]
das Ampere	**ampér** m [ˈʔampɛːr]
das Watt	**watt** m [ˈvat]
das Volt	**volt** m [ˈvɔlt]
der Adapter	**adaptér** m [ˈʔadaptɛːr]
die Erdung	**uzemnění** n [ˈʔʊzɛmɲɛɲiː]

DER GARTEN – ZAHRADA

die Terrasse
terasa f
[ˈtɛrasa]

der Gartenteich
zahradní jezírko n
[ˈzaɦradɲiː ˈjɛziːrkɔ]

der Gartenweg
zahradní cesta f
[ˈzaɦradɲiː ˈt͡sɛsta]

der Gemüsegarten
zeleninová zahrada f
[ˈzɛlɛɲɪnɔvaː ˈzaɦrada]

die Küchenkräuter
kuchyňské byliny pl
[ˈkuxɪɲskɛː ˈbɪlɪnɪ]

das Gewächshaus
zahradní skleník m
[ˈzaɦradɲiː ˈsklɛɲiːk]

das Gartenhaus
zahradní domek m
[ˈzaɦradɲiː ˈdɔmɛk]

das Blumenbeet
květinový záhon m
[ˈkvjɛtɪnɔviː ˈzaːɦɔn]

die Gartenbank
zahradní lavice f
[ˈzaɦradɲiː ˈlavɪt͡sɛ]

die Gartenmöbel
zahradní nábytek m
[ˈzaɦradɲiː ˈnaːbɪtɛk]

die Gartenmauer
zahradní zídka f
[ˈzaɦradɲiː ˈziːtka]

der Dachgarten
střešní zahrada f
[ˈstr̝̊ɛʃɲiː ˈzaɦrada]

der Komposter
kompostér m
[ˈkɔmpɔstɛːr]

der Steingarten
skalka f
[ˈskalka]

der Gartenzaun
zahradní plot m
[ˈzaɦradɲiː ˈplɔt]

die Hecke
živý plot m
[ˈʒɪviː ˈplɔt]

DER GARTEN – ZAHRADA

Gartengeräte – Zahradnické nářadí

die Rosenschere
zahradnické nůžky pl
[ˈzaɦradɲɪt͡skɛː ˈnuːʃkɪ]

der Gartenschlauch
zahradní hadice f
[ˈzaɦradɲiː ˈɦaɲɪt͡sɛ]

die Topfpflanze
hrnková rostlina f
[ˈɦrŋkɔvaː ˈrɔstlɪna]

die Blumenkelle
zahradní lopatka f
[ˈzaɦradɲiː ˈlɔpatka]

der Laubrechen
hrábě na listí pl
[ˈɦraːbjɛ ˈna‿lɪsciː]

der Spaten
rýč m
[ˈriːt͡ʃ]

der Handrechen
ruční hrábě pl
[ˈrʊt͡ʃɲiː ˈɦraːbjɛ]

die Gießkanne
kropicí konev f
[ˈkrɔpɪt͡siː ˈkɔnɛf]

der Gartenhandschuh
zahradnická rukavice f
[ˈzaɦradɲɪt͡skaː ˈrʊkavɪt͡sɛ]

der Rasenmäher
sekačka na trávu f
[ˈsɛkat͡ʃka ˈna‿traːvʊ]

der Rasentrimmer
strunová sekačka f
[ˈstrʊnɔvaː ˈsɛkat͡ʃka]

der Rechen
hrábě pl
[ˈɦraːbjɛ]

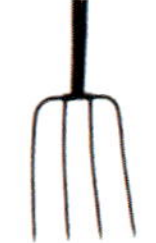

die Mistgabel
vidle pl
[ˈvɪdlɛ]

die Schubkarre
kolečko n
[ˈkɔlɛt͡ʃkɔ]

die Heckenschere
nůžky na živý plot pl
[ˈnuːʃkɪ ˈna‿ʒiviː ˈplɔt]

die Hacke
motyka f
[ˈmɔtɪka]

der Rasensprenger
zavlažovač m
[ˈzavlaʒɔvat͡ʃ]

DER GARTEN – ZAHRADA

Die Gartenarbeit – Práce na zahrádce

Rollrasen verlegen
položit travní koberec
[ˈpɔlɔʒɪt ˈtravɲiː ˈkɔbɛrɛt͡s]

den Rasen sprengen
pokropit trávník
[ˈpɔkrɔpɪt ˈtraːvɲiːk]

das Laub rechen
hrabat listí
[ˈɦrabat ˈlɪsciː]

pflanzen
zasadit
[ˈzasaɟɪt]

stutzen
zkrátit
[ˈskraːcɪt]

den Rasen mähen
sekat trávník
[ˈsɛkat ˈtraːvɲiːk]

Unkraut jäten
plít
[ˈpliːt]

umgraben
rýt
[ˈriːt]

zurückschneiden
prostříhat strom
[ˈprɔstr̝iːɦat ˈstrɔm]

pflücken
česat
[ˈt͡ʃɛsat]

säen
zasít
[ˈzasiːt]

spritzen
postříkat
[ˈpɔstr̝iːkat]

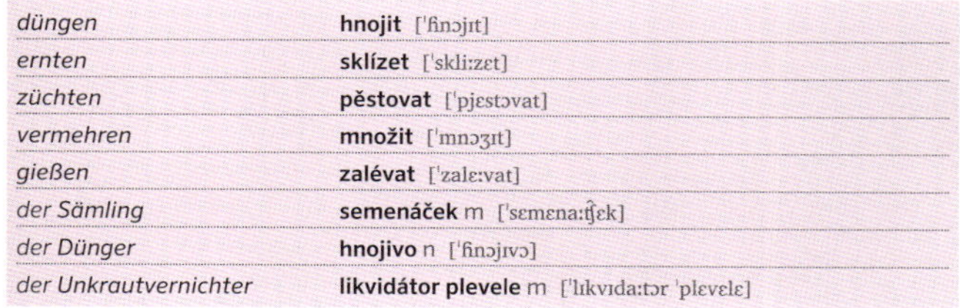

düngen	**hnojit** [ˈɦnɔjɪt]
ernten	**sklízet** [ˈskliːzɛt]
züchten	**pěstovat** [ˈpjɛstɔvat]
vermehren	**množit** [ˈmnɔʒɪt]
gießen	**zalévat** [ˈzalɛːvat]
der Sämling	**semenáček** m [ˈsɛmɛnaːt͡ʃɛk]
der Dünger	**hnojivo** n [ˈɦnɔjɪvɔ]
der Unkrautvernichter	**likvidátor plevele** m [ˈlɪkvɪdaːtɔr ˈplɛvɛlɛ]

eintopfen
zasadit do květináče
[ˈzasaɟɪt ˈdɔ‿kvjɛcɪnaːt͡ʃɛ]

ESSEN UND TRINKEN

JÍDLA A NÁPOJE

TIERISCHE PRODUKTE – ŽIVOČIŠNÉ PRODUKTY

Fleisch – Maso

das Lammfleisch
jehněčí maso n
[ˈjɛɦɲɛt͡ʃiː ˈmasɔ]

das Rindfleisch
hovězí maso n
[ˈɦɔvjɛziː ˈmasɔ]

das Steak
steak m
[ˈstɛjk]

das Schweinefleisch
vepřové maso n
[ˈvɛpr̝̊ɔvɛː ˈmasɔ]

das Filet
filé n
[ˈfɪlɛː]

das Kalbfleisch
telecí maso n
[ˈtɛlɛt͡siː ˈmasɔ]

die Keule
plec f
[ˈplɛt͡s]

das Kotelett
kotleta f
[ˈkɔtlɛta]

die Leber
játra pl
[ˈjaːtra]

die Niere
ledvina f
[ˈlɛdvɪna]

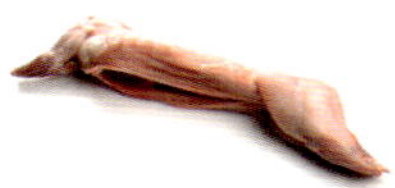

das Kaninchen
králičí maso n
[ˈkraːlɪt͡ʃiː ˈmasɔ]

der Schinken
šunka f
[ˈʃʊŋka]

das Hackfleisch
mleté maso n
[ˈmlɛtɛː ˈmasɔ]

die Wurst
párek m
[ˈpaːrɛk]

der Aufschnitt
nářez m
[ˈnaːr̝ɛs]

die Salami
salám m
[ˈsalaːm]

TIERISCHE PRODUKTE – ŽIVOČIŠNÉ PRODUKTY

Geflügel – Drůbež

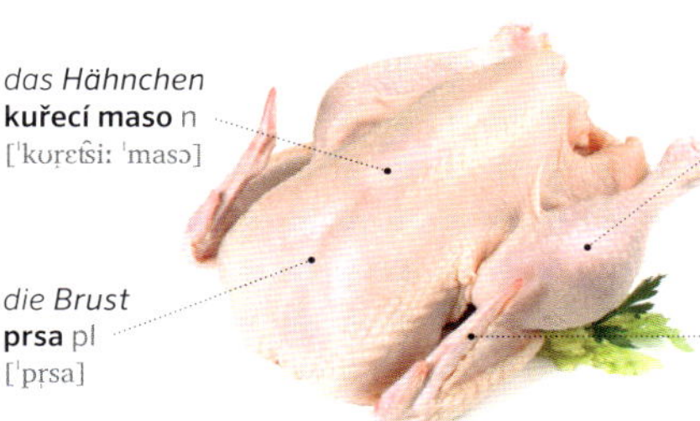

das Hähnchen
kuřecí maso n
[ˈkʊr̝ɛt͡siː ˈmasɔ]

die Brust
prsa pl
[ˈpr̩sa]

der Schenkel
stehno n
[ˈstɛɦnɔ]

der Flügel
křídlo n
[ˈkr̝̊iːdlɔ]

die Hähnchenkeule
kuřecí stehýnko n
[ˈkʊr̝ɛt͡siː ˈstɛɦiːŋkɔ]

die Ente
kachna f
[ˈkaxna]

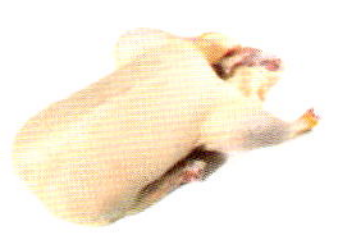

das Entenfleisch
kachní maso n
[ˈkaxɲiː ˈmasɔ]

die Gans
husa f
[ˈɦʊsa]

das Gänsefleisch
husí maso n
[ˈɦʊsiː ˈmasɔ]

die Wachtel
křepelka f
[ˈkr̝̊ɛpɛlka]

das Wachtelfleisch
křepelčí maso n
[ˈkr̝̊ɛpɛlt͡ʃiː ˈmasɔ]

die Pute
krůta f
[ˈkruːta]

das Putenfleisch
krůtí maso n
[ˈkruːciː ˈmasɔ]

das Bioprodukt	**bioprodukt** m [ˈbɪjɔˌprɔdʊkt]
die Innereien	**vnitřnosti** pl [ˈvɲɪtr̝̊nɔscɪ]
mariniert	**marinovaný** [ˈmarɪnɔvaniː]
geräuchert	**uzený** [ˈʔʊzɛniː]
gepökelt	**konzervovaný v soli** [ˈkɔnzɛrvɔvaniː ˈf‿sɔlɪ]
braten	**péct** [ˈpɛːt͡st]
schmoren	**dusit** [ˈdʊsɪt]
grillen	**grilovat** [ˈgrɪlɔvat]

aus Freilandhaltung
z volného chovu
[ˈz‿vɔlnɛːɦɔ ˈxɔvʊ]

TIERISCHE PRODUKTE – ŽIVOČIŠNÉ PRODUKTY

Fisch – Ryby

die Forelle
pstruh m
[ˈpstrʊx]

der Karpfen
kapr m
[ˈkapr̩]

der Zander
candát m
[ˈt͡sandaːt]

der Seeteufel
mořský ďas m
[ˈmɔr̝̊skiː ˈɟas]

die Makrele
makrela f
[ˈmakrɛla]

die Seezunge
mořský jazyk m
[ˈmɔr̝̊skiː ˈjazɪk]

die Sardine
sardinka f
[ˈsardɪŋka]

die Scholle
platýs m
[ˈplatiːs]

der Aal
úhoř m
[ˈʔuːɦɔr̝̊]

der Thunfisch
tuňák m
[ˈtʊɲaːk]

der Kabeljau
treska f
[ˈtrɛska]

der Seebarsch
mořský okoun m
[ˈmɔr̝̊skiː ˈʔɔkoʊ̯n]

der Lachs
losos m
[ˈlɔsɔs]

der Heilbutt
halibut m
[ˈɦalɪbʊt]

der Fischrogen
kaviár m
[ˈkavɪjaːr]

das Fischsteak
plátek ryby m
[ˈplaːtɛk ˈrɪbɪ]

TIERISCHE PRODUKTE – ŽIVOČIŠNÉ PRODUKTY

Meeresfrüchte – Mořské plody

die Garnele
kreveta f
[ˈkrɛvɛta]

der Hummer
humr m
[ˈɦʊmr̩]

der Krebs
krab m
[ˈkrap]

der Flusskrebs
rak říční m
[ˈrak ˈr̝̊iːt͡ʃɲiː]

die Miesmuschel
slávka jedlá f
[ˈslaːfka ˈjɛdlaː]

die Kammmuschel
hřebenatka f
[ˈɦr̝̊ɛbɛnatka]

die Venusmuschel
venuška jedlá f
[ˈvɛnʊʃka ˈjɛdlaː]

die Herzmuschel
srdcovka f
[ˈsr̩t͡sɔfka]

die Auster
ústřice f
[ˈʔuːstr̝̊ɪt͡sɛ]

der Tintenfisch
sépie f
[ˈsɛːpɪjɛ]

der Krake
chobotnice f
[ˈxɔbɔtɲɪt͡sɛ]

der Räucherfisch
uzená ryba f
[ˈʔʊzɛnaː ˈrɪba]

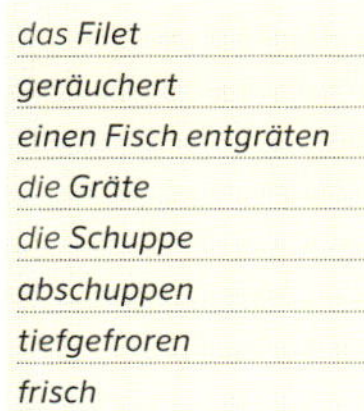

das Filet	**filé** n [ˈfɪlɛː]
geräuchert	**uzený** [ˈʔʊzɛniː]
einen Fisch entgräten	**vykostit rybu** [ˈvɪkɔscɪt ˈrɪbʊ]
die Gräte	**rybí kost** f [ˈrɪbiː ˈkɔst]
die Schuppe	**šupina** f [ˈʃʊpɪna]
abschuppen	**oškrábat šupiny** [ˈʔɔʃkraːbat ˈʃʊpɪnɪ]
tiefgefroren	**mražený** [ˈmraʒɛniː]
frisch	**čerstvý** [ˈt͡ʃɛrstviː]

der Dosenfisch
rybí konzerva f
[ˈrɪbiː ˈkɔnzɛrva]

TIERISCHE PRODUKTE – ŽIVOČIŠNÉ PRODUKTY

Milchprodukte und Eier – Mléčné výrobky a vejce

die Sahne
smetana f
[ˈsmɛtana]

die Milch
mléko n
[ˈmlɛːkɔ]

der Hüttenkäse
bílý hrudkovitý sýr m
[ˈbiːliː ˈɦrʊtkɔvɪtiː ˈsɪːr]

der Ziegenkäse
kozí sýr m
[ˈkɔziː ˈsɪːr]

der Quark
tvaroh m
[ˈtvarɔx]

der Joghurt
jogurt m
[ˈjɔɡʊrt]

der Brie
brie m
[ˈbriː]

der Gorgonzola
gorgonzola f
[ˈɡɔrɡɔnzɔla]

der Feta
feta f
[ˈfɛta]

das Hühnerei
slepičí vejce n
[ˈslɛpɪt͡ʃiː ˈvɛjt͡sɛ]

die Eierschale
skořápka f
[ˈskɔr̝aːpka]

das Eiweiß
bílek m
[ˈbiːlɛk]

das Eigelb
žloutek m
[ˈʒlɔu̯tɛk]

das Wachtelei
křepelčí vejce n
[ˈkr̝ɛpɛlt͡ʃiː ˈvɛjt͡sɛ]

das Gänseei
husí vejce n
[ˈɦʊsiː ˈvɛjt͡sɛ]

TIERISCHE PRODUKTE – ŽIVOČIŠNÉ PRODUKTY

Milchprodukte und Eier – Mléčné výrobky a vejce

der Eierkarton
krabička na vajíčka f
[ˈkrabɪt͡ʃka ˈna‿vajiːt͡ʃka]

die Butter
máslo n
[ˈmaːslɔ]

der Parmesan
parmezán m
[ˈparmɛzaːn]

der Emmentaler
ementál m
[ˈʔɛmɛntaːl]

der Cheddar
čedar m
[ˈt͡ʃɛdar]

der Raclettekäse
raclette m
[ˈraklɛt]

der Camembert
camembert m
[ˈkamaŋbɛːr]

der Gouda
gouda f
[ˈgɔu̯da]

der Mozzarella
mozzarella f
[ˈmɔt͡sarɛla]

der geriebene Käse
strouhaný sýr m
[ˈstrɔu̯ɦaniː ˈsɪːr]

die Buttermilch
podmáslí n
[ˈpɔdmaːsliː]

der Frischkäse
nezrající sýr m
[ˈnɛzrajiːt͡siː ˈsɪːr]

die Kuhmilch	**kravské mléko** n [ˈkrafskɛː ˈmlɛːkɔ]
die Ziegenmilch	**kozí mléko** n [ˈkɔziː ˈmlɛːkɔ]
die laktosefreie Milch	**mléko bez laktózy** n [ˈmlɛːkɔ ˈbɛz‿laktɔːzɪ]
die Sojamilch	**sójové mléko** n [ˈsɔːjɔvɛː ˈmlɛːkɔ]
homogenisiert	**homogenizovaný** [ˈɦɔmɔgɛnɪzɔvaniː]
pasteurisiert	**pasterizovaný** [ˈpastɛrɪzɔvaniː]
fettarm	**nízkotučný** [ˈɲiːskɔtut͡ʃniː]
die Vollmilch	**plnotučné mléko** n [ˈpl̩nɔtut͡ʃnɛː ˈmlɛːkɔ]

die Kondensmilch
kondenzované mléko n
[ˈkɔndɛnzɔvanɛː ˈmlɛːkɔ]

GEMÜSE – ZELENINA

die/der Trüffel
lanýž m
[ˈlaniːʃ]

der Champignon
žampion m
[ˈʒampɪjɔːn]

der Steinpilz
hřib m
[ˈɦr̝ɪp]

der Pfifferling
liška f
[ˈlɪʃka]

der Spargel
chřest m
[ˈxr̝̊ɛst]

der Kohlrabi
kedlubna f
[ˈkɛdlʊbna]

der Rhabarber
rebarbora f
[ˈrɛbarbɔra]

der Mangold
mangold m
[ˈmaŋgɔlt]

der Fenchel
fenykl m
[ˈfɛnɪkl̩]

der/die Stangensellerie
řapíkatý celer m
[ˈr̝apiːkatiː ˈt͡sɛlɛr]

die Artischocke
artyčok m
[ˈʔartɪt͡ʃɔk]

die Kresse
řeřicha f
[ˈr̝ɛr̝ɪxa]

die Brunnenkresse
potočnice f
[ˈpɔtɔt͡ʃɲɪt͡sɛ]

das Blatt	**list** m [ˈlɪst]
der Strunk	**košťál** m [ˈkɔʃcaːl]
das Röschen	**růžička** f [ˈruːʒɪt͡ʃka]
das Herz	**střed** m [ˈstr̝̊ɛt]
die Spitze	**špička** f [ˈʃpɪt͡ʃka]
das gedämpfte Gemüse	**zelenina vařená v páře** f [ˈzɛlɛɲɪna ˈvar̝ɛnaː ˈf‿paːr̝ɛ]
aus biologischem Anbau	**z biologického pěstování** [ˈz‿bɪjɔlɔgɪt͡skɛːɦɔ ˈpjɛstɔvaːɲiː]
aus heimischer Produktion	**z místní produkce** [ˈz‿miːstɲiː ˈprɔdʊkt͡sɛ]

GEMÜSE – ZELENINA

Wurzelgemüse – Kořenová zelenina

die Süßkartoffel
sladká brambora f
[ˈslatkaː ˈbrambɔra]

die Karotte
mrkev f
[ˈmr̩kɛf]

die Kartoffel
brambora f
[ˈbrambɔra]

die Schalotte
šalotka f
[ˈʃalɔtka]

die rote Zwiebel
červená cibule f
[ˈt͡ʃɛrvɛnaː ˈt͡sɪbʊlɛ]

die Pastinake
pastinák m
[ˈpastɪnaːk]

der Knoblauch
česnek m
[ˈt͡ʃɛsnɛk]

die Rübe
řepa f
[ˈr̝ɛpa]

die Zwiebel
cibule f
[ˈt͡sɪbʊlɛ]

das Radieschen
ředkvička f
[ˈr̝ɛtkvɪt͡ʃka]

die Frühlingszwiebel
jarní cibulka f
[ˈjarɲiː ˈt͡sɪbʊlka]

die Rote Bete
červená řepa f
[ˈt͡ʃɛrvɛnaː ˈr̝ɛpa]

die Knoblauchzehe	**stroužek česneku** m [ˈstrɔu̯ʒɛk ˈt͡ʃɛsnɛku]
die Knoblauchknolle	**hlavička česneku** f [ˈɦlavɪt͡ʃka ˈt͡ʃɛsnɛku]
die Wurzel	**kořen** m [ˈkɔr̝ɛn]
bitter	**hořký** [ˈɦɔr̝kiː]
roh	**syrový** [ˈsɪrɔviː]
scharf	**pálivý** [ˈpaːlɪviː]
mehligkochend	**moučnaté (brambory)** [ˈmɔu̯t͡ʃnatɛː ˈbrambɔrɪ]
festkochend	**(brambory) s pevnou dužinou** [ˈbrambɔrɪ ˈs‿pɛvnɔu̯ ˈdʊʒɪnɔu̯]

der Lauch
pórek m
[ˈpɔːrɛk]

GEMÜSE – ZELENINA

Blattgemüse – Listová zelenina

der Brokkoli
brokolice f
[ˈbrɔkɔlɪt͡sɛ]

der Rotkohl
červené zelí n
[ˈt͡ʃɛrvɛnɛː ˈzɛliː]

der Wirsing
hlávková kapusta f
[ˈɦlaːfkɔvaː ˈkapʊsta]

der Rosenkohl
růžičková kapusta f
[ˈruːʒɪt͡ʃkɔvaː ˈkapʊsta]

der Blumenkohl
květák m
[ˈkvjɛtaːk]

der Weißkohl
bílé zelí n
[ˈbiːlɛː ˈzɛliː]

der Kopfsalat
hlávkový salát m
[ˈɦlaːfkɔviː ˈsalaːt]

der Eisbergsalat
ledový salát m
[ˈlɛdɔviː ˈsalaːt]

der Römersalat
římský salát m
[ˈr̝iːmskiː ˈsalaːt]

der/die Chicorée
čekanka obecná f
[ˈt͡ʃɛkaŋka ˈˀɔbɛt͡snaː]

der Feldsalat
polníček m
[ˈpɔlɲiːt͡ʃɛk]

der Spinat
špenát m
[ˈʃpɛnaːt]

der Rucola
rukola f
[ˈrʊkɔla]

der Endiviensalat
čekanka listová f
[ˈt͡ʃɛkaŋka ˈlɪstɔvaː]

GEMÜSE – ZELENINA

Fruchtgemüse – Plodová zelenina

der/die Paprika
paprika f
[ˈpaprɪka]

die Zucchini
cuketa f
[ˈt͡sʊkɛta]

die Aubergine
lilek m
[ˈlɪlɛk]

die Tomate
rajče n
[ˈrajt͡ʃɛ]

die Kirschtomate
cherry rajče n
[ˈʃɛrɪ ˈrajt͡ʃɛ]

die Olive
oliva f
[ˈʔɔlɪva]

die Okraschote
okra f
[ˈʔɔkra]

die Chilischote
feferonka f
[ˈfɛfɛrɔŋka]

die Avocado
avokádo n
[ˈʔavɔka:dɔ]

die Gurke
okurka f
[ˈʔɔkʊrka]

der Kürbis
dýně f
[ˈdi:ɲɛ]

der Butternusskürbis
muškátová tykev f
[ˈmʊʃka:tɔva: ˈtɪkɛf]

schälen	**loupat** [ˈlɔu̯pat]
schneiden	**krájet** [ˈkra:jɛt]
roh	**syrový** [ˈsɪrɔvi:]
gekocht	**vařený** [ˈvar̝ɛni:]
gegart	**uvařený** [ˈʔʊvar̝ɛni:]
das Püree	**kaše** f [ˈkaʃɛ]
püriert	**rozšlehaný na kaši** [ˈrɔsʃlɛɦani: ˈna‿kaʃɪ]
braten	**smažit** [ˈsmaʒɪt]

der Mais
kukuřice f
[ˈkʊkʊr̝ɪt͡sɛ]

GEMÜSE – ZELENINA

Hülsenfrüchte – Luštěniny

die grüne Linse
zelená čočka f
[ˈzɛlɛnaː ˈt͡ʃɔt͡ʃka]

die Ackerbohne
bob obecný m
[ˈbɔp ˈʔɔbɛt͡sniː]

die schwarze Bohne
černá fazole f
[ˈt͡ʃɛrnaː ˈfazɔlɛ]

die Gartenerbse
hrách setý m
[ˈɦraːx ˈsɛtiː]

die Kichererbse
cizrna f
[ˈt͡sɪzr̩na]

die rote Linse
červená čočka f
[ˈt͡ʃɛrvɛnaː ˈt͡ʃɔt͡ʃka]

die grüne Bohne
zelená fazole f
[ˈzɛlɛnaː ˈfazɔlɛ]

die Zuckererbse
hrách cukrový m
[ˈɦraːx ˈt͡sʊkrɔviː]

die Kidneybohne
kidney fazole f
[ˈkɪdnɪ ˈfazɔlɛ]

die Limabohne
měsíční fazole f
[ˈmɲɛsiːt͡ʃɲiː ˈfazɔlɛ]

die Tellerlinse
hnědá čočka f
[ˈɦɲɛdaː ˈt͡ʃɔt͡ʃka]

die Hülse	**lusk** m [ˈlʊsk]
der Kern	**pecka** n [ˈpɛt͡ska]
die Schote	**šešule** f [ˈʃɛʃʊlɛ]
der Samen	**semínko** n [ˈsɛmiːŋkɔ]
die Sojasprossen	**sójové klíčky** pl [ˈsɔːjɔvɛː ˈkliːt͡ʃkɪ]
die Sojabohne	**sójový bob** m [ˈsɔːjɔviː ˈbɔp]
die Mungobohne	**mungo fazole** f [ˈmʊŋgɔ ˈfazɔlɛ]
die Schwarzaugenbohne	**fazole černé oko** f [ˈfazɔlɛ ˈt͡ʃɛrnɛː ˈʔɔkɔ]

OBST – OVOCE

Beeren und Steinobst – Bobule a peckovice

die Erdbeere
jahoda f
['jaɦɔda]

die Brombeere
ostružina f
['ˀɔstrʊʒɪna]

die Himbeere
malina f
['malɪna]

die Heidelbeere
borůvka f
['bɔru:fka]

die roten Johannisbeeren
červený rybíz m
['t͡ʃɛrvɛni: 'rɪbi:s]

die schwarzen Johannisbeeren
černý rybíz m
['t͡ʃɛrni: 'rɪbi:s]

die Weintraube
hroznové víno n
['ɦrɔznɔvɛ: 'vi:nɔ]

die Stachelbeere
angrešt m
['ˀaŋgrɛʃt]

die Preiselbeere
brusinka f
['brʊsɪŋka]

die Kirsche
třešeň f
['tr̝̊ɛʃɛɲ]

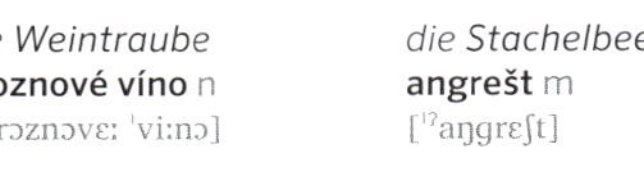

die Holunderbeere
bezinka f
['bɛzɪŋka]

der Pfirsich
broskev f
['brɔskɛf]

die Nektarine
nektarinka f
['nɛktarɪŋka]

die Zwetschge
švestka f
['ʃvɛstka]

die Aprikose
meruňka f
['mɛrʊɲka]

der Apfel
jablko n
['jabl̩kɔ]

die Birne
hruška f
['ɦrʊʃka]

die Quitte
kdoule f
['gdɔu̯lɛ]

OBST – OVOCE

Exotische Früchte – Exotické ovoce

die Feige
fík m
[ˈfiːk]

die Birnenmelone
pepino n
[ˈpɛpɪnɔ]

die Physalis
mochyně f
[ˈmɔxɪɲɛ]

die Litschi
liči n
[ˈlɪt͡ʃɪ]

die Sternfrucht
karambola f
[ˈkarambɔla]

die Ananasguave
fejchoa f
[ˈfɛjt͡ʃɔa]

die Papaya
papája f
[ˈpapaːja]

die Cherimoya
čerimoja f
[ˈt͡ʃɛrɪmɔja]

die Passionsfrucht
marakuja f
[ˈmarakʊja]

die Mangostanfrucht
mangostan m
[ˈmaŋgɔstan]

der Granatapfel
granátové jablko n
[ˈgranaːtɔvɛː ˈjabl̩kɔ]

die Kiwano
kiwano n
[ˈkɪvanɔ]

die Rambutan
rambutan m
[ˈrambʊtan]

die Drachenfrucht
pitahaya f
[ˈpɪtaɦaja]

die Ananas
ananas m
[ˈʔananas]

die Guave
kvajáva f
[ˈkvajaːva]

die Banane
banán m
[ˈbanaːn]

die Kiwi
kivi n
[ˈkɪvɪ]

die Mango
mango n
[ˈmaŋgɔ]

die Kokosnuss
kokosový ořech m
[ˈkɔkɔsɔviː ˈʔɔr̝ɛx]

OBST – OVOCE

Zitrusfrüchte und Melonen – Citrusové ovoce a melouny

die Orange
pomeranč m
[ˈpɔmɛranʧ͡]

die Limette
limetka f
[ˈlɪmɛtka]

geschält
oloupaný
[ˈʔɔlɔu̯paniː]

die Clementine
klementinka f
[ˈklɛmɛntɪŋka]

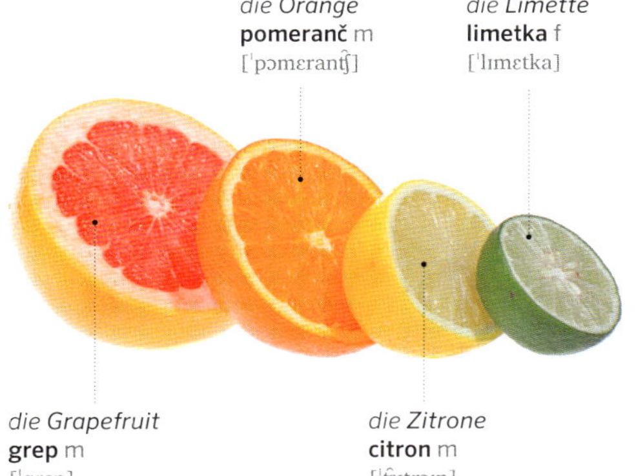

die Grapefruit
grep m
[ˈgrɛp]

die Zitrone
citron m
[ˈt͡sɪtrɔːn]

der Schnitz
dílek m
[ˈɟiːlɛk]

die Schale
slupka f
[ˈslʊpka]

die Zuckermelone
cukrový meloun m
[ˈt͡sʊkrɔviː ˈmɛlɔu̯n]

die Honigmelone
medový meloun m
[ˈmɛdɔviː ˈmɛlɔu̯n]

die Wassermelone
vodní meloun m
[ˈvɔdɲiː ˈmɛlɔu̯n]

die Blutorange
červený pomeranč m
[ˈt͡ʃɛrvɛniː ˈpɔmɛranʧ͡]

kernlos	**bez jadýrek** [ˈbɛz jadiːrɛk]
saftig	**šťavnatý** [ˈʃcavnatiː]
knackig	**křupavý** [ˈkr̝̊ʊpaviː]
das Kerngehäuse	**jádro** n [ˈjaːdrɔ]
sauer	**kyselý** [ˈkɪsɛliː]
reif	**zralý** [ˈzraliː]
frisch	**čerstvý** [ˈt͡ʃɛrstviː]
faulig	**shnilý** [ˈsxɲiliː]

die Kumquat
kumkvat m
[ˈkʊmkvat]

OBST – OVOCE

Nüsse und Trockenobst – Ořechy a sušené ovoce

der Cashewkern
kešu oříšek m
[ˈkɛʃʊ ˈʔɔr̝iːʃɛk]

die Mandel
mandle f
[ˈmandlɛ]

die Kastanie
jedlý kaštan m
[ˈjɛdliː ˈkaʃtan]

die Walnuss
vlašský ořech m
[ˈvlaʃskiː ˈʔɔr̝ɛx]

die Haselnuss
lískový ořech m
[ˈliːskɔviː ˈʔɔr̝ɛx]

die Erdnuss
burský oříšek m
[ˈbʊrskiː ˈʔɔr̝iːʃɛk]

die Pekannuss
pekanový ořech m
[ˈpɛkanɔviː ˈʔɔr̝ɛx]

die Macadamianuss
makadamiový ořech m
[ˈmakadamɪjɔviː ˈʔɔr̝ɛx]

der Pinienkern
piniový oříšek m
[ˈpɪnɪjɔviː ˈʔɔr̝iːʃɛk]

die Rosine
hrozinka f
[ˈɦrɔzɪŋka]

die Sultanine
sultánka f
[ˈsʊltaːŋka]

die Backpflaume
sušená švestka f
[ˈsʊʃɛnaː ˈʃvɛstka]

die Dattel
datle f
[ˈdatlɛ]

die Paranuss	**paraořech** m [ˈparaˌɔr̝ɛx]
die Pistazie	**pistácie** f [ˈpɪstaːt͡sɪjɛ]
geröstet	**opražený** [ˈʔɔpraʒɛniː]
gesalzen	**solený** [ˈsɔlɛniː]
das Studentenfutter	**studentská směs** f [ˈstʊdɛnt͡skaː ˈsmɲɛs]
der Nussknacker	**louskáček** m [ˈlɔu̯skaːt͡ʃɛk]
die Nussschale	**ořechová skořápka** f [ˈʔɔr̝ɛxɔvaː ˈskɔr̝aːpka]
eine Nuss knacken	**rozlousknout ořech** [ˈrɔzlɔu̯sknɔu̯t ˈʔɔr̝ɛx]

KRÄUTER UND GEWÜRZE – BYLINKY A KOŘENÍ

Kräuter – Bylinky

der Lavendel
levandule f
[ˈlɛvandulɛ]

der Estragon
estragon m
[ˈʔɛstragɔn]

der Oregano
oregano n
[ˈʔɔrɛgaːnɔ]

das/der Liebstöckel
libeček m
[ˈlɪbɛt͡ʃɛk]

der Salbei
šalvěj f
[ˈʃalvjɛj]

die Minze
máta f
[ˈmaːta]

der Majoran
majoránka f
[ˈmajɔraːŋka]

der Rosmarin
rozmarýn m
[ˈrɔzmariːn]

das Basilikum
bazalka f
[ˈbazalka]

die Petersilie
petržel f
[ˈpɛtr̝ʒɛl]

der Thymian
tymián m
[ˈtɪmɪjaːn]

der Koriander
koriandr m
[ˈkɔrɪjandr̩]

der Schnittlauch
pažitka f
[ˈpaʒɪtka]

der Fenchel
fenykl m
[ˈfɛnɪkl̩]

der Dill
kopr m
[ˈkɔpr̩]

die Zitronenmelisse
meduňka f
[ˈmɛduɲka]

KRÄUTER UND GEWÜRZE – BYLINKY A KOŘENÍ

Gewürze – Koření

der Sternanis
badyán m
[ˈbadɪjaːn]

das Lorbeerblatt
bobkový list m
[ˈbɔpkɔviː ˈlɪst]

der Koriander
koriandr m
[ˈkɔrɪjandr̩]

die Zimtrinde
skořice f
[ˈskɔr̝ɪt͡sɛ]

die Kurkuma
kurkuma f
[ˈkʊrkʊma]

das Currypulver
kari n
[ˈkarɪ]

der Paprika
paprika f
[ˈpaprɪka]

der Pfeffer
pepř m
[ˈpɛpr̝̊]

die Muskatnuss
muškátový oříšek m
[ˈmʊʃkaːtɔviː ˈʔɔr̝iːʃɛk]

der/das Kardamom
kardamom m
[ˈkardamɔm]

die Nelken
hřebíček m
[ˈɦr̝ɛbiːt͡ʃɛk]

der Ingwer
zázvor m
[ˈzaːzvɔr]

die Chiliflocken
drcené čili n
[ˈdrt͡sɛnɛː ˈt͡ʃɪlɪ]

die Chilischote
čili paprička f
[ˈt͡ʃɪlɪ‿paprɪt͡ʃka]

der Fenchel
fenykl m
[ˈfɛnɪkl̩]

das Garam masala
garam masála f
[ˈgaram ˈmasaːla]

KRÄUTER UND GEWÜRZE – BYLINKY A KOŘENÍ

Würzmittel und Soßen – Dochucovadla a omáčky

der Essig
ocet m
[ˈˀɔt͡sɛt]

das Olivenöl
olivový olej m
[ˈˀɔlɪvɔviː ˈˀɔlɛj]

der Pfeffer
pepř m
[ˈpɛpr̝̊]

die Pfeffermühle
mlýnek na pepř m
[ˈmliːnɛk ˈna‿pɛpr̝̊]

das Salz
sůl f
[ˈsuːl]

die Salsa
salsa f
[ˈsalza]

der/das Ketchup
kečup m
[ˈkɛt͡ʃʊp]

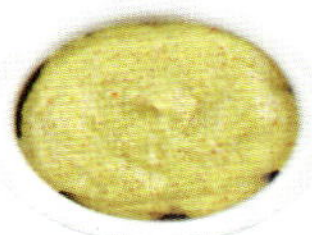

der Senf
hořčice f
[ˈɦɔr̝̊t͡ʃɪt͡sɛ]

die Mayonnaise
majonéza f
[ˈmajɔnɛːza]

zerstoßen	**drcený** [ˈdr̩t͡sɛniː]
gemahlen	**mletý** [ˈmlɛtiː]
geraspelt	**strouhaný** [ˈstrɔu̯ɦaniː]
der Salzstreuer	**slánka** f [ˈslaːŋka]
die Salatsoße	**salátová zálivka** f [ˈsalaːtɔvaː ˈzaːlɪfka]
würzen	**ochutit** [ˈˀɔxʊcɪt]
anmachen	**ochutit salát zálivkou** [ˈˀɔxʊcɪt ˈsalaːt ˈzaːlɪfkɔu̯]
marinieren	**marinovat** [ˈmarɪnɔvat]

die Sojasoße
sójová omáčka f
[ˈsɔːjɔvaː ˈˀɔmaːt͡ʃka]

GETREIDE UND MEHL – OBILÍ A MOUKA

der Dinkel
špalda f
[ˈʃpalda]

die Kürbiskerne
dýňová semínka pl
[ˈdiːɲovaː ˈsɛmiːŋka]

die Sonnenblumenkerne
slunečnicová semínka pl
[ˈslʊnɛt͡ʃɲɪt͡sovaː ˈsɛmiːŋka]

die Quinoa
quinoa f
[ˈkvɪnoa]

der Wildreis
divoká rýže f
[ˈɟɪvokaː ˈriːʒɛ]

der Hafer
oves m
[ˈʔovɛs]

die Gerste
ječmen m
[ˈjɛt͡ʃmɛn]

der Naturreis
přírodní rýže f
[ˈpr̝̊iːrodɲiː ˈriːʒɛ]

der Mais
kukuřice f
[ˈkʊkʊr̝ɪt͡sɛ]

die Hirse
proso n
[ˈproso]

der Weizen
pšenice f
[ˈpʃɛɲɪt͡sɛ]

der/das Couscous
kuskus m
[ˈkʊskʊs]

der Buchweizen
pohanka f
[ˈpoɦaŋka]

der Basmatireis
rýže basmati f
[ˈriːʒɛ ˈbazmatɪ]

der Bulgur
bulgur m
[ˈbʊlgʊr]

der Reis
rýže f
[ˈriːʒɛ]

GETREIDE UND MEHL – OBILÍ A MOUKA

die Penne
penne pl
[ˈpɛnɛ]

die Tagliatelle
tagliatelle pl
[ˈtaljatɛlɛ]

die Spaghetti
špagety pl
[ˈʃpagɛtɪ]

die Ravioli
ravioli pl
[ˈravɪjɔlɪ]

die Fusilli
vřetena pl
[ˈvr̝ɛtɛna]

die Rigatoni
rigatoni pl
[ˈrɪgatɔnɪ]

die Tortellini
tortellini pl
[ˈtɔrtɛli:nɪ]

das Weizenmehl
pšeničná mouka f
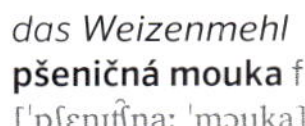
[ˈpʃɛɲɪt͡ʃna: ˈmou̯ka]

das Maismehl
kukuřičná mouka f
[ˈkukur̝ɪt͡ʃna: ˈmou̯ka]

die Hefe
droždí n
[ˈdrɔʒɟi:]

der Teig
těsto n
[ˈcɛstɔ]

das Backpulver	**kypřicí prášek** m [ˈkɪpr̝̊ɪt͡si: ˈpra:ʃɛk]
das glutenfreie Mehl	**bezlepková mouka** f [ˈbɛzlɛpkɔva: ˈmou̯ka]
das Roggenmehl	**žitná mouka** f [ˈʒɪtna: ˈmou̯ka]
das Vollkornmehl	**celozrnná mouka** f [ˈt͡sɛlɔzr̩na: ˈmou̯ka]
sieben	**prosít** [ˈprɔsi:t]
kneten	**hníst** [ˈɦɲi:st]
verrühren	**míchat** [ˈmi:xat]
backen	**péct** [ˈpɛ:t͡st]

die Reisnudeln
rýžové nudle pl
[ˈri:ʒɔvɛ: ˈnudlɛ]

GETREIDE UND MEHL – OBILÍ A MOUKA

Brot – Chléb

die Brezel
preclík m
[ˈprɛt͡sliːk]

das Croissant
croissant m
[ˈkrɔasaːn]

das/die Baguette
bageta f
[ˈbagɛta]

das Schwarzbrot
tmavý chléb m
[ˈtmaviː ˈxlɛːp]

das Weißbrot
bílý chléb m
[ˈbiːliː ˈxlɛːp]

das Vollkornbrot
celozrnný chléb m
[ˈt͡sɛlɔzr̩niː ˈxlɛːp]

das Mehrkornbrot
vícezrnný chléb m
[ˈviːt͡sɛzr̩niː ˈxlɛːp]

das Graubrot
žitný chléb m
[ˈʒɪtniː ˈxlɛːp]

das Fladenbrot
pita f
[ˈpɪta]

die Tortilla
tortilla f
[ˈtɔrtɪla]

das Toastbrot
toust m
[ˈtɔu̯st]

das Sauerteigbrot
kváskový chléb m
[ˈkvaːskɔviː ˈxlɛːp]

das Brötchen
houska f
[ˈɦɔu̯ska]

der Bagel
bagel m
[ˈbagɛl]

das belegte Brötchen
obložená houska f
[ˈʔɔblɔʒɛnaː ˈɦɔu̯ska]

das Knäckebrot
křehký chléb m
[ˈkr̝̊ɛxkiː ˈxlɛːp]

GETREIDE UND MEHL – OBILÍ A MOUKA

Brotaufstriche – Pomazánky

das Glas
sklenice f
[ˈsklɛɲɪt͡sɛ]

der Honig
med m
[ˈmɛt]

der Waldhonig
lesní med m
[ˈlɛsɲiː ˈmɛt]

der flüssige Honig
tekutý med m
[ˈtɛkutiː ˈmɛt]

der Zitronenaufstrich
citronová pomazánka f
[ˈt͡sɪtrɔnɔvaː ˈpɔmazaːŋka]

die Konfitüre
džem m
[ˈd͡ʒɛm]

die Marmelade
marmeláda f
[ˈmarmɛlaːda]

der Ahornsirup
javorový sirup m
[ˈjavɔrɔviː ˈsɪrʊp]

die Erdnussbutter
arašídové máslo n
[ˈʔaraʃiːdɔvɛː ˈmaːslɔ]

der Schokoladenaufstrich
čokoládová pomazánka f
[ˈt͡ʃɔkɔlaːdɔvaː ˈpɔmazaːŋka]

die Margarine
margarín m
[ˈmargariːn]

der Laib
bochník m
[ˈbɔxɲiːk]

die Scheibe
krajíc m
[ˈkrajiːt͡s]

das Paniermehl
strouhanka f
[ˈstrɔʊ̯ɦaŋka]

das Sandwich
sendvič m
[ˈsɛndvɪt͡ʃ]

GETREIDE UND MEHL – OBILÍ A MOUKA

Kuchen und Gebäck – Pečivo a koláče

der Käsekuchen
tvarohový koláč m
[ˈtvarɔɦɔviː ˈkɔlaːt͡ʃ]

die Schokoladentorte
čokoládový dort m
[ˈt͡ʃɔkɔlaːdɔviː ˈdɔrt]

der Muffin
muffin m
[ˈmafɪn]

die Makrone
makronka f
[ˈmakrɔŋka]

der Lebkuchen
perník m
[ˈpɛrɲiːk]

das Biskuit
piškot m
[ˈpɪʃkɔt]

der Berliner
kobliha f
[ˈkɔblɪɦa]

der Gugelhupf
bábovka f
[ˈbaːbɔfka]

die Obsttorte
ovocný dort m
[ˈʔɔvɔt͡sniː ˈdɔrt]

die Schwarzwälder Kirschtorte
schwarzwaldský dort m
[ˈʃvart͡svaltskiː ˈdɔrt]

der Zwetschgenkuchen
švestkový koláč m
[ˈʃvɛstkɔviː ˈkɔlaːt͡ʃ]

die Linzer Torte
linecký koláč m
[ˈlɪnɛt͡skiː ˈkɔlaːt͡ʃ]

das Marmeladentörtchen
dortík s marmeládou m
[ˈdɔrciːk ˈs‿marmɛlaːdɔu̯]

der Zuckerguss	**cukrová poleva** f [ˈt͡sukrɔvaː ˈpɔlɛva]
das Marzipan	**marcipán** m [ˈmart͡sɪpaːn]
der Geburtstagskuchen	**narozeninový dort** m [ˈnarɔzɛɲɪnɔviː ˈdɔrt]
die Geburtstagskerze	**narozeninová svíčka** f [ˈnarɔzɛɲɪnɔvaː ˈsviːt͡ʃka]
die Kuchendekoration	**dekorace na dort** f [ˈdɛkɔrat͡sɛ ˈna‿dɔrt]
das Gebäck	**pečivo** n [ˈpɛt͡ʃɪvɔ]
das Eclair	**zákusek z vypalovaného těsta** m [ˈzaːkusɛk ˈz‿vɪpalɔvanɛːɦɔ cɛsta]
das Baiser	**sněhová pusinka** f [ˈsɲɛɦɔvaː ˈpusɪŋka]

DESSERTS UND SÜẞSPEISEN – DEZERTY A SLADKÁ JÍDLA

der Apfelstrudel
jablečný závin m
[ˈjablɛt͡ʃniː ˈzaːvɪn]

das Tiramisu
tiramisu n
[ˈtɪramɪsʊ]

die Eiscreme
zmrzlina f
[ˈzmr̩zlɪna]

die Eiskugel
kopeček zmrzliny m
[ˈkɔpɛt͡ʃɛk ˈzmr̩zlɪnɪ]

die Eiswaffel
zmrzlinový kornout m
[ˈzmr̩zlɪnɔviː ˈkɔrnɔu̯t]

der Pfannkuchen
palačinka f
[ˈpalat͡ʃɪŋka]

die Crêpe
francouzská palačinka f
[ˈfrant͡sɔu̯skaː ˈpalat͡ʃɪŋka]

der Eisbecher
zmrzlinový pohár m
[ˈzmr̩zlɪnɔviː ˈpɔɦaːr]

der Karamellpudding
karamelový pudink m
[ˈkaramɛlɔviː ˈpʊdɪŋk]

die Mousse
mousse m
[ˈmʊs]

die Schlagsahne
šlehačka f
[ˈʃlɛɦat͡ʃka]

die Crème brûlée
crème brûlée m
[ˈkrɛm ˌbrɪˈlɛː]

die Panna cotta
panna cotta f
[ˈpana‿kɔta]

der Wackelpudding
želé n
[ˈʒɛlɛː]

der Obstsalat
ovocný salát m
[ˈʔɔvɔt͡sniː ˈsalaːt]

GETRÄNKE – NÁPOJE

Erfrischungsgetränke – Studené nápoje

das Wasser
voda f
[ˈvɔda]

das Tonicwater
tonik m
[ˈtɔnɪk]

der Orangensaft
pomerančový džus m
[ˈpɔmɛranʧɔviː ˈdʒʊs]

der Tomatensaft
rajčatová šťáva f
[ˈrajʧatɔvaː ˈʃcaːva]

das alkoholfreie Bier
nealkoholické pivo n
[ˈnɛalkɔɦɔlɪʦkɛː ˈpɪvɔ]

der Karottensaft
mrkvová šťáva f
[ˈmr̩kvɔvaː ˈʃcaːva]

die/das Cola
kola f
[ˈkɔla]

die Limonade
limonáda f
[ˈlɪmɔnaːda]

der Eiskaffee
ledová káva f
[ˈlɛdɔvaː ˈkaːva]

die Eisschokolade
ledová čokoláda f
[ˈlɛdɔvaː ˈʧɔkɔlaːda]

der Eistee
ledový čaj m
[ˈlɛdɔviː ˈʧaj]

die Apfelschorle
jablečný džus s minerálkou m
[ˈjablɛʧniː ˈdʒʊs ˈs‿mɪnɛraːlkou̯]

der Milchshake
mléčný koktejl m
[ˈmlɛːʧniː ˈkɔktɛjl]

die Saftpresse	**odšťavňovač** m [ˈˀɔtʃcavɲɔvaʧ]
der frisch gepresste Grapefruitsaft	**čerstvě vymačkaná grapefruitová šťáva** f [ˈʧɛrstvjɛ ˈvɪmaʧkanaː ˈgrɛpfrujtɔvaː ˈʃcaːva]
das Tafelwasser	**balená voda** f [ˈbalɛnaː ˈvɔda]
das Leitungswasser	**voda z vodovodu** f [ˈvɔda ˈz‿vɔdɔvɔdʊ]
das Mineralwasser mit Kohlensäure	**perlivá minerální voda** f [ˈpɛrlɪvaː ˈmɪnɛraːlɲiː ˈvɔda]
das stille Mineralwasser	**neperlivá minerální voda** f [ˈnɛpɛrlɪvaː ˈmɪnɛraːlɲiː ˈvɔda]
der Apfelsaft	**jablečný džus** m [ˈjablɛʧniː ˈdʒʊs]
der Johannisbeersaft	**džus z červeného rybízu** m [ˈdʒʊs ˈs‿ʧɛrvɛnɛːɦɔ ˈrɪbiːzʊ]

GETRÄNKE – NÁPOJE

Heißgetränke – Teplé nápoje

der Espresso
espreso n
[ˈʔɛsprɛsɔ]

die Kaffeebohnen
kávová zrna pl
[ˈkaːvɔvaː ˈzrna]

der Amaretto
amaretto n
[ˈʔamarɛtɔ]

der Kaffee zum Mitnehmen
káva s sebou f
[ˈkaːva ˈsɛbɔu̯]

der Deckel
víčko n
[ˈviːt͡ʃkɔ]

der Becher
kelímek m
[ˈkɛliːmɛk]

der Milchschaum
mléčná pěna f
[ˈmlɛːt͡ʃnaː ˈpjɛna]

der Teebeutel
čajový sáček m
[ˈt͡ʃajɔviː ˈsaːt͡ʃɛk]

die Teeblätter
sypaný čaj m
[ˈsɪpaniː ˈt͡ʃaj]

die Teekanne
konvice na čaj f
[ˈkɔnvɪt͡sɛ ˈna‿t͡ʃaj]

der Schwarztee
černý čaj m
[ˈt͡ʃɛrniː ˈt͡ʃaj]

der/die Latte macchiato
latte macchiato n
[ˈlatɛ ˌmakɪˈjatɔ]

der Kaffee
káva f
[ˈkaːva]

der Cappuccino
cappuccino n
[ˈkapʊt͡ʃiːnɔ]

der Milchkaffee
káva s mlékem f
[ˈkaːva ˈs‿mlɛːkɛm]

der Minztee
mátový čaj m
[ˈmaːtɔviː ˈt͡ʃaj]

der Kamillentee
heřmánkový čaj m
[ˈɦɛr̝maːŋkɔviː ˈt͡ʃaj]

der Kräutertee
bylinkový čaj m
[ˈbɪlɪŋkɔviː ˈt͡ʃaj]

der Glühwein
svařené víno n
[ˈsvar̝ɛnɛː ˈviːnɔ]

GETRÄNKE – NÁPOJE

Alkoholische Getränke – Alkoholické nápoje

der Cocktail
koktejl m
[ˈkɔktɛjl]

die Sangria
sangria f
[ˈsaŋgrɪja]

mit Eis
s ledem
[ˈs‿lɛdɛm]

der Whisky
whisky f
[ˈvɪskɪ]

der Gin Tonic
džin s tonikem m
[ˈdʒɪn ˈs‿tɔnɪkɛm]

der Rum
rum m
[ˈrʊm]

das Bier
pivo n
[ˈpɪvɔ]

das Pils
plzeňské pivo n
[ˈpl̩zɛɲskɛː ˈpɪvɔ]

das dunkle Bier
tmavé pivo n
[ˈtmavɛː ˈpɪvɔ]

der Wodka
vodka f
[ˈvɔtka]

der Roséwein
růžové víno n
[ˈruːʒɔvɛː ˈviːnɔ]

der Weißwein
bílé víno n
[ˈbiːlɛː ˈviːnɔ]

der Rotwein
červené víno n
[ˈt͡ʃɛrvɛnɛː ˈviːnɔ]

der Sekt
sekt m
[ˈsɛkt]

der Tequila
tequila f
[ˈtɛkɪla]

der Weinbrand	**brandy** n [ˈbrɛndɪ]
der Schnaps	**kořalka** f [ˈkɔr̝alka]
der Sherry	**sherry** n [ˈʃɛrɪ]
der Likör	**likér** m [ˈlɪkɛːr]
der Cidre	**jablečné víno** n [ˈjablɛt͡ʃnɛː ˈviːnɔ]
die Weinschorle	**vinný střik** m [ˈvɪniː ˈstr̝ɪk]
das Hefeweizen	**pšeničné pivo** n [ˈpʃɛɲɪt͡ʃnɛː ˈpɪvɔ]
der Champagner	**šampaňské** n [ˈʃampaɲskɛː]

KOCHEN – VAŘENÍ

Zubereitung – Příprava jídla

schälen
loupat
[ˈlɔu̯pat]

schneiden
krájet
[ˈkraːjɛt]

schlagen
šlehat
[ˈʃlɛɦat]

reiben
strouhat
[ˈstrɔu̯ɦat]

zerstoßen
drtit
[ˈdr̩cɪt]

glasieren
potírat
[ˈpɔciːrat]

sieben
prosévat
[ˈprɔsɛːvat]

stampfen
mačkat
[ˈmat͡ʃkat]

klopfen
naklepat
[ˈnaklɛpat]

ausrollen
vyválet
[ˈvɪvaːlɛt]

salzen
osolit
[ˈˀɔsɔlɪt]

ausstechen
vykrájet
[ˈvɪkraːjɛt]

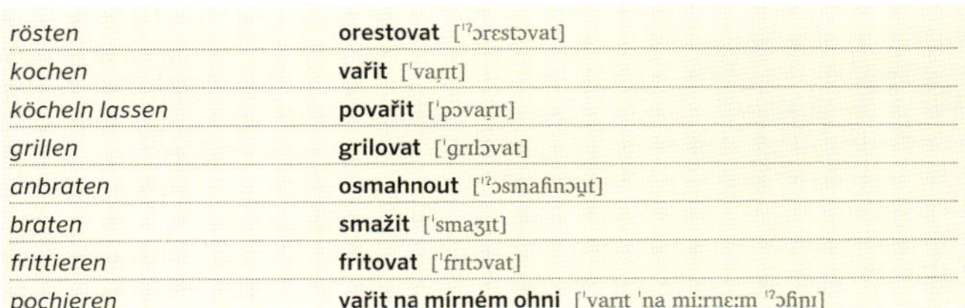

rösten	**orestovat** [ˈˀɔrɛstɔvat]
kochen	**vařit** [ˈvar̝ɪt]
köcheln lassen	**povařit** [ˈpɔvar̝ɪt]
grillen	**grilovat** [ˈgrɪlɔvat]
anbraten	**osmahnout** [ˈˀɔsmaɦnɔu̯t]
braten	**smažit** [ˈsmaʒɪt]
frittieren	**fritovat** [ˈfrɪtɔvat]
pochieren	**vařit na mírném ohni** [ˈvar̝ɪt ˈna‿miːrnɛːm ˈˀɔɦɲɪ]

streuen
posypat
[ˈpɔsɪpat]

GERICHTE UND MAHLZEITEN – CHODY A JÍDLA

Das Frühstück – Snídaně

das Brot
chléb, chleba m
[ˈxlɛːp ˈxlɛba]

der Orangensaft
pomerančový džus m
[ˈpɔmɛrant͡ʃɔviː ˈd͡ʒʊs]

das Brötchen
houska f
[ˈɦoʊ̯ska]

die Milch
mléko n
[ˈmlɛːkɔ]

der Käse
sýr m
[ˈsiːr]

die Marmelade
marmeláda f
[ˈmarmɛlaːda]

der Cappuccino
cappuccino n
[ˈkapʊt͡ʃiːnɔ]

das gekochte Ei
vařené vejce n
[ˈvar̝ɛnɛː ˈvɛjt͡sɛ]

das Müsli
müsli n
[ˈmɪslɪ]

die Melone
meloun m
[ˈmɛloʊ̯n]

der Schinken
šunka f
[ˈʃʊŋka]

die Butter
máslo n
[ˈmaːslɔ]

die Frühstücksflocken
cereálie pl
[ˈt͡sɛrɛaːlɪjɛ]

das Croissant
croissant m
[ˈkrɔasaːn]

die Cornflakes
kukuřičné lupínky pl
[ˈkʊkʊr̝ɪt͡ʃnɛː ˈlʊpiːŋkɪ]

der Früchtejoghurt
ovocný jogurt m
[ˈˀɔvɔt͡sniː ˈjɔgʊrt]

das frische Obst
čerstvé ovoce n
[ˈt͡ʃɛrstvɛː ˈˀɔvɔt͡sɛ]

der Müsliriegel
müsli tyčinka f
[ˈmɪslɪ ˌtɪt͡ʃɪŋka]

die Weizenkeime
pšeničné klíčky pl
[ˈpʃɛɲɪt͡ʃnɛː ˈkliːt͡ʃkɪ]

GERICHTE UND MAHLZEITEN – CHODY A JÍDLA

Das Frühstück – Snídaně

das Toastbrot
toust m
['tɔu̯sᵗ]

die gegrillte Tomate
grilované rajče n
['grɪlɔvanɛː 'rajt͡ʃɛ]

die gebackenen Bohnen
zapečené fazolky pl
['zapɛt͡ʃɛnɛː 'fazɔlkɪ]

die Rösti
bramboráčky pl
['bramˑbɔraːt͡ʃkɪ]

die Blutwurst
jelito n
['jɛlɪtɔ]

der Speck
slanina f
['slaɲɪna]

die Pilze
houby pl
['ɦɔu̯bɪ]

die Wurst
klobása f
['klɔbaːsa]

das Spiegelei
volské oko n
['vɔlskɛː 'ˀɔkɔ]

das Rührei
míchaná vejce pl
['miːxanaː 'vɛjt͡sɛ]

das Omelett
omeleta f
['ˀɔmɛlɛta]

armer Ritter
sladký toust m
['slatkiː'tɔu̯st]

die Waffel
vafle f
['vaflɛ]

der Pfannkuchen
palačinka f
['palat͡ʃɪŋka]

der Haferbrei
ovesná kaše f
['ˀɔvɛsnaː 'kaʃɛ]

der Fruchtshake
ovocný koktejl m
['ˀɔvɔt͡sniː 'kɔktɛjl]

die heiße Schokolade
horká čokoláda f
['ɦɔrkaː 't͡ʃɔkɔlaːda]

GERICHTE UND MAHLZEITEN – CHODY A JÍDLA

Snacks und Knabbereien – Malé občerstvení

die Chips
chipsy pl
[ˈt͡ʃɪpsɪ]

die Salzbrezel
slané preclíčky pl
[ˈslanɛː ˈprɛt͡sliːt͡ʃkɪ]

das Popcorn
popcorn m
[ˈpɔpkɔrn]

der/das Bonbon
bonbon m
[ˈbɔmbɔːn]

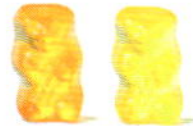

das Gummibärchen
gumový medvídek m
[ˈgʊmɔviː ˈmɛdviːdɛk]

die Lakritze
pendrek m
[ˈpɛndrɛk]

der/das Kaugummi
žvýkačka f
[ˈʒviːkat͡ʃka]

der Lutscher
lízátko n
[ˈliːzaːtkɔ]

die weiße Schokolade
bílá čokoláda f
[ˈbiːlaː ˈt͡ʃɔkɔlaːda]

der Schokoriegel
čokoládová tyčinka f
[ˈt͡ʃɔkɔlaːdɔvaː ˈtɪt͡ʃɪŋka]

die Zartbitter-schokolade
hořká čokoláda f
[ˈɦɔr̝kaː ˈt͡ʃɔkɔlaːda]

die Milchschokolade
mléčná čokoláda f
[ˈmlɛːt͡ʃnaː ˈt͡ʃɔkɔlaːda]

der Eislutscher
nanuk m
[ˈnanʊk]

der Frozen Yogurt
mražený jogurt m
[ˈmraʒɛniː ˈjɔgʊrt]

der Keks
sušenka f
[ˈsʊʃɛŋka]

die Praline
pralinka f
[ˈpralɪŋka]

GERICHTE UND MAHLZEITEN – CHODY A JÍDLA

Das Fastfood – Rychlé občerstvení

das Stück Pizza
kousek pizzy m
[ˈkoʊ̯sɛk ˈpɪt͡sɪ]

die Pizza
pizza f
[ˈpɪt͡sa]

der Hamburger
hamburger m
[ˈɦambʊrgr̩]

die Pommes frites
hranolky pl
[ˈɦranɔlkɪ]

die Tortilla-Chips
kukuřičné tortilly pl
[ˈkʊkʊr̝ɪt͡ʃnɛː ˈtɔrtɪlɪ]

der Taco
taco n
[ˈtakɔ]

die gebratenen Nudeln
smažené nudle pl
[ˈsmaʒɛnɛː ˈnʊdlɛ]

das Sushi
suši n
[ˈsʊʃɪ]

der/das Hot Dog
párek v rohlíku m
[ˈpaːrɛk ˈv‿rɔɦliːkʊ]

der Döner
kebab m
[ˈkɛbap]

der Wrap
wrap m
[ˈvrɛp]

der Fisch mit Pommes
ryba s hranolky f
[ˈrɪba ˈz‿ɦranɔlkɪ]

Ich würde gerne etwas zum Mitnehmen bestellen.	**Rád bych si objednal/a jídlo s sebou.** [ˈraːd‿bɪx‿sɪ ˈʔɔbjɛdnal/a ˈjiːdlɔ ˈsɛboʊ̯]
Eine Portion Pommes rot-weiß, bitte.	**Hranolky s kečupem a majonézou, prosím.** [ˈɦranɔlkɪ ˈs‿kɛt͡ʃʊpɛm ˈʔa ˈmajɔnɛːzoʊ̯ ˈprɔsiːm]
klein/mittelgroß/groß	**malý/střední/velký** [ˈmaliː/ˈstr̝ɛdɲiː/ˈvɛlkiː]
süß	**sladký** [ˈslatkiː]
salzig	**slaný** [ˈslaniː]
der Lieferservice	**rozvážka jídla** f [ˈrɔzvaːʃka ˈjiːdla]
bestellen	**objednat** [ˈʔɔbjɛdnat]
liefern	**doručit** [ˈdɔrʊt͡ʃɪt]

das Nugget
nugeta f
[ˈnʊgɛta]

GERICHTE UND MAHLZEITEN – CHODY A JÍDLA

Hauptmahlzeit – Hlavní jídla

die Suppe
polévka f
[ˈpɔlɛːfka]

die Frikadelle
karbanátek m
[ˈkarbanaːtɛk]

das Steak
steak m
[ˈstɛjk]

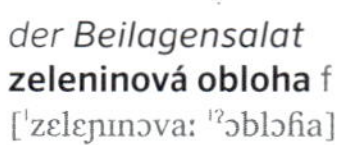

der Beilagensalat
zeleninová obloha f
[ˈzɛlɛɲɪnɔvaː ˈʔɔblɔɦa]

die Kartoffelspalten
opékané brambory pl
[ˈʔɔpɛːkanɛː ˈbrambɔrɪ]

die Lasagne
lasagne pl
[ˈlazaɲɛ]

die Spaghetti Bolognese
boloňské špagety pl
[ˈbɔlɔɲskɛː ˈʃpagɛtɪ]

das Brathähnchen
pečené kuře n
[ˈpɛt͡ʃɛnɛː ˈkur̝ɛ]

das panierte Schnitzel
smažený řízek m
[ˈsmaʒɛniː ˈr̝iːzɛk]

die Bratkartoffeln
smažené brambory pl
[ˈsmaʒɛnɛː ˈbrambɔrɪ]

der Eintopf
hustá polévka f
[ˈɦʊstaː ˈpɔlɛːfka]

der Auflauf
nákyp m
[ˈnaːkɪp]

die Pastete
paštika f
[ˈpaʃcɪka]

die Quiche
quiche m
[ˈkɪʃ]

das Curry
kari n
[ˈkarɪ]

GERICHTE UND MAHLZEITEN – CHODY A JÍDLA

Im Restaurant – V restauraci

① *der Gast*
host m
[ˈɦɔst]

② *der Kellner*
číšník m
[ˈt͡ʃiːʃɲiːk]

③ *der Tisch für zwei Personen*
stůl pro dva m
[ˈstuːl ˈprɔ‿dva]

die Vorspeise
předkrm m
[ˈpr̝̊ɛtkr̩m]

der Nachtisch
dezert m
[ˈdɛzɛrt]

④ *das Rotweinglas*
sklenice na červené víno f
[ˈsklɛɲɪt͡sɛ ˈna‿t͡ʃɛrvɛnɛː ˈviːnɔ]

⑤ *die Speisekarte*
jídelní lístek m
[ˈjiːdɛlɲiː ˈliːstɛk]

die Beilage
příloha f
[ˈpr̝̊iːlɔɦa]

das Hauptgericht
hlavní jídlo n
[ˈɦlavɲiː ˈjiːdlɔ]

die Suppe
polévka f
[ˈpɔlɛːfka]

⑥ *die Bestellung*
objednávka f
[ˈˀɔbjɛdnaːfka]

der Aperitif
aperitiv m
[ˈˀapɛrɪtɪf]

der/das Sorbet
sorbet m
[ˈsɔrbɛt]

der Salat
salát m
[ˈsalaːt]

der Käseteller
sýrový talíř m
[ˈsiːrɔviː ˈtaliːr̝̊]

der Kaffee
káva f
[ˈkaːva]

der Likör
likér m
[ˈlɪkɛːr]

das Käsemesser
nůž na sýr m
[ˈnuːʃ ˈna‿siːr]

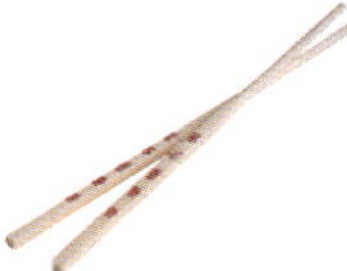

das Stäbchen
hůlky pl
[ˈɦuːlkɪ]

GERICHTE UND MAHLZEITEN – CHODY A JÍDLA

Geschirr und Besteck – Nádobí a příbory

die Serviette
ubrousek m
[ˈˀʊbrɔu̯sɛk]

der Brotteller
talířek na pečivo m
[ˈtaliːr̝ɛk ˈna͜pɛt͡ʃɪvɔ]

die Gabel
vidlička f
[ˈvɪdlɪt͡ʃka]

die Tischdecke
ubrus m
[ˈˀʊbrʊs]

der Essteller
mělký talíř m
[ˈmɲɛlkiː ˈtaliːr̝̊]

das Wasserglas
sklenička na vodu f
[ˈsklɛɲɪt͡ʃka ˈna͜vɔdʊ]

das Weinglas
sklenička na víno f
[ˈsklɛɲɪt͡ʃka ˈna͜viːnɔ]

der Dessertlöffel
lžička na dezert f
[ˈlʒɪt͡ʃka ˈna͜dɛzɛrt]

der Suppenlöffel
polévková lžíce f
[ˈpɔlɛːfkɔvaː ˈlʒiːt͡sɛ]

das Messer
nůž m
[ˈnuːʃ]

die Schüssel
mísa f
[ˈmiːsa]

die Karaffe
karafa f
[ˈkarafa]

das Steakmesser
steakový nůž m
[ˈstɛjkɔviː ˈnuːʃ]

der Zahnstocher
zubní párátko n
[ˈzʊbɲiː ˈpaːraːtkɔ]

Könnten Sie uns bitte die Weinkarte bringen?	**Můžete nám přinést vinný lístek, prosím?** [ˈmuːʒɛtɛ ˈnaːm ˈpr̝̊ɪnɛːst ˈvɪnniː ˈliːstɛk ˈprɔsiːm]
Guten Appetit!	**Dobrou chuť!** [ˈdɔbrɔu̯ ˈxʊc]
Zum Wohl!	**Na zdraví!** [ˈna͜zdraviː]
Als Vorspeise/Hauptgericht/Nachtisch nehme ich ...	**Jako předkrm/hlavní jídlo/dezert si dám...** [ˈjakɔ ˈpr̝̊ɛtkr̩m/ɦlavɲiː ˈjiːdlɔ/dɛzɛrt ˈsɪ͜daːm]
die Spezialitäten	**speciality** pl [ˈspɛt͡sɪjalɪtɪ]
Ich hätte gerne die Rechnung, bitte.	**Můžete mi přinést účet, prosím?** [ˈmuːʒɛtɛ͜mɪ ˈpr̝̊ɪnɛːst ˈˀuːt͡ʃɛt ˈprɔsiːm]
die Bezahlung	**úhrada** f [ˈˀuːɦrada]
das Trinkgeld	**spropitné** n [ˈsprɔpɪtnɛː]

DIE ERNÄHRUNG – STRAVA

das Fett
tuk m
[ˈtʊk]

der Zucker
cukr m
[ˈt͡sʊkr̩]

das Kohlenhydrat
sacharid m
[ˈsaxarɪt]

das Eiweiß
bílkovina f
[ˈbiːlkɔvɪna]

ohne Eier
bez vajec
[ˈbɛz‿vajɛt͡s]

zuckerfrei
bez cukru
[ˈbɛs‿t͡sʊkrʊ]

glutenfrei
bez lepku
[ˈbɛz‿lɛpkʊ]

laktosefrei
bez laktózy
[ˈbɛz‿laktɔːzɪ]

die Ballaststoffe
vláknina f
[ˈvlaːkɲɪna]

das Cholesterin
cholesterol m
[ˈxɔlɛstɛrɔl]

vegetarisch
vegetariánský
[ˈvɛgɛtarɪjaːnskiː]

vegan
veganský
[ˈvɛganskiː]

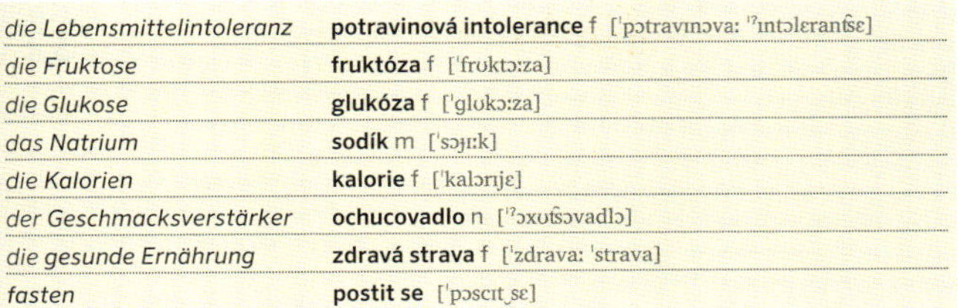

die Lebensmittelintoleranz	**potravinová intolerance** f [ˈpɔtravɪnɔvaː ˈʔɪntɔlɛrant͡sɛ]
die Fruktose	**fruktóza** f [ˈfrʊktɔːza]
die Glukose	**glukóza** f [ˈglʊkɔːza]
das Natrium	**sodík** m [ˈsɔɟiːk]
die Kalorien	**kalorie** f [ˈkalɔrɪjɛ]
der Geschmacksverstärker	**ochucovadlo** n [ˈʔɔxʊt͡sɔvadlɔ]
die gesunde Ernährung	**zdravá strava** f [ˈzdravaː ˈstrava]
fasten	**postit se** [ˈpɔscɪt‿sɛ]

die Diät
dieta f
[ˈdɪjɛta]

UNTERWEGS

DOPRAVA

STRAßEN UND VERKEHR – SILNICE A DOPRAVA

① *die Straßenlaterne*
pouliční lampa f
[ˈpou̯lɪt͡ʃɲiː ˈlampa]

② *die Einbahnstraße*
jednosměrná ulice f
[ˈjɛdnɔsmɲɛrnaː ˈʔʊlɪt͡sɛ]

③ *die Fußgängerampel*
semafor pro chodce m
[ˈsɛmafɔr ˈprɔ‿xɔtt͡sɛ]

④ *der Bürgersteig*
chodník m
[ˈxɔdɲiːk]

⑤ *der Bordstein*
obrubník m
[ˈʔɔbrʊbɲiːk]

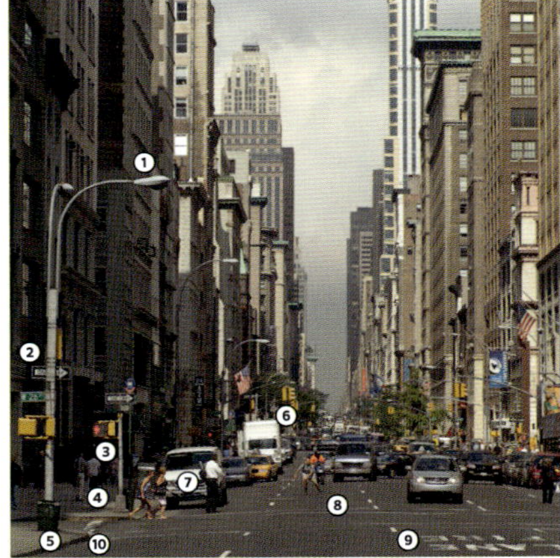

⑥ *die Ampel*
semafor m
[ˈsɛmafɔr]

⑦ *das geparkte Auto*
zaparkované auto n
[ˈzaparkɔvanɛː ˈʔau̯tɔ]

⑧ *die Fahrspur*
jízdní pruh m
[ˈjiːzdɲiː ˈprʊx]

⑨ *die Straßenmarkierung*
vodorovné značení n
[ˈvɔdɔrɔvnɛː ˈznat͡ʃɛɲiː]

⑩ *der Rinnstein*
kanál m
[ˈkanaːl]

der Tunnel
tunel m
[ˈtʊnɛl]

der Parkscheinautomat
parkovací automat m
[ˈparkɔvat͡siː ˈʔau̯tɔmat]

der Fahrradweg
cyklostezka f
[ˈt͡sɪklɔstɛska]

der Behindertenparkplatz
parkovací místo pro postižené n
[ˈparkɔvat͡siː ˈmiːstɔ ˈprɔ‿pɔscɪʒɛnɛː]

die Brücke
most m
[ˈmɔst]

der Kreisverkehr
kruhový objezd m
[ˈkrʊɦɔviː ˈʔɔbjɛst]

der Zebrastreifen
přechod pro chodce m
[ˈpr̝̊ɛxɔt ˈprɔ‿xɔtt͡sɛ]

die Notrufsäule
tísňové volání n
[ˈciːsɲɔvɛː ˈvɔlaːɲiː]

das Autobahnkreuz
dálniční křižovatka f
[ˈdaːlɲɪt͡ʃɲiː ˈkr̝ɪʒɔvatka]

STRAßEN UND VERKEHR – SILNICE A DOPRAVA

die Autobahn
dálnice f
[ˈdaːlɲɪt͡sɛ]

der Berufsverkehr
dopravní špička f
[ˈdɔpravɲiː ˈʃpɪt͡ʃka]

① *der Mittelstreifen*
dělicí pás m
[ˈɟɛlɪt͡siː ˈpaːs]

② *die Überholspur*
rychlý jízdní pruh m
[ˈrɪxliː ˈjiːzdɲiː ˈprux]

③ *die Überführung*
nadjezd m
[ˈnadjɛzt]

④ *die Kurve*
zatáčka f
[ˈzataːt͡ʃka]

⑤ *die Unterführung*
podjezd m
[ˈpɔdjɛzt]

⑥ *die Einfahrt*
vjezd m
[ˈvjɛst]

⑦ *die Ausfahrt*
výjezd m
[ˈviːjɛst]

der Verkehrspolizist
dopravní policista m
[ˈdɔpravɲiː ˈpɔlɪt͡sɪsta]

der Strafzettel
pokuta f
[ˈpɔkuta]

die Mautstelle
mýtnice f
[ˈmiːtɲɪt͡sɛ]

abschleppen
odtáhnout
[ˈʔɔtːaːɦnɔu̯t]

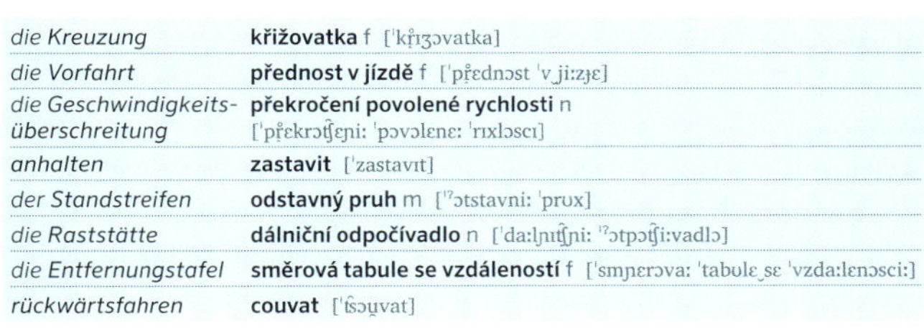

die Kreuzung	**křižovatka** f [ˈkr̝ɪʒɔvatka]
die Vorfahrt	**přednost v jízdě** f [ˈpr̝ɛdnɔst ˈv‿jiːzɟɛ]
die Geschwindigkeitsüberschreitung	**překročení povolené rychlosti** n [ˈpr̝ɛkrɔt͡ʃɛɲiː ˈpɔvɔlɛnɛː ˈrɪxlɔscɪ]
anhalten	**zastavit** [ˈzastavɪt]
der Standstreifen	**odstavný pruh** m [ˈʔɔtstavniː ˈprux]
die Raststätte	**dálniční odpočívadlo** n [ˈdaːlɲɪt͡ʃɲiː ˈʔɔtpɔt͡ʃiːvadlɔ]
die Entfernungstafel	**směrová tabule se vzdáleností** f [ˈsmɲɛrɔvaː ˈtabulɛ‿sɛ ˈvzdaːlɛnɔsciː]
rückwärtsfahren	**couvat** [ˈt͡sɔu̯vat]

der Stau
dopravní zácpa f
[ˈdɔpravɲiː ˈzaːt͡spa]

STRAßEN UND VERKEHR – SILNICE A DOPRAVA

Verkehrsschilder – Dopravní značky

Einfahrt verboten
Zákaz vjezdu
[ˈzaːkas ˈvjɛzdʊ]

das Halteverbot
Zákaz zastavení
[ˈzaːkas ˈzastavɛɲiː]

die Baustelle
Práce na silnici
[ˈpraːt͡sɛ ˈna͜ sɪlɲɪt͡sɪ]

der Tunnel
Tunel
[ˈtʊnɛl]

das Parkverbot
Zákaz parkování
[ˈzaːkas ˈparkɔvaːɲiː]

der Stau
Kolona
[ˈkɔlɔna]

das Gefälle
Nebezpečné klesání
[ˈnɛbɛspɛt͡ʃnɛː ˈklɛsaːɲiː]

der Kreisverkehr
Kruhový objezd
[ˈkrʊɦɔviː ˈˀɔbjɛst]

die Geschwindigkeits-begrenzung
Nejvyšší dovolená rychlost [ˈnɛjvɪʃiː ˈdɔvɔlɛnaː ˈrɪxlɔst]

Vorfahrt gewähren!
Dej přednost v jízdě
[ˈdɛj ˈpr̝ɛdnɔst ˈv͜ jiːzɟɛ]

die Einbahnstraße
Jednosměrný provoz
[ˈjɛdnɔsmɲɛrniː ˈprɔvɔs]

der Gegenverkehr
Provoz v obou směrech
[ˈprɔvɔs ˈf͜ ˀɔbɔu̯ ˈsmɲɛrɛx]

Einbiegen nach rechts verboten
Zákaz odbočování vpravo
[ˈzaːkas ˈˀɔdbɔt͡ʃɔvaːɲiː ˈfpravɔ]

Einbiegen nach links verboten
Zákaz odbočování vlevo
[ˈzaːkas ˈˀɔdbɔt͡ʃɔvaːɲiː ˈvlɛvɔ]

Wenden verboten
Zákaz otáčení
[ˈzaːkas ˈˀɔtaːt͡ʃɛɲiː]

die Schnee- oder Eisglätte
Náledí
[ˈnaːlɛɟiː]

DAS AUTO - AUTO

Autotypen - Druhy aut

die Stretchlimousine
limuzína f
[ˈlɪmʊziːna]

das Cabrio
kabriolet m
[ˈkabrɪjɔlɛt]

die Fließhecklimousine
hatchback m
[ˈɦɛd͡ʒbɛk]

der Sportwagen
sportovní auto n
[ˈspɔrtɔvɲiː ˈʔau̯tɔ]

der Kleinstwagen
miniautomobil m
[ˈmɪnɪˌau̯tɔmɔbɪl]

der Kleinwagen
malé auto n
[ˈmalɛː ˈʔau̯tɔ]

der Oldtimer
veterán m
[ˈvɛtɛraːn]

die Limousine
sedan m
[ˈsɛdan]

der Kombiwagen
kombík m
[ˈkɔmbiːk]

der Pick-up
pickup m
[ˈpɪkap]

der Kleintransporter
dodávka f
[ˈdɔdaːfka]

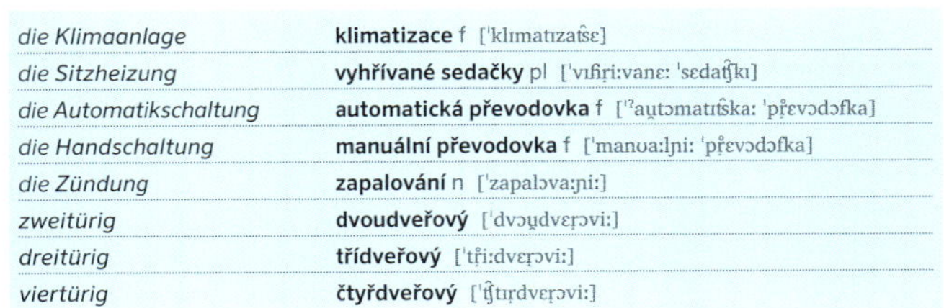

die Klimaanlage	**klimatizace** f [ˈklɪmatɪzat͡sɛ]
die Sitzheizung	**vyhřívané sedačky** pl [ˈvɪɦr̝iːvanɛː ˈsɛdat͡ʃkɪ]
die Automatikschaltung	**automatická převodovka** f [ˈʔau̯tɔmatɪt͡ska: ˈpr̝̊ɛvɔdɔfka]
die Handschaltung	**manuální převodovka** f [ˈmanʊaːlɲiː ˈpr̝̊ɛvɔdɔfka]
die Zündung	**zapalování** n [ˈzapalɔvaːɲiː]
zweitürig	**dvoudveřový** [ˈdvɔu̯dvɛr̝ɔviː]
dreitürig	**třídveřový** [ˈtr̝̊iːdvɛr̝ɔviː]
viertürig	**čtyřdveřový** [ˈt͡ʃtɪr̝dvɛr̝ɔviː]

der Geländewagen
terénní vůz m
[ˈtɛrɛːɲiː ˈvuːs]

DAS AUTO – AUTO

Das Auto – Außenansicht – Exteriér auta

die Beifahrerseite
strana spolujezdce f
[ˈstrana ˈspɔlʊjɛstt͡sɛ]

das Dach
střecha f
[ˈstr̝̊ɛxa]

die Windschutzscheibe
čelní sklo n
[ˈt͡ʃɛlɲiː ˈsklɔ]

die Fahrerseite
strana řidiče f
[ˈstrana ˈr̝ɪɟɪt͡ʃɛ]

die Begrenzungsleuchte
obrysové světlo n
[ˈˀɔbrɪsɔvɛː ˈsvjɛtlɔ]

der Rückspiegel
zpětné zrcátko n
[ˈspjɛtnɛː ˈzr̩t͡saːtkɔ]

die Blinkleuchte
směrové světlo n
[ˈsmɲɛrɔvɛː ˈsvjɛtlɔ]

das Rad
kolo n
[ˈkɔlɔ]

der Scheibenwischer
stěrač čelního skla m
[ˈscɛrat͡ʃ ˈt͡ʃɛlɲiːɦɔ ˈskla]

der Kühlergrill
mřížka chladiče f
[ˈmr̝iːʃka ˈxlaɟɪt͡ʃɛ]

die Stoßstange
nárazník m
[ˈnaːrazɲiːk]

das Nummernschild
státní poznávací značka f
[ˈstaːtɲiː ˈpɔznaːvat͡siː ˈznat͡ʃka]

das Markenemblem
tovární značka f
[ˈtɔvaːrɲiː ˈznat͡ʃka]

der Nebelscheinwerfer
mlhové světlo n
[ˈml̩ɦɔvɛː ˈsvjɛtlɔ]

das Reifenprofil
profil pneumatiky m
[ˈprɔfɪl ˈpnɛu̯matɪkɪ]

der Ölmessstab	**měrka oleje** f [ˈmɲɛrka ˈˀɔlɛjɛ]
der Luftfilter	**vzduchový filtr** m [ˈvzdʊxɔviː ˈfɪltr̩]
der Bremsflüssigkeitsbehälter	**nádržka na brzdovou kapalinu** f [ˈnaːdr̩ʃka ˈna‿br̩zdɔvɔu̯ ˈkapalɪnʊ]
die Antenne	**anténa** f [ˈˀantɛːna]
die Radaufhängung	**zavěšení kol** n [ˈzavjɛʃɛɲiː ˈkɔl]
das Abblendlicht	**potkávací světlo** n [ˈpɔtkaːvat͡siː ˈsvjɛtlɔ]
das Fernlicht	**dálkové světlo** n [ˈdaːlkɔvɛː ˈsvjɛtlɔ]

DAS AUTO - AUTO

Das Auto - Außenansicht - Exteriér auta

① *der Seitenspiegel*
postranní zpětné zrcátko n
[ˈpɔstraɲiː ˈspjɛtnɛː ˈzr̩t͡saːtkɔ]

② *die B-Säule*
B sloupek m
[ˈbɛː ˈslɔu̯pɛk]

③ *der Kofferraum*
zavazadlový prostor m
[ˈzavazadlɔviː ˈprɔstɔr]

④ *die Heckscheibe*
zadní okno n
[ˈzadɲiː ˈˀɔknɔ]

⑤ *die Motorhaube*
kapota f
[ˈkapɔta]

⑥ *das Seitenfenster*
boční okénko n
[ˈbɔt͡ʃɲiː ˈˀɔkɛːŋkɔ]

⑦ *die Autotür*
dveře auta pl
[ˈdvɛr̝ɛ ˈˀau̯ta]

⑧ *die Radkappe*
poklice f
[ˈpɔklɪt͡sɛ]

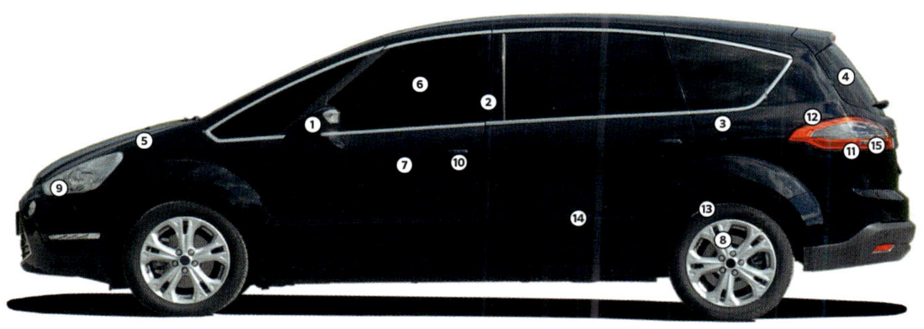

⑨ *der Scheinwerfer*
světlomet m
[ˈsvjɛtlɔmɛt]

⑩ *der Türgriff*
klika dveří f
[ˈklɪka ˈdvɛr̝iː]

⑪ *die Bremsleuchte*
brzdové světlo n
[ˈbr̩zdɔvɛː ˈsvjɛtlɔ]

⑫ *die Rückleuchte*
koncové světlo n
[ˈkɔnt͡sɔvɛː ˈsvjɛtlɔ]

⑬ *der Reifen*
pneumatika f
[ˈpnɛu̯matɪka]

⑭ *die Seitenschutzleiste*
ochranná lišta f
[ˈˀɔxranaː ˈlɪʃta]

⑮ *der Rückfahrscheinwerfer*
couvací světlo n
[ˈt͡sɔu̯vat͡siː ˈsvjɛtlɔ]

der Motor	**motor** m [ˈmɔtɔr]
der Benzintank	**benzínová nádrž** f [ˈbɛnziːnɔvaː ˈnaːdr̩ʃ]
das Getriebe	**převodovka** f [ˈpr̝ɛvɔdɔfka]
der Kühler	**chladič** m [ˈxlaɟɪt͡ʃ]
der Ventilator	**ventilátor** m [ˈvɛntɪlaːtɔr]
die Batterie	**baterie** f [ˈbatɛrɪjɛ]
der Auspufftopf	**výfukový tlumič** m [ˈviːfukɔviː ˈtlumɪt͡ʃ]
das Auspuffrohr	**výfuková trubka** f [ˈviːfukɔvaː ˈtrupka]

die Felge
ráfek m
[ˈraːfɛk]

DAS AUTO – AUTO

Das Auto – Innenausstattung – Vnitřní vybavení auta

① *der Seitenspiegel*
boční zpětné zrcátko n
[ˈbɔt͡ʃɲiː ˈspjɛtnɛː ˈzr̝t͡saːtkɔ]

② *das Lenkrad*
volant m
[ˈvɔlant]

③ *das Armaturenbrett*
palubní deska f
[ˈpalʊbɲiː ˈdɛska]

④ *der Türöffner*
klika dveří f
[ˈklɪka ˈdvɛr̝iː]

⑤ *der Fahrersitz*
sedadlo řidiče n
[ˈsɛdadlɔ ˈr̝ɪɟɪt͡ʃɛ]

⑥ *die Mittelkonsole*
středová konzole f
[ˈstr̝ɛdɔvaː ˈkɔnzɔlɛ]

⑦ *die Handbremse*
ruční brzda f
[ˈrʊt͡ʃɲiː ˈbr̩zda]

⑧ *der Heizungsregler*
regulátor teploty m
[ˈrɛgʊlaːtɔr ˈtɛplɔtɪ]

⑨ *das Handschuhfach*
přihrádka spolujezdce f
[ˈpr̝ɪɦraːtka ˈspɔlʊjɛstt͡sɛ]

⑩ *der Schalthebel*
řadicí páka f
[ˈr̝aɟɪt͡siː ˈpaːka]

⑪ *der Beifahrersitz*
sedadlo spolujezdce n
[ˈsɛdadlɔ ˈspɔlʊjɛstt͡sɛ]

der Warnblinkschalter
spínač varovných světel m
[ˈspiːnat͡ʃ ˈvarɔvniːx ˈsvjɛtɛl]

die Stereoanlage
autorádio n
[ˈʔau̯tɔraːdɪjɔ]

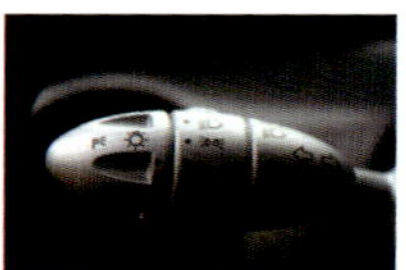

der Blinkerhebel
spínač směrových světel m
[ˈspiːnat͡ʃ ˈsmɲɛrɔviːx ˈsvjɛtɛl]

der Zigarettenanzünder
zapalovač cigaret m
[ˈzapalɔvat͡ʃ ˈt͡sɪgarɛt]

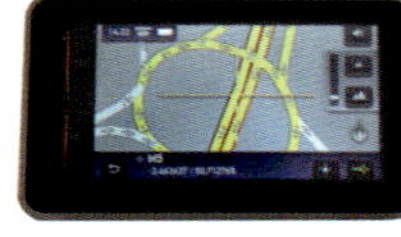

das Navigationsgerät
navigace f
[ˈnavɪgat͡sɛ]

die Fußstütze	**stupačka** f [ˈstʊpat͡ʃka]
das Kupplungspedal	**spojkový pedál** m [ˈspɔjkɔviː ˈpɛdaːl]
das Bremspedal	**brzdový pedál** m [ˈbr̩zdɔviː ˈpɛdaːl]
das Gaspedal	**plynový pedál** m [ˈplɪnɔviː ˈpɛdaːl]
der Sicherheitsgurt	**bezpečnostní pás** m [ˈbɛspɛt͡ʃnɔstɲiː ˈpaːs]
die Kopfstütze	**opěrka hlavy** f [ˈʔɔpjɛrka ˈɦlavɪ]
der Airbag	**airbag** m [ˈʔɛːrbɛk]
die Hupe	**klakson** m [ˈklaksɔn]

DAS AUTO – AUTO

Die Tankstelle – U čerpací stanice

die Preisanzeige
displej se zobrazením ceny m [ˈdɪsplɛj͜ sɛ ˈzɔbrazɛɲiːm ˈt͡sɛnɪ]

die Literanzeige
displej odebraných litrů m [ˈdɪsplɛj ˈʔɔdɛbraniːx ˈlɪtruː]

der Feuerlöscher
hasicí přístroj m [ˈɦasɪt͡siː ˈpr̝iːstrɔj]

die Zapfsäule
benzínová pumpa f [ˈbɛnziːnɔvaː ˈpumpa]

das Reifenfüllgerät
tlakoměr m [ˈtlakɔmɲɛr]

das Rauchverbot
zákaz kouření m [ˈzaːkas ˈkou̯r̝ɛɲiː]

das Benzin
benzín m [ˈbɛnziːn]

der Diesel
motorová nafta f [ˈmɔtɔrɔvaː ˈnafta]

bleifrei
bezolovnatý [ˈbɛzɔlɔvnatiː]

verbleit
olovnatý [ˈʔɔlɔvnatiː]

der Zapfschlauch
čerpací hadice f [ˈt͡ʃɛrpat͡siː ˈɦaɟɪt͡sɛ]

die Zapfpistole
čerpací pistole f [ˈt͡ʃɛrpat͡siː ˈpɪstɔlɛ]

der Tankdeckel
víčko nádrže n [ˈviːt͡ʃkɔ ˈnaːdrʒɛ]

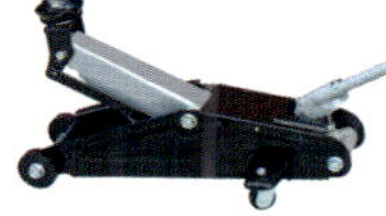

der Wagenheber
zvedák m [ˈzvɛdaːk]

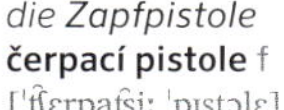

(das) Öl wechseln	**vyměnit olej** [ˈvɪmɲɛɲɪt ˈʔɔlɛj]
der Reifendruck	**tlak v pneumatikách** m [ˈtlak ˈf͜ pnɛu̯matɪkaːx]
der Keilriemen	**klínový řemen** m [ˈkliːnɔviː ˈr̝ɛmɛn]
die Lichtmaschine	**alternátor** m [ˈʔaltɛrnaːtɔr]
der Sommerreifen	**letní pneumatika** f [ˈlɛtɲiː ˈpnɛu̯matɪka]
der Winterreifen	**zimní pneumatika** f [ˈzɪmɲiː ˈpnɛu̯matɪka]
der Allwetterreifen	**celoroční pneumatika** f [ˈt͡sɛlɔrɔt͡ʃɲiː ˈpnɛu̯matɪka]
die Schneekette	**sněhový řetěz** m [ˈsɲɛɦɔviː ˈr̝ɛcɛs]

tanken
tankovat [ˈtaŋkɔvat]

DAS AUTO – AUTO

Die Tankstelle – U čerpací stanice

① *die Tankanzeige*
palivoměr m
[ˈpalɪvɔmɲɛr]

② *die Tankleuchte*
výstražné světlo paliva n
[ˈviːstraʒnɛː ˈsvjɛtlɔ ˈpalɪva]

③ *der/das Tachometer*
tachometr m [ˈtaxɔmɛtr̩]

④ *die Geschwindigkeit*
rychlost f [ˈrɪxlɔst]

⑤ *der Kilometerstand*
počítač kilometrů m [ˈpɔt͡ʃiːtat͡ʃ ˈkɪlɔmɛtruː]

⑥ *der Drehzahlmesser*
otáčkoměr m
[ˈˀɔtaːt͡ʃkɔmɲɛr]

⑦ *die Kühlmitteltemperaturanzeige*
ukazatel teploty chladicí kapaliny m
[ˈˀʊkazatɛl ˈtɛplɔtɪ ˈxlaɟɪt͡siː ˈkapalɪnɪ]

den Reifen wechseln
vyměnit pneumatiku
[ˈvɪmɲɛɲɪt ˈpnɛu̯matɪkʊ]

der Radmutternschlüssel
klíč na kolo m
[ˈkliːt͡ʃ ˈna‿kɔlɔ]

das Reserverad
náhradní kolo n
[ˈnaːɦradɲiː ˈkɔlɔ]

die Reifenpanne
defekt pneumatiky m
[ˈdɛfɛkt ˈpnɛu̯matɪkɪ]

der Verkehrsunfall	**dopravní nehoda** f [ˈdɔpravɲiː ˈnɛɦɔda]
Ich habe eine Panne.	**Porouchalo se mi auto.** [ˈpɔrɔu̯xalɔ‿sɛ‿mɪ ˈˀau̯tɔ]
Könnten Sie bitte den Pannendienst anrufen?	**Mohl/a byste zavolat havarijní službu, prosím?** [ˈmɔɦl/a‿bɪstɛ ˈzavɔlat ˈɦavarɪjɲiː ˈslʊʒbʊ ˈprɔsiːm]
Der Motor springt nicht an.	**Auto nechce startovat.** [ˈˀau̯tɔ ˈnɛxt͡sɛ ˈstartɔvat]
das Starthilfekabel	**startovací kabel** m [ˈstartɔvat͡siː ˈkabɛl]
Könnten Sie mir Starthilfe geben?	**Prosím, mohl/a byste mi pomoct nastartovat auto?** [ˈprɔsiːm ˈmɔɦl/a‿bɪstɛ‿mɪ ˈpɔmɔt͡st ˈnastartɔvat ˈˀau̯tɔ]
der Ersatzreifen	**rezerva** f [ˈrɛzɛrva]
Könnten Sie mir beim Reifenwechseln helfen?	**Mohl/a byste mi pomoct vyměnit pneumatiku, prosím?** [ˈmɔɦl/a‿bɪstɛ‿mɪ ˈpɔmɔt͡st ˈvɪmɲɛɲɪt ˈpnɛu̯matɪkʊ ˈprɔsiːm]

DER BUS – AUTOBUS

der Doppeldecker
patrový autobus m
[ˈpatrɔviː ˈʔau̯tɔbʊs]

die Liniennummer
číslo trasy n
[ˈt͡ʃiːslɔ ˈtrasɪ]

das Fahrziel
cílová stanice f
[ˈt͡siːlɔvaː ˈstaɲɪt͡sɛ]

der Reisebus
dálkový autobus m
[ˈdaːlkɔviː ˈʔau̯tɔbʊs]

die Automatiktür
automatické dveře pl
[ˈʔau̯tɔmatɪt͡skɛː ˈdvɛr̝ɛ]

der Gepäckraum
zavazadlový prostor m
[ˈzavazadlɔviː ˈprɔstɔr]

die Bushaltestelle
autobusová zastávka f
[ˈʔau̯tɔbʊsɔvaː ˈzastaːfka]

der Fahrplan
jízdní řád m
[ˈjiːzdɲiː ˈr̝aːt]

das Wartehäuschen
krytá zastávka autobusu f
[ˈkrɪtaː ˈzastaːfka ˈʔau̯tɔbʊsʊ]

der Schulbus
školní autobus m
[ˈʃkɔlɲiː ˈʔau̯tɔbʊs]

der Halteknopf
tlačítko pro zastavení n
[ˈtlat͡ʃiːtkɔ ˈprɔ‿zastavɛɲiː]

der Niederflurbus	**nízkopodlažní autobus** m [ˈɲiːskɔpɔdlaʒɲiː ˈʔau̯tɔbʊs]
der Busbahnhof	**autobusové nádraží** n [ˈʔau̯tɔbʊsɔvɛː ˈnaːdraʒiː]
der Linienbus	**linkový autobus** m [ˈlɪŋkɔviː ˈʔau̯tɔbʊs]
der Kleinbus	**minibus** m [ˈmɪnɪbʊs]
die Monatskarte	**měsíční jízdenka** f [ˈmɲɛsiːt͡ʃɲiː ˈjiːzdɛŋka]
der Fahrpreis	**jízdné** n [ˈjiːzdnɛː]
die Fahrkarte	**jízdenka** f [ˈjiːzdɛŋka]
der Fahrkartenautomat	**automat na lístky** m [ˈʔau̯tɔmat ˈna‿liːstkɪ]

die Halteschlaufe
držadlo n
[ˈdr̩ʒadlɔ]

DAS MOTORRAD – MOTOCYKL

die Rennmaschine
závodní motorka f
[ˈzaːvɔdɲiː ˈmɔtɔrka]

das Cockpit
kokpit m
[ˈkɔkpɪt]

der Kupplungshebel
spojka f
[ˈspɔjka]

der Lenkergriff
držadlo n
[ˈdrʒadlɔ]

der Fahrersitz
sedadlo řidiče n
[ˈsɛdadlɔ ˈr̝ɪɟɪt͡ʃɛ]

der Rückspiegel
zpětné zrcátko n
[ˈspjɛtnɛː ˈzrt͡saːtkɔ]

der Soziussitz
tandem m
[ˈtandɛm]

das Schutzblech
blatník m
[ˈblatɲiːk]

der Seitenständer
stojan m
[ˈstɔjan]

die Fußraste
stupačka f
[ˈstʊpat͡ʃka]

die Rückleuchte
zadní světlo n
[ˈzadɲiː ˈsvjɛtlɔ]

das Getriebe
převodovka f
[ˈpr̝ɛvɔdɔfka]

der Fußschalthebel
řídicí páka f
[ˈr̝iːɟɪt͡siː ˈpaːka]

die Radaufhängung
závěs kola m
[ˈzaːvjɛs ˈkɔla]

der Motorroller
skútr m
[ˈskuːtr̩]

das Quad
čtyřkolka f
[ˈt͡ʃtɪr̝̊kɔlka]

das Geländemotorrad
terénní motorka f
[ˈtɛrɛːɲiː ˈmɔtɔrka]

der Chopper
chopper m
[ˈt͡ʃɔpr̩]

DAS MOTORRAD – MOTOCYKL

der Motorradhelm
helma na motocykl f
['ɦɛlma 'na‿mɔtɔt͡sɪkl]

die Lederjacke
kožená bunda f
['kɔʒɛna: 'bʊnda]

die Motorradkombi
motorkářská kombinéza f
['mɔtɔrka:r̝̊ska: 'kɔmbɪnɛ:za]

der Lederhandschuh
kožená rukavice f
['kɔʒɛna: 'rʊkavɪt͡sɛ]

das Visier
hledí n
['ɦlɛɟi:]

der Lufteinlass
otvor pro přívod vzduchu m
['ˀɔtvɔr 'prɔ‿pr̝̊i:vɔt 'vzdʊxʊ]

der Reflektorstreifen
reflexní proužek m
['rɛflɛksɲi: 'prɔuʒɛk]

der/das Tachometer
tachometr m
['taxɔmɛtr̩]

der Lenker
řídítka pl
['r̝i:ɟi:tka]

der Tankdeckel
víčko od nádrže n
['vi:t͡ʃkɔ 'ˀɔd‿na:dr̝ɛ]

der Benzintank
benzínová nádrž f
['bɛnzi:nɔva: 'na:dr̝̊]

der Blinker
blinkr m
['blɪŋkr̩]

der Bremshebel für die Vorderradbremse
brzdová páka pro přední brzdu f ['br̩zdɔva: 'pa:ka 'prɔ‿pr̝̊ɛdɲi: 'br̩zdʊ]

der Gasdrehgriff
rukojeť na přidání plynu f
['rʊkɔjɛc 'na‿pr̝̊ɪda:ɲi: 'plɪnʊ]

der Tourer
sportovně cestovní motocykl m
['spɔrtɔvɲɛ 't͡sɛstɔvɲi: 'mɔtɔt͡sɪkl]

der Beiwagen
sajdkára f
['sajtka:ra]

das Motorradgespann
motocykl se sajdkárou m
['mɔtɔt͡sɪkl‿sɛ 'sajtka:rɔu̯]

DAS FAHRRAD – KOLO

die Felgenbremse
ráfková brzda f
['ra:fkɔva: 'br̩zda]

der Sattel
sedlo n
['sɛdlɔ]

die Sattelstütze
sedlovka f
['sɛdlɔfka]

der Lenker
řídítka pl
['r̝i:ɟɪ:tka]

der Fahrradkorb
košík m
['kɔʃi:k]

der Gepäckträger
nosič m
['nɔsɪt͡ʃ]

die Gabel
vidlice f
['vɪdlɪt͡sɛ]

das Hinterrad
zadní kolo n
['zadɲi: 'kɔlɔ]

der Reifen
pneumatika f
['pnɛu̯matɪka]

die Felge
ráfek m
['ra:fɛk]

das Vorderrad
přední kolo n
['pr̝̊ɛdɲi: 'kɔlɔ]

die Speiche
drát m
['dra:t]

der Reflektor
odrazové sklo n
['ˀɔdrazɔvɛ: 'sklɔ]

der Kettenschutz
kryt řetězu m
['krɪt 'r̝ɛcɛzʊ]

die Kette
řetěz m
['r̝ɛcɛs]

das Pedal
pedál m
['pɛda:l]

das Zahnrad
ozubené kolečko n
['ˀɔzʊbɛnɛ: 'kɔlɛt͡ʃkɔ]

das Schutzblech
blatník m
['blatɲi:k]

der Schalthebel	**páčka přehazovačky** f ['pa:t͡ʃka 'pr̝̊ɛɦazɔvat͡ʃkɪ]
der Bremshebel	**brzdová páčka** f ['br̩zdɔva: 'pa:t͡ʃka]
die Luftpumpe	**pumpička na kolo** f ['pʊmpɪt͡ʃka 'na‿kɔlɔ]
der Fahrradhelm	**cyklistická helma** f ['t͡sɪklɪstɪt͡ska: 'ɦɛlma]
der Dynamo	**dynamo** n ['dɪnamɔ]
in die Pedale treten	**šlápnout do pedálů** ['ʃla:pnɔu̯t 'dɔ‿pɛda:lu:]
bremsen	**brzdit** ['br̩zɟɪt]
in einen höheren/niedrigeren Gang schalten	**přehodit na vyšší/nižší převod** ['pr̝̊ɛɦɔɟɪt 'na‿vɪʃʃi:/ɲɪʃʃi: 'pr̝̊ɛvɔt]
Radfahren lernen	**naučit se jezdit na kole** ['nau̯t͡ʃɪt‿sɛ 'jɛzɟɪt 'na‿kɔlɛ]
einen Fahrradschlauch flicken	**zalepit duši** ['zalɛpɪt 'dʊʃɪ]

DAS FAHRRAD – KOLO

der Kindersitz
dětská sedačka f
[ˈɟɛt͡ska: ˈsɛdat͡ʃka]

das Einrad
jednokolka f
[ˈjɛdnɔkɔlka]

das Tandem
tandem m
[ˈtandɛm]

das BMX-Rad
BMX kolo n
[ˈbɛː‿ˀɛm‿ˀɪks ˈkɔlɔ]

das Rennrad
závodní kolo n
[ˈza:vɔdɲi: ˈkɔlɔ]

das Tourenfahrrad
trekové kolo n
[ˈtrɛkɔvɛ: ˈkɔlɔ]

das Mountainbike
horské kolo n
[ˈɦɔrskɛ: ˈkɔlɔ]

das Elektrofahrrad
elektrokolo n
[ˈˉɛlɛktrɔkɔlɔ]

das Liegerad
lehokolo n
[ˈlɛɦɔkɔlɔ]

das Dreirad
tříkolka f
[ˈtr̝̊i:kɔlka]

das Fahrradschloss
zámek na kolo m
[ˈza:mɛk ˈna‿kɔlɔ]

das Flickzeug
servisní sada nářadí f
[ˈsɛrvɪsɲi: ˈsada ˈna:r̝aɟɪ:]

das Leihfahrrad
kolo k pronajmutí n
[ˈkɔlɔ ˈk‿prɔnajmʊci:]

der Kinderanhänger
přívěs pro děti za kolo m
[ˈpr̝̊i:vjɛs ˈprɔ‿ɟɛcɪ ˈza‿kɔlɔ]

die Satteltasche
sedlová brašnička f
[ˈsɛdlɔva: ˈbraʃɲɪt͡ʃka]

der Fahrradständer
stojan na kolo m
[ˈstɔjan ˈna‿kɔlɔ]

DAS LASTKRAFTFAHRZEUG – NÁKLADNÍ AUTO

der Sattelschlepper
tahač návěsu m
[ˈtaɦat͡ʃ ˈnaːvjɛsʊ]

die Kühlerhaube
kryt chladiče m
[ˈkrɪt ˈxlaɟɪt͡ʃɛ]

der Kühlergrill
mřížka chladiče f
[ˈmr̝iːʃka ˈxlaɟɪt͡ʃɛ]

der Scheinwerfer
světlomet m
[ˈsvjɛtlɔmɛt]

das Auspuffrohr
výfuková trubka f
[ˈviːfʊkɔvaː ˈtrʊpka]

die Schlafkabine
spací prostor m
[ˈspat͡siː ˈprɔstɔr]

das Lufthorn
klakson m
[ˈklaksɔn]

der Stauraum
úložný prostor m
[ˈˀuːlɔʒniː ˈprɔstɔr]

der Stoßfänger
nárazník m
[ˈnaːrazɲiːk]

die Windschutzscheibe
čelní sklo n
[ˈt͡ʃɛlɲiː ˈsklɔ]

die Trittstufe
stupátko n
[ˈstʊpaːtkɔ]

der Kraftstofftank
palivová nádrž f
[ˈpalɪvɔvaː ˈnaːdrʃ]

der Autotransporter
přepravník automobilů m
[ˈpr̝ɛpravɲiːk ˈˀau̯tɔmɔbɪluː]

die Schneefräse
sněžná fréza f
[ˈsɲɛʒnaː ˈfrɛːza]

die Straßen-kehrmaschine
metařské auto n
[ˈmɛtar̝skɛː ˈˀau̯tɔ]

der Müllwagen
popelářské auto n
[ˈpɔpɛlaːr̝skɛː ˈˀau̯tɔ]

der Tankwagen
cisterna f
[ˈt͡sɪstɛrna]

der Sattelzug
tahač s návěsem m
[ˈtaɦat͡ʃ ˈs‿naːvjɛsɛm]

der Auflieger
přívěs m
[ˈpr̝iːvjɛs]

der Flachbettauflieger
návěs m
[ˈnaːvjɛs]

WEITERE FAHRZEUGE – DALŠÍ VOZIDLA

der Bagger
bagr m
[ˈbagr̩]

der Radlader
nakladač m
[ˈnakladat͡ʃ]

der Betonmischer
míchačka na beton f
[ˈmiːxat͡ʃka ˈna‿bɛtɔn]

der Kipper
sklápěč m
[ˈsklaːpjɛt͡ʃ]

der Wohnwagen
obytný přívěs m
[ˈˀɔbɪtniː ˈpr̝̊iːvjɛs]

das Wohnmobil
obytný vůz m
[ˈˀɔbɪtniː ˈvuːs]

der Gabelstapler
vysokozdvižný vozík m
[ˈvɪsɔkɔˌzdvɪʒniː ˈvɔziːk]

das Feuerwehrfahrzeug
hasičské auto n
[ˈɦasɪt͡ʃskɛː ˈˀau̯tɔ]

der Anhänger
přívěs m
[ˈpr̝̊iːvjɛs]

der Traktor
traktor m
[ˈtraktɔr]

der Polizeiwagen
policejní auto n
[ˈpɔlɪt͡sɛjɲiː ˈˀau̯tɔ]

das Taxi
taxík m
[ˈtaksiːk]

der Abschleppwagen
odtahové vozidlo n
[ˈˀɔttaɦɔvɛː ˈvɔzɪdlɔ]

der Fahrzeugkran
autojeřáb m
[ˈˀau̯tɔjɛr̝aːp]

der Taxistand
stanoviště taxíků n
[ˈstanɔvɪʃcɛ ˈtaksiːkuː]

ein Taxi herbeiwinken
zamávat na taxík
[ˈzamaːvat ˈna‿taksiːk]

DER ZUG – VLAK

der Zug
vlak m
[ˈvlak]

der Führerstand
kabina strojvůdce f
[ˈkabɪna ˈstrɔjvuːt͡sɛ]

das Kleinabteil
kupé n
[ˈkʊpɛː]

die Gepäckablage
police na zavazadla f
[ˈpɔlɪt͡sɛ ˈna͜zavazadla]

die Schiene
kolej f
[ˈkɔlɛj]

der Waggon
vagón m
[ˈvagɔːn]

die Armlehne
opěrka rukou f
[ˈʔɔpjɛrka ˈrʊkɔu̯]

der Sitz
sedadlo n
[ˈsɛdadlɔ]

die Kopflehne
opěrka hlavy f
[ˈʔɔpjɛrka ˈɦlavɪ]

der Güterzug
nákladní vlak m
[ˈnaːkladɲiː ˈvlak]

die Straßenbahn
tramvaj f
[ˈtramvaj]

die U-Bahn
metro n
[ˈmɛtrɔ]

die Einschienenbahn
jednokolejná dráha f
[ˈjɛdnɔkɔlɛjnaː ˈdraːɦa]

die Dampflok
parní lokomotiva f
[ˈparɲiː ˈlɔkɔmɔtɪva]

der Hochgeschwindigkeitszug	**vysokorychlostní vlak** m [ˈvɪsɔkɔrɪxlɔstɲiː ˈvlak]
das Großraumabteil	**velkoprostorový vagon** m [ˈvɛlkɔprɔstɔrɔviː ˈvagɔn]
die Oberleitung	**trakční vedení** n [ˈtrakt͡ʃɲiː ˈvɛdɛɲiː]
die erste Klasse	**první třída** f [ˈprvɲiː ˈtr̝iːda]
die zweite Klasse	**druhá třída** f [ˈdrʊɦaː ˈtr̝iːda]
der Klapptisch	**skládací stolek** m [ˈsklaːdat͡siː ˈstɔlɛk]
der Triebwagen	**motorový vlak** m [ˈmɔtɔrɔviː ˈvlak]
die Sitzplatzreservierung	**rezervace místenky** f [ˈrɛzɛrvat͡sɛ ˈmiːstɛŋkɪ]

DER ZUG – VLAK

Am Bahnhof – Na vlakovém nádraží

der Bahnsteig
nástupiště n
[ˈnaːstupɪʃcɛ]

einsteigen
nastoupit
[ˈnastou̯pɪt]

aussteigen
vystoupit
[ˈvɪstou̯pɪt]

das Geländer
zábradlí n
[ˈzaːbradliː]

die Gleisnummer
číslo koleje n
[ˈt͡ʃiːslɔ ˈkɔlɛ͜ɛ]

der Wegweiser
ukazatel m
[ˈʔukazatɛl]

der Reisende
cestující m/f
[ˈt͡sɛstujiːt͡siː]

die Rolltreppe
jezdicí schody pl
[ˈjɛzɟɪt͡siː ˈsxɔdɪ]

die Bahnhofshalle
nádražní hala f
[ˈnaːdraʒɲiː ˈɦala]

der Fahrkartenschalter
pokladna f
[ˈpɔkladna]

der Fahrkarten-automat
automat na lístky m
[ˈʔau̯tɔmat ˈna͜liːstkɪ]

die Schaffnerin
průvodčí f
[ˈpruːvɔdt͡ʃiː]

die Verspätung	**zpoždění** n [ˈspɔʒɟɛɲiː]
pünktlich	**na čas** [ˈna͜t͡ʃas]
umsteigen	**přestoupit** [ˈpr̝̊ɛstou̯pɪt]
das Schienennetz	**železniční síť** f [ˈʒɛlɛzɲɪt͡ʃɲiː ˈsiːc]
Eine einfache Fahrt nach ..., bitte.	**Jednosměrnou jízdenku do ..., prosím.** [ˈjɛdnɔsmɲɛrnou̯ ˈjiːzdɛŋku ˈdɔ͜ ˈprɔsiːm]
hin und zurück	**zpáteční jízdenka** [ˈspaːtɛt͡ʃɲiː ˈjiːzdɛŋka]
Ist dieser Platz noch frei?	**Je toto místo volné?** [ˈjɛ͜tɔtɔ ˈmiːstɔ ˈvɔlnɛː]

der Kofferkuli
zavazadlový vozík m
[ˈzavazadlɔviː ˈvɔziːk]

DAS FLUGZEUG – LETADLO

das Verkehrsflugzeug
dopravní letadlo n
[ˈdɔpravɲiː ˈlɛtadlɔ]

das Fenster
okno n
[ˈʔɔknɔ]

der Rumpf
trup letadla m
[ˈtrʊp ˈlɛtadla]

der Bug
příď f
[ˈpr̝iːɟ]

das Heck
záď letadla f
[ˈzaːc ˈlɛtadla]

die Tragfläche
nosná plocha f
[ˈnɔsnaː ˈplɔxa]

die Flugzeugtür
dveře letadla pl
[ˈdvɛr̝ɛ ˈlɛtadla]

das Seitenleitwerk
svislý stabilizátor m
[ˈsvɪsliː ˈstabɪlɪzaːtɔr]

der Frachtraum
nákladní prostor m
[ˈnaːkladɲiː ˈprɔstɔr]

das Fahrwerk
podvozek m
[ˈpɔdvɔzɛk]

das Cockpit
pilotní kabina f
[ˈpɪlɔtɲiː ˈkabɪna]

das Höhenleitwerk
vodorovná ocasní plocha f
[ˈvɔdɔrɔvnaː ˈʔɔt͡sasɲiː ˈplɔxa]

das Querruder
klapka na křídle f
[ˈklapka ˈna‿kr̝iːdlɛ]

das Triebwerk
motor m
[ˈmɔtɔr]

das Bugfahrwerk
příďový podvozek m
[ˈpr̝iːɟɔviː ˈpɔdvɔzɛk]

der Windsack
větrný rukáv m
[ˈvjɛtr̩niː ˈrʊkaːf]

Ihr Flug ist jetzt zum Einsteigen bereit.	**Váš let je připraven k nástupu.** [ˈvaːʃ ˈlɛt‿jɛ ˈpr̝ipravɛn ˈk‿naːstʊpʊ]
die Fluggesellschaft	**letecká společnost** f [ˈlɛtɛt͡skaː ˈspɔlɛt͡ʃnɔst]
der Flugsicherungsdienst	**řízení letového provozu** n [ˈr̝iːzɛɲiː ˈlɛtɔvɛːɦɔ ˈprɔvɔzʊ]
der Pilot	**pilot** m [ˈpɪlɔt]
die Pilotin	**pilotka** f [ˈpɪlɔtka]
die erste Klasse	**první třída** f [ˈprvɲiː ˈtr̝iːda]
die Businessklasse	**business třída** f [ˈbɪznɪs ˈtr̝iːda]
die Economyklasse	**ekonomická třída** f [ˈʔɛkɔnɔmɪt͡skaː ˈtr̝iːda]

DAS FLUGZEUG – LETADLO

Im Flugzeug – V letadle

die Sicherheitsanweisung
poučení o pravidlech bezpečnosti n
[ˈpoʊ̯t͡ʃeɲiː ˈʔo͜ pravɪdlɛɣ ˈbɛspɛt͡ʃnoscɪ]

die Flugbegleiterin
letuška f
[ˈlɛtʊʃka]

der Sitzplatz
sedadlo n
[ˈsɛdadlo]

das Gepäckfach
úložný prostor m
[ˈʔuːloʒniː ˈprostor]

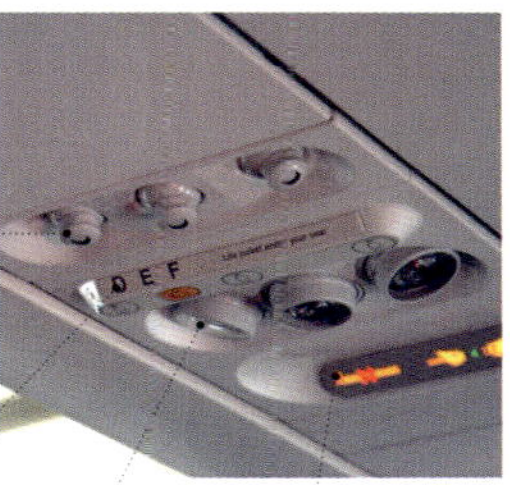

die Luftdüse
vzduchová tryska f
[ˈvzdʊxovaː ˈtrɪska]

die Sitznummer
číslo sedadla n
[ˈt͡ʃiːslo ˈsɛdadla]

der Nichtraucherflug
nekuřácký let m
[ˈnɛkur̝aːt͡ski ˈlɛt]

die Leselampe
čtecí světýlko n
[ˈt͡ʃtɛt͡siː ˈsvjɛtiːlko]

das Handgepäck
příruční zavazadlo n
[ˈpr̝iːrʊt͡ʃɲiː ˈzavazadlo]

der Gang
chodbička f
[ˈxodbɪt͡ʃka]

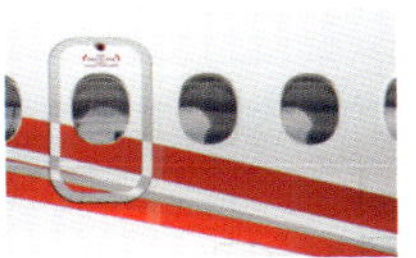

der Notausgang
nouzový východ m
[ˈnoʊ̯zoviː ˈviːxod]

der Sitzabstand
rozestup sedadel m
[ˈrozɛstʊp ˈsɛdadɛl]

die Sitzreihe	**řada** f [ˈr̝ada]
der Sicherheitsgurt	**bezpečnostní pás** m [ˈbɛspɛt͡ʃnostɲiː ˈpaːs]
sich anschnallen	**zapnout si bezpečnostní pás** [ˈzapnoʊ̯t͜ sɪ ˈbɛspɛt͡ʃnostɲiː ˈpaːs]
die Start- und Landebahn	**vzletová a přistávací dráha** f [ˈvzlɛtovaː ˈʔa ˈpr̝ɪstaːvat͡siː ˈdraːɦa]
fliegen	**letět** [ˈlɛcɛt]
starten	**vzlétnout** [ˈvzlɛːtnoʊ̯t]
landen	**přistávat** [ˈpr̝ɪstaːvat]
die Turbulenzen	**turbulence** pl [ˈtʊrbʊlɛnt͡sɛ]
die Notlandung	**nouzové přistání** n [ˈnoʊ̯zovɛː ˈpr̝ɪstaːɲiː]
die Sauerstoffmaske	**kyslíková maska** f [ˈkɪsliːkovaː ˈmaska]

der Bildschirm für das Bordprogramm
displej na program za letu m
[ˈdɪsplɛj ˈna͜ program ˈza͜ lɛtʊ]

DAS FLUGZEUG – LETADLO

Am Flughafen – Na letišti

der Check-in-Automat
odbavovací automat m
[ˈʔɔdbavɔvat͡siː ˈʔau̯tɔmat]

der Check-in-Schalter
přepážka pro odbavení f
[ˈpr̝̊ɛpaːʃka ˈprɔ‿ʔɔdbavɛɲiː]

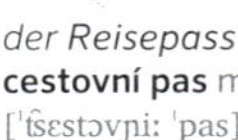

die Bordkarte
palubní lístek m
[ˈpalubɲiː ˈliːstɛk]

der Reisepass
cestovní pas m
[ˈt͡sɛstɔvɲiː ˈpas]

die Ankunft
přílet m
[ˈpr̝̊iːlɛt]

der Abflug
odlet m
[ˈʔɔdlɛt]

das Terminal
terminál m
[ˈtɛrmɪnaːl]

der Zoll
celnice f
[ˈt͡sɛlɲɪt͡sɛ]

die Sicherheits-kontrolle
bezpečnostní kontrola f
[ˈbɛspɛt͡ʃnɔstɲiː ˈkɔntrɔla]

die Ticketkontrolle
kontrola letenky f
[ˈkɔntrɔla ˈlɛtɛŋkɪ]

der Duty-free-Laden
bezcelní obchod m
[ˈbɛst͡sɛlɲiː ˈʔɔpxɔt]

die Fluggasttreppe
schůdky do letadla pl
[ˈsxuːtkɪ ˈdɔ‿lɛtadla]

der Flugsteig
odletová brána f
[ˈʔɔdlɛtɔvaː ˈbraːna]

die Fluggastbrücke
nástupní můstek m
[ˈnaːstupɲiː ˈmuːstɛk]

der Kontrollturm
řídicí věž f
[ˈr̝iːɟɪt͡siː ˈvjɛʃ]

der Fluglotse
letecký dispečer m
[ˈlɛtɛt͡skiː ˈdɪspɛt͡ʃɛr]

DAS FLUGZEUG – LETADLO

Am Flughafen – Na letišti

① *die Anzeigetafel*
informační panel m
[ˈʔɪnfɔrmat͡ʃɲiː ˈpanɛl]

② *das Reiseziel*
destinace f
[ˈdɛstɪnat͡sɛ]

der Langstreckenflug
dálkový let m
[ˈdaːlkɔviː ˈlɛt]

der Auslandsflug
mezinárodní let m
[ˈmɛzɪnaːrɔdɲiː ˈlɛt]

der Inlandsflug
vnitrostátní let m
[ˈvɲɪtrɔstaːtɲiː ˈlɛt]

der Rollkoffer
kufr na kolečkách m
[ˈkʊfr̩ ˈna‿kɔlɛt͡ʃkaːx]

das Übergepäck
zavazadla s nadlimitní váhou pl
[ˈzavazadla ˈs‿nadlɪmɪtɲiː ˈvaːɦɔu̯]

das Gepäckband
pás se zavazadly m
[ˈpaːs ˈsɛ‿zavazadlɪ]

der Fahrsteig
pohyblivý chodník m
[ˈpɔɦɪblɪviː ˈxɔdɲiːk]

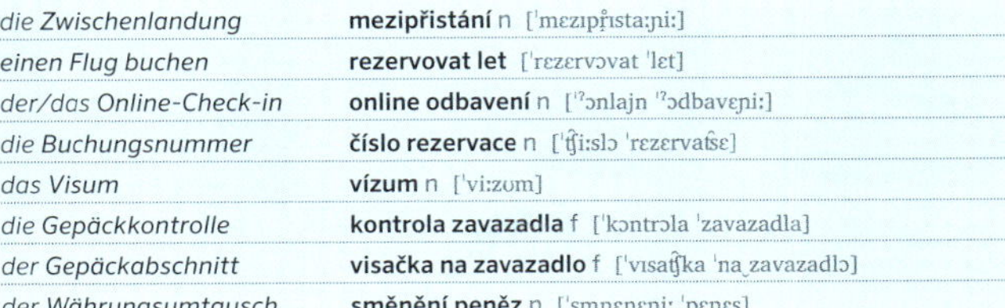

die Zwischenlandung	**mezipřistání** n [ˈmɛzɪpr̝̊ɪstaːɲiː]
einen Flug buchen	**rezervovat let** [ˈrɛzɛrvɔvat ˈlɛt]
der/das Online-Check-in	**online odbavení** n [ˈʔɔnlajn ˈʔɔdbavɛɲiː]
die Buchungsnummer	**číslo rezervace** n [ˈt͡ʃiːslɔ ˈrɛzɛrvat͡sɛ]
das Visum	**vízum** n [ˈviːzʊm]
die Gepäckkontrolle	**kontrola zavazadla** f [ˈkɔntrɔla ˈzavazadla]
der Gepäckabschnitt	**visačka na zavazadlo** f [ˈvɪsat͡ʃka ˈna‿zavazadlɔ]
der Währungsumtausch	**směnění peněz** n [ˈsmɲɛɲɛɲiː ˈpɛɲɛs]

der Rucksack
batoh m
[ˈbatɔx]

DAS SCHIFF – LOĎ

das Kreuzfahrtschiff
výletní loď f
[ˈviːlɛtɲiː ˈlɔɟ]

die Funkantenne
radiová anténa f
[ˈradɪjɔvaː ˈʔantɛːna]

das Deck
paluba f
[ˈpalʊba]

die Kabine
kabina f
[ˈkabɪna]

der Schornstein
komín m
[ˈkɔmiːn]

die Radarantenne
radarová anténa f
[ˈradarɔvaː ˈʔantɛːna]

die Backbordseite
levobok m
[ˈlɛvɔbɔk]

der Rumpf
trup m
[ˈtrʊp]

das Bullauge
lodní okénko n
[ˈlɔdɲiː ˈʔɔkɛːŋkɔ]

die Steuerbordseite
pravobok m
[ˈpravɔbɔk]

der Bug
příď f
[ˈpr̝̊iːɟ]

das Rettungsboot
záchranný člun m
[ˈzaːxraniː ˈt͡ʃlʊn]

der Bugwulst
hrušková příď f
[ˈɦrʊʃkɔvaː ˈpr̝̊iːɟ]

das Segelboot
plachetnice f
[ˈplaxɛtɲɪt͡sɛ]

die Motorjacht
motorová jachta f
[ˈmɔtɔrɔvaː ˈjaxta]

das Motorboot
motorový člun m
[ˈmɔtɔrɔviː ˈt͡ʃlʊn]

der Katamaran
katamarán m
[ˈkatamaraːn]

DAS SCHIFF - LOĎ

Der Hafen - Přístav

der Containerhafen
terminál na kontejnery m
[ˈtɛrmɪnaːl ˈna kɔntɛjnɛrɪ]

das Containerlager
skladiště na kontejnery n
[ˈsklaɟɪʃcɛ ˈna kɔntɛjnɛrɪ]

die Fracht
náklad m
[ˈnaːklat]

der Kai
přístaviště n
[ˈpr̝iːstavɪʃcɛ]

der Kran
jeřáb m
[ˈjɛr̝aːp]

das Containerschiff
nákladní loď f
[ˈnaːkladɲiː ˈlɔc]

der Leuchtturm
maják m
[ˈmajaːk]

die Vertäuung
kotviště n
[ˈkɔtvɪʃcɛ]

der Poller
úvazný kůl m
[ˈʔuːvazniː ˈkuːl]

die Boje
bóje f
[ˈbɔːjɛ]

den Anker werfen/lichten	**spustit/vytáhnout kotvu** [ˈspuscɪt/ˈvɪtaːɦnoʊt ˈkɔtvʊ]
die Küstenwache	**pobřežní stráž** f [ˈpɔbr̝ɛʒɲiː ˈstraːʃ]
anlegen	**přistát** [ˈpr̝ɪstaːt]
auslaufen	**vyplout** [ˈvɪploʊt]
an Bord gehen	**nalodit se** [ˈnalɔɟɪt sɛ]
von Bord gehen	**vylodit se** [ˈvɪlɔɟɪt sɛ]
der Landungssteg	**nástupní můstek** m [ˈnaːstupɲiː ˈmuːstɛk]
das U-Boot	**ponorka** f [ˈpɔnɔrka]

die Fähre
trajekt m
[ˈtrajɛkt]

IN DER STADT

VE MĚSTĚ

DIE INNENSTADT – CENTRUM MĚSTA

die Vorstadt
předměstí n
[ˈpr̝̊ɛdmɲɛsciː]

die Brücke
most m
[ˈmɔst]

der Fluss
řeka f
[ˈr̝ɛka]

die Straße
ulice f
[ˈˀʊlɪt͡sɛ]

das Geschäftsviertel
obchodní čtvrť f
[ˈˀɔpxɔdɲiː ˈt͡ʃtvr̩c]

der Fernsehturm
televizní věž f
[ˈtɛlɛvɪzɲiː ˈvjɛʃ]

der Wohnblock
obytný blok m
[ˈˀɔbɪtniː ˈblɔk]

der Dom
katedrála f
[ˈkatɛdraːla]

der Gehweg
cesta pro pěší f
[ˈt͡sɛsta ˈprɔ‿pjɛʃiː]

die Altstadt
staré město n
[ˈstarɛː ˈmɲɛstɔ]

der Turm
věž f
[ˈvjɛʃ]

die Straßenbeleuchtung
pouliční osvětlení n
[ˈpɔu̯lɪt͡ʃɲiː ˈˀɔsvjɛtlɛɲiː]

die Seitenstraße
vedlejší ulice f
[ˈvɛdlɛjʃiː ˈˀʊlɪt͡sɛ]

der Boulevard
bulvár m
[ˈbʊlvaːr]

die Treppe
schody pl
[ˈsxɔdɪ]

die Gasse
ulička f
[ˈˀʊlɪt͡ʃka]

DIE INNENSTADT – CENTRUM MĚSTA

der Park
park m
[ˈpark]

der Kanal
kanál m
[ˈkana:l]

das Ausgehviertel
zábavní čtvrť f
[ˈza:bavɲi: ˈt͡ʃtvr̩c]

der Platz
náměstí n
[ˈna:mɲɛsci:]

das Einkaufsviertel
nákupní čtvrť f
[ˈna:kʊpɲi: ˈt͡ʃtvr̩c]

das Industriegebiet
průmyslová čtvrť f
[ˈpru:mɪslɔva: ˈt͡ʃtvr̩c]

das Wohngebiet
obytná čtvrť f
[ˈʔɔbɪtna: ˈt͡ʃtvr̩c]

das Rathaus
radnice f
[ˈradɲɪt͡sɛ]

die Universität
univerzita f
[ˈʔʊnɪvɛrzɪta]

die Schule
škola f
[ˈʃkɔla]

die Post
pošta f
[ˈpɔʃta]

die Feuerwache
hasičská stanice f
[ˈɦasɪt͡ʃska: ˈstaɲɪt͡sɛ]

die Polizeiwache
policejní stanice f
[ˈpɔlɪt͡sɛjɲi: ˈstaɲɪt͡sɛ]

das Krankenhaus
nemocnice f
[ˈnɛmɔt͡sɲɪt͡sɛ]

die Bibliothek
knihovna f
[ˈkɲɪɦɔvna]

das Gerichtsgebäude
soud m
[ˈsoʊ̯t]

DIE INNENSTADT – CENTRUM MĚSTA

Gebäude in der Innenstadt – Budovy v centru města

der Wolkenkratzer
mrakodrap m
[ˈmrakɔˌdrap]

die Burg
hrad m
[ˈɦrat]

das Schloss
zámek m
[ˈzaːmɛk]

die Kirche
kostel m
[ˈkɔstɛl]

die Moschee
mešita f
[ˈmɛʃɪta]

die Synagoge
synagoga f
[ˈsɪnagɔga]

der Tempel
chrám m
[ˈxraːm]

die Ruine
zřícenina f
[ˈzr̝iːt͡sɛɲɪna]

das Bürogebäude
kancelářská budova f
[ˈkant͡sɛlaːr̝̊skaː ˈbʊdɔva]

das Theater
divadlo n
[ˈɟɪvadlɔ]

das Kino
kino n
[ˈkɪnɔ]

die Fabrik
továrna f
[ˈtɔvaːrna]

die Botschaft
ambasáda f
[ˈʔambasaːda]

das Opernhaus
opera f
[ˈʔɔpɛra]

das Museum
muzeum n
[ˈmʊzɛu̯m]

die Kunsthalle
galerie f
[ˈgalɛrɪjɛ]

DIE INNENSTADT – CENTRUM MĚSTA

Auf der Straße – Na ulici

die Straßenlaterne
pouliční lampa f
[ˈpɔu̯lɪt͡ʃɲiː ˈlampa]

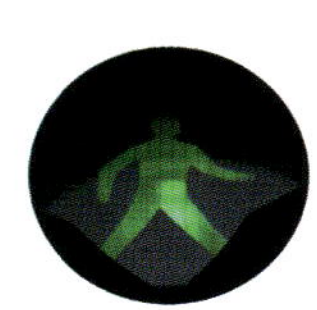

die Fußgängerampel
semafor pro chodce m
[ˈsɛmafɔr ˈprɔ‿xɔt͡sɛ]

die Ampel
semafor m
[ˈsɛmafɔr]

das Denkmal
památník m
[ˈpamaːtɲiːk]

der Abfalleimer
odpadkový koš m
[ˈʔɔtpatkɔviː ˈkɔʃ]

der Kanaldeckel
víko od kanálu n
[ˈviːkɔ ˈʔɔt‿kanaːlʊ]

der Hydrant
hydrant m
[ˈɦɪdrant]

der Friedhof
hřbitov m
[ˈɦr̝bɪtɔf]

die Bushaltestelle
autobusová zastávka f
[ˈʔau̯tɔbʊsɔvaː ˈzastaːfka]

der Kiosk
stánek m
[ˈstaːnɛk]

die Tiefgarage
podzemní garáž f
[ˈpɔdzɛmɲiː ˈgaraːʃ]

die Fußgängerzone
pěší zóna f
[ˈpjɛʃiː ˈzɔːna]

Entschuldigen Sie, wie komme ich nach …?	**Můžete mi prosím poradit, jak se dostanu…?** [ˈmuːʒɛtɛ‿mɪ ˈprɔsiːm ˈpɔraɟɪt ˈjak‿sɛ ˈdɔstanʊ]
Könnten Sie mir bitte sagen, wo … ist?	**Můžete mi prosím říct, kde je…?** [ˈmuːʒɛtɛ‿mɪ ˈprɔsiːm ˈr̝iːt͡st ˈgdɛ‿jɛ]
Könnten Sie mir das bitte auf der Karte zeigen?	**Můžete mi to prosím ukázat na mapě?** [ˈmuːʒɛtɛ‿mɪ‿tɔ ˈprɔsiːm ˈʔʊkaːzat ˈna‿mapjɛ]
an der Ecke	**na rohu** [ˈna‿rɔɦʊ]
rechts/links abbiegen	**zahnout doprava/doleva** [ˈzaɦnɔu̯t ˈdɔprava/ˈdɔlɛva]
auf der rechten/linken Seite	**na pravé/na levé straně** [ˈna‿pravɛː/na‿lɛvɛː ˈstraɲɛ]
(schräg) gegenüber	**naproti** [ˈnaprɔcɪ]
in der Nähe (von)	**blízko (od)** [ˈbliːskɔ ˈɔt]

DIE INNENSTADT – CENTRUM MĚSTA

Das Hotel – Hotel

die Rezeption
recepce f
[ˈrɛt͡sɛpt͡sɛ]

die Empfangsdame
recepční f
[ˈrɛt͡sɛpt͡ʃniː]

die Schlüsselkarte
magnetická karta k otevírání dveří f
[ˈmagnɛtɪt͡ska: ˈkarta ˈk‿ʔotɛviːraːɲiː ˈdvɛr̝iː]

die Klingel
zvonek m
[ˈzvɔnɛk]

die Lobby
hala f
[ˈɦala]

die Bar
bar m
[ˈbar]

das Restaurant
restaurace f
[ˈrɛstau̯rat͡sɛ]

die Hotelanlage
letovisko n
[ˈlɛtɔvɪskɔ]

das Doppelzimmer
dvoulůžkový pokoj m
[ˈdvɔu̯luːʃkɔviː ˈpɔkɔj]

das Zweibettzimmer
dvoulůžkový pokoj se samostatnými lůžky m
[ˈdvɔu̯luːʃkɔviː ˈpɔkɔj‿sɛ ˈsamɔstatniːmɪ ˈluːʃkɪ]

das Einzelzimmer
jednolůžkový pokoj m
[ˈjɛdnɔluːʃkɔviː ˈpɔkɔj]

der Fitnessraum
posilovna f
[ˈpɔsɪlɔvna]

der Pool
bazén m
[ˈbazɛːn]

Ich habe ein Zimmer unter dem Namen ... gebucht.	**Rezervoval/a jsem si pokoj na jméno ...** [ˈrɛzɛrvɔval/a ˈjsɛm‿sɪ ˈpɔkɔj ˈna‿jmɛːnɔ]
Was kostet das Zimmer, bitte?	**Kolik ten pokoj stojí, prosím?** [ˈkɔlɪk‿tɛn ˈpɔkɔj ˈstɔjiː ˈprɔsiːm]
Ich hätte gerne ein Doppelzimmer für eine Nacht.	**Rád/a bych si rezervoval/a dvoulůžkový pokoj na jednu noc.** [ˈraːd/a‿bɪx‿sɪ ˈrɛzɛrvɔval/a ˈdvɔu̯luːʃkɔviː ˈpɔkɔj ˈna‿jɛdnu ˈnɔt͡s]
Haben Sie ein Zimmer frei?	**Máte volný pokoj?** [ˈmaːtɛ ˈvɔlniː ˈpɔkɔj]

DIE INNENSTADT – CENTRUM MĚSTA

Das Hotel – Hotel

der/die Concierge
vrátný m
[ˈvraːtniː]

der Kofferwagen
zavazadlový vozík m
[ˈzavazadlɔviː ˈvɔziːk]

der Türanhänger „Bitte nicht stören“
visačka na dveře „Nerušit“ f
[ˈvɪsat͡ʃka ˈna ɟvɛr̝ɛ ˌnɛrʊʃɪt]

die Gepäckablage
police na zavazadla f
[ˈpɔlɪt͡sɛ ˈna zavazadla]

der Zimmerservice
pokojová služba f
[ˈpɔkɔjɔvaː ˈslʊʒba]

das Zimmermädchen
pokojská f
[ˈpɔkɔjskaː]

die Suite
apartmá n
[ˈʔapartmaː]

die Toilettenartikel
hygienické potřeby pl
[ˈɦɪɡɪjɛnɪt͡skɛː ˈpɔtr̝ɛbɪ]

die Minibar
minibar m
[ˈmɪnɪbar]

die Zimmernummer
číslo pokoje n
[ˈt͡ʃiːslɔ ˈpɔkɔjɛ]

das Frühstücksbuffet
snídaně formou švédského stolu f [ˈsɲiːdaɲɛ ˈfɔrmoʊ ˈʃvɛːt͡skɛːɦɔ ˈstɔlʊ]

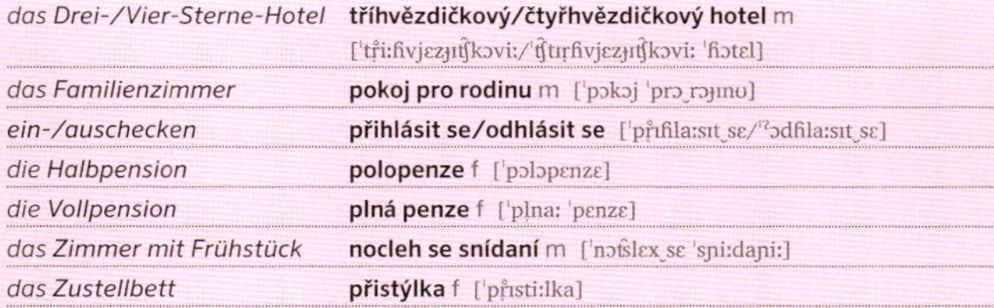

das Drei-/Vier-Sterne-Hotel	**tříhvězdičkový/čtyřhvězdičkový hotel** m [ˈtr̝iːɦvjɛzɟɪt͡ʃkɔviː/ˈt͡ʃtɪr̝ɦvjɛzɟɪt͡ʃkɔviː ˈɦɔtɛl]
das Familienzimmer	**pokoj pro rodinu** m [ˈpɔkɔj ˈprɔ rɔɟɪnʊ]
ein-/auschecken	**přihlásit se/odhlásit se** [ˈpr̝ɪɦlaːsɪt sɛ/ˈʔɔdɦlaːsɪt sɛ]
die Halbpension	**polopenze** f [ˈpɔlɔpɛnzɛ]
die Vollpension	**plná penze** f [ˈpl̩naː ˈpɛnzɛ]
das Zimmer mit Frühstück	**nocleh se snídaní** m [ˈnɔt͡slɛx sɛ ˈsɲiːdaɲiː]
das Zustellbett	**přistýlka** f [ˈpr̝ɪstiːlka]
der Weckanruf	**buzení po telefonu** n [ˈbʊzɛɲiː ˈpɔ tɛlɛfɔnʊ]

der Tresor
trezor m
[ˈtrɛzɔr]

DIE INNENSTADT – CENTRUM MĚSTA

Die Bank – Banka

das Chipkartenterminal
platební terminál m
[ˈplatɛbɲiː ˈtɛrmɪnaːl]

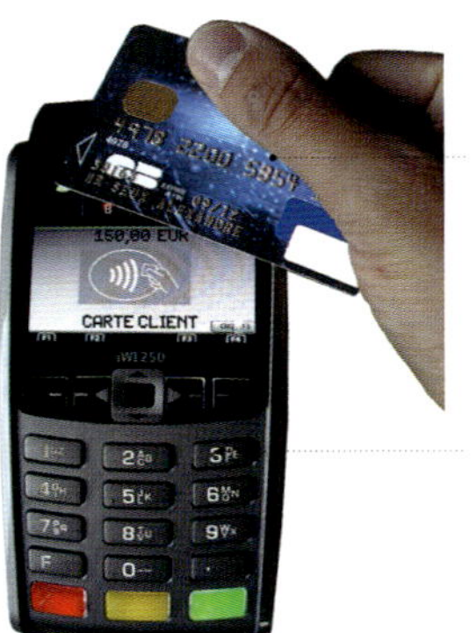

die EC-Karte
platební karta f
[ˈplatɛbɲiː ˈkarta]

das Tastenfeld
klávesnice f
[ˈklaːvɛsɲɪt͡sɛ]

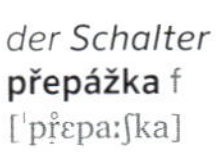

der Schalter
přepážka f
[ˈpr̝̊ɛpaːʃka]

die Kassiererin
pokladní f
[ˈpɔkladɲiː]

das Onlinebanking
internetové bankovnictví n
[ˈʔɪntɛrnɛtɔvɛː ˈbaŋkɔvɲɪt͡stviː]

der Geldautomat
bankomat m
[ˈbaŋkɔmat]

Geld abheben
vybrat peníze
[ˈvɪbrat ˈpɛɲiːzɛ]

Geld einzahlen
vložit peníze
[ˈvlɔʒɪt ˈpɛɲiːzɛ]

einen Scheck ausstellen
vystavit šek
[ˈvɪstavɪt ˈʃɛk]

die Kontoüberziehung	**přečerpání účtu** n [ˈpr̝̊ɛt͡ʃɛrpaːɲiː ˈʔuːt͡ʃtʊ]
das Girokonto	**běžný účet** m [ˈbjɛʒniː ˈʔuːt͡ʃɛt]
das Sparkonto	**spořicí účet** m [ˈspɔr̝ɪt͡siː ˈʔuːt͡ʃɛt]
die PIN-Nummer	**PIN kód** m [ˈpɪn ˈkɔːt]
der Zinssatz	**úroková sazba** f [ˈʔuːrɔkɔvaː ˈsazba]
das Darlehen	**půjčka** f [ˈpuːjt͡ʃka]
die Hypothek	**hypotéka** f [ˈɦɪpɔtɛːka]
die Kontonummer	**číslo bankovního účtu** n [ˈt͡ʃiːslɔ ˈbaŋkɔvɲiːɦɔ ˈʔuːt͡ʃtʊ]

DIE INNENSTADT – CENTRUM MĚSTA

Die Bank – Banka

der Geldschein
bankovka f
[ˈbaŋkɔfka]

die Münze
mince f
[ˈmɪnt͡sɛ]

die Währung
měna f
[ˈmɲɛna]

das Wertpapier
cenný papír m
[ˈt͡sɛniː ˈpapiːr]

der Wechselkurs
směnný kurz m
[ˈsmɲɛniː ˈkʊrs]

das Bankschließfach
bezpečnostní schránka f
[ˈbɛspɛt͡ʃnɔstɲiː ˈsxraːŋka]

der Tresor
trezor m
[ˈtrɛzɔr]

die Kreditkarte
kreditní karta f
[ˈkrɛdɪtɲiː ˈkarta]

die Börse
burzovní trh m
[ˈbʊrzɔvɲiː ˈtr̩x]

der Börsenkurs
kurz na burze m
[ˈkʊrs ˈna͜bʊrzɛ]

der Finanzberater
finanční poradce m
[ˈfɪnant͡ʃɲiː ˈpɔrat͡sɛ]

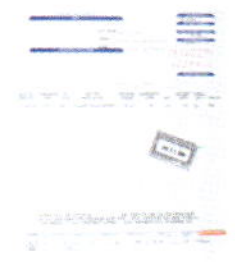

die Rechnung
účet m
[ˈʔuːt͡ʃɛt]

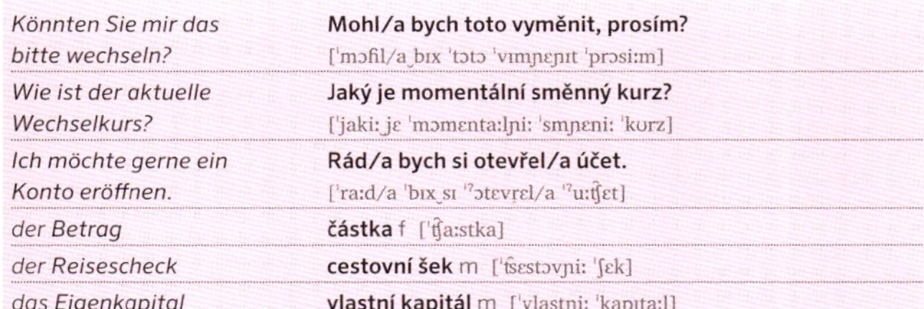

Könnten Sie mir das bitte wechseln?	**Mohl/a bych toto vyměnit, prosím?** [ˈmɔɦl/a͜bɪx ˈtɔtɔ ˈvɪmɲɛɲɪt ˈprɔsiːm]
Wie ist der aktuelle Wechselkurs?	**Jaký je momentální směnný kurz?** [ˈjakiː͜jɛ ˈmɔmɛntaːlɲiː ˈsmɲɛniː ˈkʊrz]
Ich möchte gerne ein Konto eröffnen.	**Rád/a bych si otevřel/a účet.** [ˈraːd/a ˈbɪx͜sɪ ˈʔɔtɛvr̝ɛl/a ˈʔuːt͡ʃɛt]
der Betrag	**částka** f [ˈt͡ʃaːstka]
der Reisescheck	**cestovní šek** m [ˈt͡sɛstɔvɲiː ˈʃɛk]
das Eigenkapital	**vlastní kapitál** m [ˈvlastɲiː ˈkapɪtaːl]
die Provision	**poplatek** m [ˈpɔplatɛk]
die Wechselstube	**směnárna** f [ˈsmɲɛnaːrna]

der Überweisungsschein
příkaz k úhradě m
[ˈpr̝iːkas k͜ˈʔuːɦraɟɛ]

EINKAUFEN – NÁKUPY

Läden und Geschäfte – Obchody

der Markt
trh m
[ˈtr̩x]

der Marktstand
stánek m
[ˈstaːnɛk]

das Schaufenster
výkladní skříň f
[ˈviːkladɲiː ˈskr̝̊iːɲ]

die Tierhandlung
zverimex m
[ˈzvɛrɪmɛks]

der Gemüseladen
zelenina f
[ˈzɛlɛɲɪna]

die Metzgerei
masna f
[ˈmasna]

die Bäckerei
pekárna f
[ˈpɛkaːrna]

die Konditorei
cukrárna f
[ˈt͡sʊkraːrna]

der Supermarkt
supermarket m
[ˈsʊpɛrmarkɛt]

das Fischgeschäft
rybárna f
[ˈrɪbaːrna]

die Weinhandlung
vinotéka f
[ˈvɪnɔtɛːka]

der Blumenladen
květinářství n
[ˈkvjɛcɪnaːr̝̊stviː]

das Lebensmittel-geschäft
obchod s potravinami m
[ˈʔɔpxɔt ˈs‿pɔtravɪnamɪ]

der Bioladen
obchod s biopotravinami m
[ˈʔɔpxɔt ˈs‿bɪjɔpɔtravɪnamɪ]

das Schreibwaren-geschäft
papírnictví n
[ˈpapiːrɲɪt͡stviː]

der Tante-Emma-Laden
smíšené zboží n
[ˈsmiːʃɛnɛː ˈzbɔʒiː]

EINKAUFEN – NÁKUPY

Läden und Geschäfte – Obchody

der Buchladen
knihkupectví n
[ˈkɲɪxkʊpɛt͡stviː]

die Drogerie
drogérie f
[ˈdrɔgɛːrɪjɛ]

die Boutique
módní butik m
[ˈmɔːdɲiː ˈbʊtɪk]

der Antiquitätenladen
starožitnictví n
[ˈstarɔʒɪtɲɪt͡stviː]

der Spielzeugladen
hračkářství n
[ˈɦrat͡ʃkaːr̝stviː]

das Juweliergeschäft
zlatnictví n
[ˈzlatɲɪt͡stviː]

das Möbelgeschäft
obchod s nábytkem m
[ˈʔɔpxɔt ˈs‿naːbɪtkɛm]

der Elektrofachmarkt
obchod s elektrospotřebiči m
[ˈʔɔpxɔt ˈs‿ʔɛlɛktrɔspɔtr̝ɛbɪt͡ʃɪ]

das Schuhgeschäft
obchod s obuví m
[ˈʔɔpxɔt ˈs‿ʔɔbʊviː]

der Friseursalon
kadeřnictví n
[ˈkadɛr̝ɲɪt͡stviː]

die Schneiderei
krejčovský salon m
[ˈkrɛjt͡ʃɔvskiː ˈsalɔːn]

die Parfümerie
parfumerie f
[ˈparfʊmɛrɪjɛ]

der Baumarkt
stavebniny pl
[ˈstavɛbɲɪnɪ]

der Geschenkeladen
obchod se suvenýry m
[ˈʔɔpxɔt ˈsɛ‿sʊvɛniːrɪ]

die Apotheke
lékárna f
[ˈlɛːkaːrna]

der Optiker
optika f
[ˈʔɔptɪka]

EINKAUFEN – NÁKUPY

Das Einkaufszentrum – Nákupní středisko

der Lichthof
vnitřní dvůr m
[ˈvɲɪtr̝ɲiː ˈdvuːr]

die zweite Etage
druhé patro n
[ˈdrʊɦɛː ˈpatrɔ]

die erste Etage
první patro n
[ˈpr̩vɲiː ˈpatrɔ]

das Geschäft
obchod m
[ˈʔɔpxɔt]

die Rolltreppe
jezdicí schody pl
[ˈjɛzɟɪt͡siː ˈsxɔdɪ]

das Erdgeschoss
přízemí n
[ˈpr̝iːzɛmiː]

die Verkäuferin
prodavačka f
[ˈprɔdavat͡ʃka]

der Food Court
občerstvení n
[ˈʔɔpt͡ʃɛrstvɛɲiː]

die Umkleidekabine
převlékací kabina f
[ˈpr̝ɛvlɛːkat͡siː ˈkabɪna]

der Parkplatz
parkoviště n
[ˈparkɔvɪʃcɛ]

der Wickelraum
přebalovací koutek m
[ˈpr̝ɛbalɔvat͡siː ˈkoʊ̯tɛk]

der Kundendienst	**služby zákazníkům** pl [ˈsluʒbɪ ˈzaːkazɲiːkuːm]
der Lageplan	**orientační plán** m [ˈɔrɪɛntat͡ʃɲiː ˈplaːn]
der Sicherheitsdienst	**bezpečnostní služba** f [ˈbɛspɛt͡ʃnɔstɲiː ˈsluʒba]
Könnten Sie mir bitte … zeigen?	**Mohl/a byste mi prosím ukázat…?** [ˈmɔɦl/a bɪstɛ mɪ ˈprɔsiːm ˈʔʊkaːzat]
Wie viel kostet es?	**Kolik to stojí?** [ˈkɔlɪk tɔ ˈstɔjiː]
Kann ich das bitte umtauschen?	**Můžu to prosím vyměnit?** [ˈmuːʒʊ tɔ ˈprɔsiːm ˈvɪmɲɛɲɪt]
Könnten Sie das bitte als Geschenk einpacken?	**Mohl/a byste mi to prosím zabalit jako dárek?** [ˈmɔɦl/a bɪstɛ mɪ tɔ ˈprɔsiːm ˈzabalɪt ˈjakɔ ˈdaːrɛk]
der Ausverkauf	**výprodej** m [ˈviːprɔdɛj]

EINKAUFEN – NÁKUPY

Das Kaufhaus – Obchodní dům

die Schaufensterpuppe
figurína f
[ˈfɪɡʊriːna]

die Einkaufstüte
nákupní taška f
[ˈnaːkʊpɲiː ˈtaʃka]

die Taschenabteilung
kožená galanterie f
[ˈkɔʒɛnaː ˈɡalantɛrɪjɛ]

der Imbissbereich
občerstvení n
[ˈˀɔpt͡ʃɛrstvɛɲiː]

die Sportabteilung
sportovní oddělení n
[ˈspɔrtɔvɲiː ˈˀɔdɟɛlɛɲiː]

die Kurzwaren
galanterie f
[ˈɡalantɛrɪjɛ]

die Unterwäsche
spodní prádlo n
[ˈspɔdɲiː ˈpraːdlɔ]

die Kosmetikabteilung
oddělení s kosmetikou n
[ˈˀɔdɟɛlɛɲiː s‿kɔsmɛtɪkou̯]

die Herrenabteilung
pánské oddělení n
[ˈpaːnskɛː ˈˀɔdɟɛlɛɲiː]

die Damenabteilung
dámské oddělení n
[ˈdaːmskɛː ˈˀɔdɟɛlɛɲiː]

die Kinderabteilung
dětské oddělení n
[ˈɟɛtskɛː ˈˀɔdɟɛlɛɲiː]

die Schuhabteilung
oddělení s obuví n
[ˈˀɔdɟɛlɛɲiː ˈs‿ˀɔbʊviː]

die Lebensmittel-abteilung
potraviny pl
[ˈpɔtravɪnɪ]

die Multimedia-Abteilung
oddělení s elektronikou n
[ˈˀɔdɟɛlɛɲiː ˈs‿ˀɛlɛktrɔnɪkou̯]

die Heimtextilien-abteilung
domácí textil m
[ˈdɔmaːt͡siː ˈtɛkstɪl]

die Schreibwaren-abteilung
oddělení s psacími potřebami n [ˈˀɔdɟɛlɛɲiː ˈs‿psat͡siːmɪ ˈpɔtr̝ɛbamɪ]

EINKAUFEN – NÁKUPY

Der Supermarkt – Supermarket

der Kassierer
pokladní m
[ˈpɔkladɲiː]

die Kundin
zákaznice f
[ˈzaːkazɲɪt͡sɛ]

die Ware
zboží n
[ˈzbɔʒiː]

das Warentransportband
dopravní pás na zboží m [ˈdɔpravɲiː ˈpaːs ˈna͜zbɔʒiː]

das Warenregal
regál m
[ˈrɛgaːl]

der Einkaufswagen
nákupní vozík m
[ˈnaːkʊpɲiː ˈvɔziːk]

die Kasse
pokladna f
[ˈpɔkladna]

der Scanner
skener m
[ˈskɛnr̩]

die Käsetheke
pult se sýrem m
[ˈpʊlt ˈsɛ͜sɪːrɛm]

die Fleischtheke
pult s masem m
[ˈpʊlt ˈs͜masɛm]

die Einkaufsliste
nákupní seznam m
[ˈnaːkʊpɲiː ˈsɛznam]

der Gang
chodbička f
[ˈxɔdbɪt͡ʃka]

der Einkaufskorb
nákupní košík m
[ˈnaːkʊpɲiː ˈkɔʃiːk]

der Strichcode
čárový kód m
[ˈt͡ʃaːrɔviː ˈkɔːt]

das Sonderangebot
akce f
[ˈʔakt͡sɛ]

die Selbstbedienungskasse
samoobslužná pokladna f
[ˈsamɔˌɔpslʊʒnaː ˈpɔkladna]

EINKAUFEN – NÁKUPY

Der Supermarkt – Supermarket

das Kühlregal
chladicí box m
[ˈxlaɟɪt͡siː ˈbɔks]

die Milchprodukte
mléčné výrobky pl
[ˈmlɛːt͡ʃnɛː ˈviːrɔbkɪ]

die Tiefkühlkost
mražené potraviny pl
[ˈmraʒɛnɛː ˈpɔtravɪnɪ]

das Obst und Gemüse
ovoce a zelenina n, f
[ˈʔɔvɔt͡sɛ ˈʔa ˈzɛlɛɲɪna]

das Fleisch und Geflügel
maso a drůbež n, f
[ˈmasɔ ˈʔa ˈdruːbɛʃ]

die Konserven
konzervy pl
[ˈkɔnzɛrvɪ]

die Feinkost
lahůdky pl
[ˈlaɦuːtkɪ]

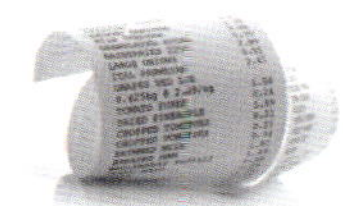

der Kassenzettel
účtenka f
[ˈʔuːt͡ʃtɛŋka]

die Babyartikel
kojenecké zboží n
[ˈkɔjɛnɛt͡skɛː ˈzbɔʒiː]

die Frühstücksflocken
cereálie pl
[ˈt͡sɛrɛaːlɪjɛ]

die Backwaren
pečivo n
[ˈpɛt͡ʃɪvɔ]

die Fischtheke
pult s rybami m
[ˈpult ˈs‿rɪbamɪ]

die Getränke	**nápoje** pl [ˈnaːpɔjɛ]
die Süßigkeiten	**cukrovinky** pl [ˈt͡sʊkrɔvɪŋkɪ]
das Tierfutter	**žrádlo pro domácí mazlíčky** n [ˈʒraːdlɔ ˈprɔ‿dɔmaːt͡siː ˈmazliːt͡ʃkɪ]
die Bioprodukte	**bioprodukty** pl [ˈbɪjɔprɔduktɪ]
bezahlen	**platit** [ˈplacɪt]
das Kleingeld	**drobné** pl [ˈdrɔbnɛː]
der Preis	**cena** f [ˈt͡sɛna]
das Preisschild	**cenovka** f [ˈt͡sɛnɔfka]

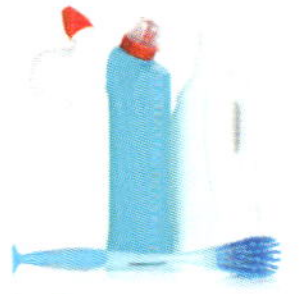

die Reinigungsmittel
čisticí prostředky pl
[ˈt͡ʃɪscɪt͡siː ˈprɔstr̝ɛdkɪ]

EINKAUFEN – NÁKUPY

Der Kiosk – Trafika

die Zeitung
noviny pl
[ˈnɔvɪnɪ]

die Zeitschrift
časopis m
[ˈt͡ʃasɔpɪs]

das Notizbuch
poznámkový blok m
[ˈpɔzna:mkɔvi: ˈblɔk]

der/das Comic
komiks m
[ˈkɔmɪks]

das Zeitschriftenregal
regál s časopisy m
[ˈrɛga:l ˈs͜ t͡ʃasɔpɪsɪ]

die Grußkarte
blahopřání n
[ˈblaɦɔpr̝a:ɲi:]

der Lottoschein
los m
[ˈlɔs]

das Buch
kniha f
[ˈkɲɪɦa]

der/das Kaugummi
žvýkačka f
[ˈʒvi:kat͡ʃka]

der/das Pfefferminz-bonbon
mátová pastilka f
[ˈma:tɔva: ˈpastɪlka]

der Schokoriegel
čokoládová tyčinka f
[ˈt͡ʃɔkɔla:dɔva: ˈtɪt͡ʃɪŋka]

der Tabak
tabák m
[ˈtaba:k]

die Zigarette
cigareta f
[ˈt͡sɪgarɛta]

die Pfeife
dýmka f
[ˈdi:mka]

das Feuerzeug
zapalovač m
[ˈzapalɔvat͡ʃ]

die Zigarre
doutník m
[ˈdɔu̯tɲi:k]

CAFÉS UND BARS – KAVÁRNY A BARY

das Straßencafé
pouliční kavárna f
[ˈpou̯lɪt͡ʃɲiː ˈkavaːrna]

die Sonnenterrasse
venkovní terasa f
[ˈvɛŋkɔvɲiː ˈtɛrasa]

die Theke
prodejní pult m
[ˈprɔdɛjɲiː ˈpult]

die Kaffeemaschine
kávovar m
[ˈkaːvɔvar]

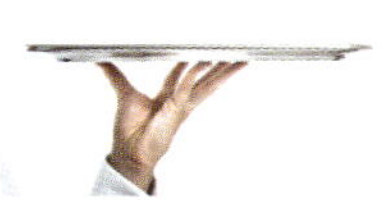

das Tablett
podnos m
[ˈpɔdnɔs]

der Zapfhahn
pípa f
[ˈpiːpa]

der Barkeeper
barman m
[ˈbarman]

der Barista
barista m
[ˈbarɪsta]

der Barhocker
barová stolička f
[ˈbarɔvaː ˈstɔlɪt͡ʃka]

der Korkenzieher
vývrtka f
[ˈviːvr̩tka]

der Cocktailshaker
šejkr m
[ˈʃɛjkr̩]

der Weinkühler
chladicí box na víno m
[ˈxlaɟɪt͡siː ˈbɔks ˈna‿viːnɔ]

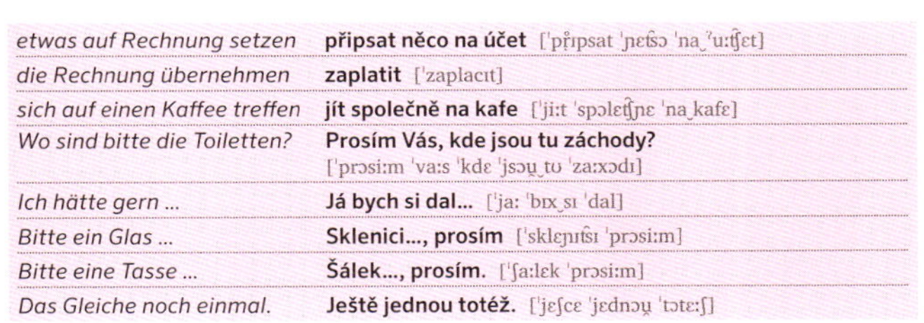

etwas auf Rechnung setzen	**připsat něco na účet** [ˈpr̝̊ɪpsat ˈɲɛt͡sɔ ˈna‿ˀuːt͡ʃɛt]
die Rechnung übernehmen	**zaplatit** [ˈzaplacɪt]
sich auf einen Kaffee treffen	**jít společně na kafe** [ˈjiːt ˈspɔlɛt͡ʃɲɛ ˈna‿kafɛ]
Wo sind bitte die Toiletten?	**Prosím Vás, kde jsou tu záchody?** [ˈprɔsiːm ˈvaːs ˈkdɛ ˈjsɔu̯‿tʊ ˈzaːxɔdɪ]
Ich hätte gern …	**Já bych si dal…** [ˈjaː ˈbɪx‿sɪ ˈdal]
Bitte ein Glas …	**Sklenici…, prosím** [ˈsklɛɲɪt͡sɪ ˈprɔsiːm]
Bitte eine Tasse …	**Šálek…, prosím.** [ˈʃaːlɛk ˈprɔsiːm]
Das Gleiche noch einmal.	**Ještě jednou totéž.** [ˈjɛʃcɛ ˈjɛdnɔu̯ ˈtɔtɛːʃ]

der Aschenbecher
popelník m
[ˈpɔpɛlɲiːk]

SEHENSWÜRDIGKEITEN – PROHLÍDKA PAMÁTEK

der Stadtplan
plán města m
[ˈpla:n ˈmɲɛsta]

die Touristen-information
turistické informační centrum n [ˈtʊrɪstɪt͡skɛ: ˈˀɪnfɔrmat͡ʃɲi: ˈt͡sɛntrʊm]

der Reiseführer
průvodce m
[ˈpru:vɔdt͡sɛ]

das Souvenir
suvenýr m
[ˈsʊvɛni:r]

die Stadtbesichtigung
prohlídka města f
[ˈprɔɦli:tka ˈmɲɛsta]

die Stadtrundfahrt
okružní jízda městem f
[ˈˀɔkrʊʒɲi: ˈji:zda ˈmɲɛstɛm]

die Flussfahrt
výletní plavba po řece f
[ˈvi:lɛtɲi: ˈplavba ˈpɔ r̝ɛt͡sɛ]

das Aquarium
akvárium n
[ˈˀakva:rɪjʊm]

die Aussichtsplattform
vyhlídka f
[ˈvɪɦli:tka]

die Ausstellung
výstava f
[ˈvi:stava]

der Straßenmusiker
pouliční hudebník m
[ˈpɔu̯lɪt͡ʃɲi: ˈɦʊdɛbɲi:k]

der Straßenkünstler
pouliční umělec m
[ˈpɔu̯lɪt͡ʃɲi: ˈˀʊmɲɛlɛt͡s]

die Warteschlange
fronta f
[ˈfrɔnta]

der Fremdenführer	**průvodce** m [ˈpru:vɔdt͡sɛ]
die Fremdenführerin	**průvodkyně** f [ˈpru:vɔtkɪɲɛ]
der Ausflug	**výlet** m [ˈvi:lɛt]
die Öffnungszeiten	**otevírací doba** f [ˈˀɔtɛvi:rat͡si: ˈdɔba]
geöffnet	**otevřeno** [ˈˀɔtɛvr̝ɛnɔ]
geschlossen	**zavřeno** [ˈzavr̝ɛnɔ]
das Eintrittsgeld	**vstupné** n [ˈfstʊpnɛ:]
die Ermäßigung	**sleva** f [ˈslɛva]

DIE ARCHITEKTUR – ARCHITEKTURA

klassizistisch
klasicismus m
['klasɪt͡sɪzmʊs]

gotisch
gotika f
['gɔtɪka]

barock
baroko n
['barɔkɔ]

romanisch
románský styl m
['rɔma:nski: 'stɪl]

die Renaissance
renesance f
['rɛnɛzant͡sɛ]

der/das Art déco
art deco n
['ʔa:rt 'dɛkɔ]

der Jugendstil
secese f
['sɛt͡sɛsɛ]

das Rokoko
rokoko n
['rɔkɔkɔ]

das Bauhaus
Bauhaus m
['bau̯ɦau̯s]

die Säule
sloup m
['slɔu̯p]

der Bogen
oblouk m
['ʔɔblɔu̯k]

die Kuppel
kopule f
['kɔpʊlɛ]

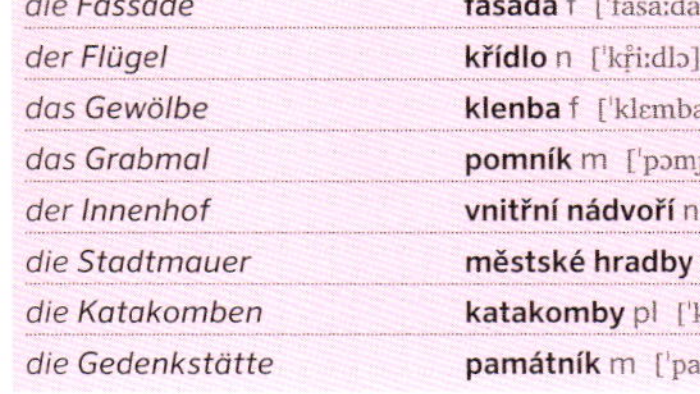

die Fassade	**fasáda** f ['fasa:da]
der Flügel	**křídlo** n ['kr̝̊i:dlɔ]
das Gewölbe	**klenba** f ['klɛmba]
das Grabmal	**pomník** m ['pɔmɲi:k]
der Innenhof	**vnitřní nádvoří** n ['vɲɪtr̝̊ɲi: 'na:dvɔr̝i:]
die Stadtmauer	**městské hradby** pl ['mɲɛstskɛ: 'ɦradbɪ]
die Katakomben	**katakomby** pl ['katakɔmbɪ]
die Gedenkstätte	**památník** m ['pama:tɲi:k]

das Wahrzeichen
dominanta f
['dɔmɪnanta]

PARK UND SPIELPLATZ – PARK A HŘIŠTĚ

der Kurpark
lázeňský park m
[ˈlaːzɛɲskiː ˈpark]

① *der Pavillon*
pavilon m
[ˈpavɪlɔn]

② *der Fußweg*
cesta pro pěší f
[ˈt͡sɛsta ˈprɔ‿pjɛʃiː]

③ *die Liegewiese*
louka pro piknik f
[ˈlɔu̯ka ˈprɔ‿pɪknɪk]

die Gartenanlage
velká zahrada f
[ˈvɛlkaː ˈzaɦrada]

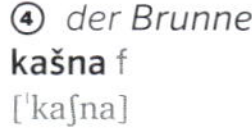

④ *der Brunnen*
kašna f
[ˈkaʃna]

⑤ *die Parkbank*
lavička v parku f
[ˈlavɪt͡ʃka ˈf‿parkʊ]

der botanische Garten
botanická zahrada f
[ˈbɔtanɪt͡skaː ˈzaɦrada]

der Schlosspark
zámecká zahrada f
[ˈzaːmɛt͡skaː ˈzaɦrada]

der Landschaftspark
krajinný park m
[ˈkrajɪniː ˈpark]

der See
jezero n
[ˈjɛzɛrɔ]

der Nationalpark
národní park m
[ˈnaːrɔdɲiː ˈpark]

der Bergpark
horský park m
[ˈɦɔrskiː ˈpark]

der Zoo
zoologická zahrada f
[ˈzɔˀɔlɔgɪt͡skaː ˈzaɦrada]

der Wildpark
obora f
[ˈˀɔbɔra]

PARK UND SPIELPLATZ – PARK A HŘIŠTĚ

der Spielplatz
hřiště n
[ˈɦr̝ɪʃcɛ]

① *das Klettergerüst*
prolézačka f
[ˈprɔlɛːzat͡ʃka]

② *die Rutsche*
skluzavka f
[ˈsklʊzafka]

der Sandkasten
pískoviště n
[ˈpiːskɔvɪʃcɛ]

③ *die Schaukel*
houpačka f
[ˈɦɔu̯pat͡ʃka]

④ *die Wippe*
dvouramenná houpačka f
[ˈdvɔu̯ramɛnaː ˈɦɔu̯pat͡ʃka]

das Hangelgerüst
prolézačka na ručkování f
[ˈprɔlɛːzat͡ʃka ˈna‿rut͡ʃkɔvaːɲiː]

der Irrgarten
bludiště n
[ˈblʊɟɪʃcɛ]

der Vergnügungspark
zábavní park m
[ˈzaːbavɲiː ˈpark]

der Grillplatz
místo určené ke grilování n [ˈmiːstɔ ˈʔʊrt͡ʃɛnɛː ˈkɛ‿grɪlɔvaːɲiː]

das Picknick
piknik m
[ˈpɪknɪk]

spazieren gehen
jít na procházku
[ˈjiːt ˈna‿prɔxaːskʊ]

das Slacklining
slacklining n
[ˈslɛklajnɪŋk]

joggen
kondičně běhat
[ˈkɔnɟɪt͡ʃɲɛ ˈbjɛɦat]

das Planschbecken
brouzdaliště n
[ˈbrɔu̯zdalɪʃcɛ]

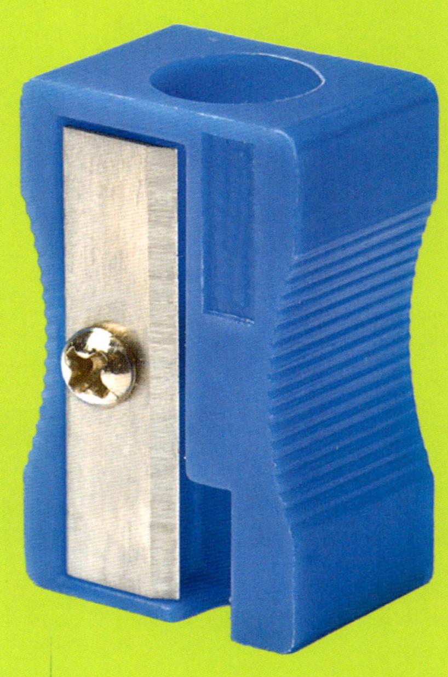

BILDUNG UND BERUF

VZDĚLÁNÍ A POVOLÁNÍ

DIE SCHULE – ŠKOLA

der Kindergarten
mateřská škola f
[ˈmatɛr̝̊ska: ˈʃkɔla]

die Vorschule
předškolní přípravka f
[ˈpr̝̊ɛtʃkɔlɲi: ˈpr̝̊i:prafka]

die Grundschule
základní škola f
[ˈza:kladɲi: ˈʃkɔla]

die weiterführende Schule
střední škola f
[ˈstr̝̊ɛdɲi: ˈʃkɔla]

das Gymnasium
gymnázium n
[ˈgɪmna:zɪjʊm]

die Klasse
třída f
[ˈtr̝̊i:da]

die Prüfung
zkouška f
[ˈskɔu̯ʃka]

die Aula
aula f
[ˈʔau̯la]

der Computerraum
počítačová učebna f
[ˈpɔt͡ʃi:tat͡ʃɔva: ˈʔʊt͡ʃɛbna]

die Schulleiterin
ředitelka školy f
[ˈr̝ɛɟɪtɛlka ˈʃkɔlɪ]

die Lehrerin
učitelka f
[ˈʔʊt͡ʃɪtɛlka]

der Sportplatz
sportovní hřiště n
[ˈspɔrtɔvɲi: ˈɦr̝̊ɪʃcɛ]

die Schuluniform
školní uniforma f
[ˈʃkɔlɲi: ˈʔʊnɪfɔrma]

der Aufsatz	**slohová práce** f [ˈslɔɦɔva: ˈpra:t͡sɛ]
die Klassenarbeit	**písemná práce** f [ˈpi:sɛmna: ˈpra:t͡sɛ]
die Note	**známka** f [ˈzna:mka]
seinen/ihren Abschluss machen	**dělat závěrečné zkoušky** [ˈɟɛlat ˈza:vjɛrɛt͡ʃnɛ: ˈskɔu̯ʃkɪ]
der mittlere Schulabschluss	**závěrečná zkouška na střední škole** f [ˈza:vjɛrɛt͡ʃna: ˈskɔu̯ʃka ˈna͜ str̝̊ɛdɲi: ˈʃkɔlɛ]
die Privatschule	**soukromá škola** f [ˈsɔu̯krɔma: ˈʃkɔla]
das Abitur	**maturita** f [ˈmatʊrɪta]
das Internat	**internát** m [ˈʔɪntɛrna:t]

DIE SCHULE – ŠKOLA

Das Klassenzimmer – Školní třída

das Lehrerpult
katedra f
[ˈkatɛdra]

die Tafel
tabule f
[ˈtabʊlɛ]

der Schüler
žák m
[ˈʒaːk]

die Schülerin
žačka f
[ˈʒat͡ʃka]

der Winkelmesser
úhloměr m
[ˈʔuːɦlɔmɲɛr]

der Bleistift
obyčejná tužka f
[ˈʔɔbɪt͡ʃɛjnaː ˈtʊʃka]

das Schulheft
školní sešit m
[ˈʃkɔlɲiː‿sɛʃɪt]

das Federmäppchen
penál m
[ˈpɛnaːl]

das Zeichendreieck
trojúhelník m
[ˈtrɔjuːɦɛlɲiːk]

das Lineal
pravítko n
[ˈpraviːtkɔ]

die Schultasche	**školní taška** f [ˈʃkɔlɲiː ˈtaʃka]
das Wörterbuch	**slovník** m [ˈslɔvɲiːk]
die Nachhilfe	**doučování** n [ˈdɔu̯t͡ʃɔvaːɲiː]
die Kreide	**křída** f [ˈkr̝iːda]
das Schulbuch	**učebnice** f [ˈʔʊt͡ʃɛbɲɪt͡sɛ]
der Füller	**plnicí pero** n [ˈpl̩ɲɪt͡siː ˈpɛrɔ]
die Tintenpatrone	**inkoustová náplň** f [ˈʔɪŋgɔu̯stɔvaː ˈnaːpl̩ɲ]
der Marker	**zvýrazňovač** m [ˈzviːrazɲɔvat͡ʃ]

der Taschenrechner
kalkulačka f
[ˈkalkʊlat͡ʃka]

DIE SCHULE – ŠKOLA

Die Schulfächer – Školní předměty

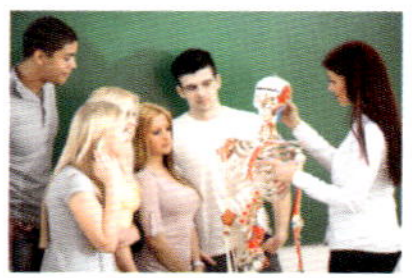

die Biologie
biologie f
[ˈbɪjɔlɔgɪjɛ]

die Mathematik
matematika f
[ˈmatɛmatɪka]

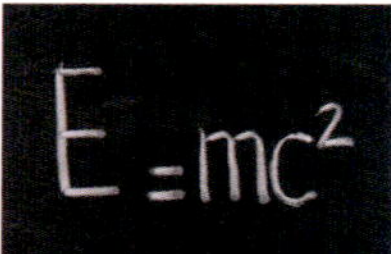

die Physik
fyzika f
[ˈfɪzɪka]

die Chemie
chemie f
[ˈxɛmɪjɛ]

der Religionsunterricht
náboženství n
[ˈna:bɔʒɛnstvi:]

der Ethikunterricht
etika f
[ˈʔɛtɪka]

die Kunst
výtvarná výchova f
[ˈvi:tvarna: ˈvi:xɔva]

die Erdkunde
zeměpis m
[ˈzɛmɲɛpɪs]

die Fremdsprachen
cizí jazyky pl
[ˈt͡sɪzi: ˈjazɪkɪ]

die Geschichte
dějepis m
[ˈɟɛjɛpɪs]

der Sport
tělesná výchova f
[ˈcɛlɛsna: ˈvi:xɔva]

die Musik
hudební výchova f
[ˈɦʊdɛbɲi: ˈvi:xɔva]

das Drama
dramatická výchova f
[ˈdramatɪt͡ska: ˈvi:xɔva]

die Informatik
informatika f
[ˈʔɪnfɔrmatɪka]

der Werkunterricht
pracovní vyučování n
[ˈprat͡sɔvɲi: ˈvɪʊt͡ʃɔva:ɲi:]

die Gemeinschaftskunde
občanská nauka f
[ˈʔɔpt͡ʃanska: ˈnau̯ka]

DIE SCHULE – ŠKOLA

Die Schulfächer – Školní předměty

das Technische Zeichnen
technické kreslení n
[ˈtɛxnɪt͡skɛː ˈkrɛslɛɲiː]

die Hauswirtschaft
domácí práce f
[ˈdɔmaːt͡siː ˈpraːt͡sɛ]

schreiben
psát
[ˈpsaːt]

rechnen
počítat
[ˈpɔt͡ʃiːtat]

buchstabieren
hláskovat
[ˈɦlaːskɔvat]

lesen
číst
[ˈt͡ʃiːst]

sich melden
hlásit se
[ˈɦlaːsɪt‿sɛ]

die Klassenfahrt
školní výlet m
[ˈʃkɔlɲiː ˈviːlɛt]

der Stundenplan
rozvrh hodin m
[ˈrɔzvr̩x ˈɦɔɟɪn]

der Abschlussball
závěrečný ples m
[ˈzaːvjɛrɛt͡ʃniː ˈplɛs]

die Hausaufgabe
domácí úkol m
[ˈdɔmaːt͡siː ˈʔuːkɔl]

das Sportfest
sportovní den m
[ˈspɔrtɔvɲiː ˈdɛn]

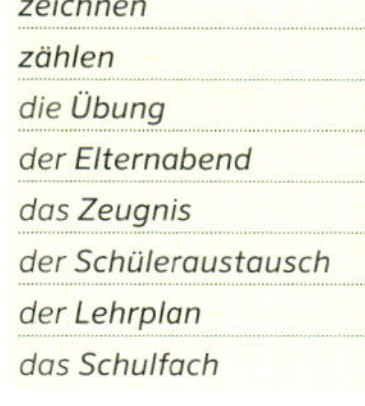

zeichnen	**malovat** [ˈmalɔvat]
zählen	**počítat** [ˈpɔt͡ʃiːtat]
die Übung	**cvičení** n [ˈt͡svɪt͡ʃɛɲiː]
der Elternabend	**rodičovská schůzka** f [ˈrɔɟɪt͡ʃɔfskaː ˈsxuːska]
das Zeugnis	**vysvědčení** n [ˈvɪsvjɛdt͡ʃɛɲiː]
der Schüleraustausch	**výměna mezi školami** f [ˈviːmɲɛna ˈmɛzɪ ˈʃkɔlamɪ]
der Lehrplan	**školní osnovy** pl [ˈʃkɔlɲiː ˈʔɔsnɔvɪ]
das Schulfach	**vyučovací předmět** m [ˈvɪut͡ʃɔvat͡siː ˈpr̝̊ɛdmɲɛt]

die Ferien
prázdniny pl
[ˈpraːzdɲɪnɪ]

DIE SCHULE – ŠKOLA

Im Labor – V laboratoři

der Versuch
pokus m
[ˈpɔkʊs]

die Schutzbrille
ochranné brýle pl
[ˈˀɔxranɛː ˈbriːlɛ]

der Kittel
pracovní plášť m
[ˈprat͡sɔvɲiː ˈplaːʃc]

das Reagenzglas
zkumavka f
[ˈskʊmafka]

der Chemikalienhandschuh
chemicky odolné pracovní rukavice pl
[ˈxɛmɪt͡skɪ ˈˀɔdɔlnɛː ˈprat͡sɔvɲiː ˈrʊkavɪt͡sɛ]

die Laborausrüstung
vybavení laboratoře n
[ˈvɪbavɛɲiː ˈlabɔratɔr̝ɛ]

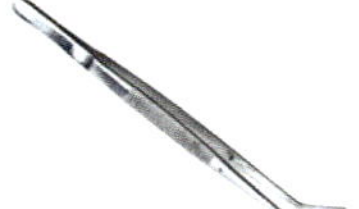

die Pinzette
pinzeta f
[ˈpɪnzɛta]

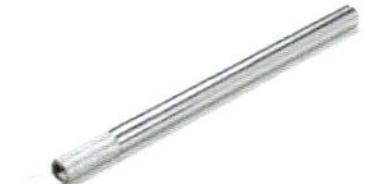

das Skalpell
skalpel m
[ˈskalpɛl]

die Lupe
lupa f
[ˈlʊpa]

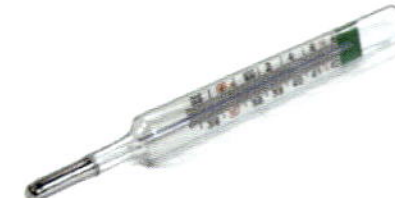

das Thermometer
teploměr m
[ˈtɛplɔmɲɛr]

die Laborwaage
laboratorní váha f
[ˈlabɔratɔrɲiː ˈvaːɦa]

die Stoppuhr
stopky pl
[ˈstɔpkɪ]

der Magnet
magnet m
[ˈmagnɛt]

die Batterie
baterie f
[ˈbatɛrɪjɛ]

DIE SCHULE – ŠKOLA

Im Labor – V laboratoři

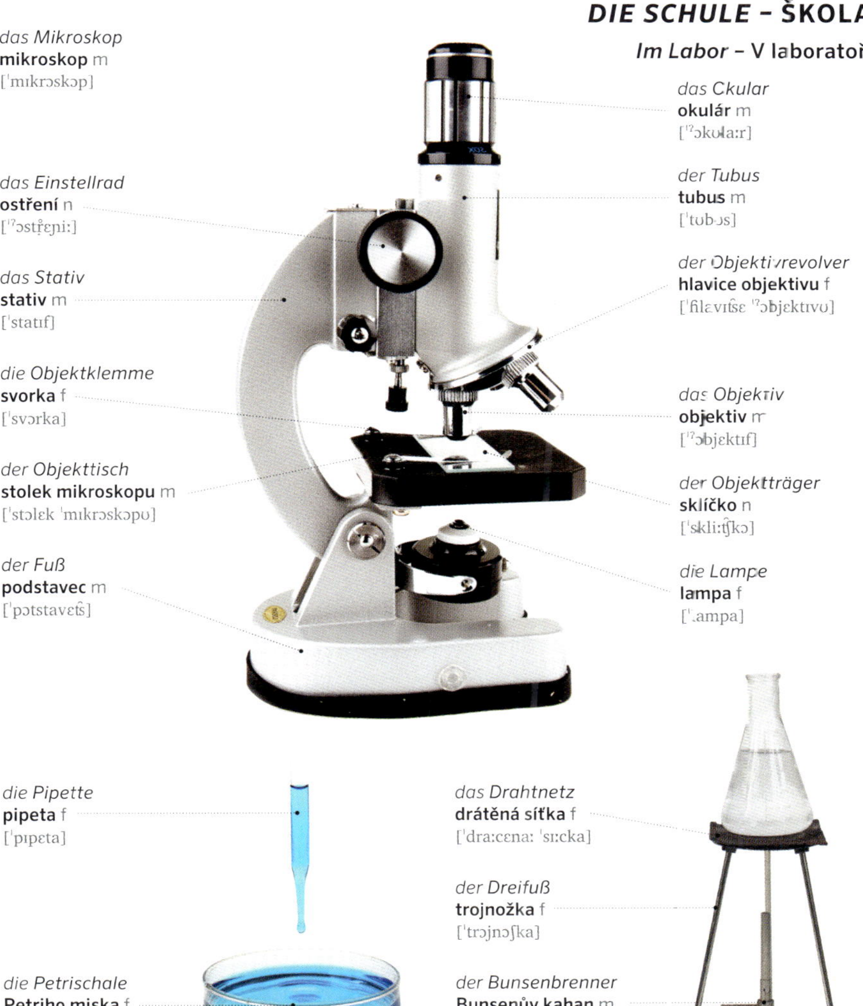

DIE SCHULE – ŠKOLA

In der Pause – O přestávce

die Mittagspause
polední přestávka f
[ˈpɔlɛdɲiː ˈpr̝̊ɛstaːfka]

das Tablett
tác m
[ˈtaːt͡s]

die Butterbrotdose
krabička se svačinou f
[krabɪt͡ʃka ˈsɛ‿svat͡ʃɪnɔʊ̯]

das Pausenbrot
svačina f
[ˈsvat͡ʃɪna]

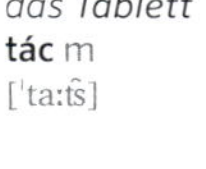

die Schulglocke
školní zvonek m
[ˈʃkɔlɲiː ˈzvɔnɛk]

der Spind
skříňka f
[ˈskr̝̊iːɲka]

die Pause
přestávka f
[ˈpr̝̊ɛstaːfka]

der Schulhof
školní dvorek m
[ˈʃkɔlɲiː ˈdvɔrɛk]

Himmel und Hölle spielen
hrát „nebe-peklo-ráj“
[ˈɦraːt ˈnɛbɛ ˈpɛklɔ ˈraːj]

der Speisesaal
jídelna f
[ˈjiːdɛlna]

das Lunchpaket
balený oběd m
[ˈbalɛniː ˈʔɔbjɛt]

die Essensausgabe
výdejna jídla f
[ˈviːdɛjna ˈjiːdla]

DIE SCHULE – ŠKOLA

Die Sporthalle – Sportovní hala

der Volleyball
volejbalový míč m
[ˈvɔlɛjbalovɪː mɪːt͡ʃ]

der Basketball
basketbalový míč m
[ˈbaskɛdbalovɪː mɪːt͡ʃ]

der Handball
míč na házenou f
[ˈmɪːt͡ʃ‿naˈɦaːzɛnɔʊ̯]

der Fußball
fotbalový míč m
[ˈfɔdbalovɪːˈmɪːt͡ʃ]

der Baseball
baseballový míček m
[ˈbɛjzbɔlovɪːˈmɪːt͡ʃɛk]

der Federball
badmintonový míček m
[ˈbɛdmɪntɔnovɪːˈmɪːt͡ʃɛk]

der Tennisball
tenisový míček m
[ˈtɛnɪsɔviː ˈmiːt͡ʃɛk]

der Football
míč na americký fotbal m
[ˈmɪːt͡ʃ‿na ˈʔamɛrɪt͡skiː ˈfɔdbal]

der Puck
puk m
[ˈpʊk]

der Basketballkorb
basketbalový koš m
[ˈbaskɛdbalɔviː ˈkɔʃ]

die Sprossenwand
žebřiny pl
[ˈʒɛbr̝ɪnɪ]

das Korbbrett
odrazová deska f
[ˈʔɔdrazɔvaː ˈdɛska]

die Strickleiter
provazový žebřík m
[ˈprɔvazɔviː ˈʒɛbr̝iːk]

das Trampolin
trampolína f
[ˈtrampɔliːna]

die Ringe
kruhy pl
[ˈkrʊɦɪ]

das Springseil
švihadlo n
[ˈʃvɪɦadlɔ]

DIE UNIVERSITÄT – UNIVERZITA

der Campus
kampus m
[ˈkampʊs]

der Hörsaal
posluchárna f
[ˈpɔslʊxa:rna]

die Politikwissenschaft
politologie f
[ˈpɔlɪtɔlɔgɪjɛ]

die Kunstgeschichte
dějiny umění pl
[ˈɟɛjɪnɪ ˈʔʊmɲɛɲi:]

die Rechtswissenschaft
právo n
[ˈpra:vɔ]

die Betriebswirtschaftslehre
obchodní management m
[ˈʔɔpxɔdɲi: ˈmɛnɛd͡ʒmɛnt]

die Geisteswissenschaften
humanitní vědy pl
[ˈɦʊmanɪtɲi: ˈvjɛdɪ]

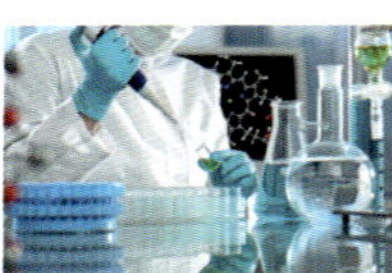

die Naturwissenschaften
přírodní vědy pl
[ˈpr̝̊i:rɔdɲi: ˈvjɛdɪ]

das Ingenieurwesen
inženýrství n
[ˈʔɪnʒɛni:rstvi:]

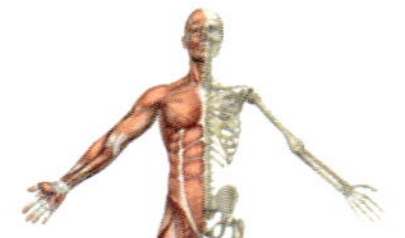

die Medizin
medicína f
[ˈmɛdɪt͡si:na]

die Pädagogik
pedagogika f
[ˈpɛdagɔgɪka]

der Professor
profesor m
[ˈprɔfɛsɔr]

die Dozentin
vyučující na vysoké škole f [ˈvɪʊt͡ʃʊji:t͡si: ˈna͜ vɪsɔkɛ: ˈʃkɔlɛ]

das Diplom	**diplom** m [ˈdɪplɔm]
der Bachelor	**bakalář** m [ˈbakala:r̝̊]
der Master	**magistr** m [ˈmagɪstr̩]
die Dissertation	**dizertační práce** f [ˈdɪzɛrtat͡ʃɲi: ˈpra:t͡sɛ]
die Promotion	**doktorát** m [ˈdɔktɔra:t]
die Habilitation	**habilitace** f [ˈɦabɪlɪtat͡sɛ]
die Forschung	**výzkum** m [ˈvi:skʊm]
das Forschungsinstitut	**výzkumný ústav** m [ˈvi:skʊmni: ˈʔu:staf]

DIE UNIVERSITÄT – UNIVERZITA

ein Referat halten
přednést referát
[ˈpr̝ɛdnɛːst ˈrɛfɛraːt]

das Seminar
seminář m
[ˈsɛmɪnaːr̝̊]

die Vorlesung
přednáška f
[ˈpr̝̊ɛdnaːʃka]

die Klausur
písemná zkouška f
[ˈpiːsɛmnaː ˈskou̯ʃka]

der Lesesaal
čítárna f
[ˈt͡ʃiːtaːrna]

die Ausleihe
výpůjční oddělení knihovny n
[ˈviːpuːjt͡ʃɲiː ˈʔɔdɟɛlɛɲiː ˈkɲɪɦɔvnɪ]

das Bücherregal
police na knihy f
[ˈpɔlɪt͡sɛ ˈna‿kɲɪɦɪ]

die mündliche Prüfung
ústní zkouška f
[ˈʔuːstɲiː ˈskou̯ʃka]

sein Studium abschließen
ukončit studium
[ˈʔʊkɔnt͡ʃɪt ˈstʊdɪjʊm]

das Studentenwohnheim
studentská kolej f
[ˈstʊdɛntskaː ˈkɔlɛj]

die Mensa
menza f
[ˈmɛnza]

die Bibliothek
knihovna f
[ˈkɲɪɦɔvna]

der Student
student m
[ˈstʊdɛnt]

der Bibliothekar	**knihovník** m [ˈkɲɪɦɔvɲiːk]
die Bibliothekarin	**knihovnice** f [ˈkɲɪɦɔvɲɪt͡sɛ]
der Bibliotheksausweis	**výpůjční legitimace čtenáře** f [ˈviːpuːjt͡ʃɲiː ˈlɛgɪtɪmat͡sɛ ˈt͡ʃtɛnaːr̝ɛ]
ausleihen	**půjčit si** [ˈpuːjt͡ʃɪt‿sɪ]
verlängern	**prodloužit výpůjčku** [ˈprɔdlou̯ʒɪt ˈviːpuːjt͡ʃkʊ]
vorbestellen	**rezervovat si** [ˈrɛzɛrvɔvat‿sɪ]
das Rückgabedatum	**datum vrácení** n [ˈdatʊm ˈvraːt͡sɛɲiː]
das Periodikum	**periodikum** n [ˈpɛrɪjɔdɪkʊm]

DIE UNIVERSITÄT – UNIVERZITA

die Lerngruppe
studijní skupina f
[ˈstʊdɪjɲiː ˈskʊpɪna]

lernen
učit se
[ˈʔʊt͡ʃɪt͜sɛ]

das Praxissemester
semestrální praxe f
[ˈsɛmɛstraːlɲiː ˈpraksɛ]

das Praktikum
praxe f
[ˈpraksɛ]

das Volontariat
dobrovolná činnost f
[ˈdɔbrɔvɔlnaː ˈt͡ʃɪnnɔst]

das freie Jahr
volný rok m
[ˈvɔlniː ˈrɔk]

jobben
chodit na brigády
[ˈxɔɟɪt ˈna͜ brɪgaːdɪ]

das schwarze Brett
nástěnka f
[ˈnaːscɛŋka]

die Ausbildung
vzdělání n
[ˈvzɟɛlaːɲiː]

die Berufsfachschule
odborná škola f
[ˈʔɔdbɔrnaː ˈʃkɔla]

die Kunsthochschule
akademie výtvarných umění f
[ˈʔakadɛmɪjɛ ˈviːtvarniːx ˈʔʊmɲɛɲiː]

die Musikhochschule
konzervatoř f
[ˈkɔnzɛrvatɔr̝̊]

die Akademie für darstellende Künste
akademie múzických umění f
[ˈʔakadɛmɪjɛ ˈmuːzɪt͡skiːx ˀʊmɲɛɲiː]

der Studentenausweis	**studentský průkaz** m [ˈstʊdɛntskiː ˈpruːkas]
der Kurs	**kurz** m [ˈkʊrs]
das Semester	**semestr** m [ˈsɛmɛstr̩]
die Semesterferien	**semestrální prázdniny** pl [ˈsɛmɛstraːlɲiː ˈpraːzdɲɪnɪ]
der Fachbereich	**katedra** f [ˈkatɛdra]
die Hausarbeit	**semestrální práce** f [ˈsɛmɛstraːlɲiː ˈpraːt͡sɛ]
der Hochschulabschluss	**ukončené vysokoškolské vzdělání** n [ˈʔʊkɔnt͡ʃɛnɛː ˈvɪsɔkɔʃkɔlskɛː ˈvzɟɛlaːɲiː]
das Stipendium	**stipendium** n [ˈstɪpɛndɪjʊm]

DIE ARBEITSWELT – SVĚT PRÁCE

Die Bewerbung – Žádost o zaměstnání

das Bewerbungsgespräch
přijímací pohovor m
[ˈpřijiːmat͡siː ˈpoɦovor]

die Personalreferentin
personalistka f
[ˈpɛrsonalɪstka]

der Lebenslauf
životopis m
[ˈʒɪvotopɪs]

die Bewerbungsunterlagen
přijímací podklady pl
[ˈpřijiːmat͡siː ˈpotkladɪ]

die Bewerberin
uchazečka f
[ˈʔʊxazɛt͡ʃka]

die Stellenanzeige
inzerát na volné pracovní pozice m [ˈʔɪnzɛraːt ˈna͜ volnɛː ˈprat͡sovɲiː ˈpozɪt͡sɛ]

die Zeitarbeit
práce na dobu určitou f
[ˈpraːt͡sɛ ˈna͜ dobʊ ˈʔʊrt͡ʃɪtou̯]

die Festanstellung
stálé zaměstnání n
[ˈstaːlɛː ˈzamɲɛstnaːɲiː]

die Karriere
kariéra f
[ˈkarɪjɛːra]

sich um eine Stelle bewerben	**ucházet se o pracovní místo** [ˈʔʊxaːzɛt͜ sɛ ˈʔo͜ prat͡sovɲiː ˈmiːsto]
die Arbeitsbedingungen	**pracovní podmínky** pl [ˈprat͡sovɲiː ˈpodmiːŋkɪ]
die Schichtarbeit	**práce na směny** f [ˈpraːt͡sɛ ˈna͜ smɲɛnɪ]
die Teilzeit	**práce na částečný úvazek** f [ˈpraːt͡sɛ ˈna͜ t͡ʃaːstɛt͡ʃniː ˈʔuːvazɛk]
die Vollzeit	**práce na plný úvazek** f [ˈpraːt͡sɛ ˈna͜ pl̩niː ˈʔuːvazɛk]
die Qualifikation	**kvalifikace** f [ˈkvalɪfɪkat͡sɛ]
die Berufserfahrung	**profesní zkušenosti** pl [ˈprofɛsɲiː ˈskʊʃɛnoscɪ]

jemanden einstellen
zaměstnat někoho
[ˈzamɲɛstnat ˈɲɛkoɦo]

DIE ARBEITSWELT – SVĚT PRÁCE

Berufe – Povolání

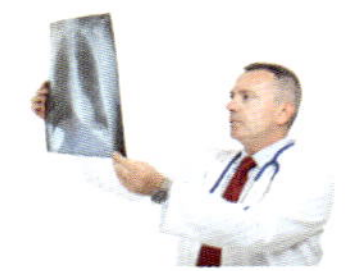

der Arzt
lékař m
[ˈlɛːkar̝̊]

der Chirurg
chirurg m
[ˈxɪrʊrk]

der Krankenpfleger
ošetřovatel m
[ˈʔɔʃɛtr̝̊ɔvatɛl]

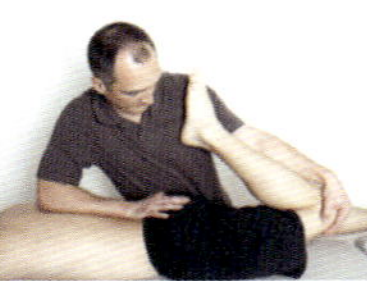

der Physiotherapeut
fyzioterapeut m
[ˈfɪzɪjɔtɛrapɛu̯t]

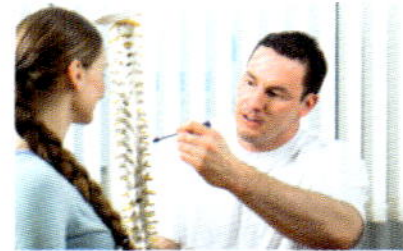

der Orthopäde
ortoped m
[ˈʔɔrtɔpɛt]

der Zahnarzt
zubař m
[ˈzʊbar̝̊]

die Psychologin
psycholožka f
[ˈpsɪxɔlɔʃka]

die Apothekerin
lékárnice f
[ˈlɛːkaːrɲɪt͡sɛ]

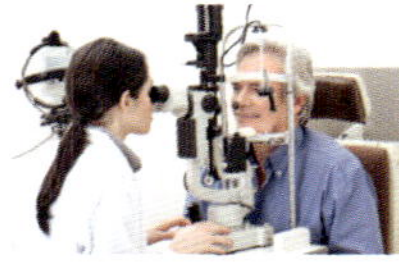

die Optikerin
optička f
[ˈʔɔptɪt͡ʃka]

der Tierarzt
veterinář m
[ˈvɛtɛrɪnaːr̝̊]

die Empfangsdame
recepční f
[ˈrɛt͡sɛpt͡ʃɲiː]

der Rechtsanwalt
advokát m
[ˈʔadvɔkaːt]

die Richterin
soudkyně f
[ˈsɔu̯tkɪɲɛ]

der Wirtschaftsprüfer
auditor m
[ˈʔau̯dɪtɔr]

die Unternehmensberaterin
podniková poradkyně f
[ˈpɔdɲɪkɔvaː ˈpɔradkɪɲɛ]

der Informatiker
informatik m
[ˈʔɪnfɔrmatɪk]

DIE ARBEITSWELT – SVĚT PRÁCE

Berufe – Povolání

der Architekt
architekt m
[ˈʔarxɪtɛkt]

die Ingenieurin
inženýrka f
[ˈʔɪnʒɛniːrka]

der Schreiner
truhlář m
[ˈtrʊɦlaːr̝̊]

der Elektriker
elektrikář m
[ˈʔɛlɛktrɪkaːr̝̊]

der Klempner
instalatér m
[ˈʔɪnstalatɛːr]

der Dachdecker
pokrývač m
[ˈpɔkriːvat͡ʃ]

der Maler
malíř m
[ˈmaliːr̝̊]

der Müllmann
popelář m
[ˈpɔpɛlaːr̝̊]

die Kfz-Mechanikerin
automechanička f
[ˈʔau̯tɔmɛxanɪt͡ʃka]

der Landwirt
zemědělec m
[ˈzɛmɲɛɟɛlɛt͡s]

die Soldatin
vojákyně f
[ˈvɔjaːkɪɲɛ]

die Briefträgerin
pošťačka f
[ˈpɔʃcat͡ʃka]

der Bauarbeiter
stavební dělník m
[ˈstavɛbɲiː ɟɛlɲiːk]

der Gebäudereiniger
uklízeč m
[ˈʔʊkliːzɛt͡ʃ]

der Landschafts-gärtner
zahradní architekt m
[ˈzaɦradɲiː ˈʔarxɪtɛkt]

der Fischer
rybář m
[ˈrɪbaːr̝̊]

DIE ARBEITSWELT – SVĚT PRÁCE

Berufe – Povolání

der Pilot
pilot m
[ˈpɪlɔt]

die Flugbegleiterin
letuška f
[ˈlɛtʊʃka]

der Koch
kuchař m
[ˈkʊxar̝̊]

der Kellner
číšník m
[ˈt͡ʃiːʃɲiːk]

der Bäcker
pekař m
[ˈpɛkar̝̊]

die Metzgerin
řeznice f
[ˈr̝ɛzɲɪt͡sɛ]

der Verkäufer
prodavač m
[ˈprɔdavat͡ʃ]

die Friseurin
kadeřnice f
[ˈkadɛr̝ɲɪt͡sɛ]

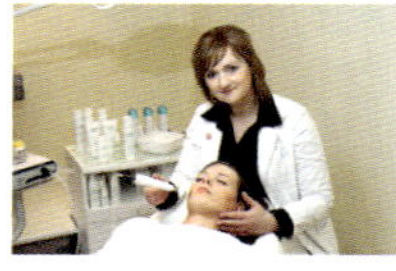

die Kosmetikerin
kosmetička f
[ˈkɔsmɛtɪt͡ʃka]

der Gärtner
zahradník m
[ˈzaɦradɲiːk]

die Immobilien-maklerin
realitní makléřka f
[ˈrɛalɪtɲiː ˈmaklɛːr̝̊ka]

die Bürokauffrau
administrativní pracovnice f
[ˈˀadmɪnɪstratɪvɲiː ˈprat͡sɔvɲɪt͡sɛ]

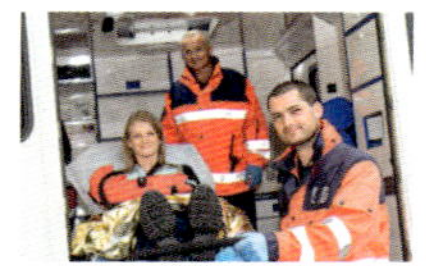

der Sanitäter
zdravotnický záchranář m
[ˈzdravɔtɲɪt͡ski: ˈzaːxranaːr̝̊]

der Busfahrer
řidič autobusu m
[ˈr̝ɪɟɪt͡ʃ ˈˀau̯tɔbʊsʊ]

der Taxifahrer
řidič taxíku m
[ˈr̝ɪɟɪt͡ʃ ˈtaksiːkʊ]

der Paketzusteller
doručovatel balíků m
[ˈdɔrʊt͡ʃɔvatɛl ˈbaliːkuː]

DIE ARBEITSWELT - SVĚT PRÁCE

Berufe - Povolání

die Journalistin
novinářka f
[ˈnɔvɪnaːr̝ka]

der Wissenschaftler
vědec m
[ˈvjɛdɛt͡s]

die Grafikerin
grafička f
[ˈgrafɪt͡ʃka]

der Profisportler
profesionální sportovec m
[ˈprɔfɛsɪjɔnaːlɲiː ˈspɔrtɔvɛt͡s]

die Moderatorin
moderátorka f
[ˈmɔdɛraːtɔrka]

die Schauspielerin
herečka f
[ˈɦɛrɛt͡ʃka]

die Sängerin
zpěvačka f
[ˈspjɛvat͡ʃka]

der Tänzer
tanečník m
[ˈtanɛt͡ʃɲiːk]

die Kunstmalerin
malířka f
[ˈmaliːr̝ka]

der Fotograf
fotograf m
[ˈfɔtɔgraf]

die Musikerin
hudebnice f
[ˈɦʊdɛbɲɪt͡sɛ]

die Schneiderin
švadlena f
[ˈʃvadlɛna]

der Bildhauer
sochař m
[ˈsɔxar̝]

die Bankkauffrau
bankovní úřednice f
[ˈbaŋkɔvɲiː ˈˀuːr̝ɛdɲɪt͡sɛ]

der Bibliothekar
knihovník m
[ˈkɲɪɦɔvɲiːk]

der Lehrer
učitel m
[ˈˀʊt͡ʃɪtɛl]

DIE ARBEITSWELT – SVĚT PRÁCE

Das Organigramm – Organizační struktura

das Sekretariat
sekretariát m
[ˈsɛkrɛtarɪjaːt]

der kaufmännische Bereich
obchodní oddělení n
[ˈʔɔpxɔdɲiː ˈʔɔdɟɛlɛɲiː]

die kaufmännische Leitung
obchodní management m
[ˈʔɔpxɔdɲiː ˈmɛnɛd͡ʒmɛnt]

die IT-Leitung
vedoucí IT oddělení m/f
[ˈvɛdou̯t͡siː ˈʔajtiː ˈʔɔdɟɛlɛɲiː]

die Buchhaltung
účetní oddělení n [ˈʔuːt͡ʃɛtɲiː ˈʔɔdɟɛlɛɲiː]

das Controlling
controlling m [ˈkɔntrɔlɪŋk]

das sekundäre Geschäftsfeld
vedlejší ekonomická činnost f
[ˈvɛdlɛjʃiː ˈʔɛkɔnɔmɪt͡skaː ˈt͡ʃɪnɔst]

die Geschäftsführung
vedení podniku n
[ˈvɛdɛɲiː ˈpɔdɲɪkʊ]

das primäre Geschäftsfeld
převažující ekonomická činnost f
[ˈpr̝̊ɛvaʒʊjiːciː ˈʔɛkɔnɔmɪt͡skaː ˈt͡ʃɪnɔst]

die Geschäftsführung
vedení podniku n
[ˈvɛdɛɲiː ˈpɔdɲɪkʊ]

das Team
tým m [ˈtiːm]

die Teamleitung
vedoucí týmu m/f
[ˈvɛdou̯t͡siː ˈtiːmʊ]

der Angestellte
zaměstnanec m [ˈzamɲɛstnanɛt͡s]

die Zweigstelle
pobočka f
[ˈpɔbɔt͡ʃka]

der Manager
manažer m
[ˈmanaʒɛr]

die Aktiengesellschaft (AG)	**akciová společnost (a. s.)** f [ˈʔakt͡sɪjɔvaː ˈspɔlɛt͡ʃnɔst]
der Aktionär/die Aktionärin	**akcionář** m/**akcionářka** f [ˈʔakt͡sɪjɔnaːr̝̊/ˈʔakt͡sɪjɔnaːr̝̊ka]
die Gesellschaft mit beschränkter Haftung (GmbH)	**společnost s ručením omezeným (s. r. o.)** f [ˈspɔlɛt͡ʃnɔst ˈs‿rʊt͡ʃɛɲiːm ˈʔɔmɛzɛniːm]
die GmbH & Co. KG	**komanditní společnost s ručením omezeným** f [ˈkɔmandɪtɲiː ˈspɔlɛt͡ʃnɔst ˈs‿rʊt͡ʃɛɲiːm ˈʔɔmɛzɛniːm]
die Kommanditgesellschaft (KG)	**komanditní společnost** f [ˈkɔmandɪtɲiː ˈspɔlɛt͡ʃnɔst]
die offene Handelsgesellschaft (OHG)	**veřejná obchodní společnost** f [ˈvɛr̝ɛjnaː ˈʔɔpxɔdɲiː ˈspɔlɛt͡ʃnɔst]
der Konzern	**koncern** m [ˈkɔnt͡sɛrn]

der Vorstand
představenstvo n
[ˈpřɛtstavɛnstvɔ]

der Gesellschafter
společník m
[ˈspɔlɛt͡ʃɲiːk]

die Geschäftsführung
vedení podniku n
[ˈvɛdɛɲiː ˈpɔdɲɪkʊ]

die stellvertretende Geschäftsführung
zástupce vedoucího podniku m
[ˈzaːstʊpt͡sɛ ˈvɛdɔu̯t͡siːɦɔ ˈpɔdɲɪkʊ]

der Prokurist
prokurista m
[ˈprɔkʊrɪsta]

die Personalabteilung
personální oddělení n
[ˈpɛrsɔnaːlɲiː ˈʔɔdɟɛlɛɲiː]

die Personalleitung
vedoucí personálního oddělení m/f
[ˈvɛdɔu̯t͡siː ˈpɛrsɔnaːlɲiːɦɔ ˈʔɔdɟɛlɛɲiː]

die Rechtsabteilung
právní oddělení n
[ˈpraːvɲiː ˈʔɔdɟɛlɛɲiː]

die Marketingabteilung
marketingové oddělení n
[ˈmarkɛtɪŋgɔvɛː ˈʔɔdɟɛlɛɲiː]

die Marketingleitung
vedoucí marketingového oddělení m/f
[ˈvɛdɔu̯t͡siː ˈmarkɛtɪŋgɔvɛːɦɔ ˈʔɔdɟɛlɛɲiː]

die PR-Abteilung
oddělení pro styk s veřejností n
[ˈʔɔdɟɛlɛɲiː ˈprɔ‿stɪk ˈs‿vɛřɛjnɔsciː]

die Produktion
výroba f
[ˈviːrɔba]

die Produktionsleitung
vedoucí výroby m/f
[ˈvɛdɔu̯t͡siː ˈviːrɔbɪ]

der Betriebsrat
odborová rada f
[ˈʔɔdbɔrɔvaː ˈrada]

der Vertrieb
odbyt m
[ˈʔɔdbɪt]

die Vertriebsleitung
vedoucí odbytu m/f
[ˈvɛdɔu̯t͡siː ˈʔɔdbɪtʊ]

das Key-Account-Management
Key Account Management m
[ˈkiː‿eˌkau̯nt mɛnɛd͡ʒmɛnt]

der Außendienst
obchodní zástupce m
[ˈʔɔpxɔdɲiː ˈzaːstʊpt͡sɛ]

der Innendienst
interní oddělení n
[ˈʔɪntɛrɲiː ˈʔɔdɟɛlɛɲiː]

der Kundendienst
služba zákazníkům f
[ˈslʊʒba ˈzaːkazɲiːkuːm]

die Kundenakquise
získávání zákazníků n
[ˈziːskaːvaːɲiː ˈzaːkazɲiːkuː]

DAS BÜRO – KANCELÁŘ

Büromöbel – Kancelářský nábytek

der Arbeitsplatz
pracovní prostor m
['prat͡sɔvɲi: 'prɔstɔr]

die Ablage
přihrádka f
['př̥ɪɦra:tka]

die Schublade
zásuvka f
['za:sʊfka]

die Büromöbel
kancelářský nábytek m
['kant͡sɛla:ř̥ski: 'na:bɪtɛk]

der Schreibtisch
psací stůl m
['psat͡si: 'stu:l]

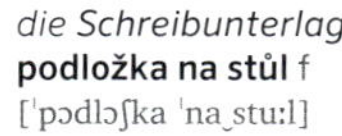

die Schreibunterlage
podložka na stůl f
['pɔdlɔʃka 'na‿stu:l]

der Bürostuhl
kancelářská židle f
['kant͡sɛla:ř̥ska: 'ʒɪdlɛ]

der Safe
trezor m
['trɛzɔr]

der Aktenschrank
kartotéka f
['kartɔtɛ:ka]

der Wasserspender
zásobník na vodu m
['za:sɔbɲi:k 'na‿vɔdʊ]

die Schreibtischlampe
stolní lampa f
['stɔlɲi: 'lampa]

die Pinnwand
nástěnka f
['na:scɛŋka]

der Papierkorb
odpadkový koš m
['ˀɔtpatkɔvi: 'kɔʃ]

der Terminkalender	**plánovač** m ['pla:nɔvat͡ʃ]
die Akte	**spis** m ['spɪs]
der Aktenvernichter	**skartovačka** f ['skartɔvat͡ʃka]
das Postfach	**přihrádka na poštu** f ['př̥ɪɦra:tka 'na‿pɔʃtʊ]
der Termin	**schůzka** f ['sxu:ska]
die Hauspost	**interní pošta** f ['ˀɪntɛrɲi: 'pɔʃta]
die Ablage für Eingänge	**přihrádka na došlou poštu** f ['př̥ɪɦra:tka 'na‿dɔʃlɔʊ̯ 'pɔʃtʊ]
die Teeküche	**kuchyňka** f ['kʊxɪɲka]

DAS BÜRO – KANCELÁŘ

Der Bürobedarf – Kancelářské potřeby

die Schere
nůžky pl
[ˈnuːʃkɪ]

der Textmarker
zvýrazňovač m
[ˈzviːraz̮ɲɔvat͡ʃ]

der Stiftehalter
držák na tužky m
[ˈdrʒaːk ˈna͜tuʃkɪ]

das Notizbuch
poznámkový blok m
[ˈpɔznaːmkɔviː ˈblɔk]

die Haftnotiz
samolepící bločky pl
[ˈsamɔlɛpiːt͡siː ˈblɔt͡ʃkɪ]

der Haftstreifen
samolepící proužky pl
[ˈsamɔlɛpiːt͡siː ˈprɔu̯ʃkɪ]

der Bleistift
obyčejná tužka f
[ˈʔɔbɪt͡ʃɛjnaː ˈtuʃka]

der Bleistiftspitzer
ořezávátko n
[ˈʔɔr̝ɛzaːvaːtkɔ]

der Radiergummi
guma f
[ˈgʊma]

der Kugelschreiber
propiska f
[ˈprɔpɪska]

die Büroklammer
kancelářská svorka f
[ˈkant͡sɛlaːr̝skaː ˈsvɔrka]

die Reißzwecke
připínáček m
[ˈpr̝ɪpiːnaːt͡ʃɛk]

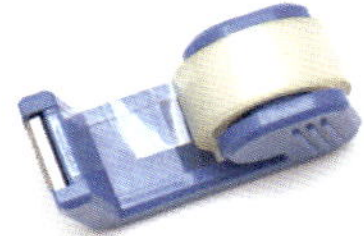

der Tesafilm®
izolepa f
[ˈʔɪzɔlɛpa]

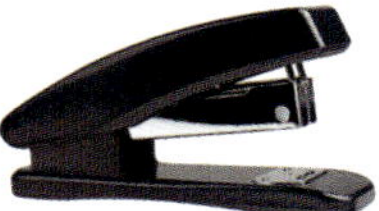

der Tacker
sešívačka f
[ˈsɛʃiːvat͡ʃka]

der Locher
děrovačka f
[ˈɟɛrɔvat͡ʃka]

das Hängeregister
závěsný rychlovazač m
[ˈzaːvjɛsniː ˈrɪxlɔvazat͡ʃ]

der Briefumschlag
obálka f
[ˈʔɔbaːlka]

das Tipp-Ex®
korekční strojek m
[ˈkɔrɛkt͡ʃɲiː ˈstrɔjɛk]

der Ordner
pákový pořadač m
[ˈpaːkɔviː ˈpɔr̝adat͡ʃ]

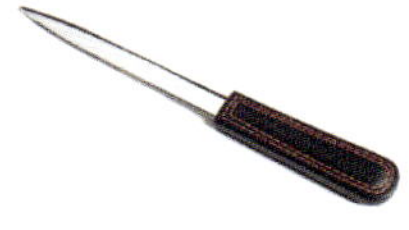

der Brieföffner
nůž na dopisy m
[ˈnuːʃ na͜dɔpɪsɪ]

DAS BÜRO – KANCELÁŘ

Der Besprechungsraum – Jednací místnost

die Sitzung
schůze f
[ˈsxuːzɛ]

der Teamleiter
vedoucí týmu m
[ˈvɛdou̯t͡siː ˈtiːmu]

der Teilnehmer
účastník m
[ˈˀuːt͡ʃastɲiːk]

die Tagesordnung
denní program m
[ˈdɛɲiː ˈprɔgram]

protokollieren
pořizovat zápis ze schůze
[ˈpor̝ɪzɔvat ˈzaːpɪs ˈzɛ‿sxuːzɛ]

der Besprechungstisch
jednací stůl m
[ˈjɛdnat͡siː ˈstuːl]

die Präsentation
prezentace f
[ˈprɛzɛntat͡sɛ]

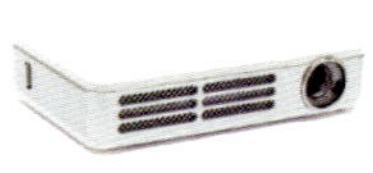

der Beamer
beamer m
[ˈbiːmr̩]

das Balkendiagramm
sloupcový diagram m
[ˈslou̯pt͡sɔviː ˈdɪjagram]

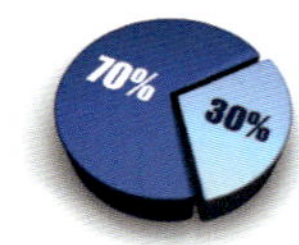

das Tortendiagramm
kruhový diagram m
[ˈkruɦɔviː ˈdɪjagram]

die Folie
folie f
[ˈfɔlɪjɛ]

organisieren	**organizovat** [ˈˀɔrganɪzɔvat]
die Besprechung	**porada** f [ˈpɔrada]
der Bericht	**zpráva** f [ˈspraːva]
das Protokoll	**zápis** m [ˈzaːpɪs]
der Vertrag	**smlouva** f [ˈsmlɔu̯va]
der Geschäftsmann	**podnikatel** m [ˈpɔdɲɪkatɛl]
die Geschäftsfrau	**podnikatelka** f [ˈpɔdɲɪkatɛlka]
die Geschäftsreise	**služební cesta** f [ˈsluʒɛbɲiː ˈt͡sɛsta]

DAS BÜRO – KANCELÁŘ

Der Büroalltag – Život v kanceláři

der Arbeitgeber
zaměstnavatel m
['zamɲɛstnavatɛl]

① *die Assistentin*
asistentka f
['ˀasɪstɛntka]

② *der Kollege*
kolega m
['kɔlɛga]

③ *der Arbeitnehmer*
zaměstnanec m
['zamɲɛstnanɛt͡s]

④ *die Kollegin*
kolegyně f
['kɔlɛgɪɲɛ]

⑤ *die Managerin*
manažerka f
['manaʒɛrka]

⑥ *der Chef*
šéf m
['ʃɛːf]

die Visitenkarte
vizitka f
['vɪzɪtka]

entlassen werden
být propuštěn z práce
['biːt 'prɔpʊʃcɛn 's‿praːt͡sɛ]

das Personal
personál m
['pɛrsɔnaːl]

die Elternzeit
rodičovská dovolená f
['rɔɟɪt͡ʃɔfskaː 'dɔvɔlɛnaː]

die Vertretung	**zástupce/zástupkyně** m/f ['zaːstʊpt͡sɛ/'zaːstʊpkɪɲɛ]
der Jahresurlaub	**dovolená za kalendářní rok** f ['dɔvɔlɛnaː 'za‿kalɛndaːr̝ɲiː 'rɔk]
das Gehalt	**mzda** f ['mzda]
die Beförderung	**povýšení** n ['pɔviːʃɛɲiː]
jemandem kündigen	**dát někomu výpověď** ['daːt 'ɲɛkɔmʊ 'viːpɔvjɛc]
seine Stelle kündigen	**dát výpověď z práce** ['daːt 'viːpɔvjɛc 's‿praːt͡sɛ]
verdienen	**vydělat** ['vɪɟɛlat]
in Rente gehen	**odejít do důchodu** ['ˀɔdɛjiːt 'dɔ‿duːxɔdʊ]

der Mutterschutz
mateřská dovolená f
['matɛr̝̊skaː 'dɔvɔlɛnaː]

KOMMUNI-KATION

KOMUNIKACE

DER COMPUTER – POČÍTAČ

Der Desktop-Computer – Stolní počítač

der Desktop-Computer
stolní počítač m
[ˈstɔlɲiː ˈpɔt͡ʃiːtat͡ʃ]

der Ein/Aus-Schalter
vypínač m
[ˈvɪpiːnat͡ʃ]

die USB-Schnittstelle
USB rozhraní n
[ˈʔuːɛzbɛː ˈrɔzɦraɲiː]

das CD/DVD-Laufwerk
mechanika CD/DVD f
[ˈmɛxanɪka ˈt͡sɛːdɛː/diːviːdiː]

das Computergehäuse
počítačová skříň f
[ˈpɔt͡ʃiːtat͡ʃɔvaː ˈskr̝iːɲ]

die Tastatur
klávesnice f
[ˈklaːvɛsɲɪt͡sɛ]

der Bildschirm
obrazovka f
[ˈʔɔbrazɔfka]

die Maus
myš m
[ˈmɪʃ]

das Scrollrad
rolovací kolečko n
[ˈrɔlɔvat͡siː ˈkɔlɛt͡ʃkɔ]

die Tastatur
klávesnice f
[ˈklaːvɛsɲɪt͡sɛ]

die Escapetaste
klávesa Escape f
[ˈklaːvɛsa ˈʔɪskɛjp]

die Tabulatortaste
klávesa Tabulator f
[ˈklaːvɛsa ˈtabulaːtɔr]

die Feststelltaste
klávesa Caps Lock f
[ˈklaːvɛsa ˈkaps‿lɔk]

die Rücklöschtaste
klávesa Backspace f
[ˈklaːvɛsa ˈbɛkspɛjs]

die Eingabetaste
klávesa Enter f
[ˈklaːvɛsa ˈʔɛntr̩]

die Umschalttaste
klávesa Shift f
[ˈklaːvɛsa ˈʃɪft]

die Steuerungstaste
klávesa Ctrl f
[ˈklaːvɛsa ˈt͡sˈtˈrˈl]

die Leertaste
mezerník m
[ˈmɛzɛrɲiːk]

DER COMPUTER - POČÍTAČ

Hardware und Zubehör - Hardware a doplňky

der Lautsprecher
reproduktor m
[ˈrɛprɔdʊktɔr]

der/das Laptop
notebook m
[ˈnɔu̯tbʊk]

das Stromkabel
elektrický kabel m
[ˈʔɛlɛktrɪt͡ski: ˈkabɛl]

die Laptoptasche
pouzdro na notebook n
[ˈpɔu̯zdrɔ ˈna‿nɔu̯tbʊk]

der Prozessor
procesor m
[ˈprɔt͡sɛsɔr]

die (externe) Festplatte
externí harddisk m
[ˈʔɛkstɛrɲi: ˈɦarddɪsk]

der Arbeitsspeicher
operační paměť f
[ˈʔɔpɛrat͡ʃɲi: ˈpamɲɛc]

die Webcam
webkamera f
[ˈvɛpkamɛra]

die CD-ROM
CD-ROM m
[ˈʔt͡sɛ:dɛ:‿rɔm]

der USB-Stick
USB flash disk m
[ˈʔʊ:ɛzbɛ: ˈflɛʒ‿dɪsk]

der Scanner
skener m
[ˈskɛnɛr]

der Tintenstrahldrucker
inkoustová tiskárna f
[ˈʔɪŋgɔu̯stɔva: ˈcɪska:rna]

der Laserdrucker
laserová tiskárna f
[ˈlɛjzrɔva: ˈcɪska:rna]

die Tintenpatrone
inkoustový toner m
[ˈʔɪŋgɔu̯stɔvi: ˈtɔnɛr]

die Tonerkartusche
toner m
[ˈtɔnɛr]

das Mauspad
podložka pod myš f
[ˈpɔdˈlɔʃka ˈpɔd‿mɪʃ]

DER COMPUTER – POČÍTAČ

Am Computer arbeiten – Práce na počítači

tippen
psát na klávesnici
[ˈpsaːt ˈna͜klaːvɛsɲɪt͡sɪ]

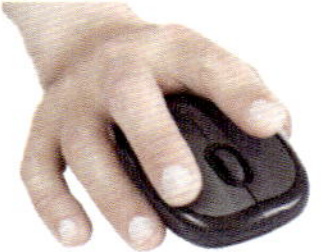

klicken
kliknout
[ˈklɪknɔu̯t]

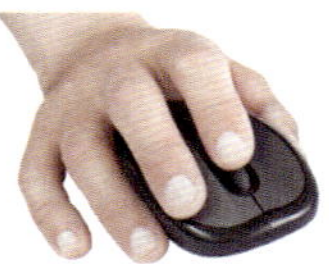

scrollen
rolovat
[ˈrɔlɔvat]

ausschneiden
vystřihnout
[ˈvɪstr̝̊ɪɦnɔu̯t]

kopieren
kopírovat
[ˈkɔpiːrɔvat]

einfügen
vložit
[ˈvlɔʒɪt]

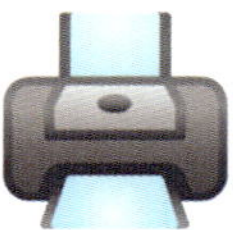

eine Datei ausdrucken
vytisknout soubor
[ˈvɪcɪsknɔu̯t ˈsɔu̯bɔr]

speichern
uložit
[ˈˀʊlɔʒɪt]

eine Datei öffnen
otevřít soubor
[ˈˀɔtɛvr̝iːt ˈsɔu̯bɔr]

löschen
vymazat
[ˈvɪmazat]

der Ordner
složka f
[ˈslɔʃka]

der Papierkorb
koš m
[ˈkɔʃ]

suchen
hledat
[ˈɦlɛdat]

eingeben	**zadat** [ˈzadat]
eine Datei verschieben	**přesunout soubor** [ˈpr̝̊ɛsʊnɔu̯t ˈsɔu̯bɔr]
eine Sicherungskopie erstellen	**vytvořit zálohu** [ˈvɪtvɔr̝̊ɪt ˈzaːlɔɦʊ]
markieren	**označit** [ˈˀɔznat͡ʃɪt]
sich einloggen	**přihlásit se** [ˈpr̝̊ɪɦlaːsɪt͜sɛ]
sich ausloggen	**odhlásit se** [ˈˀɔdɦlaːsɪt͜sɛ]
der Neustart	**restart** m [ˈrɛstart]
(die) Bytes	**bajty** pl [ˈbajtɪ]

DER COMPUTER – POČÍTAČ

Am Computer arbeiten – Práce na počítači

rückgängig machen
vrátit zpět
[ˈvraːcɪt ˈspjɛt]

wiederherstellen
obnovit
[ˈˀɔbnɔvɪt]

die Einstellungen
nastavení n
[ˈnastavɛɲiː]

die Schriftart
font m
[ˈfɔnt]

die Fehlermeldung
chybová hláška f
[ˈxɪbɔvaː ˈɦlaːʃka]

der Mauszeiger
kurzor m
[ˈkʊrzɔr]

die Sanduhr
přesýpací hodiny pl
[ˈpr̝̊ɛsiːpat͡siː ˈɦɔɟɪnɪ]

der Lautstärkeregler
regulátor hlasitosti m
[ˈrɛgʊlaːtɔr ˈɦlasɪtɔscɪ]

ein Fenster minimieren
minimalizovat okno
[ˈmɪnɪmalɪzɔvat ˈˀɔknɔ]

eine CD/DVD auswerfen
vysunout CD
[ˈvɪsʊnɔu̯t ˈt͡sɛːdɛː]

den Rechner hochfahren
spustit počítač
[ˈspʊscɪt ˈpɔt͡ʃiːtat͡ʃ]

den Rechner herunterfahren
vypnout počítač
[ˈvɪpnɔu̯t ˈpɔt͡ʃiːtat͡ʃ]

die Datei	**soubor** m [ˈsɔu̯bɔr]
das Programm	**program** m [ˈprɔgram]
der Scrollbalken	**posuvník** m [ˈpɔsʊvɲiːk]
ein Programm installieren	**instalovat program** [ˈˀɪnstalɔvat ˈprɔgram]
ein Programm deinstallieren	**odinstalovat program** [ˈˀɔdˀɪnstalɔvat ˈprɔgram]
das Betriebssystem	**operační systém** m [ˈˀɔpɛrat͡ʃɲiː ˌsɪstɛːm]
die Taskleiste	**hlavní panel** m [ˈɦlavɲiː ˈpanɛl]
der Fortschrittsbalken	**ukazatel průběhu** m [ˈˀʊkazatɛl ˈpruːbjɛɦʊ]

das Fenster
okno n
[ˈˀɔknɔ]

DER COMPUTER – POČÍTAČ

Das Internet – Internet

das WLAN
Wi-Fi n
[ˈvɪ‿fɪ]

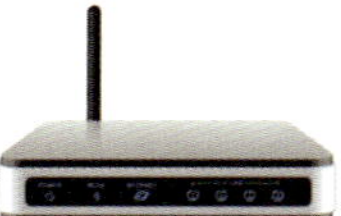

der Router
router m
[ˈrʊːtr̩]

das LAN-Kabel
LAN kabel m
[ˈlan ˈkabɛl]

der Browser
prohlížeč m
[ˈprɔɦliːʒɛt͡ʃ]

das Lesezeichen
záložka f
[ˈzaːlɔʃka]

der Download
stáhnout
[ˈstaːɦnɔu̯t]

die Nachricht
zpráva f
[ˈspraːva]

die Social Media
sociální média pl
[ˈsɔt͡sɪjaːlɲiː ˈmɛːdɪja]

der Online-Einkauf
nákup online m
[ˈnaːkʊp ˈˀɔnlajn]

die Verschlüsselung
šifrování n
[ˈʃɪfrɔvaːɲiː]

die E-Mail-Adresse
e-mailová adresa f
[ˈˀiːmɛjlɔvaː ˈˀadrɛsa]

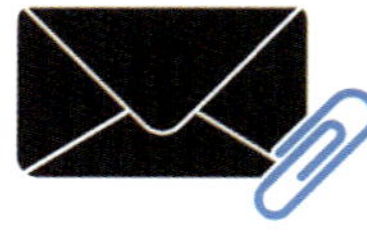

der Anhang
příloha f
[ˈpr̝̊iːlɔɦa]

eine Mail weiterleiten
přeposlat e-mail
[ˈpr̝̊ɛpɔslat ˈˀiːmɛjl]

senden	**odeslat** [ˈˀɔdɛslat]
empfangen	**přijmout** [ˈpr̝̊ɪjmɔu̯t]
das Benutzerkonto	**uživatelský účet** m [ˈˀʊʒɪvatɛlskiː ˈˀuːt͡ʃɛt]
der Posteingang	**příchozí pošta** f [ˈpr̝̊iːxɔziː ˈpɔʃta]
der Postausgang	**odchozí pošta** f [ˈˀɔtxɔziː ˈpɔʃta]
die Abwesenheitsnotiz	**automatická odpověď „Mimo kancelář"** f [ˈˀau̯tɔmatɪt͡skaː ˈˀɔtpɔvjɛɟ ˈmɪmɔ ˈkant͡sɛlaːr̝̊]
die Spammail	**spam** m [ˈspɛm]
im Internet surfen	**surfovat po internetu** [ˈsɛrfɔvat ˈpɔ‿ˀɪntɛrnɛtʊ]

DER COMPUTER – POČÍTAČ

Mobile Endgeräte – Mobilní zařízení

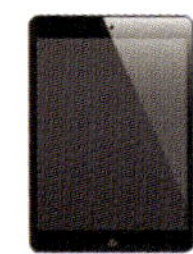

der Tablet-Computer
tablet m
['tablɛt]

der E-Book-Reader
čtečka e-knih f
['t͡ʃtɛt͡ʃka 'ʔɛ:kɲɪx]

der MP3-Player
MP3 přehrávač m
['ʔɛmpɛ:tr̝ɪ 'pr̝ɛɦra:vat͡ʃ]

das Bluetooth®-Headset
Bluetooth® headset m
['blu:tu:s 'ɦɛtsɛt]

die App
aplikace f
['ʔaplɪkat͡sɛ]

die SIM-Karte
SIM karta f
['sɪm 'karta]

die Handytasche
kryt na mobil m
['krɪt 'na‿mɔbɪl]

das Handy
mobilní telefon m
['mɔbɪlɲi: 'tɛlɛfɔn]

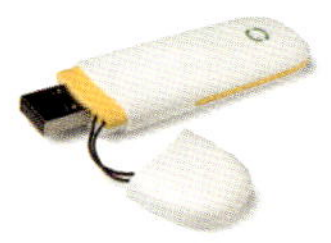

der Surfstick
karta pro datové připojení f ['karta‿prɔ 'datɔvɛ: 'pr̝ɪpɔjɛɲi:]

wischen
přejet rukou
['pr̝ɛjɛt 'rʊkɔʊ̯]

die SMS
esemeska f
['ʔɛsɛmɛska]

das Smartphone
chytrý telefon m
['xɪtri: 'tɛlɛfɔn]

der Touchscreen
dotyková obrazovka f
['dɔtɪkɔva: 'ʔɔbrazɔfka]

der Datenspeicher	**úložiště dat** n ['ʔu:lɔʒɪʃcɛ 'dat]
die Software	**software** m ['sɔftvɛ:r]
das Funkloch	**místo bez signálu** n ['mi:stɔ 'bɛs‿sɪgna:lʊ]
die Flatrate	**paušál** m ['paʊ̯ʃa:l]
die Prepaidkarte	**předplacená telefonní karta** f ['pr̝ɛtplat͡sɛna: 'tɛlɛfɔɲi: 'karta]
das Guthaben	**kredit** m ['krɛdɪt]
der Klingelton	**vyzvánění** n ['vɪzva:ɲɛɲi:]
der Akku	**baterka** f ['batɛrka]

DAS TELEFON – TELEFON

das Display
displej m
[ˈdɪsplɛj]

das Telefonbuch
telefonní seznam m
[ˈtɛlɛfɔɲiː ˈsɛznam]

der Anrufbeantworter
záznamník m
[ˈzaːznamɲiːk]

das Tastenfeld
klávesnice f
[ˈklaːvɛsɲɪt͡sɛ]

der Telefonhörer
telefonní sluchátko n
[ˈtɛlɛfɔɲiː ˈsluxaːtkɔ]

das Kabel
kabel m
[ˈkabɛl]

das schnurlose Telefon
bezdrátový telefon m
[ˈbɛzdraːtɔviː ˈtɛlɛfɔn]

der Hörer
sluchátko n
[ˈsluxaːtkɔ]

abheben
zvednout
[ˈzvɛdnou̯t]

auflegen
položit
[ˈpɔlɔʒɪt]

die Basisstation
základna f
[ˈzaːkladna]

der Kopfhörer
sluchátka pl
[ˈsluxaːtka]

das Mikrofon
mikrofon m
[ˈmɪkrɔfɔn]

das Faxgerät
fax m
[ˈfaks]

jemanden anrufen	**zavolat někomu** [ˈzavɔlat ˈɲɛkɔmu]
wählen	**vytočit číslo** [ˈvɪtɔt͡ʃɪt ˈt͡ʃiːslɔ]
klingeln	**zvonit** [ˈzvɔɲɪt]
Ich möchte bitte … sprechen.	**Chtěl/a bych mluvit s…** [ˈxcɛl/a bɪx ˈmluvɪt ˈs …]
Entschuldigung, ich habe mich verwählt.	**Omlouvám se, vytočil/a jsem špatné číslo.** [ˈʔɔmlɔu̯vaːm sɛ ˈvɪtɔt͡ʃɪl/a ˈjsɛm ˈʃpatnɛː ˈt͡ʃiːslɔ]
Ich stelle Sie durch.	**Přepojím vás.** [ˈpr̝ɛpɔjiːm ˈvaːs]
Bitte hinterlassen Sie eine Nachricht nach dem Signalton.	**Prosím, zanechte zprávu po zaznění tónu.** [ˈprɔsiːm ˈzanɛxtɛ ˈspraːvu ˈpɔ zazɲɛɲiː ˈtɔːnu]
Können Sie mich bitte zurückrufen?	**Můžete mi prosím zavolat zpět?** [ˈmuːʒɛtɛ mɪ ˈprɔsiːm ˈzavɔlat ˈspjɛt]

DIE MEDIEN – MÉDIA

Das Fernsehen – Televize

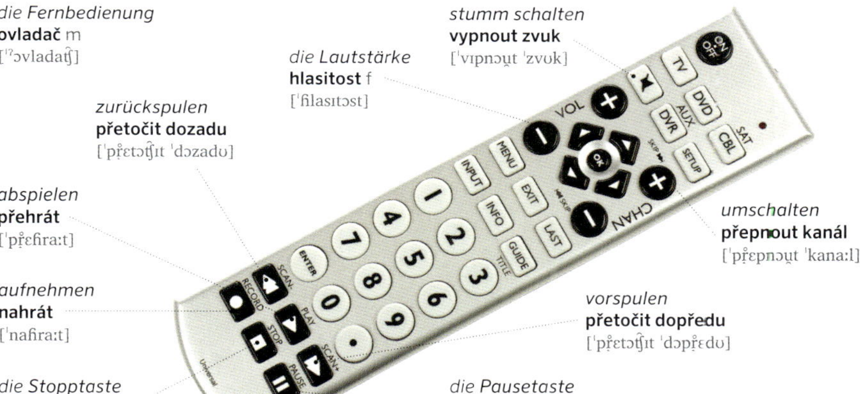

die Fernbedienung
ovladač m
[ˈˀɔvladat͡ʃ]

die Lautstärke
hlasitost f
[ˈɦlasɪtɔst]

stumm schalten
vypnout zvuk
[ˈvɪpnɔu̯t ˈzvʊk]

zurückspulen
přetočit dozadu
[ˈpr̝̊ɛtɔt͡ʃɪt ˈdɔzadʊ]

abspielen
přehrát
[ˈpr̝̊ɛɦra:t]

umschalten
přepnout kanál
[ˈpr̝̊ɛpnɔu̯t ˈkana:l]

aufnehmen
nahrát
[ˈnaɦra:t]

vorspulen
přetočit dopředu
[ˈpr̝̊ɛtɔt͡ʃɪt ˈdɔpr̝̊ɛdʊ]

die Stopptaste
tlačítko zastavit n
[ˈtlat͡ʃi:tkɔ ˈzastavɪt]

die Pausetaste
tlačítko pauza n
[ˈtlat͡ʃi:tkɔ ˈpau̯za]

das Videospiel
videohra f
[ˈvɪdɛɔɦra]

der Fernseher
televizor m
[ˈtɛlɛvɪzɔr]

der Digitalempfänger
digitální přijímač m
[ˈdɪgɪta:lɲi: ˈpr̝̊iji:mat͡ʃ]

der DVD-Player
DVD přehrávač m
[ˈt͡si:vi:di: ˈpr̝̊ɛɦra:vat͡ʃ]

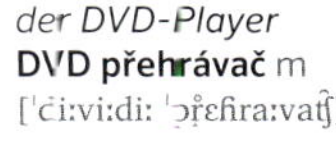

die DVD
DVD n
[ˈdi:vi:di:]

das Kabelfernsehen	**kabelová televize** f [ˈkabɛlɔva: ˈtɛlɛvɪzɛ]
das Free-TV	**neplacený televizní program** m [ˈnɛplat͡sɛni: ˈtɛlɛvɪzɲi: ˈprɔgram]
das Bezahlfernsehen	**placený televizní program** m [ˈplat͡sɛni: ˈtɛlɛvɪzɲi: ˈprɔgram]
fernsehen	**dívat se na televizi** [ˈɟi:vat͜ sɛ ˈna͜ tɛlɛvɪzɪ]
die Fernsehserie	**televizní seriál** m [ˈtɛlɛvɪzɲi: ˈsɛrɪja:l]
zappen	**neustále přepínat z kanálu na kanál** [ˈnɛu̯sta:lɛ ˈpr̝̊ɛpi:nat ˈs͜ kana:lʊ ˈna͜ kana:l]
die Folge	**epizoda** f [ˈˀɛpɪzɔda]
der Raumklang	**prostorový zvuk** m [ˈprɔstɔrɔvi: ˈzvʊk]

die Satellitenschüssel
satelitní anténa f
[ˈsatɛlɪtɲi: ˈˀantɛ:na]

DIE MEDIEN - MÉDIA

Das Fernsehen - Televize

das Set
nastavení n
[ˈnastavɛɲiː]

der Teleprompter®
Teleprompter® m
[ˈtɛlɛprɔmptɛr®]

die Nachrichtensprecherin
hlasatelka f
[ˈɦlasatɛlka]

die Nachrichten
zprávy pl
[ˈspraːvɪ]

das Interview
rozhovor m
[ˈrɔzɦɔvɔr]

der Interviewpartner
dotazovaný m
[ˈdɔtazɔvaniː]

die Reporterin
reportér m
[ˈrɛpɔrtɛːr]

das Mikrofon
mikrofon m
[ˈmɪkrɔfɔn]

die Szene
scéna f
[ˈst͡sɛːna]

der Schauspieler
herec m
[ˈɦɛrɛt͡s]

die Klappe
klapka f
[ˈklapka]

die Livesendung
živé vysílání n
[ˈʒɪvɛː ˈvɪsiːlaːɲiː]

das Publikum
publikum n
[ˈpʊblɪkʊm]

der Dokumentarfilm	**dokumentární film** m [ˈdɔkʊmɛntaːrɲiː ˈfɪlm]
die Talkshow	**talk show** f/n [ˈtɔːk ʃɔʊ̯]
die Reportage	**reportáž** f [ˈrɛpɔrtaːʃ]
die Quizshow	**kvíz** m [ˈkviːs]
der Moderator	**moderátor** m [ˈmɔdɛraːtɔr]
die Moderatorin	**moderátorka** f [ˈmɔdɛraːtɔrka]
der Teilnehmer	**účastník** m [ˈʔuːt͡ʃastɲiːk]
die Teilnehmerin	**účastnice** f [ˈʔuːt͡ʃastɲɪt͡sɛ]

DIE MEDIEN - MÉDIA

Das Radio - Rádio

der DJ
DJ m
[ˈdiːʤɛj]

die Tonaufnahme
nahrávka f
[ˈnaɦraːfka]

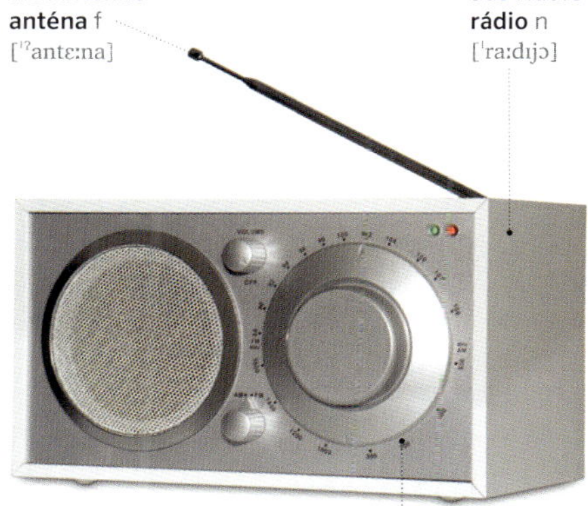

die Antenne
anténa f
[ˈʔantɛːna]

das Radio
rádio n
[ˈraːdɪjɔ]

die Frequenz
kmitočet m
[ˈkmɪtɔʧɛt]

der Radiosender
rádiová stanice f
[ˈraːdɪjɔvaː ˈstaɲɪʦɛ]

der Wetterbericht
předpověď počasí f
[ˈpr̝ɛtpɔvjɛc ˈpɔʧasiː]

die Verkehrsnachrichten
dopravní zprávy pl
[ˈdɔpravɲiː ˈspraːvɪ]

die Hitparade
hitparáda f
[ˈɦɪtparaːda]

das Hörspiel
rozhlasová hra f
[ˈrɔzɦlasɔvaː ˈɦra]

die Liveaufzeichnung
živé vysílání n
[ˈʒɪvɛː ˈvɪsiːlaːɲiː]

die Sendung	**program** m [ˈprɔgram]
der Berichterstatter	**reportér** m [ˈrɛpɔrtɛːr]
die Berichterstatterin	**reportérka** f [ˈrɛpɔrtɛːrka]
die Erkennungsmelodie	**znělka** f [ˈzɲɛlka]
der Werbespot	**reklama** f [ˈrɛklama]
senden	**vysílat** [ˈvɪsiːlat]
die Langwelle	**dlouhé vlny** pl [ˈdlɔu̯ɦɛː ˈvl̩nɪ]
die Kurzwelle	**krátké vlny** pl [ˈkraːtkɛː ˈvl̩nɪ]

DIE MEDIEN – MÉDIA

Die Printmedien – Tisk

die Zeitung
noviny pl
[ˈnɔvɪnɪ]

das Tabloidformat
tabloidový formát m
[ˈtablɔjdɔviː ˈfɔrmaːt]

das Bild
obrázek m
[ˈʔɔbraːzɛk]

der Artikel
článek m
[ˈt͡ʃlaːnɛk]

die Titelseite
titulní strana f
[ˈtɪtʊlɲiː ˈstrana]

die Schlagzeile
titulek m
[ˈtɪtʊlɛk]

der Vorspann
úvod článku m
[ˈʔuːvɔt ˈt͡ʃlaːŋkʊ]

die Zeitungsspalte
novinový sloupec m
[ˈnɔvɪnɔviː ˈslɔu̯pɛt͡s]

die großformatige Zeitung
noviny velkého formátu pl
[ˈnɔvɪnɪ ˈvɛlkɛːɦɔ ˈfɔrmaːtʊ]

der Stellenmarkt
volná pracovní místa pl
[ˈvɔlnaː ˈprat͡sɔvɲiː ˈmiːsta]

der Werbeprospekt
reklamní prospekt m
[ˈrɛklamɲiː ˈprɔspɛkt]

die Anzeige
reklama f
[ˈrɛklama]

das Abonnement
předplatné n
[ˈpr̝̊ɛtplatnɛː]

der Leitartikel	**úvodník** m [ˈʔuːvɔdɲiːk]
die Todesanzeige	**nekrolog** m [ˈnɛkrɔlɔk]
die Qualitätszeitung	**seriózní noviny** pl [ˈsɛrɪjɔːzɲiː ˈnɔvɪnɪ]
die Boulevardzeitung	**bulvární noviny** pl [ˈbʊlvaːrɲiː ˈnɔvɪnɪ]
die Wochenzeitung	**týdeník** m [ˈtiːdɛɲiːk]
die Tageszeitung	**deník** m [ˈdɛɲiːk]
die Kolumne	**sloupek** m [ˈslɔu̯pɛk]
die Beilage	**příloha** f [ˈpr̝̊iːlɔɦa]

DIE MEDIEN – MÉDIA

Die Printmedien – Tisk

das gebundene Buch
vázaná kniha f
[ˈvaːzanaː ˈkɲɪɦa]

der Einband
vazba f
[ˈvazba]

der Buchdeckel
knižní desky pl
[ˈkɲɪʒɲiː ˈdɛskɪ]

der Buchrücken
hřbet knihy m
[ˈɦr̝bɛt ˈkɲɪɦɪ]

der Schutzumschlag
ochranný přebal m
[ˈˀɔxraniː ˈpr̝̊ɛbal]

das Taschenbuch
knížka kapesního formátu f
[ˈkɲiːʃka ˈkapɛsɲiːɦɔ ˈfɔrmaːtʊ]

die Seite
stránka f
[ˈstraːŋka]

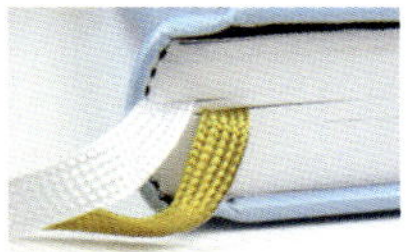

das Lesebändchen
záložka do knihy f
[ˈzaːlɔʃka ˈdɔ kɲɪɦɪ]

in einem Buch blättern
listovat knihou
[ˈlɪstɔvat ˈkɲɪɦɔu̯]

das Sachbuch
populárně naučná kniha f
[ˈpɔpʊlaːrɲɛ ˈnau̯t͡ʃnaː ˈkɲɪɦa]

der Roman
román m
[ˈrɔmaːn]

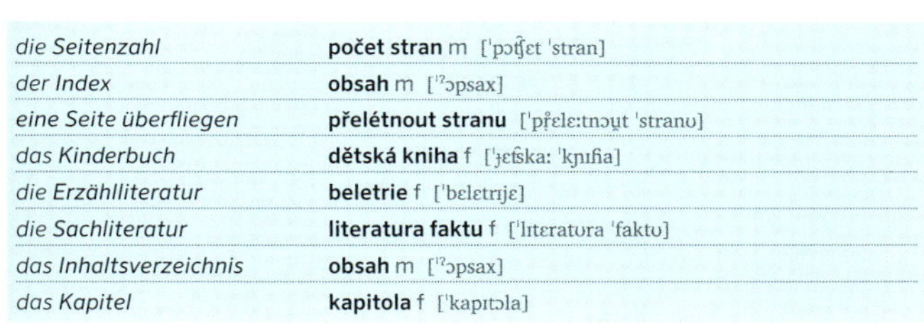

die Seitenzahl	**počet stran** m [ˈpɔt͡ʃɛt ˈstran]
der Index	**obsah** m [ˈˀɔpsax]
eine Seite überfliegen	**přelétnout stranu** [ˈpr̝̊ɛlɛːtnɔu̯t ˈstranʊ]
das Kinderbuch	**dětská kniha** f [ˈɟɛt͡ska: ˈkɲɪɦa]
die Erzählliteratur	**beletrie** f [ˈbɛlɛtrɪjɛ]
die Sachliteratur	**literatura faktu** f [ˈlɪtɛratʊra ˈfaktʊ]
das Inhaltsverzeichnis	**obsah** m [ˈˀɔpsax]
das Kapitel	**kapitola** f [ˈkapɪtɔla]

der Bildband
obrázková knížka f
[ˈˀɔbraːskɔvaː ˈkɲiːʃka]

DIE POST – POŠTA

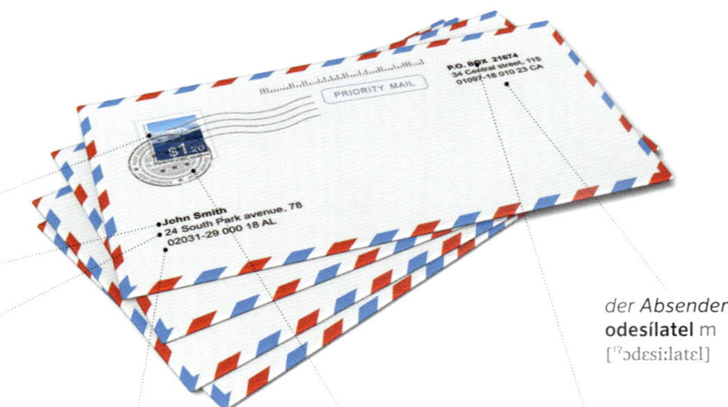

der Briefumschlag
obálka f
[ˈˀɔba:lka]

die Briefmarke
poštovní známka f
[ˈpɔʃtɔvɲi: ˈzna:mka]

der Empfänger
adresát m
[ˈˀadrɛsa:t]

die Adresse
adresa f
[ˈˀadrɛsa]

der Absender
odesílatel m
[ˈˀɔdɛsi:latɛl]

die Postleitzahl
poštovní směrovací číslo n [ˈpɔʃtɔvɲi: ˈsmɲɛrɔvat͡si: ˈt͡ʃi:slɔ]

der Poststempel
poštovní razítko n
[ˈpɔʃtɔvɲi: ˈrazi:tkɔ]

das Postfach
poštovní přihrádka f
[ˈpɔʃtɔvɲi: ˈpr̝̊ɪ ɦra:tka]

die Postkarte
pohlednice f
[ˈpɔɦlɛdɲɪt͡sɛ]

die Empfangsbestätigung unterschreiben
podepsat stvrzenku o doručení
[ˈpɔdɛpsat ˈstvr̩zɛŋkʊ ˈˀɔ‿dɔrʊt͡ʃɛɲi:]

der Briefkasten
dopisní schránka f
[ˈdɔpɪsɲi: ˈsxra:ŋka]

einen Brief einwerfen
hodit dopis do schránky
[ˈɦɔɟɪt ˈdɔpɪs ˈdɔ‿sxra:ŋkɪ]

das Paket
balík m
[ˈbali:k]

der Brief	**dopis** m [ˈdɔpɪs]
der Eilbrief	**expresní dopis** m [ˈˀɛksprɛsɲi: ˈdɔpɪs]
portofrei	**poštovné uhrazeno** [ˈpɔʃtɔvnɛ: ˈˀʊɦrazɛnɔ]
einen Brief erhalten	**dostat dopis** [ˈdɔstat ˈdɔpɪs]
einen Brief beantworten	**odpovědět na dopis** [ˈˀɔtpɔvjɛɟɛt ˈna‿dɔpɪs]
jemandem einen Brief schicken	**poslat někomu dopis** [ˈpɔslat ˈɲɛkɔmʊ ˈdɔpɪs]
das Einschreiben	**doporučený dopis** m [ˈdɔpɔrʊt͡ʃɛni: ˈdɔpɪs]
Schneckenpost	**šnečí pošta** f [ˈʃnɛt͡ʃi: ˈpɔʃta]

DIE POST – POŠTA

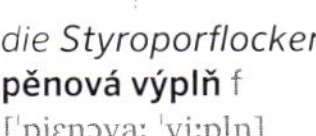

das Klebeband
lepicí páska f
['lɛpɪt͡si: 'pa:ska]

die Styroporflocken
pěnová výplň f
['pjɛnɔva: 'vi:pl̩ɲ]

das Päckchen
balíček m
['bali:t͡ʃɛk]

per Luftpost
letecky
['lɛtɛt͡skɪ]

das Porto
poštovné n
['pɔʃtɔvnɛ:]

zerbrechlich
křehký
['kr̝̊ɛxki:]

vor Nässe schützen
udržujte v suchu
['ʔʊdr̝ʒʊjtɛ 'f‿sʊxʊ]

oben
touto stranou nahoru
['tɔu̯tɔ 'stranɔu̯ 'naɦɔrʊ]

die Zustellung
doručení n
['dɔrʊt͡ʃɛɲi:]

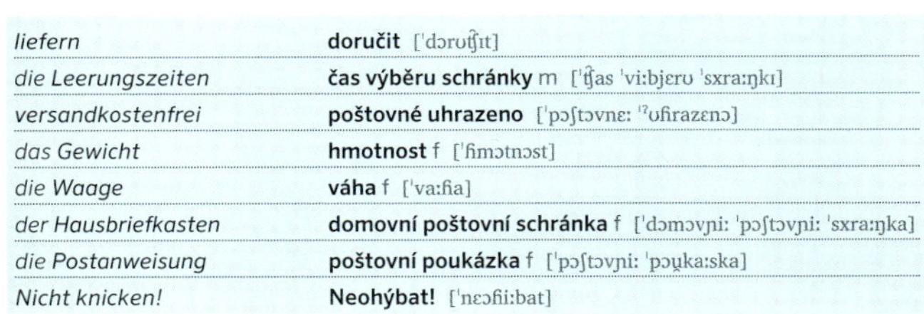

liefern	**doručit** ['dɔrʊt͡ʃɪt]
die Leerungszeiten	**čas výběru schránky** m ['t͡ʃas 'vi:bjɛrʊ 'sxra:ŋkɪ]
versandkostenfrei	**poštovné uhrazeno** ['pɔʃtɔvnɛ: 'ʔʊɦrazɛnɔ]
das Gewicht	**hmotnost** f ['ɦmɔtnɔst]
die Waage	**váha** f ['va:ɦa]
der Hausbriefkasten	**domovní poštovní schránka** f ['dɔmɔvɲi: 'pɔʃtɔvɲi: 'sxra:ŋka]
die Postanweisung	**poštovní poukázka** f ['pɔʃtɔvɲi: 'pɔu̯ka:ska]
Nicht knicken!	**Neohýbat!** ['nɛɔɦi:bat]

der Kurierdienst
kurýrní služba f
['kʊri:rɲi: 'slʊʒba]

SPORT UND FITNESS

SPORT A CVIČENÍ

BALLSPORTARTEN – MÍČOVÉ SPORTY

Der Fußball – Fotbal

das Spielfeld
fotbalové hřiště n
[ˈfɔdbalɔvɛː ˈfr̝ɪʃcɛ]

der Mittelkreis
středový kruh m
[ˈstr̝ɛdɔviː ˈkrʊx]

der Anstoßpunkt
středová značka f
[ˈstr̝ɛdɔvaː ˈznat͡ʃka]

der Strafraum
pokutové území n
[ˈpɔkʊtɔvɛː ˈʔuːzɛmiː]

der Eckbogen
rohový čtvrtkruh m
[ˈrɔɦɔviː ˈt͡ʃtvr̩tkrʊx]

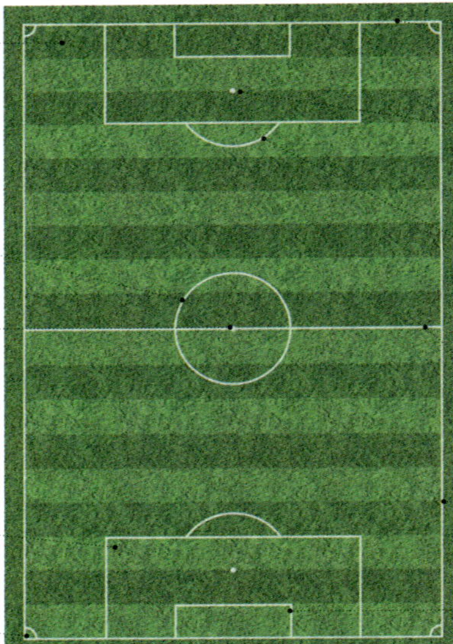

die Torlinie
branková čára f
[ˈbraŋkɔvaː ˈt͡ʃaːra]

der Elfmeterpunkt
pokutová značka f
[ˈpɔkʊtɔvaː ˈznat͡ʃka]

der Teilkreis am Strafraum
pokutový oblouk m
[ˈpɔkʊtɔviː ˈʔɔblɔu̯k]

die Mittellinie
středová čára f
[ˈstr̝ɛdɔvaː ˈt͡ʃaːra]

die Seitenlinie
pomezní čára f
[ˈpɔmɛzɲiː ˈt͡ʃaːra]

der Torraum
brankové území n
[ˈbraŋkɔvɛː ˈʔuːzɛmiː]

das Stadion
stadion m
[ˈstadɪjɔn]

die Zuschauertribüne
tribuna f
[ˈtrɪbʊna]

die Zuschauer
diváci pl
[ˈɟɪvaːt͡sɪ]

der Platzverweis
vyloučení n
[ˈvɪlɔu̯t͡ʃɛɲiː]

die rote Karte
červená karta f
[ˈt͡ʃɛrvɛnaː ˈkarta]

der Schiedsrichter
rozhodčí m
[ˈrɔzɦɔt͡ʃiː]

BALLSPORTARTEN – MÍČOVÉ SPORTY

Der Fußball – Fotbal

die Mannschaftsaufstellung
sestava týmu f
[ˈsɛstava ˈtiːmʊ]

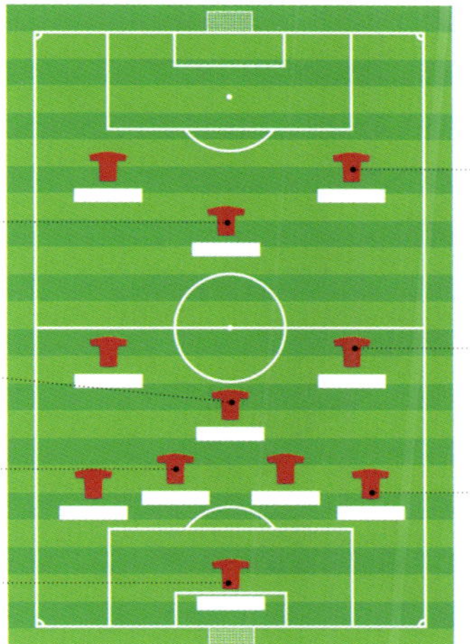

der Mittelstürmer
střední útočník m
[ˈstr̝̊ɛdɲiː ˈʔuːtɔt͡ʃɲiːk]

der Libero
stoper m
[ˈstɔpɛr]

der Innenverteidiger
střední obránce m
[ˈstr̝̊ɛdɲiː ˈʔɔbraːnt͡sɛ]

der Torwart
brankář m
[ˈbraŋkaːr̝̊]

der Außenstürmer
křídelní útočník m
[ˈkr̝̊iːdɛlɲiː ˈʔuːtɔt͡ʃɲiːk]

der Mittelfeldspieler
záložník m
[ˈzaːlɔʒɲiːk]

der Außenverteidiger
krajní obránce m
[ˈkrajɲiː ˈʔɔbraːnt͡sɛ]

angreifen
obírat o míč
[ˈʔɔbiːrat ˈʔɔ‿miːt͡ʃ]

der Eckstoß
rohový kop m
[ˈrɔɦɔviː ˈkɔp]

der Freistoß
volný kop m
[ˈvɔlniː ˈkɔp]

der Einwurf
vhazování n
[ˈvɦazɔvaːɲiː]

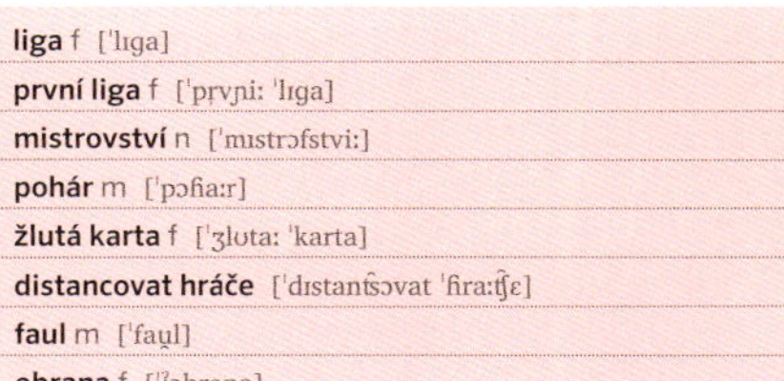

die Liga	**liga** f [ˈlɪga]
die erste Liga	**první liga** f [ˈprvɲiː ˈlɪga]
die Meisterschaft	**mistrovství** n [ˈmɪstrɔfstviː]
der Pokal	**pohár** m [ˈpɔɦaːr]
die gelbe Karte	**žlutá karta** f [ˈʒlʊtaː ˈkarta]
einen Spieler sperren	**distancovat hráče** [ˈdɪstant͡sɔvat ˈɦraːt͡ʃɛ]
das Foul	**faul** m [ˈfau̯l]
die Verteidigung	**obrana** f [ˈʔɔbrana]

das Tor
branka f
[ˈbraŋka]

BALLSPORTARTEN – MÍČOVÉ SPORTY

Der Fußball – Fotbal

der Fußball
fotbalový míč m
[ˈfɔdbalɔviː ˈmiːt͡ʃ]

der Fußballschuh
kopačka f
[ˈkɔpat͡ʃka]

der Stollen
kolík m
[ˈkɔliːk]

das Trikot
dres m
[ˈdrɛs]

die Hose
trenýrky pl
[ˈtrɛniːrkɪ]

der Schienbeinschoner
chránič holeně m
[ˈxraːɲɪt͡ʃ ˈɦɔlɛɲɛ]

der Stutzen
stulpna f
[ˈstʊlpna]

den Ball halten
chytit míč
[ˈxɪcɪt ˈmiːt͡ʃ]

das Tornetz
síť f
[ˈsiːc]

der Torpfosten
branková tyč f
[ˈbraŋkɔvaː ˈtɪt͡ʃ]

der Torwarthandschuh
brankářská rukavice f
[ˈbraŋkaːr̝̊ska: ˈrʊkavɪt͡sɛ]

schießen
střílet
[ˈstr̝̊iːlɛt]

die Querlatte	**břevno branky** n [ˈbr̝ɛvnɔ ˈbraŋkɪ]
die Halbzeit	**poločas** m [ˈpɔlɔt͡ʃas]
das Unentschieden	**remíza** f [ˈrɛmiːza]
die Verlängerung	**prodloužení** n [ˈprɔdlɔʊ̯ʒɛɲiː]
der Elfmeter	**pokutový kop** m [ˈpɔkʊtɔviː ˈkɔp]
das Abseits	**ofsajd** m [ˈʔɔfsajt]
köpfen	**hlavičkovat** [ˈɦlavɪt͡ʃkɔvat]
kicken	**kopat** [ˈkɔpat]

BALLSPORTARTEN – MÍČOVÉ SPORTY

Der Handball – Házená

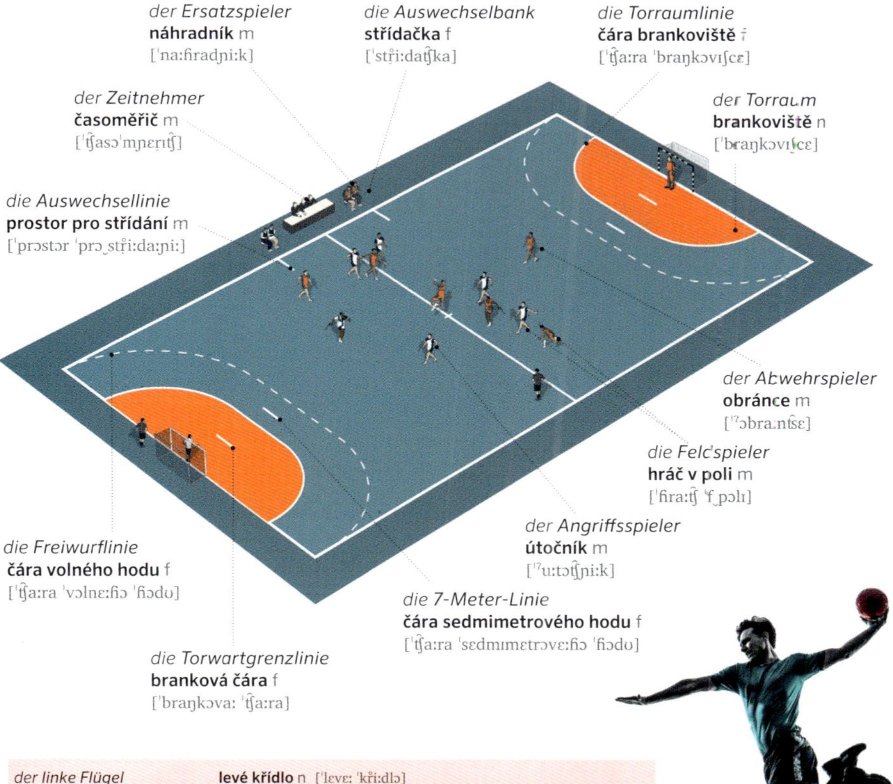

der linke Flügel	**levé křídlo** n [ˈlɛvɛː ˈkr̝̊iːdlɔ]
der rechte Flügel	**pravé křídlo** n [ˈpravɛː ˈkr̝̊iːdlɔ]
der Schlagwurf	**přihrát míč rukou** [ˈpr̝̊ɪɦraːt ˈmiːt͡ʃ ˈrʊkɔʊ̯]
die Zeitstrafe	**trestné minuty** pl [ˈtrɛstnɛː ˈmɪnʊtɪ]
die Disqualifikation	**diskvalifikace** f [ˈdɪskvalɪfɪkat͡sɛ]
die Auszeit	**oddechový čas** m [ˈʔɔddɛxɔviː ˈt͡ʃas]
die Verwarnung	**žlutá karta** f [ˈʒlʊtaː ˈkarta]
der Siebenmeter	**sedmimetrový hod** m [ˈsɛdmɪmɛtrɔviː ˈɦɔt]

der Sprungwurf
střelba z výskoku f
[ˈstr̝̊ɛlba ˈz‿viːskɔkʊ]

BALLSPORTARTEN – MÍČOVÉ SPORTY

Der Volleyball – Volejbal

die Angriffszone
útočná zóna f
[ˈʔuːtɔt͡ʃnaː ˈzɔːna]

der Außenangreifer
levý/pravý smečař m
[ˈlɛviː/praviː ˈsmɛt͡ʃar̝̊]

der Mittelangreifer
střední smečař m
[ˈstr̝̊ɛdɲiː ˈsmɛt͡ʃar̝̊]

die Verteidigungszone
obranná zóna f
[ˈʔɔbranaː ˈzɔːna]

die Netzkante
páska sítě f
[ˈpaːska ˈsiːcɛ]

das Netz
síť f
[ˈsiːc]

die Angriffslinie
útočná čára f
[ˈʔuːtɔt͡ʃnaː ˈt͡ʃaːra]

der Freiraum
volný prostor m
[ˈvɔlniː ˈprɔstɔr]

der Libero
libero n
[ˈlɪbɛrɔ]

die Grundlinie
základní čára f
[ˈzaːkladɲiː ˈt͡ʃaːra]

der Abwehrspieler
blokař m
[ˈblɔkar̝̊]

die Seitenlinie
postranní čára f
[ˈpɔstraɲiː ˈt͡ʃaːra]

der Linienrichter
čárový rozhodčí m
[ˈt͡ʃaːrɔviː ˈrɔzɦɔt͡ʃiː]

die Reservebank
střídačka f
[ˈstr̝̊iːdat͡ʃka]

der Beachvolleyball
plážový volejbal m
[ˈplaːʒɔviː ˈvɔlɛjbal]

schmettern
smečovat
[ˈsmɛt͡ʃɔvat]

blocken
blokovat
[ˈblɔkɔvat]

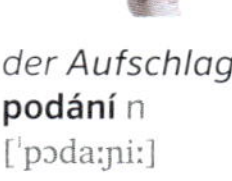

der Aufschlag
podání n
[ˈpɔdaːɲiː]

baggern
odehrát bagrem
[ˈʔɔdɛɦraːt ˈbagrɛm]

pritschen
odbít obouruč horem
[ˈʔɔdbiːt ˈʔɔbɔu̯rut͡ʃ ˈɦɔrɛm]

die Hechtabwehr
rybička f
[ˈrɪbɪt͡ʃka]

BALLSPORTARTEN – MÍČOVÉ SPORTY

Der Basketball – Basketbal

die Seitenlinie
postranní čára f
['pɔstraɲiː 't͡ʃaːra]

die Drei-Punkte-Linie
čára tříbodového území f
['t͡ʃaːra 'tr̝iːbɔdɔvɛːɦɔ 'ʔuːzɛmiː]

die begrenzte Zone
vymezené území n
['vɪmɛzɛnɛː 'ʔuːzɛmiː]

die Grundlinie
koncová čára f
['kɔnt͡sɔvaː 't͡ʃaːra]

im Aus sein
být v autu
['biːt 'f ʔau̯tʊ]

die Freiwurflinie
čára trestného hodu f
['t͡ʃaːra 'trɛstnɛːɦɔ 'ɦɔdʊ]

die Mittellinie
středová čára f
['str̝ɛdɔvaː 't͡ʃaːra]

der Mittelkreis
středový kruh m
['str̝ɛdɔviː 'krʊx]

der Dunk
smeč m
['smɛt͡ʃ]

das Korbbrett
odrazová deska f
['ʔɔdrazɔvaː 'dɛska]

der Korbring
obroučka f
['ʔɔbrou̯t͡ʃka]

das Netz
síť f
['siːc]

der Korb
koš m
['kɔʃ]

der Korbleger	**dvojtakt** m ['dvɔjtakt]
das Doppeldribbling	**přerušovaný driblink** m ['pr̝ɛrʊʃɔvaniː 'drɪblɪŋk]
der Rebound	**doskok** m ['dɔskɔk]
der Sprungball	**střelba z výskoku** f ['str̝ɛlba 'z viːskɔkʊ]
fangen	**chytit** ['xɪcɪt]
werfen	**hodit** ['ɦɔɟɪt]
zielen	**mířit** ['miːr̝ɪt]
decken	**pokrýt protihráče** ['pɔkriːt prɔcɪɦraːt͡ʃɛ]

WEITERE BALLSPORTARTEN – DALŠÍ MÍČOVÉ SPORTY

das Hockey
pozemní hokej m
[ˈpɔzɛmɲiː ˈɦɔkɛj]

das Eishockey
lední hokej m
[ˈlɛdɲiː ˈɦɔkɛj]

der Hockeyschläger
hokejka f
[ˈɦɔkɛjka]

der Puck
puk m
[ˈpʊk]

der Softball
softbal m
[ˈsɔftbal]

der Baseball
baseball m
[ˈbɛjsbɔl]

der Baseballschläger
baseballová pálka f
[ˈbɛjsbɔlɔvaː ˈpaːlka]

der Baseballhandschuh
baseballová rukavice f
[ˈbɛjsbɔlɔvaː ˈrʊkavɪt͡sɛ]

der American Football
americký fotbal m
[ˈˀamɛrɪt͡skiː ˈfɔdbal]

das Rugby
ragby n
[ˈragbɪ]

das Kricket
kriket m
[ˈkrɪkɛt]

das Schlagholz
pálka f
[ˈpaːlka]

die Trillerpfeife
píšťalka f
[ˈpiːʃcalka]

die Mannschaft	**mužstvo** n [ˈmʊʃstvɔ]
der Sieger	**vítěz** m [ˈviːcɛs]
der Verlierer	**poražený** m [ˈpɔraʒɛniː]
der Weltmeister	**mistr světa** m [ˈmɪstr̩ ˈsvjɛta]
das Turnier	**turnaj** m [ˈtʊrnaj]
der Spielstand	**skóre** n [ˈskɔːrɛ]
der Trainer	**trenér** m [ˈtrɛnɛːr]
die Trainerin	**trenérka** f [ˈtrɛnɛːrka]
die Anzeigetafel	**ukazatel skóre** m [ˈˀʊkazatɛl ˈskɔːrɛ]

BALLSPORTARTEN MIT SCHLÄGERN – SPORTY S RAKETOU

Das Badminton – Badminton

der Badmintonplatz
badmintonový kurt m
[ˈbɛdmɪntɔnɔviː ˈkʊrt]

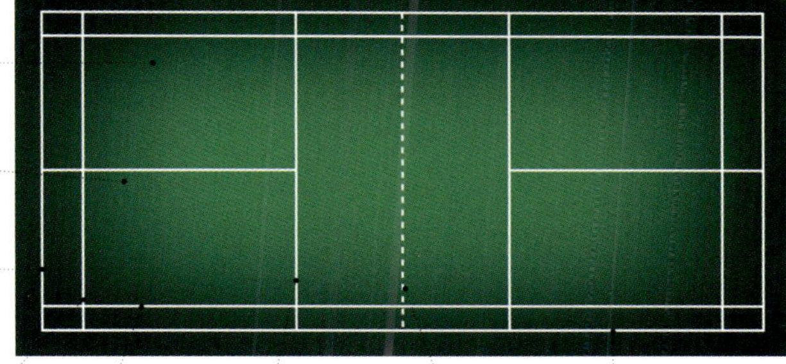

das linke Aufschlagfeld
levé podávací pole n
[ˈlɛvɛː ˈpɔdaːvat͡siː ˈpɔlɛ]

das rechte Aufschlagfeld
pravé podávací pole n
[ˈpravɛː ˈpɔdaːvat͡siː ˈpɔlɛ]

die hintere Aufschlaglinie Einzel
zadní čára podání pro dvouhru f
[ˈzadɲiː ˈt͡ʃaːra ˈpɔdaːɲiː ˈprɔ͜dvɔu̯ɦrʊ]

die hintere Aufschlaglinie Doppel
zadní čára podání pro čtyřhru f
[ˈzadɲiː ˈt͡ʃaːra ˈpɔdaːɲiː ˈprɔ͜t͡ʃtɪr̝ɦrʊ]

die vordere Aufschlaglinie
přední čára podání f
[ˈpr̝ɛdɲiː ˈt͡ʃaːra ˈpɔdaːɲiː]

die Seitenlinie Einzel
postranní čára pro dvouhru f
[ˈpɔstraɲiː ˈt͡ʃaːra ˈprɔ͜dvɔu̯ɦrʊ]

die Mittellinie
středová čára f
[ˈstr̝ɛdɔvaː ˈt͡ʃaːra]

die Seitenlinie Doppel
postranní čára pro čtyřhru f
[ˈpɔstraɲiː ˈt͡ʃaːra ˈprɔ͜t͡ʃtɪr̝ɦrʊ]

das Squash
squash m
[ˈskvɔʃ]

der Racquetball
raketbal m
[ˈrakɛtbal]

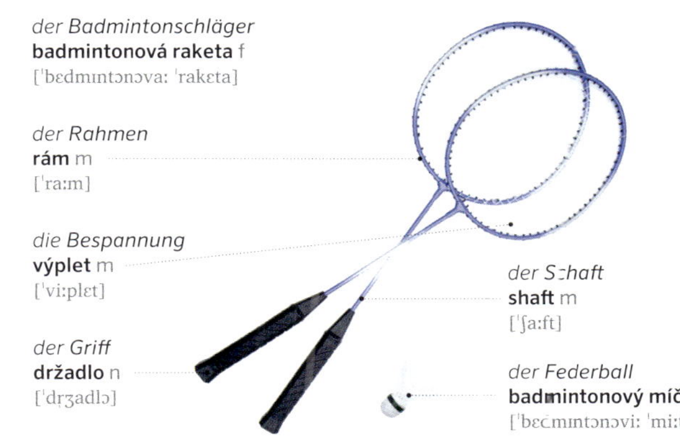

der Badmintonschläger
badmintonová raketa f
[ˈbɛdmɪntɔnɔvaː ˈrakɛta]

der Rahmen
rám m
[ˈraːm]

die Bespannung
výplet m
[ˈviːplɛt]

der Griff
držadlo n
[ˈdr̩ʒadlɔ]

der Schaft
shaft m
[ˈʃaːft]

der Federball
badmintonový míček m
[ˈbɛdmɪntɔnɔviː ˈmiːt͡ʃɛk]

BALLSPORTARTEN MIT SCHLÄGERN – SPORTY S RAKETOU

Das Tennis – Tenis

der Balljunge
sběrač míčků m
[ˈzbjɛrat͡ʃ ˈmiːt͡ʃkuː]

die Grundlinie
základní čára f
[ˈzaːkladɲiː ˈt͡ʃaːra]

die Aufschlaglinie
čára pro podání f
[ˈt͡ʃaːra ˈprɔ͜pɔdaːɲiː]

das Halbfeld
téčko n
[ˈtɛːt͡ʃkɔ]

die Seitenlinie für das Einzelspiel
postranní čára pro dvouhru f
[ˈpɔstraɲiː ˈt͡ʃaːra ˈprɔ͜dvɔu̯ɦrʊ]

die Seitenlinie für das Doppelspiel
postranní čára pro čtyřhru f
[ˈpɔstraɲiː ˈt͡ʃaːra ˈprɔ͜t͡ʃtɪr̝ɦrʊ]

die Aufschlagmittellinie
střední čára pro podání f
[ˈstr̝ɛdɲiː ˈt͡ʃaːra ˈprɔ͜pɔdaːɲiː]

das Netz
síť f
[ˈsiːc]

der Tennisball
tenisový míček m
[ˈtɛnɪsɔviː ˈmiːt͡ʃɛk]

der Tennisschläger
tenisová raketa f
[ˈtɛnɪsɔvaː ˈrakɛta]

die Vorhand
forhend m
[ˈfɔrɦɛnt]

die Rückhand	**bekhend** m [ˈbɛkɦɛnt]
das Einzel	**dvouhra** f [ˈdvɔu̯ɦra]
das Doppel	**čtyřhra** f [ˈt͡ʃtɪr̝ɦra]
der/das Tiebreak	**tie-break** m [ˈtaj͜brɛjk]
der Einstand	**shoda** f [ˈsxɔda]
der Fehler	**chyba** f [ˈxɪba]
das Ass	**eso** n [ˈʔɛsɔ]
der Satz	**set** m [ˈsɛt]
der Schiedsrichter	**vrchní rozhodčí** m [ˈvr̩xɲiː ˈrɔzɦɔd͡ʒiː]
die Schiedsrichterin	**vrchní rozhodčí** f [ˈvr̩xɲiː ˈrɔzɦɔd͡ʒiː]
der Linienrichter	**čárový rozhodčí** m [ˈt͡ʃaːrɔviː ˈrɔzɦɔd͡ʒiː]
die Linienrichterin	**čárová rozhodčí** f [ˈt͡ʃaːrɔvaː ˈrɔzɦɔd͡ʒiː]

BALLSPORTARTEN MIT SCHLÄGERN – SPORTY S RAKETOU

Das Tischtennis – Stolní tenis

der Tischtennistisch
stůl na stolní tenis m
[ˈstuːl ˈna‿stɔlɲiː ˈtɛnɪs]

die Netzoberkante
páska síťky f
[ˈpaːska ˈsɪːckɪ]

der Netzhalter
držák síťky m
[ˈdrʒaːk ˈsɪːckɪ]

die Seitenlinie
postranní čára f
[ˈpɔstraɲiː ˈʧaːra]

das Netz
síť f
[ˈsiːc]

die Maschen
očka síťky pl
[ˈˀɔʧka ˈsɪːckɪ]

die Grundlinie
základní čára f
[ˈzaːkladɲiː ˈʧaːra]

die Mittellinie
středová čára f
[ˈstr̝ɛdɔvaː ˈʧaːra]

der Tischtennisschläger
pálka na stolní tenis f
[ˈpaːlka ˈna‿stɔlɲiː ˈtɛnɪs]

die Schlagfläche
hrací plocha pálky f
[ˈɦraʦiː ˈplɔxa ˈpaːlkɪ]

der Belag
potah m
[ˈpɔtax]

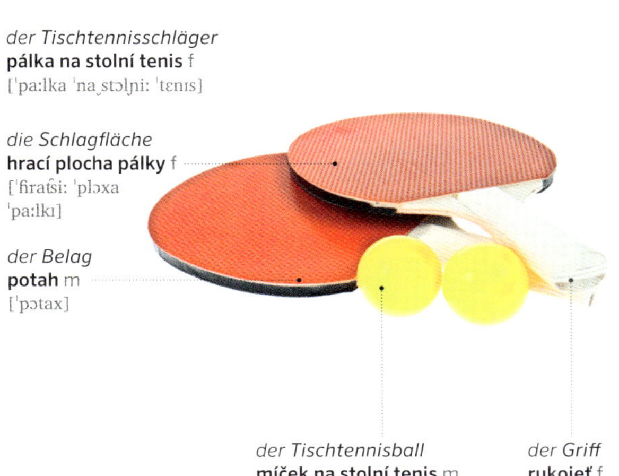

der Tischtennisball
míček na stolní tenis m
[ˈmiːʧɛk ˈna‿stɔlɲiː ˈtɛnɪs]

der Griff
rukojeť f
[ˈrʊkɔjɛc]

der Penholdergriff
tužkové držení pálky n
[ˈˀtʊʃkɔvɛː ˈdrʒɛɲiː ˈpaːlkɪ]

der Shakehandgriff
evropské držení pálky n
[ˈˀɛvrɔpskɛː ˈdrʒɛɲiː ˈpaːlkɪ]

DAS GOLF – GOLF

der Golfplatz
golfové hřiště n
[ˈgɔlfɔvɛː ˈɦr̝ɪʃcɛ]

das Wasserhindernis
vodní překážka f
[ˈvɔdɲiː ˈpr̝̊ɛkaːʃka]

der Bunker
písečná překážka f
[ˈpiːsɛt͡ʃnaː ˈpr̝̊ɛkaːʃka]

das Fairway
herní pole n
[ˈɦɛrɲiː ˈpɔlɛ]

das Rough
neupravená tráva f
[ˈnɛʊpravɛnaː ˈtraːva]

der Abschlag
odpal m
[ˈʔɔtpal]

die Haltung
postoj m
[ˈpɔstɔj]

das Tee
týčko n
[ˈtiːt͡ʃkɔ]

der Golfball
golfový míček m
[ˈgɔlfɔviː ˈmiːt͡ʃɛk]

einlochen
zahrát do jamky
[ˈzahraːt ˈdɔ jamkɪ]

die Fahne
praporek m
[ˈprapɔrɛk]

das Loch
jamka f
[ˈjamka]

das Grün
jamkoviště n
[ˈjamkɔvɪʃcɛ]

DAS GOLF – GOLF

die Golfschläger
golfová hůl f
[ˈgɔlfɔva: ˈɦu:l]

das Holz
dřevo n
[ˈdr̝ɛvɔ]

das Eisen
železo n
[ˈʒɛlɛzɔ]

der Wedge
wedge m
[ˈvɛʤ]

der Putter
putter m
[ˈpatr̩]

die Golftasche
golfový bag m
[ˈgɔlfɔvi: ˈbɛg]

driven
drivovat
[ˈdrajvɔvat]

der Golfspieler
hráč golfu m
[ˈɦra:ʧ ˈgɔlfʊ]

der Caddie
nosič holí m
[ˈnɔsɪʧ ˈɦɔli:]

der Golftrolley
golfový vozík m
[ˈgɔlfɔvi: ˈvɔzi:k]

der Durchschwung
prošvihnutí n
[ˈprɔʃvɪɦnuci:]

schwingen	**hrát švihem** [ˈɦra:t ˈʃvɪɦɛm]
chippen	**chipovat** [ˈʧɪpɔvat]
den Ball vom Abschlag spielen	**odpálit míček z odpaliště** [ˈʔɔtpa:lɪt ˈmi:ʧɛk ˈs‿ʔɔtpalɪʃcɛ]
das Par	**par** m [ˈpar]
das Birdie	**birdie** n [ˈbirdi:]
das Bogey	**bogey** n [ˈbɔgi:]
das Handicap	**handicap** m [ˈɦɛndɪkɛp]
das Hole-in-one	**hole-in-one** m [ˈɦɔul‿ɪn‿van]

das Golfcart
elektrický golfový vozík m
[ˈʔɛlɛktrɪʦki: ˈgɔlfɔvi: ˈvɔzi:k]

DIE LEICHTATHLETIK – ATLETIKA

die Sprunggrube
doskočiště n
[ˈdɔskɔt͡ʃɪʃcɛ]

der Weit- und Dreisprung
skok daleký a trojskok m
[ˈskɔk ˈdalɛkiː ˈʔa ˈtrɔjskɔk]

die Anlaufbahn
rozběžiště f
[ˈrɔzbjɛʒɪʃcɛ]

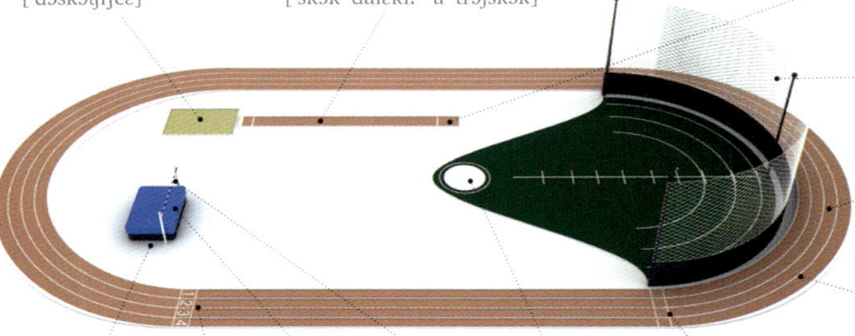

das Schutznetz
ochranná síť f
[ˈʔɔxranaː ˈsɪːc]

die Bahn
dráha f
[ˈdraːɦa]

die Aschenbahn
škvárová dráha f
[ˈʃkvaːrɔvaː ˈdraːɦa]

der Hochsprung
skok vysoký m
[ˈskɔk ˈvɪsɔkiː]

die Latte
laťka f
[ˈlacka]

die Ziellinie
cílová čára f
[ˈt͡siːlɔvaː ˈt͡ʃaːra]

der Diskus- und Hammerwurf
hod diskem a kladivem m
[ˈɦɔt ˈdɪskɛm‿ˀa ˈklaɟɪvɛm]

die Startlinie
startovní čára f
[ˈstartɔvɲiː ˈt͡ʃaːra]

die Matte
žíněnka f
[ˈʒiːɲɛŋka]

der Wurfkreis
vrhačský kruh m
[ˈvr̩ɦat͡ʃskiː ˈkrʊx]

der Sprint
sprint m
[ˈsprɪnt]

der Startblock
startovací blok m
[ˈstartɔvat͡siː ˈblɔk]

der Hürdenlauf
běh přes překážky m
[ˈbjɛx ˈpr̝ɛs‿pr̝ɛkaːʃkɪ]

die Hürde
překážka f
[ˈpr̝ɛkaːʃka]

der Stabhochsprung
skok o tyči m
[ˈskɔk ˈʔɔ‿tɪt͡ʃɪ]

der Staffellauf	**štafetový závod** m [ˈʃtafɛtɔviː ˈzaːvɔt]
der Stab	**štafetový kolík** m [ˈʃtafɛtɔviː ˈkɔliːk]
einen Rekord brechen	**překonat rekord** [ˈpr̝ɛkɔnat ˈrɛkɔrt]
der Marathon	**maraton** m [ˈmaratɔn]
der Speerwurf	**hod oštěpem** m [ˈɦɔt ˈʔɔʃcɛpɛm]
die persönliche Bestleistung	**osobní rekord** m [ˈʔɔsɔbɲiː ˈrɛkɔrt]
die Stoppuhr	**stopky** pl [ˈstɔpkɪ]
die Startpistole	**startovací pistole** f [ˈstartɔvat͡siː ˈpɪstɔlɛ]

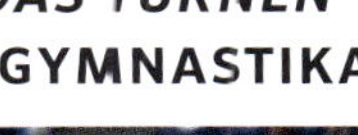

DAS TURNEN – GYMNASTIKA

der Sprungtisch
přeskokový stůl m
[ˈpř̊ɛskɔkɔviː ˈstuːl]

der Handstand
stojka f
[ˈstɔjka]

der/das Spagat
rozštěp m
[ˈrɔsʃcɛp]

das Reck
hrazda f
[ˈɦrazda]

der Barren
bradla pl
[ˈbradla]

das Pauschenpferd
kůň našíř m
[ˈkuːɲ ˈnaʃiːř̊]

die Ringe
kruhy pl
[ˈkruɦɪ]

der Schwebebalken
kladina f
[ˈklaɟɪna]

das Bodenturnen
prostná pl
[ˈprɔstnaː]

der Stufenbarren
asymetrická bradla pl
[ˈʔasɪmɛtrɪt͡skaː ˈbradla]

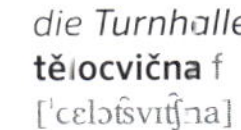

der Turnanzug
cvičební trikot m
[ˈt͡svɪt͡ʃɛbɲiː ˈtrɪkɔt]

die Turnhalle
tělocvična f
[ˈcɛlɔt͡svɪt͡ʃɲa]

die Turnerin
gymnastka f
[ˈɡɪmnastka]

die Magnesia
magnesium n
[ˈmaɡnɛːzɪjum]

das Gold	**zlato** n [ˈzlatɔ]
das Silber	**stříbro** n [ˈstř̊iːbrɔ]
die Bronze	**bronz** m [ˈbrɔns]
die Medaille	**medaile** f [ˈmɛdajlɛ]
der Wettkampf	**soutěž** f [ˈsɔucɛʃ]
der Salto	**salto** n [ˈsaltɔ]
der Aufgang	**rozběh** m [ˈrɔzbjɛx]
der Abgang	**seskok** m [ˈsɛskɔk]

DER WASSERSPORT – VODNÍ SPORTY

Das Schwimmen – Plavání

das Wettkampfbecken
závodní bazén m
[ˈzaːvɔdɲiː ˈbazɛːn]

① *der Wendehinweis für Rückenschwimmer*
ukazatele znakové obrátky pl
[ˈʔʊkazatɛlɛ ˈznakɔvɛː ˈʔɔbraːtkɪ]

② *die Bahn*
plavecká dráha f
[ˈplavɛt͡ska: ˈdraːɦa]

③ *das Ziel*
cílová stěna f
[ˈt͡siːlɔvaː ˈscɛna]

④ *die Linie*
vodicí pruh m
[ˈvɔɟɪt͡siː ˈprʊx]

⑤ *das Wasser*
voda f
[ˈvɔda]

⑥ *der Startblock*
startovací blok m
[ˈstartɔvat͡siː ˈblɔk]

⑦ *die Schwimmleine*
dělicí lano n
[ˈɟɛlɪt͡siː ˈlanɔ]

die Wende
obrátka f
[ˈʔɔbraːtka]

der Armzug
záběr rukama m
[ˈzaːbjɛr ˈrʊkama]

das Rückenschwimmen
znak m
[ˈznak]

das Brustschwimmen
prsa pl
[ˈpr̩sa]

kraulen
plavat kraul
[ˈplavat ˈkrau̯l]

das Schmetterlings-schwimmen
motýlek m
[ˈmɔtiːlɛk]

der Startsprung
startovní skok m
[ˈstartɔvɲiː ˈskɔk]

der Fehlstart
ulitý start m
[ˈʔʊlɪtiː ˈstart]

DER WASSERSPORT – VODNÍ SPORTY

der Wasserball
vodní pólo n
[ˈvɔdɲiː ˈpɔːlɔ]

springen
skočit
[ˈskɔt͡ʃɪt]

das Kunstspringen
skoky do vody pl
[ˈskɔkɪ ˈdɔ‿vɔdɪ]

das Synchronschwimmen
synchronizované plavání n
[ˈsɪnxrɔnɪzɔvaːnɛː ˈplavaːɲiː]

der Schwimmflügel
plavecká křidélka pl
[ˈplavɛt͡skaː ˈkr̝ɪdɛːlka]

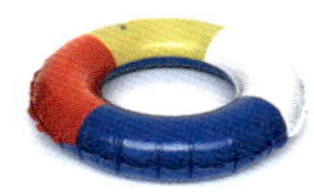

der Schwimmring
nafukovací kruh m
[ˈnafʊkɔvat͡siː ˈkrʊx]

das Schwimmerbecken
plavecký bazén m
[ˈplavɛt͡skiː ˈbazɛːn]

das Nichtschwimmer-becken
bazén pro neplavce m
[ˈbazɛːn ˈprɔ‿nɛplaft͡sɛ]

die Schwimmweste
záchranná vesta f
[ˈzaːxranaː ˈvɛsta]

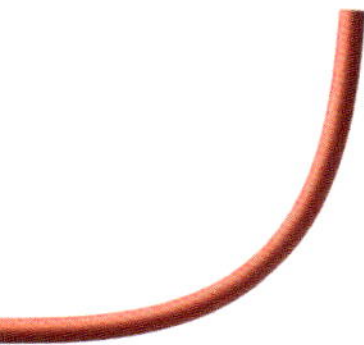

die Schwimmnudel
plavecká nudle f
[ˈplavɛt͡skaː ˈnʊdlɛ]

die Schwimmerin
plavkyně f
[ˈplafkɪɲɛ]

die Badekappe
plavecká čepice f
[ˈplavɛt͡skaː ˈt͡ʃɛpɪt͡sɛ]

der Schwimmanzug
plavky pl
[ˈplafkɪ]

die Schwimmbrille
plavecké brýle pl
[ˈplavɛt͡skɛː ˈbriːlɛ]

schwimmen	**plavat** [ˈplavat]
das Sprungbrett	**skokanské prkno** n [ˈskɔkanskɛː ˈpr̩knɔ]
der Sprungturm	**skokanská věž** f [ˈskɔkanskaː ˈvjɛʃ]
das Schwimmbrett	**plovací deska** f [ˈplɔvat͡siː ˈdɛska]
plantschen	**brouzdat se** [ˈbrɔu̯zdat‿sɛ]
der Bademeister	**plavčík** m [ˈplaft͡ʃiːk]
die Bademeisterin	**plavčice** f [ˈplaft͡ʃɪt͡sɛ]
der Wasserpark	**akvapark** m [ˈʔakvapark]

DER WASSERSPORT – VODNÍ SPORTY

Das Segeln – Plachtění

der Mast
stěžeň m
[ˈscɛʒɛɲ]

die Takelage
takeláž f
[ˈtakɛlaːʒ]

das Großsegel
hlavní plachta f
[ˈɦlavɲiː ˈplaxta]

die Fock
kosatka f
[ˈkɔsatka]

der Bug
příď f
[ˈpr̝̊iːɟ]

der Rumpf
trup m
[ˈtrʊp]

das Heck
záď f
[ˈzaːɟ]

der Rettungsring
záchranný kruh m
[ˈzaːxraniː ˈkrʊx]

die Leuchtrakete
signální raketa f
[ˈsɪgnaːlɲiː ˈrakɛta]

der Segler
jachtař m
[ˈjaxtar̝̊]

der Baum
vratipeň m
[ˈvracɪpɛɲ]

das Cockpit
kabina f
[ˈkabɪna]

die Pinne
kormidelní páka f
[ˈkɔrmɪdɛlɲiː ˈpaːka]

der Seegang	**vlnobití** n [ˈvl̩nɔbɪciː]
der Wind	**vítr** m [ˈviːtr̩]
die Meeresströmung	**mořský proud** m [ˈmɔr̝̊skiː ˈprɔu̯t]
der Anker	**kotva** f [ˈkɔtva]
die Crew	**posádka** f [ˈpɔsaːtka]
das Ruder	**kormidlo** n [ˈkɔrmɪdlɔ]
kentern	**převrhnout se** [ˈpr̝̊ɛvr̩ɦnɔu̯t sɛ]
kreuzen	**brázdit moře** [ˈbraːzɟɪt ˈmɔr̝ɛ]
der Jachthafen	**jachtařský přístav** m [ˈjaxtaːr̝̊skiː ˈpr̝̊iːstaf]
das Rettungsboot	**záchranný člun** m [ˈzaːxraniː ˈt͡ʃlʊn]
der Katamaran	**katamarán** m [ˈkatamaraːn]

DER WASSERSPORT – VODNÍ SPORTY

Das Tauchen – Potápění

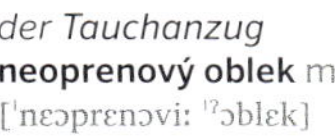

der Tauchanzug
neoprenový oblek m
['nɛɔprɛnɔviː 'ˀɔblɛk]

die Schwimmflosse
potápěčská ploutev f
['pɔtaːpjɛt͡ʃskaː 'plɔu̯tɛf]

die Druckluftflasche
potápěčská tlaková láhev f
['pɔtaːpjɛt͡ʃskaː 'tlakɔvaː 'laːɦɛf]

der Tauchstiefel
potápěčská bota f
['pɔtaːpjɛt͡ʃskaː 'bɔta]

der Lungenautomat
potápěčský regulátor m
['pɔtaːpjɛt͡ʃskiː 'rɛgulaːtɔr]

der Schnorchel
šnorchl m
['ʃnɔrxl]

die Taschenlampe
baterka f
['batɛrka]

die Tauchmaske
potápěčská maska f
['pɔtaːpjɛt͡ʃskaː 'maska]

der Tiefenmesser
hloubkoměr m
['ɦlɔu̯bkɔmɲɛr]

das Finimeter
tlakoměr m
['tlakɔmɲɛr]

der/das Kajak
kajak m
['kajak]

der Kanadier
kanadská kánoe f
['kanatskaː 'kaːnɔɛ]

das Stechpaddel
jednostranné pádlo n
['jɛdnɔstranɛː 'paːdlɔ]

der Sitz
sedadlo n
['sɛdadlɔ]

der Vordersteven
přední vaz m
['pr̝̊ɛdɲiː 'vas]

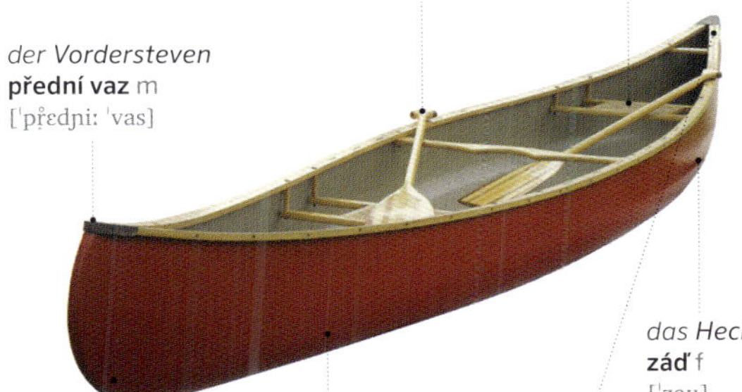

das Doppelpaddel
oboustranné pádlo n
['ˀɔbɔu̯stranɛː 'paːdlɔ]

das Heck
záď f
['zaːɟ]

der Bug
příď f
['pr̝̊iːɟ]

der Bootsrumpf
trup lodi m
['trup 'lɔɟɪ]

der Achtersteven
zadní vaz m
['zadɲiː 'vas]

DER WASSERSPORT – VODNÍ SPORTY

Das Surfen – Surfování

surfen
surfovat
[ˈsɛrfɔvat]

das Surfbrett
surfovací prkno n
[ˈsɛrfɔvat͡siː ˈpr̩knɔ]

das Windsurfen
windsurfing m
[ˈvɪndsɛrfɪŋk]

das Schothorn
otěžový roh m
[ˈʔɔcɛʒɔviː ˈrɔx]

der Mast
stěžeň m
[ˈscɛʒɛɲ]

der Surfer
surfař m
[ˈsɛrfar̝̊]

die Welle
vlna f
[ˈvl̩na]

das Segel
plachta f
[ˈplaxta]

der Windsurfer
windsurfař m
[ˈvɪndsɛrfar̝̊]

das Paddelbrett
paddleboard m
[ˈpadlbɔrt]

das Kitesurfen
kite-surfing m
[ˈkajtsɛrfɪŋk]

das Bodyboarden
bodyboarding m
[ˈbɔdɪbɔːrdɪŋk]

das Wakeboarden
wakeboarding m
[ˈvɛjkbɔːrdɪŋk]

der Jetski®
jízda na vodním skútru f
[ˈjiːzda ˈna‿vɔdɲiːm ˈskuːtrʊ]

das Wasserski
vodní lyžování n
[ˈvɔdɲiː ˈlɪʒɔvaːɲiː]

das Rudern
veslování n
[ˈvɛslɔvaːɲiː]

das Rafting
rafting m
[ˈraftɪŋk]

DER KAMPFSPORT – BOJOVÁ UMĚNÍ

das Karate
karate n
[ˈkaratɛ]

das Aikido
aikido n
[ˈʔaɪkɪdɔ]

das Kendo
kendo n
[ˈkɛndɔ]

das Taekwondo
taekwondo n
[ˈtɛjkvɔndɔ]

der schwarze Gürtel
černý pás m
[ˈt͡ʃɛrniː ˈpaːs]

das Judo
džudo n
[ˈd͡ʒʊdɔ]

das Kung-Fu
kung-fu n
[ˈkʊŋk ˈfʊ]

das Kickboxen
kickbox m
[ˈkɪkbɔks]

das Ringen
zápas m
[ˈzaːpas]

das Boxen
box m
[ˈbɔks]

der Sandsack
boxovací pytel m
[ˈbɔksɔvat͡siː ˈpɪtɛl]

der Boxball
boxovací míč m
[ˈbɔksɔvat͡siː ˈmiːt͡ʃ]

der Kopfschutz
chránič hlavy m
[ˈxraːɲɪt͡ʃ ˈɦlavɪ]

der Mundschutz	**chránič zubů** m [ˈxraːɲɪt͡ʃ ˈzʊbuː]
das Sparring	**sparring** m [ˈspɛrɪŋk]
der Knock-out	**knokaut** m [ˈknɔkau̯t]
die Selbstverteidigung	**sebeobrana** f [ˈsɛbɛˌɔbrana]
das Tai-Chi	**taj-či** n [ˈtaj ˈt͡ʃɪ]
das Jiu-Jitsu	**džiu-džitsu** n [ˈd͡ʒɪʊ ˈd͡ʒɪt͡sʊ]
die Capoeira	**capoeira** f [ˈkapɔʔɛɪra]
das Wing Chun	**jung-čchun** n [ˈjʊŋk ˈt͡ʃʊn]

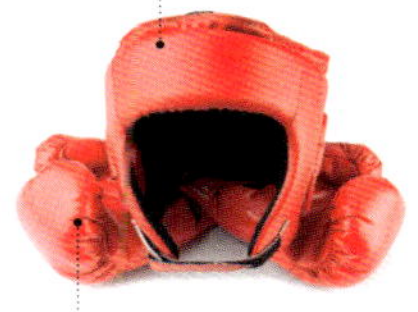

der Boxhandschuh
boxerská rukavice f
[ˈbɔksɛrskaː ˈrʊkavɪt͡sɛ]

DER REITSPORT – JEZDECTVÍ

der Reithelm
jezdecká přilba f
[ˈjɛzdɛt͡ska: ˈpr̝ɪlba]

die Reiterin
jezdkyně f
[ˈjɛstkɪɲɛ]

der Sattel
sedlo n
[ˈsɛdlɔ]

die Reithose
jezdecké kalhoty pl
[ˈjɛzdɛt͡skɛ: ˈkalɦɔtɪ]

die Mähne
hříva f
[ˈɦr̝i:va]

das Pferd
kůň m
[ˈku:ɲ]

der Stirnriemen
čelenka f
[ˈt͡ʃɛlɛŋka]

das Zaumzeug
uzda f
[ˈʔʊzda]

der Nasenriemen
nánosník m
[ˈna:nɔsɲi:k]

die Kandare
udidlo n
[ˈʔʊɟɪdlɔ]

der Zügel
otěž f
[ˈʔɔcɛʃ]

der Steigbügel
třmen m
[ˈtr̝mɛn]

der Sattelgurt
podbřišník m
[ˈpɔdbr̝ɪʃɲi:k]

der Huf
kopyto n
[ˈkɔpɪtɔ]

der Sprung
skok m
[ˈskɔk]

der Hinterzwiesel
zadní rozsocha f
[ˈzadɲi: ˈrɔssɔxa]

der Reitstiefel
jezdecké holínky pl
[ˈjɛzdɛt͡skɛ: ˈɦɔli:ŋkɪ]

der Vorderzwiesel
přední rozsocha f
[ˈpr̝ɛdɲi: ˈrɔssɔxa]

DER REITSPORT – JEZDECTVÍ

das Pferderennen
koňské dostihy pl
[ˈkɔɲskɛː ˈdɔscɪɦɪ]

das Rennpferd
dostihový kůň m
[ˈdɔscɪɦɔviː ˈkuːɲ]

der Jockey
žokej m
[ˈʒɔkɛj]

das Dressurreiten
drezura f
[ˈdrɛzʊra]

der Ausritt
vyjížďka na koni f
[ˈvɪjiːʃcka ˈna‿kɔɲɪ]

der Trabrennsport
klusácký sport m
[ˈklʊsaːt͡ski: ˈspɔrt]

das Jagdrennen
překážkový dostih m
[ˈpr̝̊ɛkaːʃkɔviː ˈdɔscɪx]

ohne Sattel reiten
jezdit bez sedla
[ˈjɛzɟɪt ˈbɛs‿sɛdla]

der Stall
stáj f
[ˈstaːj]

der/das Rodeo
rodeo n
[ˈrɔːdɛɔ]

das Polo
pólo n
[ˈpɔːlɔ]

das Springreiten
parkurové skákání n
[ˈparkʊrɔvɛː ˈskaːkaːɲiː]

das Hufeisen	**podkova** f [ˈpɔtkɔva]
die Reitgerte	**jezdecký bičík** m [ˈjɛzdɛt͡skiː ˈbɪt͡ʃiːk]
die Koppel	**výběh pro koně** m [ˈviːbjɛx ˈprɔ‿kɔɲɛ]
der Kanter	**lehký cval** m [ˈlɛxkiː ˈt͡sval]
der Galopp	**trysk** m [ˈtrɪsk]
der Schritt	**krok** m [ˈkrɔk]
das Trabrennen	**klusácký dostih** m [ˈklʊsaːt͡skiː ˈdɔscɪx]
das Flachrennen	**rovinný dostih** m [ˈrɔvɪniː ˈdɔscɪx]

der Pferdepfleger
ošetřovatel koní m
[ˈˀɔʃɛtr̝̊ɔvatɛl ˈkɔɲiː]

DAS ANGELN – RYBOLOV

der Angler
rybář m
[ˈrɪbaːr̝̊]

die Angel
rybářský prut m
[ˈrɪbaːr̝̊skiː ˈprʊt]

die Angelrute
udice f
[ˈʔʊɟɪt͡sɛ]

die Anglerweste
rybářská vesta f
[ˈrɪbaːr̝̊skaː ˈvɛsta]

einen Fisch fangen
chytit rybu
[ˈxɪcɪt ˈrɪbʊ]

der Unterfangkescher
podběrák m
[ˈpɔdbjɛraːk]

der Watstiefel
brodicí holínky pl
[ˈbrɔɟɪt͡siː ˈɦɔliːŋkɪ]

die Spule
cívka f
[ˈt͡siːfka]

die Angelrolle
rybářský naviják m
[ˈrɪbaːr̝̊skiː ˈnavɪjaːk]

die Kurbel
klika f
[ˈklɪka]

die Angelausrüstung
rybářské vybavení n
[ˈrɪbaːr̝̊skɛː ˈvɪbavɛɲiː]

die Angelschnur
rybářský vlasec m
[ˈrɪbaːr̝̊skiː ˈvlasɛt͡s]

die Kunstfliege
umělá muška f
[ˈʔʊmɲɛlaː ˈmʊʃka]

die Pose
plovák m
[ˈplɔvaːk]

der Angelhaken
háček na ryby m
[ˈɦaːt͡ʃɛk ˈna‿rɪbɪ]

die Öse
ouško n
[ˈʔɔu̯ʃkɔ]

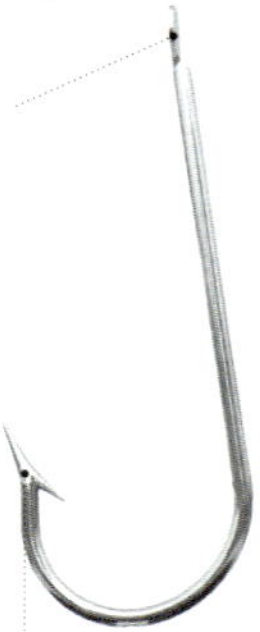

der Widerhaken
protihrot m
[ˈprɔcɪɦrɔt]

DAS ANGELN – RYBOLOV

das Brandungsangeln
příbojový rybolov m
[ˈpři:bɔjɔvi: ˈrɪbɔlɔf]

mit dem Netz fangen
chytnout do sítě
[ˈxɪtnɔu̯t ˈdɔ‿sɪ:cɛ]

das Hochseeangeln
hlubokomořský rybolov m
[ˈɦlʊbɔkɔmɔřski: ˈrɪbɔlɔf]

das Süßwasserangeln
sladkovodní rybolov m
[ˈslatkɔvɔdɲi: ˈrɪbɔlɔf]

das Speerfischen
harpunování n
[ˈɦarpʊnɔva:ɲi:]

einholen
přitáhnout
[ˈpřɪta:ɦnɔu̯t]

das Fliegenfischen
muškaření n
[ˈmʊʃkařɛɲi:]

fangen
chytit
[ˈxɪcɪt]

freilassen
vypustit
[ˈvɪpʊscɪt]

der Köder
návnada f
[ˈna:vnada]

der Fang
úlovek m
[ˈˀu:lɔvɛk]

die Hummerfalle
vrš na humry f
[ˈvrʃ ˈna‿ɦʊmrɪ]

der Angelschein	**rybářský lístek** m [ˈrɪba:řski: ˈli:stɛk]
anbeißen	**zabrat** [ˈzabrat]
der Fischkorb	**koš na ryby** m [ˈkɔʃ ˈna‿rɪbɪ]
der Erdspeer	**stojan** m [ˈstɔjan]
der Wobbler	**umělá návnada** f [ˈˀʊmɲɛla: ˈna:vnada]
die Harpune	**harpuna** f [ˈɦarpʊna]
die Angel auswerfen	**nahodit udici** [ˈnaɦɔɟɪt ˈˀʊɟɪt͡sɪ]
einen Fisch einholen	**přitáhnout rybu** [ˈpřɪta:ɦnɔu̯t ˈrɪbʊ]

der Spinnerkasten
rybářská krabička f
[ˈrɪba:řska: ˈkrabɪt͡ʃka]

DER WINTERSPORT – ZIMNÍ SPORTY

der Sturzhelm
helma f
[ˈɦɛlma]

der Pulverschnee
prašan m
[ˈpraʃan]

der Stockteller
talíř lyžařské hůlky m
[ˈtaliːr̝̊ ˈlɪʒar̝̊skɛː ˈɦuːlkɪ]

der Skistock
lyžařská hůlka f
[ˈlɪʒar̝̊skaː ˈɦuːlka]

die Seilbahn
lanovka f
[ˈlanɔfka]

die Spitze
špička f
[ˈʃpɪt͡ʃka]

der Ski
lyže f
[ˈlɪʒɛ]

der Skistiefel
lyžařská bota f
[ˈlɪʒar̝̊skaː ˈbɔta]

der Skianzug
lyžařská kombinéza f
[ˈlɪʒar̝̊skaː ˈkɔmbɪnɛːza]

die Skipiste
sjezdovka f
[ˈsjɛzdɔfka]

die Kante
hrana f
[ˈɦrana]

der Skiläufer
lyžař m
[ˈlɪʒar̝̊]

der Slalom
slalom m
[ˈslalɔm]

der Abfahrtslauf
sjezdové lyžování n
[ˈsjɛzdɔvɛː ˈlɪʒɔvaːɲiː]

das Skispringen
skok na lyžích m
[ˈskɔk ˈna‿lɪʒiːx]

abseits der Piste
mimo sjezdovku
[ˈmɪmɔ ˈsjɛzdɔfkʊ]

der Skihang
lyžařský svah m
[ˈlɪʒar̝̊skiː ˈsvax]

das Biathlon
biatlon m
[ˈbɪjatlɔn]

der Langlauf
běh na lyžích m
[ˈbjɛx ˈna‿lɪʒiːx]

die Langlaufloipe
běžkařská stopa f
[ˈbjɛʃkar̝̊ska: ˈstɔpa]

DER WINTERSPORT – ZIMNÍ SPORTY

die Skibrille
lyžařské brýle pl
[ˈlɪʒar̝skɛː ˈbriːlɛ]

der Snowboardfahrer
snowboardista m
[ˈsnɔu̯bɔːrdɪsta]

das Snowboard
snowboard m
[ˈsnɔu̯bɔːrt]

die Bindung
bezpečnostní vázání n
[ˈbɛspɛt͡ʃnɔstɲiː ˈvaːzaːɲiː]

die Halfpipe
U rampa f
[ˈʔuː ˈrampa]

das Rail
rail m
[ˈrɛjl]

Schlitten fahren
sáňkování n
[ˈsaːɲkɔvaːɲiː]

das Rennrodeln
závody na saních pl
[ˈzaːvɔdɪ ˈna‿saɲiːx]

der Bobsport
jízda na bobu f
[ˈjiːzda ˈna‿bɔbu]

das Curling
curling m
[ˈkɛːrlɪŋk]

Schlittschuh laufen
bruslit
[ˈbruslɪt]

der Eisschnelllauf
rychlobruslení n
[ˈrɪxlɔbruslɛɲiː]

das Skifahren	**lyžování** n [ˈlɪʒɔvaːɲiː]
das Snowboarding	**jízda na snowboardu** f [ˈjiːzda ˈna‿snɔu̯bɔːrdu]
der Winter-Fünfkampf	**zimní pětiboj** m [ˈzɪmɲiː ˈpjɛcɪbɔj]
der Freistil	**freestyle** m [ˈfriː ˈstajl]
das Schneeschuhwandern	**skialpinismus** m [ˈskɪʔalpɪnɪzmus]
das Hundeschlittenfahren	**psí spřežení** n [ˈpsiː ˈspr̝ɛʒɛɲiː]
das Après-Ski	**zábava po lyžování** f [ˈzaːbava ˈpɔ‿lɪʒɔvaːɲiː]
die Skihütte	**lyžařská chata** f [ˈlɪʒar̝skaː ˈxata]

der Eiskunstlauf
krasobruslení n
[ˈkrasɔbruslɛɲiː]

SONSTIGE SPORTARTEN – DALŠÍ SPORTY

das Klettern
horolezectví n
[ˈɦɔrɔlɛzɛt͡stviː]

das Wandern
pěší turistika f
[ˈpjɛʃiː ˈtʊrɪstɪka]

der Radsport
cyklistika f
[ˈt͡sɪklɪstɪka]

das Mountainbiken
horská cyklistika f
[ˈɦɔrskaː ˈt͡sɪklɪstɪka]

das Abseilen
slaňování n
[ˈslaɲɔvaːɲiː]

das Bungeespringen
bungee jumping m
[ˈband͡ʒiː ˈd͡ʒampɪŋk]

das Drachenfliegen
závěsné létání n
[ˈzaːvjɛsnɛː ˈlɛːtaːɲiː]

das Fallschirmspringen
parašutismus m
[ˈparaʃʊtɪzmʊs]

das Rallyefahren
rallye f
[ˈrɛliː]

die Formel 1®
Formule 1 f
[ˈfɔrmʊlɛ ˈjɛdna]

das Motocross
motokros m
[ˈmɔtɔkrɔs]

das Motorradrennen
závody motorek pl
[ˈzaːvɔdɪ ˈmɔtɔrɛk]

das Skateboardfahren
skateboarding m
[ˈskɛjtbɔːrdɪŋk]

das Longboardfahren
longboarding m
[ˈlɔŋbɔːrdɪŋk]

das Inlineskaten
jízda na kolečkových bruslích f [ˈjiːzda ˈna‿kɔlɛt͡ʃkɔviːɣ ˈbrʊsliːx]

das Offroadfahren
jízda v terénu f
[ˈjiːzda ˈf‿tɛrɛːnʊ]

SONSTIGE SPORTARTEN – DALŠÍ SPORTY

das Fechten
šerm m
[ˈʃɛrm]

das Bowling
bowling m
[ˈbɔu̯lɪŋk]

das Bogenschießen
lukostřelba f
[ˈlʊkɔstr̝̊ɛlba]

die Jagd
lov m
[ˈlɔf]

das Darts
šipky pl
[ˈʃɪpkɪ]

das Poolbillard
biliár m
[ˈbɪlɪjaːr]

das Snooker
kulečník m
[ˈkʊlɛt͡ʃɲiːk]

das Lacrosse
lakros m
[ˈlakrɔs]

die rhythmische Sportgymnastik
moderní gymnastika f
[ˈmɔdɛrɲiː ˈɡɪmnastɪka]

das Frisbee®
frisbee m
[ˈfrɪzbiː]

das Triathlon
triatlon m
[ˈtrɪjatlɔn]

der Australian Football
australský fotbal m
[ˈʔau̯stralskiː ˈfɔdbal]

die/das Boule
pétanque m
[ˈpɛtaːŋk]

das Ballett
balet m
[ˈbalɛt]

das Krocket
kroket m
[ˈkrɔkɛt]

der/das Parkour
parkurové skákání n
[ˈparkʊrɔvɛː ˈskaːkaːɲiː]

DIE FITNESS – KONDIČNÍ CVIČENÍ

das Fitnessstudio
posilovna f
[ˈpɔsɪlɔvna]

die Langhantel
obouruční činka f
[ˈˀɔbɔu̯rʊt͡ʃɲiː ˈt͡ʃɪŋka]

die Gewichtsscheibe
kotoučové závaží n
[ˈkɔtɔu̯t͡ʃɔvɛː ˈzaːvaʒiː]

die Bank
lavička f
[ˈlavɪt͡ʃka]

das Krafttraining
posilování n
[ˈpɔsɪlɔvaːɲiː]

die Bizepsübung
cvik na biceps m
[ˈt͡svɪk ˈna‿bɪt͡sɛps]

die Kurzhantel
jednoruční činka f
[ˈjɛdnɔrʊt͡ʃɲiː ˈt͡ʃɪŋka]

das Bankdrücken
bench press m
[ˈbɛnt͡ʃ ˈprɛss]

trainieren
trénovat
[ˈtrɛːnɔvat]

der Fitnessball
gymnastický míč m
[ˈɡɪmnastɪt͡skiː ˈmiːt͡ʃ]

die Matte
podložka f
[ˈpɔdlɔʃka]

das Ergometer
ergometr m
[ˈˀɛrɡɔmɛtr̩]

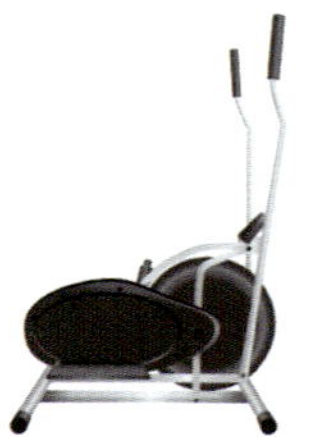

der Crosstrainer
eliptický trenažer m
[ˈˀɛlɪptɪt͡skiː ˈtrɛnaʒɛr]

das Laufband
běžecký pás m
[ˈbjɛʒɛt͡skiː ˈpaːs]

das Rudergerät
veslovací trenažer m
[ˈvɛslɔvat͡siː ˈtrɛnaʒɛr]

DIE FITNESS – KONDIČNÍ CVIČENÍ

der Ausfallschritt
výpad m
[ˈviːpat]

die Rumpfbeuge
předklon m
[ˈpr̝ɛtklɔn]

der Liegestütz
klik m
[ˈklɪk]

der Sit-up
sed-leh m
[ˈsɛt ˈlɛx]

der Muskelkater
namožení svalů n
[ˈnamɔʒɛɲiː ˈsvaluː]

der Klimmzug
shyb m
[ˈsxɪp]

die Kniebeuge
dřep m
[ˈdr̝ɛp]

das Pilates
Pilates n
[ˈpɪlatɛs]

das Spinning®
cyklotrenažer m
[ˈt͡sɪklɔˌtrɛnaʒɛr]

die Pulsuhr
monitor srdečního tepu m [ˈmɔnɪtɔr ˈsr̩dɛt͡ʃɲiːɦɔ ˈtɛpʊ]

das Aerobic
aerobik m
[ˈʔɛːrɔbɪk]

das Steppbrett
stupínek m
[ˈstʊpiːnɛk]

der Turnschuh
sportovní bota f
[ˈspɔrtɔvɲiː ˈbɔta]

sich aufwärmen	**rozcvičit se** [ˈrɔst͡st͡svɪt͡ʃɪt ͜sɛ]
sich abkühlen	**zklidnit se** [ˈsklɪdɲɪt ͜sɛ]
das Zirkeltraining	**kruhový trénink** m [ˈkrʊɦɔviː ˈtrɛːnɪŋk]
das Bodypump	**bodypump** m [ˈbɔdɪpamp]
die Sauna	**sauna** f [ˈsau̯na]
die Umkleidekabine	**převlékací kabina** f [ˈpr̝ɛvlɛːkat͡siː ˈkabɪna]
die Dehnung	**protahování** n [ˈprɔtaɦɔvaːɲiː]
Kalorien verbrennen	**spálit kalorie** [ˈspaːlɪt ˈkalɔrɪjɛ]

FREIZEIT

VOLNÝ ČAS

DAS THEATER – DIVADLO

① *der Balkon*
balkón m
[ˈbalkɔːn]

② *der zweite Rang*
druhý balkón m
[ˈdrʊɦiː ˈbalkɔːn]

③ *die Loge*
lóže f
[ˈlɔːʒɛ]

④ *der erste Rang*
první balkón m
[ˈpr̩vɲiː ˈbalkɔːn]

⑤ *die Sitzreihe*
řada f
[ˈr̝ada]

⑥ *die Kulisse*
kulisa f
[ˈkʊlɪsa]

⑦ *die Bühne*
jeviště n
[ˈjɛvɪʃcɛ]

⑧ *das Foyer*
foyer n
[ˈfɔajɛː]

⑨ *das Parkett*
přízemí n
[ˈpr̝iːzɛmiː]

⑩ *der Sitzplatz*
sedadlo n
[ˈsɛdadlɔ]

⑪ *der Vorhang*
opona f
[ˈʔɔpɔna]

das Varieté
varieté n
[ˈvarɪɛtɛː]

das Freilufttheater
divadlo pod širým nebem n [ˈɟɪvadlɔ ˈpɔt ˈʃɪriːm ˈnɛbɛm]

das Ballett
balet m
[ˈbalɛt]

die Aufführung
vystoupení n
[ˈvɪstɔu̯pɛɲiː]

der Zauberkünstler
kouzelník m
[ˈkɔu̯zɛlɲiːk]

der Komiker
komik m
[ˈkɔmɪk]

die Tragödie
tragédie f
[ˈtragɛːdɪjɛ]

die Komödie
komedie f
[ˈkɔmɛdɪjɛ]

DAS THEATER – DIVADLO

das Theaterstück
divadelní hra f
[ˈɟɪvadɛlɲiː ˈɦra]

① *das Bühnenbild*
scéna f
[ˈst͡sɛːna]

② *die Besetzung*
obsazení n
[ˈʔɔpsazɛɲiː]

③ *das Theaterkostüm*
divadelní kostým m
[ˈɟɪvadɛlɲiː ˈkɔstiːm]

④ *der Applaus*
potlesk m [ˈpɔtlɛsk]

⑤ *das Publikum*
obecenstvo n [ˈʔɔbɛt͡sɛnstvɔ]

die Probe
zkouška f
[ˈskɔu̯ʃka]

⑥ *der Schauspieler*
herec m
[ˈɦɛrɛt͡s]

⑦ *die Schauspielerin*
herečka f
[ˈɦɛrɛt͡ʃka]

⑧ *der Regisseur*
režisér m
[ˈrɛʒɪsɛːr]

die Premiere	**premiéra** f [ˈprɛmɪjɛːra]
die Pause	**přestávka** f [ˈpr̝̊ɛstaːfka]
das Programm	**program** m [ˈprɔgram]
die Generalprobe	**generální zkouška** f [ˈgɛnɛraːlɲiː ˈskɔu̯ʃka]
der Platzanweiser	**uvaděč** m [ˈʔʊvaɟɛt͡ʃ]
die Platzanweiserin	**uvaděčka** f [ˈʔʊvaɟɛt͡ʃka]
die Theaterkasse	**divadelní pokladna** f [ˈɟɪvadɛlɲiː ˈpɔkladna]
die Eintrittskarte	**vstupenka** f [ˈfstʊpɛŋka]

die Künstlergarderobe
šatna pro herce f
[ˈʃatna prɔ ɦɛrt͡sɛ]

DIE MUSIK – HUDBA

Das Orchester – Orchestr

das Sinfonieorchester
symfonický orchestr m
[ˈsɪɱfɔnɪt͡ski: ˈˀɔrxɛstr̩]

der Gong
gong m
[ˈgɔŋk]

die kleine Trommel
malý buben m
[ˈmali: ˈbʊbɛn]

die große Trommel
velký buben m
[ˈvɛlki: ˈbʊbɛn]

die Pauke
tympán m
[ˈtɪmpa:n]

das Xylophon
xylofon m
[ˈksɪlɔfɔn]

die Röhrenglocken
zvonky pl
[ˈzvɔŋkɪ]

das Dirigentenpult
dirigentský stupínek m
[ˈdɪrɪgɛntski: ˈstʊpi:nɛk]

der Notenständer
notový pult m
[ˈnɔtɔvi: ˈpʊlt]

der Dirigent
dirigent m
[ˈdɪrɪgɛnt]

der Taktstock
taktovka f
[ˈtaktɔfka]

die Solistin
sólistka f
[ˈsɔ:lɪstka]

die Opernsängerin
operní zpěvačka f
[ˈˀɔpɛrɲi: ˈspjɛvat͡ʃka]

die Noten
noty pl
[ˈnɔtɪ]

die Ouvertüre	**ouvertura** f [ˈˀʊvɛrtʊ:ra]
das Quartett	**kvartet** m [ˈkvartɛt]
die Sonate	**sonáta** f [ˈsɔna:ta]
die Tonhöhe	**výška tónu** f [ˈvi:ʃka ˈtɔ:nʊ]
ein Instrument stimmen	**naladit nástroj** [ˈnalaɟɪt ˈna:strɔj]
der Orchestergraben	**orchestřiště** n [ˈˀɔrxɛstr̝̊ɪʃcɛ]
der Chor	**sbor** m [ˈzbɔr]
die Oper	**opera** f [ˈˀɔpɛra]

DIE MUSIK – HUDBA

Die Musikinstrumente – Hudební nástroje

das Cello
violoncello n
[ˈvɪjɔlɔnt͡ʃɛlɔ]

der Bogen
smyčec m
[ˈsmɪt͡ʃɛt͡s]

die Geige
housle pl
[ˈɦɔu̯slɛ]

die akustische Gitarre
akustická kytara f
[ˈʔakʊstɪt͡ska: ˈkɪtara]

die Harfe
harfa f
[ˈɦarfa]

die elektrische Gitarre
elektrická kytara f
[ˈʔɛlɛktrɪt͡ska: ˈkɪtara]

die Bassgitarre
basová kytara f
[ˈbasɔva: ˈkɪtara]

die Tuba
tuba f
[ˈtʊba]

die Posaune
pozoun m
[ˈpɔzɔu̯n]

das Fagott
fagot m
[ˈfagɔt]

die Oboe
hoboj m
[ˈɦɔbɔj]

das Horn
lesní roh m
[ˈlɛsɲi: ˈrɔx]

die Trompete
trubka f
[ˈtrʊpka]

die Pikkoloflöte
pikola f
[ˈpɪkɔla]

das Saxofon
saxofon m
[ˈsaksɔfɔn]

die Klarinette
klarinet m
[ˈklarɪnɛt]

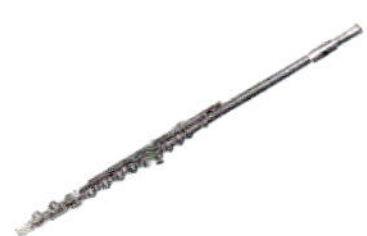

die Querflöte
příčná flétna f
[ˈpr̝̊i:t͡ʃna: ˈflɛ:tna]

DIE MUSIK – HUDBA

Die Musikinstrumente – Hudební nástroje

das Tamburin
tamburína f
[ˈtamburiːna]

das Becken
činel m
[ˈt͡ʃɪnɛl]

die/das Hi-Hat
hi-hat m
[ˈɦajhɛt]

das Schlagzeug
bicí souprava f
[ˈbɪt͡siː ˈsou̯prava]

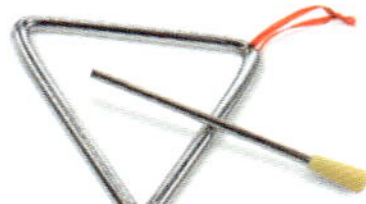

die/der/das Triangel
triangl m
[ˈtrɪjaŋgl]

die Rassel
rumbakoule f
[ˈrumbaˌkou̯lɛ]

die Bongos
bongo n
[ˈbɔŋgɔ]

die Kesselpauke
tympán m
[ˈtɪmpaːn]

die Kastagnetten
kastaněty pl
[ˈkastaɲɛtɪ]

die Schellenrassel
rolničky na rukojeti pl
[ˈrɔlɲɪt͡ʃkɪ ˈnaˌrukɔjɛcɪ]

die Panflöte
Panova flétna f
[ˈpanɔva ˈflɛːtna]

der Schlagzeugstock
palička na buben f
[ˈpalɪt͡ʃka ˈnaˌbubɛn]

die Mundharmonika
foukací harmonika f
[ˈfou̯kat͡siː ˈɦarmɔnɪka]

der Dudelsack
dudy pl
[ˈdudɪ]

das Akkordeon
akordeon m
[ˈʔakɔrdɛɔn]

der Flügel
klavírní křídlo n
[ˈklaviːrɲiː ˈkr̝iːdlɔ]

DIE MUSIK – HUDBA

Die Musikinstrumente – Hudební nástroje

die Notation
notový záznam m
[ˈnɔtɔviː ˈzaːznam]

der Violinschlüssel
houslový klíč m
[ˈɦɔu̯slɔviː ˈkliːt͡ʃ]

die Notenlinie
notová linka f
[ˈnɔtɔvaː ˈlɪŋka]

der Bassschlüssel
basový klíč m
[ˈbasɔviː ˈkliːt͡ʃ]

das Vorzeichen
předznamenání n
[ˈpr̝ɛdznamɛnaːɲiː]

die Taktangabe
metrum n
[ˈmɛtrʊm]

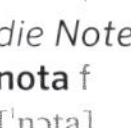

die Note
nota f
[ˈnɔta]

das Kreuz
křížek m
[ˈkr̝iːʒɛk]

der Taktstrich
taktová čára f
[ˈtaktɔvaː ˈt͡ʃaːra]

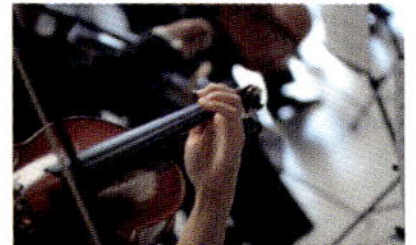

die klassische Musik
klasická hudba f
[ˈklasɪt͡ska: ˈɦʊdba]

das Heavy Metal
heavy metal m
[ˈɦɛvɪ ˈmɛtal]

der Rap
rap m
[ˈrɛp]

der Hip-Hop
hip-hop m
[ˈɦɪp ɦɔp]

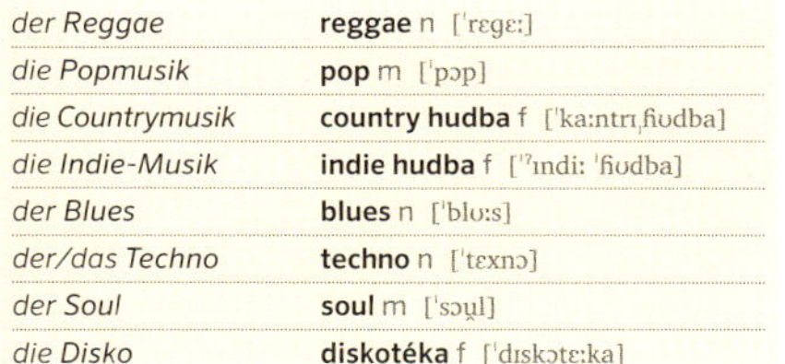

der Reggae	**reggae** n [ˈrɛgɛː]
die Popmusik	**pop** m [ˈpɔp]
die Countrymusik	**country hudba** f [ˈkaːntrɪ ɦʊdba]
die Indie-Musik	**indie hudba** f [ˈʔɪndiː ˈɦʊdba]
der Blues	**blues** n [ˈbluːs]
der/das Techno	**techno** n [ˈtɛxnɔ]
der Soul	**soul** m [ˈsɔu̯l]
die Disko	**diskotéka** f [ˈdɪskɔtɛːka]

der Jazz
jazz m
[ˈd͡ʒɛs]

der Rock
rock m
[ˈrɔk]

DIE MUSIK – HUDBA

Das Konzert – Koncert

das Rockkonzert
rockový koncert m
[ˈrɔkɔviː ˈkɔnt͡sɛrt]

① *der Scheinwerfer*
reflektor m
[ˈrɛflɛktɔr]

② *das Mikrofon*
mikrofon m
[ˈmɪkrɔfɔn]

③ *die Band*
hudební skupina f
[ˈɦʊdɛbɲiː ˈskʊpɪna]

④ *der Bassist*
basový kytarista m
[ˈbasɔviː ˈkɪtarɪsta]

⑤ *der Verstärker*
zesilovač m
[ˈzɛsɪlɔvat͡ʃ]

⑥ *der Gitarrist*
kytarista m
[ˈkɪtarɪsta]

⑦ *der Schlagzeuger*
bubeník m
[ˈbʊbɛɲiːk]

⑧ *der Frontmann*
frontman m
[ˈfrɔntman]

die Konzerthalle
koncertní hala f
[ˈkɔnt͡sɛrtɲiː ˈɦala]

die Fans
fanoušci pl
[ˈfanɔu̯ʃt͡sɪ]

das Musikfestival
hudební festival m
[ˈɦʊdɛbɲiː ˈfɛstɪval]

der DJ
DJ m
[ˈdiːd͡ʒɛj]

das Mischpult
mixážní pult m
[ˈmɪksaːʒɲiː ˈpʊlt]

singen	**zpívat** [ˈspiːvat]
mitsingen	**zpívat spolu s někým** [ˈspiːvat ˈspɔlʊ ˈs‿ɲɛkiːm]
pfeifen	**pískat** [ˈpiːskat]
die Zugabe	**přídavek** m [ˈpr̝iːdavɛk]
das Crowdsurfing	**posouvání člověka nad hlavami** n [ˈpɔsɔu̯vaːɲiː ˈt͡ʃlɔvjɛka ˈnad‿ɦlavamɪ]
der/das Rave	**rave** n [ˈrɛjf]
das Lied	**píseň** f [ˈpiːsɛɲ]
der Liedtext	**text písně** m [ˈtɛkst ˈpiːsɲɛ]

DIE MUSIK - HUDBA

Musik hören - Poslech hudby

die Stereoanlage
hi-fi věž f
[ˈhɪfɪ͜vjɛʃ]

der MP3-Player
MP3 přehrávač m
[ˈʔɛmpɛːtr̝ɪ ˈpr̝ɛɦraːvat͡ʃ]

der CD-Spieler
CD přehrávač m
[ˈt͡sɛːdɛː ˈpr̝ɛɦraːvat͡ʃ]

der Lautstärkeregler
regulátor hlasitosti m
[ˈrɛgʊlaːtɔr ˈɦlasɪtɔscɪ]

die Lautsprecherbox
reproduktor m
[ˈrɛprɔdʊktɔr]

die Schallplatte
gramofonová deska f
[ˈgramɔfɔnɔvaː ˈdɛska]

der Plattenspieler
gramofon m
[ˈgramɔfɔn]

die USB-Schnittstelle
USB rozhraní n
[ˈʔʊːɛzbɛː ˈrɔzɦraɲiː]

das Radio
rádio n
[ˈra dɪjɔ]

das Gesangstück	**vokální skladba** f [ˈvɔkaːlɲiː ˈskladba]
die Komposition	**skladba** f [ˈskladba]
das Instrumentalstück	**instrumentální skladba** f [ˈʔɪnstrʊmɛntaːlɲiː ˈskladba]
akustisch	**akustický** [ˈʔakʊstɪt͡skiː]
der Refrain	**refrén** m [ˈrɛfrɛːn]
die Melodie	**melodie** f [ˈmɛlɔdɪjɛ]
der Beat	**beat** m [ˈbiːt]
die Kassette	**kazeta** f [ˈkazɛta]

der Kopfhörer
sluchátka pl
[ˈslʊxaːtka]

HOBBYS – ZÁLIBY

gravieren
gravírovat
[ˈgraviːrɔvat]

schnitzen
vyřezávat
[ˈvɪr̝ɛzaːvat]

Briefmarken sammeln
sbírat známky
[ˈzbiːrat ˈznaːmkɪ]

die Modelleisenbahn
model železnice m
[ˈmɔdɛl ˈʒɛlɛzɲɪt͡sɛ]

modellieren
modelovat
[ˈmɔdɛlɔvat]

die Bildhauerei
sochařství n
[ˈsɔxar̝̊stviː]

töpfern
vyrábět keramiku
[ˈvɪraːbjɛt ˈkɛramɪku]

Mosaik legen
sestavit mozaiku
[ˈsɛstavɪt ˈmɔzaɪku]

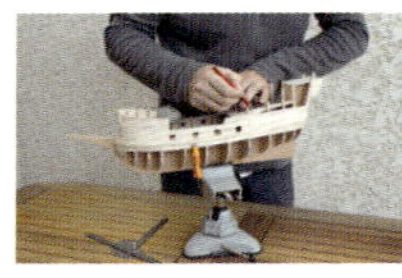

der Modellbau
modelářství n
[ˈmɔdɛlaːr̝̊stviː]

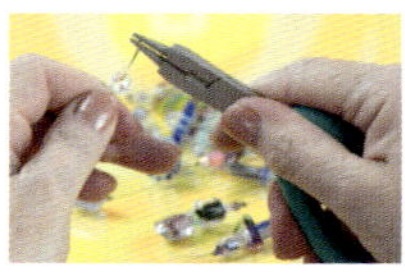

Schmuck herstellen
vyrábět šperky
[ˈvɪraːbjɛt ˈʃpɛrkɪ]

lesen
číst
[ˈt͡ʃiːst]

kochen
vařit
[ˈvar̝ɪt]

gärtnern
zahradničit
[ˈzaɦradɲɪt͡ʃɪt]

das Origami	**origami** n [ˈʔɔrɪgamɪ]
das Pappmaschee	**papírmaš** m [ˈpapiːrmaʃ]
das Scrapbooking	**scrapbooking** m [ˈskrɛpbukɪŋk]
Möbel restaurieren	**restaurovat nábytek** [ˈrɛstau̯rɔvat ˈnaːbɪtɛk]
im Chor singen	**zpívat ve sboru** [ˈspiːvat ˈvɛ‿zbɔru]
Filme drehen	**točit filmy** [ˈtɔt͡ʃɪt ˈfɪlmɪ]
Vögel beobachten	**pozorovat ptáky** [ˈpɔzɔrɔvat ˈptaːkɪ]
das kreative Schreiben	**kreativní psaní** n [ˈkrɛatɪvɲiː ˈpsaɲiː]

HOBBYS – ZÁLIBY

Kunst und Basteln – Umění a vyrábění

die Buntstift
pastelka f
[ˈpastɛlka]

die Wasserfarbe
vodová barva f
[ˈvɔdɔvaː ˈbarva]

der Wachsmalstift
voskovka f
[ˈvɔskɔfka]

die Lackfarbe
laková barva f
[ˈlakɔvaː ˈbarva]

die Ölkreide
olejový pastel m
[ˈʔɔlɛjɔviː ˈpastɛl]

die Kreide
křída f
[ˈkr̝iːda]

die Ölfarbe
olejová barva f
[ˈʔɔlɛjɔvaː ˈbarva]

die Acrylfarbe
akrylová barva f
[ˈʔakrɪlɔvaː ˈbarva]

die Pastellkreide
barevná křída m
[ˈbarɛvnaː ˈkr̝iːda]

der Filzstift
fixa f
[ˈfɪksa]

die Tusche
inkoust m
[ˈʔɪŋgɔu̯st]

die Zeichenkohle
kreslířský uhel m
[ˈkrɛsliːr̝skiː ˈʔuɦɛl]

die Gouache
tempera f
[ˈtɛmpɛra]

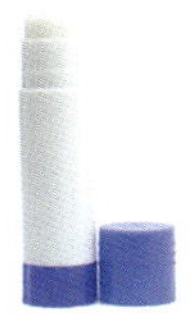
der Klebstoff
lepidlo n
[ˈlɛpɪdlɔ]

der Pinsel
štětec m
[ˈʃcɛtɛt͡s]

die Palette
paleta f
[ˈpalɛta]

HOBBYS – ZÁLIBY

Kunst und Basteln – Umění a vyrábění

die Aquarellmalerei
akvarel m
[ˈʔakvarɛl]

die Ölmalerei
olejomalba f
[ˈʔɔlɛjɔmalba]

die Collage
koláž f
[ˈkɔlaːʃ]

die Wandmalerei
nástěnná malba f
[ˈnaːscɛnaː ˈmalba]

die Tuschezeichnung
perokresba f
[ˈpɛrɔkrɛzba]

die abstrakte Malerei
abstraktní malba f
[ˈʔapstraktɲiː ˈmalba]

die Landschaftsmalerei
krajinomalba f
[ˈkrajɪnɔmalba]

die Porträtmalerei
malba portrétů f
[ˈmalba ˈpɔrtrɛːtuː]

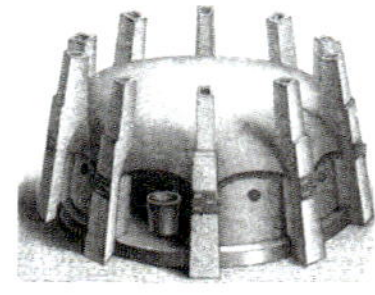

die Bleistiftzeichnung
kresba tužkou f
[ˈkrɛzba ˈtʊʃkɔu̯]

das Stillleben
zátiší n
[ˈzaːcɪʃiː]

das Graffiti
graffiti n
[ˈgrafɪtɪ]

der Siebdruck
sítotisk m
[ˈsiːtɔcɪsk]

die Skizze
skica f
[ˈskɪt͡sa]

die Aktmalerei
akt m
[ˈʔakt]

die Leinwand
plátno n
[ˈplaːtnɔ]

der Karton
lepenka f
[ˈlɛpɛŋka]

die Farbe
barva f
[ˈbarva]

HOBBYS – ZÁLIBY

Kunst und Basteln – Umění a vyrábění

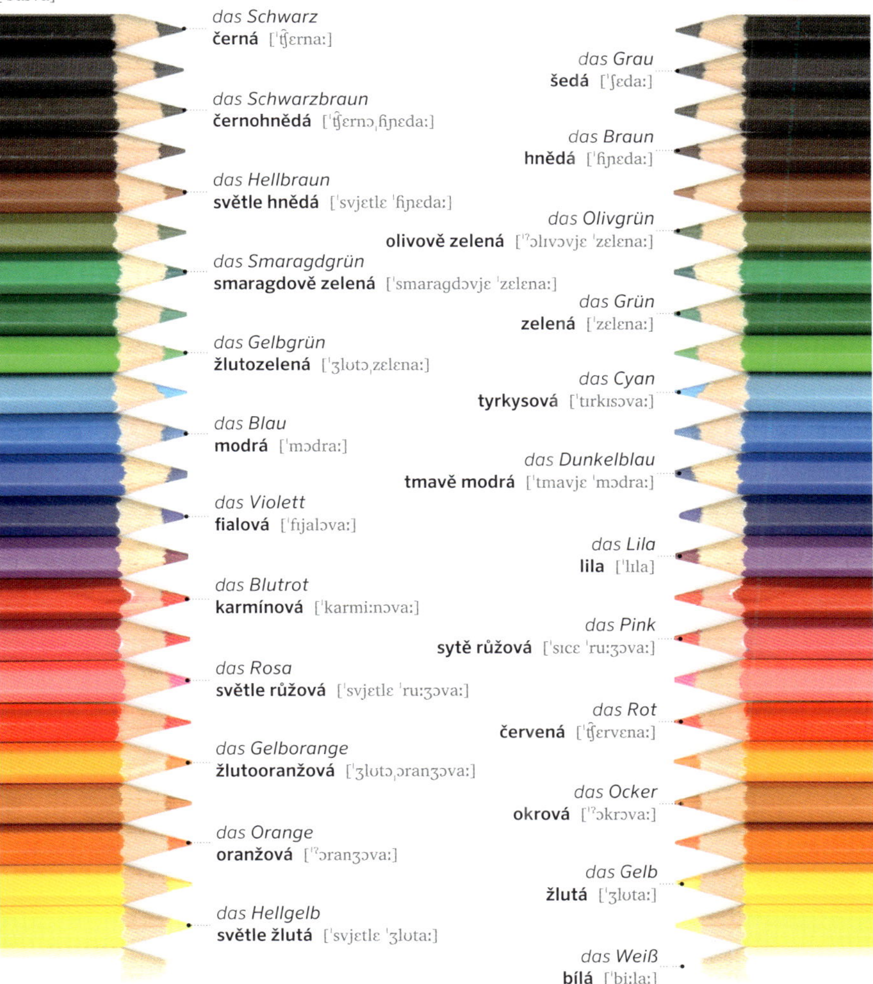

HOBBYS - ZÁLIBY

Nähen und Stricken - Šití a pletení

der Kopf
hlava f
[ˈɦlava]

der Fadenhebel
patka na nit f
[ˈpatka ˈna ɲɪt]

die Fadenführung
vodič nitě m
[ˈvoɟɪt͡ʃ ˈɲɪcɛ]

der Garnrollenstift
kolík na cívku m
[ˈkoliːk ˈna t͡siːfkʊ]

die Nähmaschine
šicí stroj m
[ˈʃɪt͡siː ˈstroj]

der Spuler
navíječ cívek m
[ˈnaviːjɛt͡ʃ ˈt͡siːvɛk]

der Stichbreitenwähler
regulátor šířky stehu m
[ˈrɛgʊlaːtor ˈʃiːr̝kɪ ˈstɛɦʊ]

das Handrad
ruční kolečko n
[ˈrʊt͡ʃɲiː ˈkolɛt͡ʃko]

der Stichwähler
volič stehů m
[ˈvolɪt͡ʃ ˈstɛɦuː]

die Rückwärtsnähtaste
páka pro šití zpět f
[ˈpaːka ˈpro ʃɪciː ˈspjɛt]

die Nadel
jehla f
[ˈjɛɦla]

der Nähfuß
patka f
[ˈpatka]

die Stichplatte
stehová deska f
[ˈstɛɦovaː ˈdɛska]

der Nähfußdruckregler
pedál m
[ˈpɛdaːl]

die Overlock
overlock m
[ˈʔoʊ̯vɛrlok]

das Maßband
svinovací metr m
[ˈsvɪnovat͡siː ˈmɛtr̩]

die Spule
cívka f
[ˈt͡siːfka]

das Nähgarn
nit f
[ˈɲɪt]

HOBBYS – ZÁLIBY

Nähen und Stricken – Šití a pletení

die Schneiderpuppe
krejčovská figurína f
[ˈkrɛjt͡ʃɔfska: ˈfɪgʊri:na]

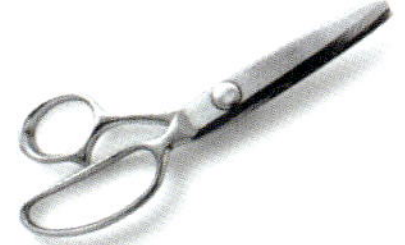

die Schere
nůžky pl
[ˈnu:ʃkɪ]

das Nähkästchen
krabička na šití f
[ˈkrabɪt͡ʃka ˈna ʃɪci:]

das Nadelkissen
jehelníček m
[ˈjɛɦɛlɲi:t͡ʃɛk]

das Schnittmuster
střih m
[ˈstr̝̊ɪx]

die Nähnadel
jehla f
[ˈjɛɦla]

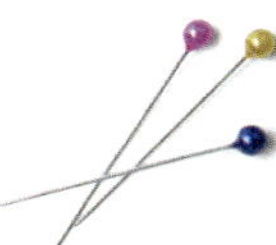

die Stecknadel
špendlík m
[ˈʃpɛndli:k]

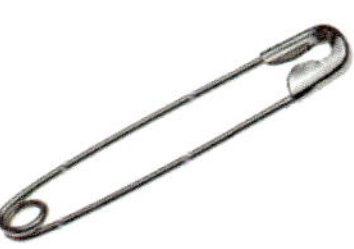

die Sicherheitsnadel
zavírací špendlík m
[ˈzavi:rat͡si: ʃpɛndli:k]

der Stoff
látka f
[ˈla:tka]

der Knopf
knoflík m
[ˈknɔfli:k]

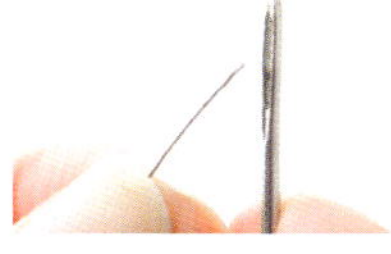

einen Faden einfädeln
navléknout nit
[ˈnavlɛ:knɔu̯t ˈɲɪt]

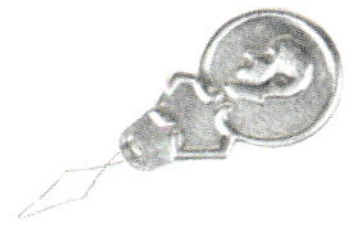

der Einfädler
navlékač nitě m
[ˈnavlɛ:kat͡ʃ ˈɲɪcɛ]

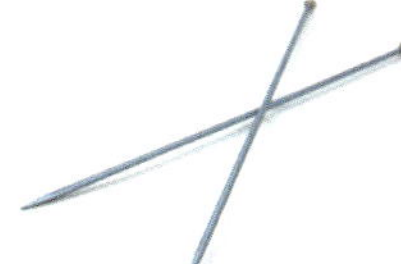

die Stricknadel
pletací jehlice f
[ˈplɛtat͡si: ˈjɛɦlɪt͡sɛ]

die Wolle
vlna f
[ˈvl̩na]

der Fingerhut
náprstek m
[ˈna:pr̩stɛk]

der Nahtauftrenner
páráček m
[ˈpa:ra:t͡ʃɛk]

HOBBYS – ZÁLIBY

Nähen und Stricken – Šití a pletení

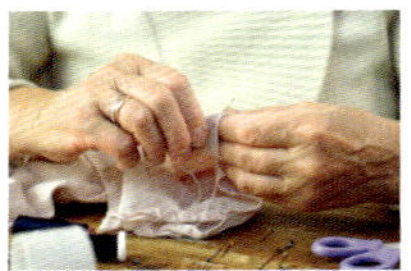

nähen
šít
[ˈʃiːt]

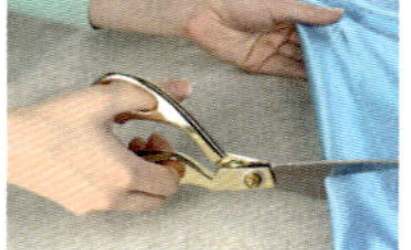

schneiden
stříhat
[ˈstr̝̊iːɦat]

das Patchwork
patchwork m
[ˈpɛt͡ʃwɔrk]

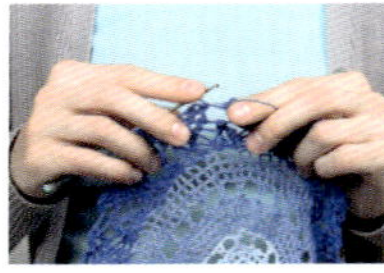

häkeln
háčkovat
[ˈɦaːt͡ʃkɔvat]

der Kreuzstich
křížkový steh m
[ˈkr̝̊iːʃkɔviː ˈstɛx]

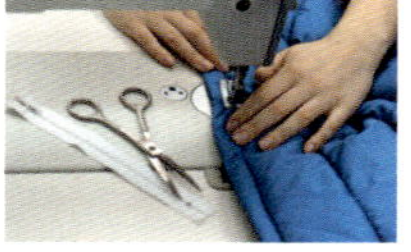

wattieren
prošívat
[ˈprɔʃiːvat]

stricken
plést
[ˈplɛːst]

stopfen
látat
[ˈlaːtat]

weben
tkát
[ˈtkaːt]

Spitze klöppeln
paličkovat krajku
[ˈpalɪt͡ʃkɔvat ˈkrajkʊ]

einen Teppich knüpfen
vázat koberec
[ˈvaːzat ˈkɔbɛrɛt͡s]

der Reißverschluss
zip m
[ˈzɪp]

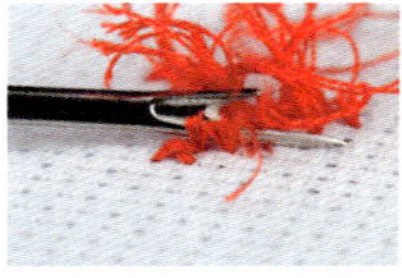

auftrennen
párat
[ˈpaːrat]

sticken	**vyšívat** [ˈvɪʃiːvat]
das Leinen	**lněné plátno** n [ˈl̩ɲɛnɛː ˈplaːtnɔ]
die Seide	**hedvábí** n [ˈɦɛdvaːbiː]
das Nylon®	**nylon** m [ˈnɪlɔn]
die Baumwolle	**bavlna** f [ˈbavl̩na]
der Polyester	**polyester** m [ˈpɔlɪɛstɛr]
der Stich	**steh** m [ˈstɛx]
heften	**sestehovat** [ˈsɛstɛɦɔvat]

HOBBYS – ZÁLIBY

Das Kino – Kino

der Kinosaal
kinosál m
[ˈkɪnɔsa:l]

die Snackbar
občerstvení n
[ˈʔɔpt͡ʃɛrstvɛɲi:]

① *die Kinoleinwand*
filmové plátno n
[ˈfɪlmɔvɛ: ˈpla:tnɔ]

② *die Sitzreihe*
řada f
[ˈr̝ada]

das Getränk
nápoj m
[ˈna:pɔj]

das Popcorn
popcorn m
[ˈpɔpkɔrn]

die Kinokasse
pokladna f
[ˈpɔkladna]

die Komödie
komedie f
[ˈkɔmɛdɪjɛ]

der Horrorfilm
horor m
[ˈɦɔrɔr]

der Liebesfilm
romantický film m
[ˈrɔmantɪt͡ski: ˈfɪlm]

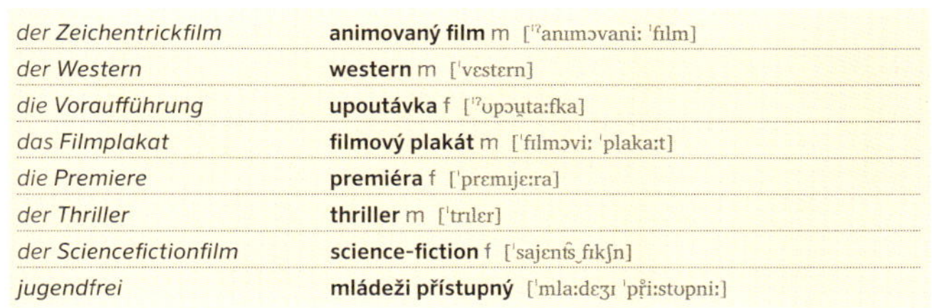

der Zeichentrickfilm	**animovaný film** m [ˈʔanɪmɔvani: ˈfɪlm]
der Western	**western** m [ˈvɛstɛrn]
die Voraufführung	**upoutávka** f [ˈʔʊpɔu̯ta:fka]
das Filmplakat	**filmový plakát** m [ˈfɪlmɔvi: ˈplaka:t]
die Premiere	**premiéra** f [ˈprɛmɪjɛ:ra]
der Thriller	**thriller** m [ˈtrɪlɛr]
der Sciencefictionfilm	**science-fiction** f [ˈsajɛnt͡s ˈfɪkʃn]
jugendfrei	**mládeži přístupný** [ˈmla:dɛʒɪ ˈpr̝i:stʊpni:]

der 3D-Film
film 3D m
[ˈtr̝ɪ ˈdɛ: ˈfɪlm]

HOBBYS - ZÁLIBY

Fotografieren - Fotografie

die Programmwählscheibe
volič programu m
[ˈvɔlɪt͡ʃ ˈprɔgramʊ]

die Spiegelreflexkamera
zrcadlovka f
[ˈzr̩t͡sadlɔfka]

der Blitzschuh
sáňky blesku pl
[ˈsaːɲkɪ ˈblɛskʊ]

der (ausklappbare) Blitz
vyskakovací blesk m
[ˈvɪskakɔvat͡siː ˈblɛsk]

der/das Zoom
zoom m
[ˈzʊːm]

das Objektiv
objektiv m
[ˈˀɔbjɛktɪf]

der Auslöser
spoušť fotoaparátu f
[ˈspɔu̯ʃc ˈfɔtɔaparaːtʊ]

das Kameragehäuse
tělo fotoaparátu n
[ˈcɛlɔ ˈfɔtɔaparaːtʊ]

der Blendenregler
clona f
[ˈt͡slɔna]

das Selbstauslöser-Lichtsignal
tlačítko časované samospouště n
[ˈtlat͡ʃiːtkɔ ˈt͡ʃasɔvanɛː ˈsamɔspɔu̯ʃcɛ]

die Einwegkamera
jednorázový fotoaparát m
[ˈjɛdnɔraːzɔviː ˈfɔtɔaparaːt]

die Sofortbildkamera
instantní fotoaparát m
[ˈˀɪnstantɲiː ˈfɔtɔaparaːt]

die Analogkamera
analogová kamera f
[ˈˀanalɔgɔvaː ˈkamɛra]

die Digitalkamera
digitální fotoaparát m
[ˈdɪgɪtaːlɲiː ˈfɔtɔaparaːt]

das Stativ
stativ m
[ˈstatɪf]

der Aufsteckblitz
přídavný blesk m
[ˈpr̝̊iːdavniː ˈblɛsk]

der Filter
filtr m
[ˈfɪltr̩]

der Objektivdeckel
krytka objektivu f
[ˈkrɪtka ˈˀɔbjɛktɪvʊ]

HOBBYS – ZÁLIBY

Fotografieren – Fotografie

der Film
film m
[ˈfɪlm]

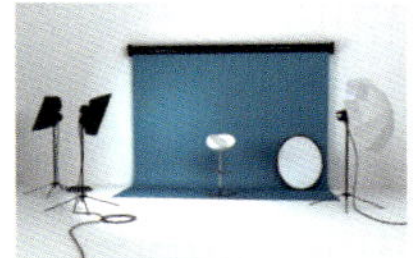

das Fotostudio
fotostudio n
[ˈfɔtɔˌstʊdɪjɔ]

ein Foto machen
udělat snímek
[ˈˀʊɟɛlat ˈsɲiːmɛk]

die Bildbearbeitung
úprava obrázků f
[ˈˀuːprava ˈˀɔbraːskuː]

die Compact-Flash-Karte
kompaktní flash disk m
[ˈkɔmpaktɲiː ˈflɛʒ͜dɪsk]

sich fotografieren lassen
nechat se vyfotit
[ˈnɛxat͜sɛ ˈvɪfɔcɪt]

die Kameratasche
pouzdro na fotoaparát n
[ˈpɔu̯zdrɔ ˈna͜fɔtɔaparaːt]

die Dunkelkammer
temná komora f
[ˈtɛmnaː ˈkɔmɔra]

die Speicherkarte
paměťová karta f
[ˈpamɲɛcɔvaː ˈkarta]

unscharf
rozostřený
[ˈrɔsˀɔstr̝ɛniː]

überbelichtet
přeexponovaný
[ˈpr̝ɛˀɛkspɔnɔvaniː]

unterbelichtet
podexponovaný
[ˈpɔtˀɛkspɔnɔvaniː]

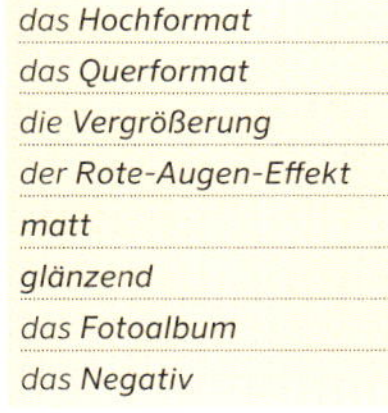

das Hochformat	**formát na výšku** m [ˈfɔrmaːt ˈna͜viːʃkʊ]
das Querformat	**formát na šířku** m [ˈfɔrmaːt ˈna͜ʃiːr̝kʊ]
die Vergrößerung	**zvětšení** n [ˈzvjɛtʃɛɲiː]
der Rote-Augen-Effekt	**efekt červených očí** m [ˈˀɛfɛkt ˈt͡ʃɛrvɛniːx ˈˀɔt͡ʃiː]
matt	**matný** [ˈmatniː]
glänzend	**lesklý** [ˈlɛskliː]
das Fotoalbum	**fotoalbum** n [ˈfɔtɔˌalbʊm]
das Negativ	**negativ** m [ˈnɛgatɪf]

der digitale Bilderrahmen
digitální fotorámeček m
[ˈdɪgɪtaːlɲiː ˈfɔtɔraːmɛt͡ʃɛk]

HOBBYS – ZÁLIBY

Spiele – Hry

die Spielkarte
hrací karta f
[ˈɦraʦiː ˈkarta]

das Karo
káry pl
[ˈkaːrɪ]

das Pik
piky pl
[ˈpiːkɪ]

das Herz
srdce pl
[ˈsr̩ʦɛ]

das Kreuz
kříže pl
[ˈkr̝iːʒɛ]

das Ass
eso n
[ˈʔɛsɔ]

der Joker
žolík m
[ˈʒɔliːk]

der König
král m
[ˈkraːl]

die Dame
dáma f
[ˈdaːma]

der Bube
kluk m
[ˈklʊk]

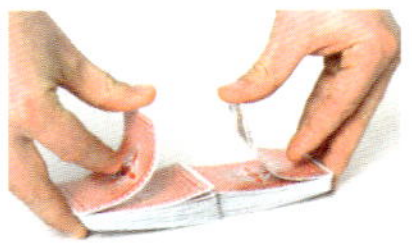

die Karten mischen
míchat karty
[ˈmiːxat ˈkartɪ]

geben
rozdávat
[ˈrɔzdaːvat]

das Blatt
list m
[ˈlɪst]

Poker spielen
hrát poker
[ˈɦraːt ˈpɔkr̩]

der Dominostein
domino n
[ˈdɔmɪnɔ]

das Backgammon
vrhcáby pl
[ˈvr̩xʦaːbɪ]

das Damespiel
dáma f
[ˈdaːma]

das Puzzle
puzzle n
[ˈpʊʦlɛ]

HOBBYS – ZÁLIBY

Spiele – Hry

das Schach
šachy pl
[ˈʃaxɪ]

der König
král m
[ˈkraːl]

die Dame
dáma f
[ˈdaːma]

der Läufer
střelec m
[ˈstřɛlɛt͡s]

der Springer
kůň m
[ˈkuːɲ]

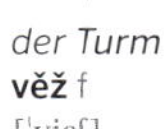
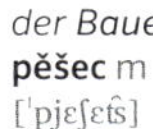
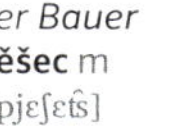
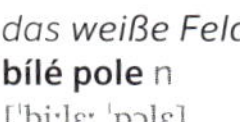
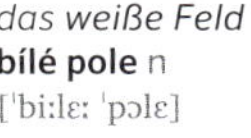

der Turm
věž f
[ˈvjɛʃ]

der Bauer
pěšec m
[ˈpjɛʃɛt͡s]

das weiße Feld
bílé pole n
[ˈbiːlɛː ˈpɔlɛ]

das Schachbrett
šachovnice f
[ˈʃaxɔvɲɪt͡sɛ]

das schwarze Feld
černé pole n
[ˈt͡ʃɛrnɛː ˈpɔlɛ]

der Zug
tah m
[ˈtax]

das Brettspiel
desková hra f
[ˈdɛskɔvaː ˈɦra]

das Monopoly®
Monopoly pl
[ˈmɔnɔpɔlɪ]

das Mensch ärgere dich nicht®
Člověče, nezlob se! n
[ˈt͡ʃlɔvjɛt͡ʃɛ ˈnɛzlɔp sɛ]

würfeln	**hodit kostkou** [ˈɦɔɟɪt ˈkɔstkɔʊ̯]
mogeln	**švindlovat** [ˈʃvɪndlɔvat]
das Glück	**štěstí** n [ˈʃcɛsciː]
das Pech	**smůla** f [ˈsmuːla]
Wer ist dran?	**kdo je na řadě?** [ˈgdɔ jɛ ˈna r̝aɟɛ]
Du bist dran.	**Jsi na řadě.** [ˈjsɪ ˈna r̝aɟɛ]
gewinnen	**vyhrát** [ˈvɪɦraːt]
verlieren	**prohrát** [ˈprɔɦraːt]

das Jenga®
Jenga f
[ˈd͡ʒɛŋga]

der Würfel
kostka f
[ˈkɔstka]

FERIEN – PRÁZDNINY

Am Strand – Na pláži

der Strand
pláž f
[ˈpla:ʃ]

die Stranddüne
písečná duna f
[ˈpi:sɛt͡ʃna: ˈduna]

der Sonnenuntergang
západ slunce m
[ˈza:pat ˈslunt͡sɛ]

das Meer
moře n
[ˈmor̝ɛ]

der Strandkorb
plážový koš na sezení m
[ˈpla:ʒovi: ˈkoʃ ˈna‿sɛzɛɲi:]

der Sand
písek m
[ˈpi:sɛk]

die Küste
pobřeží n
[ˈpobr̝ɛʒi:]

die Strandpromenade
promenáda f
[ˈpromɛna:da]

der Liegestuhl
lehátko n
[ˈlɛɦa:tko]

der Wasserball
míč do vody m
[ˈmi:t͡ʃ ˈdo‿vodɪ]

das Strandtuch
plážová osuška f
[ˈpla:ʒova: ˈʔosuʃka]

die Kinderschaufel
dětská lopatka f
[ˈɟɛt͡ska: ˈlopatka]

der Flip-Flop®
žabka f
[ˈʒapka]

der Eimer
kbelík m
[ˈgbɛli:k]

FERIEN - PRÁZDNINY

Am Strand - Na pláži

der Sonnenschirm
slunečník m
[ˈslunɛt͡ʃɲiːk]

der Steinstrand
oblázková pláž f
[ˈʔɔblaːskɔvaː ˈplaːʃ]

die Strandmuschel
plážový přístřešek m
[ˈplaːʒɔviː ˈpr̝iːstr̝ɛʃɛk]

die Sandburg
hrad z písku m
[ˈɦrat ˈs‿piːsku]

der Seetang
mořská řasa f
[ˈmɔr̝skaː ˈr̝asa]

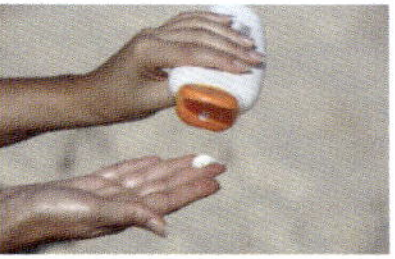

die Sonnencreme
opalovací krém m
[ˈʔɔpalɔvat͡siː ˈkrɛːm]

das Strandresort
přímořské letovisko n
[ˈpr̝iːmɔr̝skɛː ˈlɛtɔvɪskɔ]

der Steg
molo n
[ˈmɔlɔ]

das Kreuzworträtsel
křížovka f
[ˈkr̝iːʒɔfka]

das Sudoku
sudoku n
[ˈsudɔku]

das Strandhäuschen
plážový domek m
[ˈplaːʒɔviː ˈdɔmɛk]

die Strandbar
plážový bar m
[ˈplaːʒɔviː ˈbar]

die Ebbe	**odliv** m [ˈʔɔdlɪf]
die Flut	**příliv** m [ˈpr̝iːlɪf]
die Strömung	**proud** m [ˈprɔu̯t]
der FKK-Strand	**nudistická pláž** f [ˈnudɪstɪt͡skaː ˈplaːʃ]
das Strandgut	**předměty, které vyplavilo moře** pl [ˈpr̝ɛdmɲɛtɪ ˈktɛrɛː ˈvɪplavɪloˈmɔr̝ɛ]
schnorcheln	**šnorchlovat** [ˈʃnɔrxlɔvat]
der Sonnenbrand	**spálení sluncem** n [ˈspaːlɛɲiː ˈslunt͡sɛm]
die Brandung	**příboj** m [ˈpr̝iːbɔj]

sich sonnen
opalovat se
[ˈʔɔpalɔvat‿sɛ]

FERIEN - PRÁZDNINY

Das Zelten - Stanování

das Wohnmobil
obytný vůz m
[ˈˀɔbɪtniː ˈvuːs]

der Wohnwagen
obytný přívěs m
[ˈˀɔbɪtniː ˈpr̝̊iːvjɛs]

der Campingbus
kempinkový vůz m
[ˈkɛmpɪŋkɔviː ˈvuːs]

das Indianerzelt
týpí n
[ˈtiːpiː]

der Campingstuhl
skládací židle f
[ˈsklaːdat͡siː ˈʒɪdlɛ]

der Gasbrenner
plynový vařič m
[ˈplɪnɔviː ˈvar̝ɪt͡ʃ]

der Grillrost
gril m
[ˈgrɪl]

die Lagerfeuerstelle
ohniště n
[ˈˀɔɦɲɪʃcɛ]

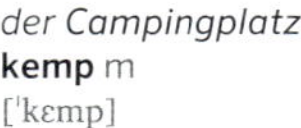

der Campingplatz
kemp m
[ˈkɛmp]

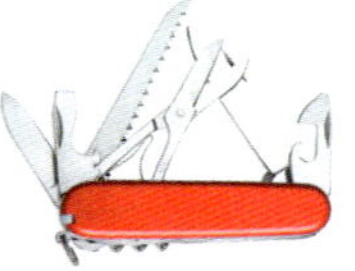

das Taschenmesser
kapesní nůž m
[ˈkapɛsɲiː ˈnuːʃ]

die Hängematte
houpací síť f
[ˈɦɔu̯pat͡siː ˈsɪːc]

das Zelt
stan m
[ˈstan]

der Zeltplatz
místo na stanování n
[ˈmiːstɔ ˈna‿stanɔvaːɲiː]

die Gasflasche	**plynová láhev** f [ˈplɪnɔvaː ˈlaːɦɛf]
das Propangas	**propan butan** m [ˈprɔpan ˈbʊtan]
die Stirnlampe	**čelovka** f [ˈt͡ʃɛlɔfka]
der Strom-anschluss	**elektrická přípojka** f [ˈˀɛlɛktrɪt͡ska: ˈpr̝̊iːpɔjka]
die Duschen und Toiletten	**sprchy a záchody** pl [ˈspr̩xɪ ˈˀa ˈzaːxɔdɪ]
der Feueranzünder	**zapalovač** m [ˈzapalɔvat͡ʃ]
die Holzkohle	**dřevěné uhlí** n [ˈdr̝ɛvjɛnɛː ˈˀʊɦliː]
der/das Insektenspray	**repelent** m [ˈrɛpɛlɛnt]

FERIEN – PRÁZDNINY

Das Zelten – Stanování

der Schlafsack
spací pytel m
[ˈspat͡siː ˈpɪtɛl]

das Außenzelt
vrchní plášť stanu m
[ˈvr̩xɲiː ˈplaːʃc ˈstanʊ]

das Innenzelt
vnitřní plášť stanu m
[ˈvɲɪtr̝̊ɲiː ˈplaːʃc ˈstanʊ]

der Zelteingang
vchod do stanu m
[ˈfxɔt ˈdɔ‿stanʊ]

die Zeltstange
stanová tyč f
[ˈstanɔvaː ˈtɪt͡ʃ]

der Zeltboden
podlážka f
[ˈpɔdlaːʃka]

der Reißverschluss
zip m
[ˈzɪp]

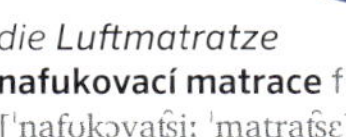

die Luftmatratze
nafukovací matrace f
[ˈnafʊkɔvat͡siː ˈmatrat͡sɛ]

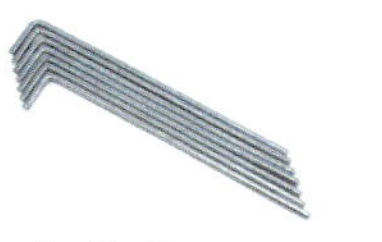

der Hering
stanový kolík m
[ˈstanɔviː ˈkɔliːk]

die Taschenlampe
baterka f
[ˈbatɛrka]

der Rucksack
batoh m
[ˈbatɔx]

die Isomatte
karimatka f
[ˈkarɪmatka]

der Trekkingstock
turistická hůl f
[ˈtʊrɪstɪt͡skaː ˈɦuːl]

der Wanderschuh
turistická obuv f
[ˈtʊrɪstɪt͡skaː ˈʔɔbʊf]

die Petroleumlampe	**petrolejová lampa** f [ˈpɛtrɔlɛjɔvaː ˈlampa]
die Luftpumpe	**pumpička** f [ˈpʊmpɪt͡ʃka]
die Campingtoilette	**přenosný záchod** m [ˈpr̝̊ɛnɔsniː ˈzaːxɔd]
die Entsorgungsstation	**místo určené k likvidaci odpadu** n [ˈmiːstɔ ˈʔʊrt͡ʃɛnɛː ˈk‿lɪkvɪdat͡sɪ ˈʔɔtpadʊ]
die Regenhaut®	**nepromokavý plášť** m [ˈnɛprɔmɔkaviː ˈplaːʃc]
die Thermowäsche	**termoprádlo** n [ˈtɛrmɔpraːdlɔ]
das Moskitonetz	**moskytiéra** f [ˈmɔskɪtɪjɛːra]
ein Zelt aufschlagen	**postavit stan** [ˈpɔstavɪt ˈstan]
Kann ich hier mein Zelt aufschlagen?	**Můžu tady postavit stan?** [ˈmuːʒʊ ˈtadɪ ˈpɔstavɪt ˈstan]

der Wasserkanister
kanystr na vodu m
[ˈkanɪstr̩ ˈna‿vɔdʊ]

KÖRPER UND GESUNDHEIT

TĚLO A ZDRAVÍ

DER KÖRPER – TĚLO

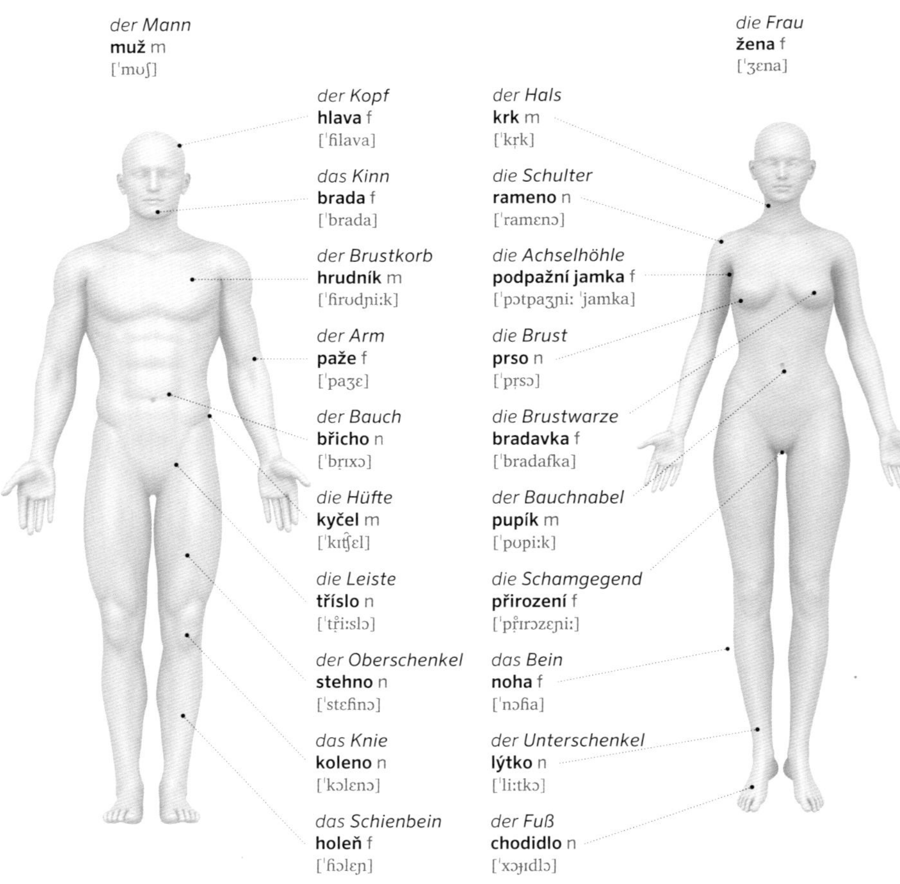

DER KÖRPER – TĚLO

die Frau
žena f
[ˈʒɛna]

der Mann
muž m
[ˈmʊʃ]

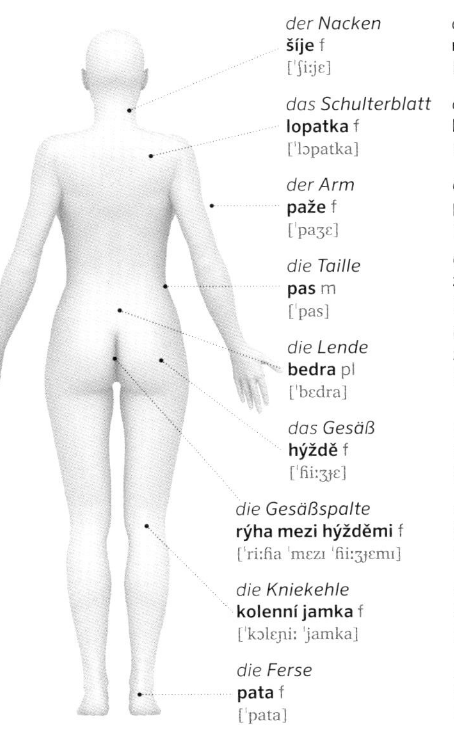

der Nacken
šíje f
[ˈʃiːjɛ]

das Schulterblatt
lopatka f
[ˈlɔpatka]

der Arm
paže f
[ˈpaʒɛ]

die Taille
pas m
[ˈpas]

die Lende
bedra pl
[ˈbɛdra]

das Gesäß
hýždě f
[ˈɦiːʒɟɛ]

die Gesäßspalte
rýha mezi hýžděmi f
[ˈriːɦa ˈmɛzɪ ˈɦiːʒɟɛmɪ]

die Kniekehle
kolenní jamka f
[ˈkɔlɛɲiː ˈjamka]

die Ferse
pata f
[ˈpata]

der Oberarm
nadloktí n
[ˈnadlɔkciː]

der Ellbogen
loket m
[ˈlɔkɛt]

der Unterarm
předloktí n
[ˈpr̝̊ɛdlɔkciː]

der Rücken
záda pl
[ˈzaːda]

das Handgelenk
zápěstí n
[ˈzaːpjɛsciː]

die Hand
ruka f
[ˈrʊka]

die Gesäßbacke
hýždě f
[ˈɦiːʒɟɛ]

die Wade
lýtko n
[ˈliːtkɔ]

der Knöchel
kotník m
[ˈkɔtɲiːk]

DER KÖRPER – TĚLO

Die Hand und der Fuß – Ruka a noha

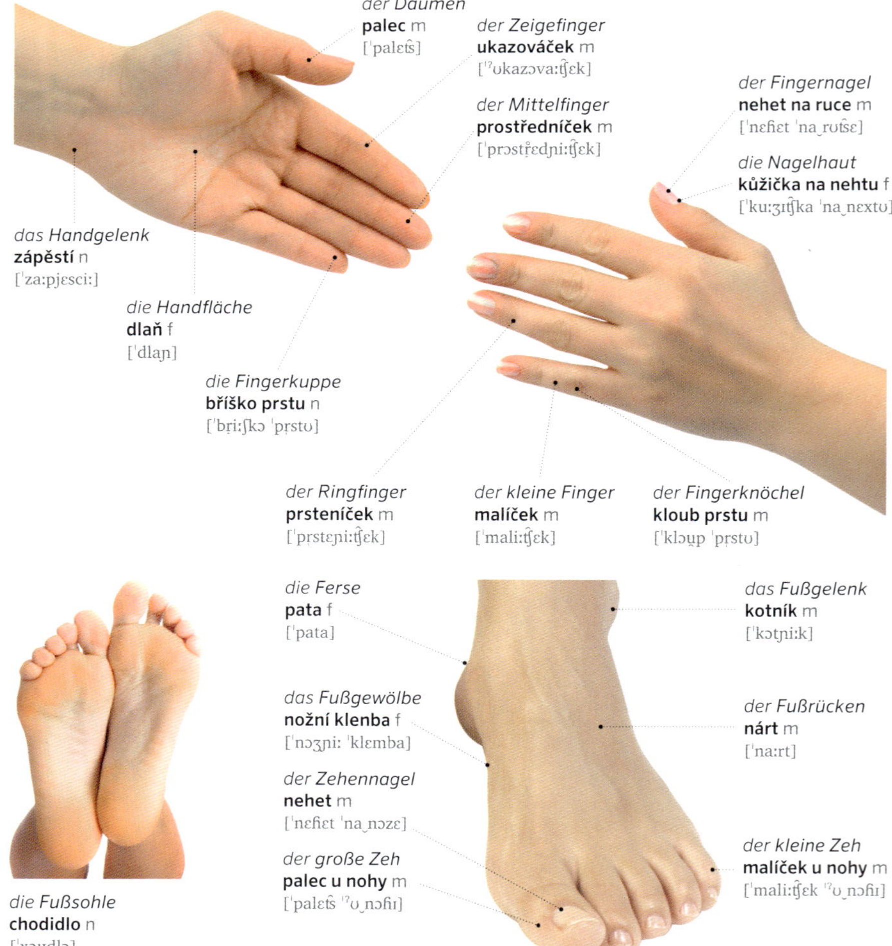

DER KÖRPER – TĚLO

Der Kopf – Hlava

das Gehirn
mozek m
[ˈmɔzɛk]

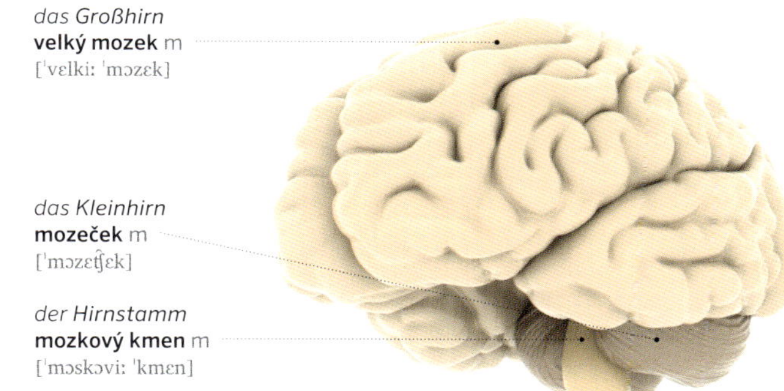

das Großhirn
velký mozek m
[ˈvɛlkiː ˈmɔzɛk]

das Kleinhirn
mozeček m
[ˈmɔzɛt͡ʃɛk]

der Hirnstamm
mozkový kmen m
[ˈmɔskɔviː ˈkmɛn]

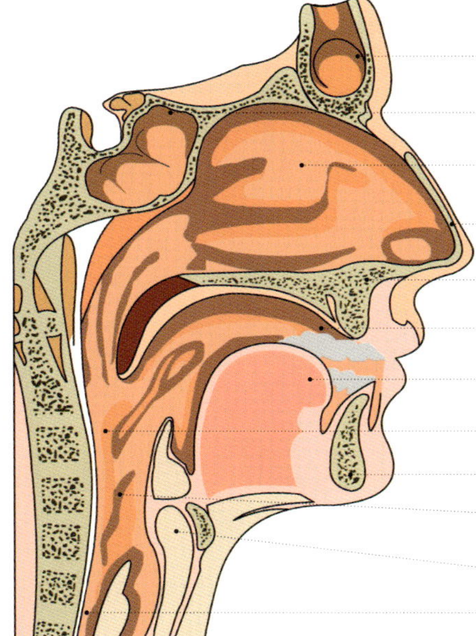

die Stirnhöhle
čelní dutina f
[ˈt͡ʃɛlɲiː ˈdʊcɪna]

die Keilbeinhöhle
dutina klínové kosti f
[ˈdʊcɪna ˈkliːnɔvɛː ˈkɔscɪ]

die Nasenhöhle
nosní dutina f
[ˈnɔsɲiː ˈdʊcɪna]

das Nasenbein
nosní kost f
[ˈnɔsɲiː ˈkɔst]

der Oberkiefer
horní čelist f
[ˈɦɔrɲiː ˈt͡ʃɛlɪst]

der Gaumen
patro n
[ˈpatrɔ]

die Zunge
jazyk m
[ˈjazɪk]

der Rachen
hltan m
[ˈɦl̩tan]

der Unterkiefer
spodní čelist f
[ˈspɔdɲiː ˈt͡ʃɛlɪst]

die Kehle
hrdlo n
[ˈɦr̩dlɔ]

der Kehlkopf
hrtan m
[ˈɦr̩tan]

die Speiseröhre
jícen m
[ˈjiːt͡sɛn]

DER KÖRPER – TĚLO

Die Muskeln – Svaly

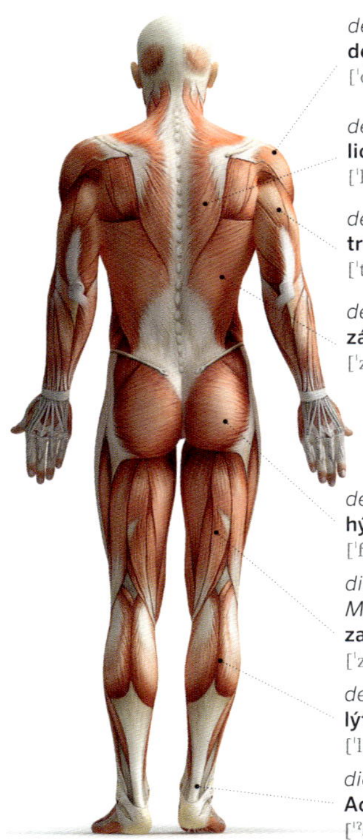

der Deltamuskel
deltový sval m
[ˈdɛltɔviː ˈsval]

der Kapuzenmuskel
lichoběžníkový sval m
[ˈlɪxɔbjɛʒɲiːkɔviː ˈsval]

der Trizeps
trojhlavý sval pažní m
[ˈtrɔjɦlaviː ˈsval ˈpaʒɲiː]

der Rückenmuskel
zádový sval m
[ˈzaːdɔviː ˈsval]

der Gesäßmuskel
hýžďový sval m
[ˈɦiːʒɟɔviː ˈsval]

die ischiocruralen Muskeln
zadní stehenní sval m
[ˈzadɲiː ˈstɛɦɛɲiː ˈsval]

der Wadenmuskel
lýtkový sval m
[ˈliːtkɔviː ˈsval]

die Achillessehne
Achillova šlacha f
[ˈʔaxɪlɔva ʃlaxa]

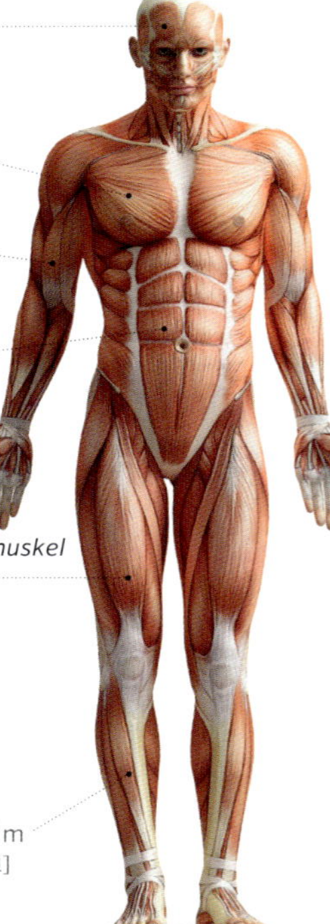

der Stirnmuskel
čelní sval m
[ˈt͡ʃɛlɲiː ˈsval]

der Brustmuskel
prsní sval m
[ˈpr̩sɲiː ˈsval]

der Bizeps
dvojhlavý sval m
[ˈdvɔjɦlaviː ˈsval]

der Bauchmuskel
břišní sval m
[ˈbr̝ɪʃɲiː ˈsval]

der Oberschenkelmuskel
stehenní sval m
[ˈstɛɦɛɲiː ˈsval]

der vordere Schienbeinmuskel
přední holenní sval m
[ˈpr̝̊ɛdɲiː ˈɦɔlɛɲiː ˈsval]

DER KÖRPER – TĚLO

Das Skelett – Kostra

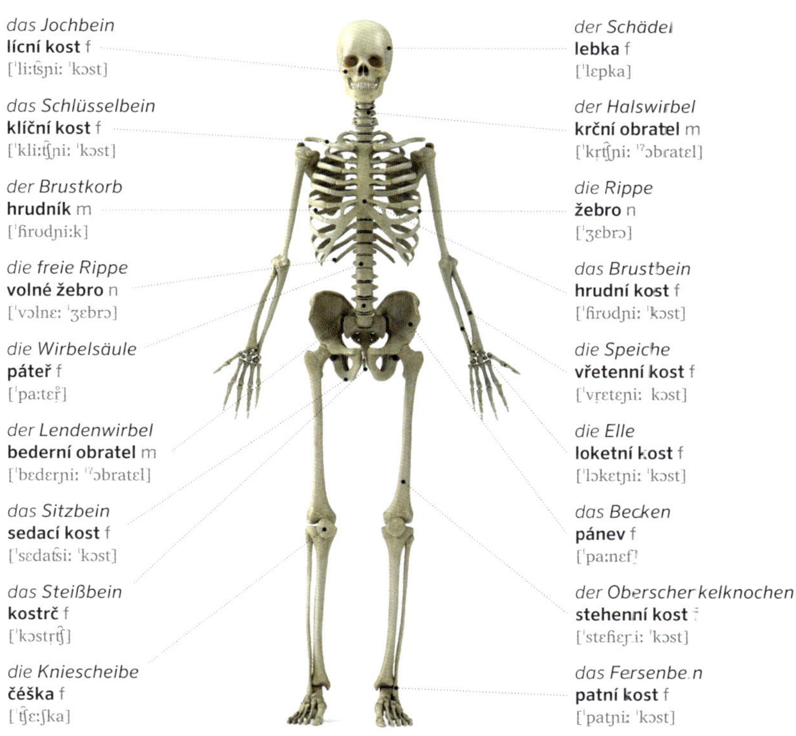

DER KÖRPER – TĚLO

Die inneren Organe – Vnitřní orgány

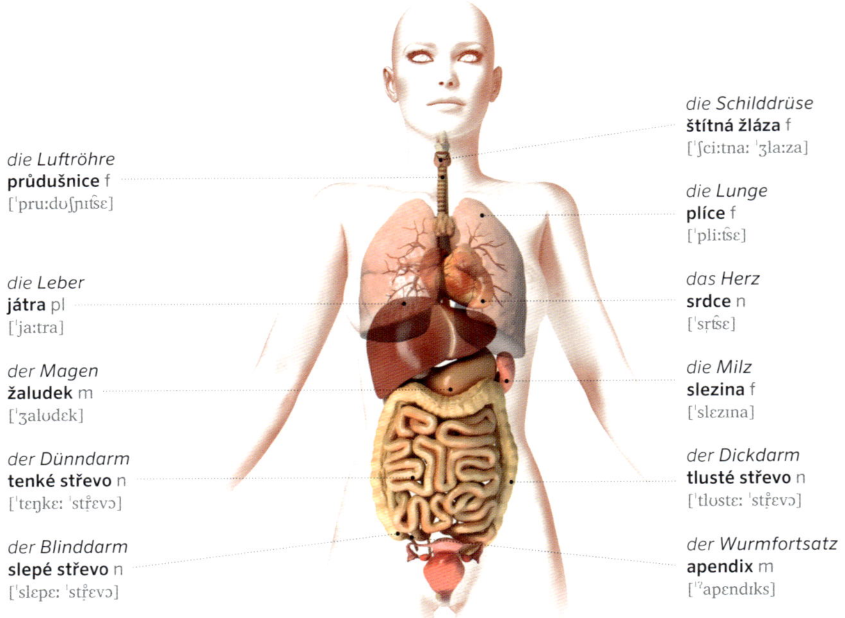

die Niere	**ledvina** f [ˈlɛdvɪna]
die Bauchspeicheldrüse	**slinivka břišní** f [ˈslɪɲɪfka ˈbr̝ɪʃɲiː]
der Zwölffingerdarm	**dvanácterník** m [ˈdvanaːt͡stɛrɲiːk]
die Gallenblase	**žlučník** m [ˈʒlʊt͡ʃɲiːk]
das Zwerchfell	**bránice** f [ˈbraːɲɪt͡sɛ]
das Gewebe	**tkáň** f [ˈtkaːɲ]
die Sehne	**šlacha** f [ˈʃlaxa]
die Drüse	**žláza** f [ˈʒlaːza]
der Knorpel	**chrupavka** f [ˈxrʊpafka]

DER KÖRPER – TĚLO

Die Körpersysteme – Orgánové soustavy

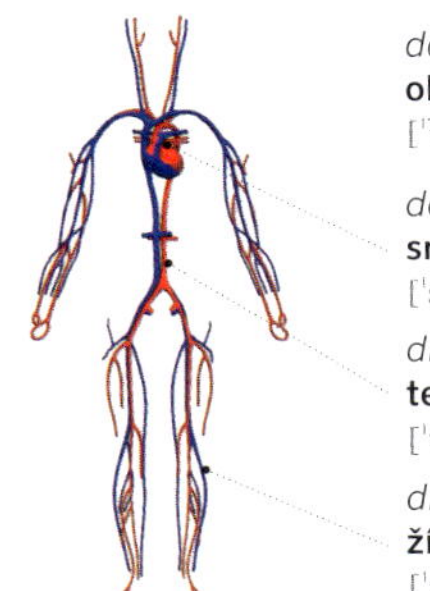

das Herz-Kreislauf-System
oběhová soustava f
[ˈˀɔbjɛɦɔvaː ˈsɔu̯stava]

das Herz
srdce n
[ˈsr̩t͡sɛ]

die Arterie
tepna f
[ˈtɛpna]

die Vene
žíla f
[ˈʒiːla]

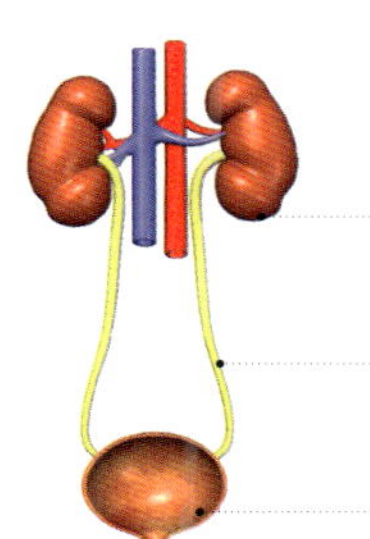

das Harnsystem
vylučovací soustava f
[ˈvɪlʊt͡ʃɔvaːt͡siː ˈsɔu̯stava]

die Niere
ledvina f
[ˈlɛdvɪna]

der Harnleiter
močovod m
[ˈmɔt͡ʃɔvɔt]

die Harnblase
močový měchýř m
[ˈmɔt͡ʃɔviː ˈmɲɛxiːr̝̊]

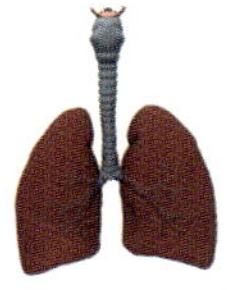

das Atmungssystem
dýchací soustava f
[ˈdiːxat͡siː ˈsɔu̯stava]

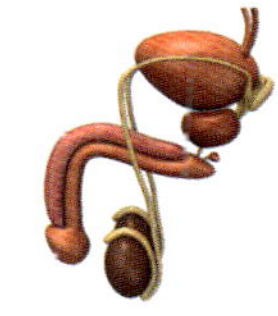

das männliche Fortpflanzungssystem
rozmnožovací soustava muže f
[ˈrɔzmnɔʒɔvaːt͡siː ˈsɔu̯stava ˈmʊʒɛ]

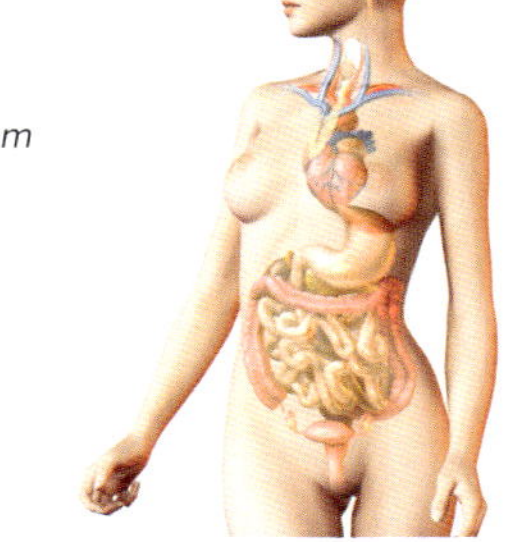

das Verdauungssystem
trávicí soustava f
[ˈtraːvɪt͡siː ˈsɔu̯stava]

das endokrine System
soustava žláz s vnitřní sekrecí f [ˈsɔu̯stava ˈʒlaːs ˈs‿vɲɪtr̝̊ɲiː ˈsɛkrɛt͡siː]

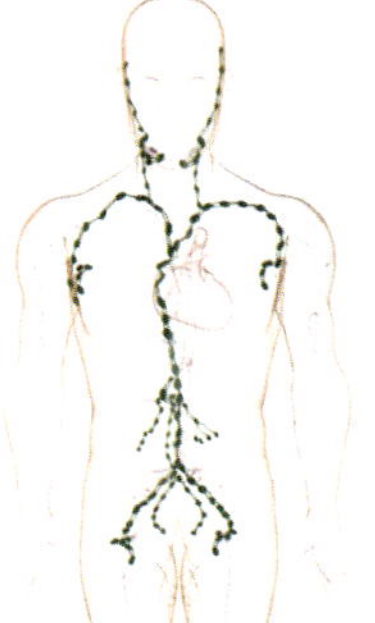

das lymphatische System
lymfatický systém m
[ˈlɪmfatɪt͡skiː ˈsɪstɛːm]

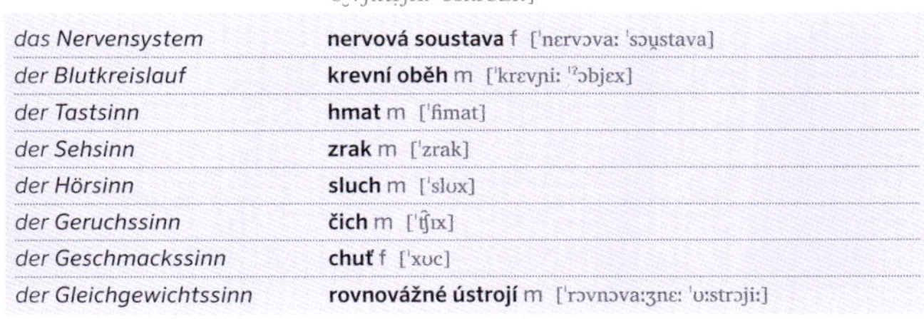

das Nervensystem	**nervová soustava** f [ˈnɛrvɔvaː ˈsɔu̯stava]
der Blutkreislauf	**krevní oběh** m [ˈkrɛvɲiː ˈˀɔbjɛx]
der Tastsinn	**hmat** m [ˈɦmat]
der Sehsinn	**zrak** m [ˈzrak]
der Hörsinn	**sluch** m [ˈslʊx]
der Geruchssinn	**čich** m [ˈt͡ʃɪx]
der Geschmackssinn	**chuť** f [ˈxʊc]
der Gleichgewichtssinn	**rovnovážné ústrojí** m [ˈrɔvnɔvaːʒnɛː ˈuːstrɔjiː]

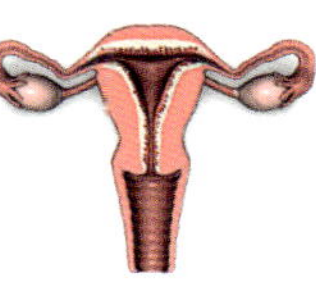

das weibliche Fortpflanzungssystem
rozmnožovací soustava ženy f
[ˈrɔzmnɔʒɔvaːt͡siː ˈsɔu̯stava ˈʒɛnɪ]

DER KÖRPER – TĚLO

Die Geschlechtsorgane – Rozmnožovací orgány

die männlichen Geschlechtsorgane
mužské pohlavní orgány pl
[ˈmʊʃskɛː ˈpɔɦlavɲiː ˈʔɔrgaːnɪ]

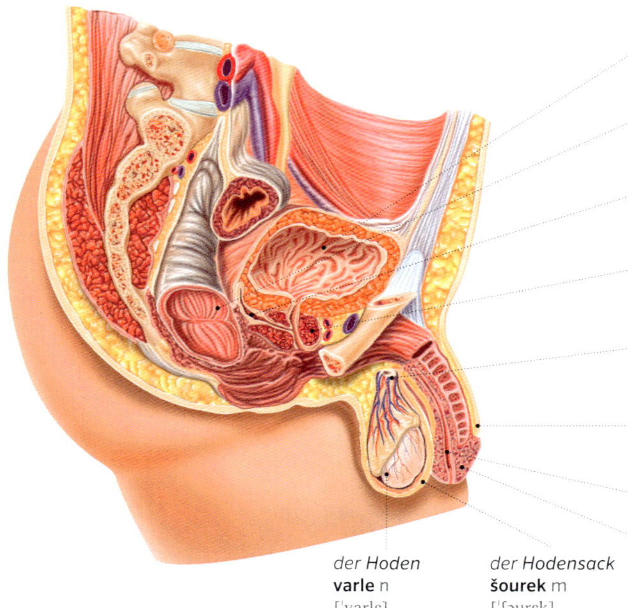

die Erektion	**erekce** f [ˈʔɛrɛkt͡sɛ]
die Vorhaut	**předkožka** f [ˈpr̝̊ɛtkɔʃka]
die Beschneidung	**obřízka** f [ˈʔɔbr̝iːska]
der Samenerguss	**ejakulace** f [ˈʔɛjakʊlat͡sɛ]
potent/impotent	**potentní/impotentní** [ˈpɔtɛntɲiː/ˈʔɪmpɔtɛntɲiː]
das Hormon	**hormon** m [ˈɦɔrmɔn]
der Geschlechtsverkehr	**pohlavní styk** m [ˈpɔɦlavɲiː ˈstɪk]
die Geschlechtskrankheit	**pohlavně přenosná nemoc** f [ˈpɔɦlavɲɛ ˈpr̝̊ɛnɔsnaː ˈnɛmɔc]

DER KÖRPER – TĚLO

Die Geschlechtsorgane – Rozmnožovací orgány

die weiblichen Geschlechtsorgane
ženské pohlavní orgány pl
[ˈʒɛnskɛː ˈpɔɦlavɲiː ˈˀɔrgaːnɪ]

der Eierstock
vaječník m
[ˈvajɛt͡ʃɲiːk]

der Eileiter
vejcovod m
[ˈvɛjt͡sɔvɔt]

die Gebärmutter
děloha f
[ˈɟɛlɔɦa]

die Harnblase
močový měchýř m
[ˈmɔt͡ʃɔviː ˈmɲɛxiːr̝̊]

der Gebärmutterhals
děložní hrdlo n
[ˈɟɛlɔʒɲiː ˈɦr̩dlɔ]

die Harnröhre
močová trubice f
[ˈmɔt͡ʃɔvaː ˈtrʊbɪt͡sɛ]

die Schamlippe
stydký pysk m
[ˈstɪdkiː ˈpɪsk]

die Klitoris
poštěváček m
[ˈpɔʃcɛvaːt͡ʃɛk]

die Scheide
vagina f
[ˈvagiːna]

der Anus
řitní otvor m
[ˈr̝̊ɪtɲiː ˈˀɔtvɔr]

die Spirale	**nitroděložní tělísko** n [ˈɲɪtrɔɟɛlɔʒɲiː ˈcɛliːskɔ]
das Pessar	**pesar** m [ˈpɛsar]
das Diaphragma	**diafragma** f [ˈdɪjafragma]
die Empfängnisverhütung	**antikoncepce** f [ˈˀantɪkɔnt͡sɛpt͡sɛ]
der Eisprung	**ovulace** f [ˈˀɔvʊlat͡sɛ]
die Menstruation	**menstruace** f [ˈmɛnstrʊat͡sɛ]
unfruchtbar/fruchtbar	**neplodný/plodný** [ˈnɛplɔdniː/ˈplɔdniː]
der Schwangerschaftsabbruch	**interrupce** f [ˈɪntɛrʊpt͡sɛ]

das Kondom
kondom m
[ˈkɔndɔm]

die Pille
antikoncepční pilulka f
[ˈˀantɪkɔnt͡sɛpt͡ʃɲiː ˈpɪlʊlka]

SCHWANGERSCHAFT UND GEBURT – TĚHOTENSTVÍ A POROD

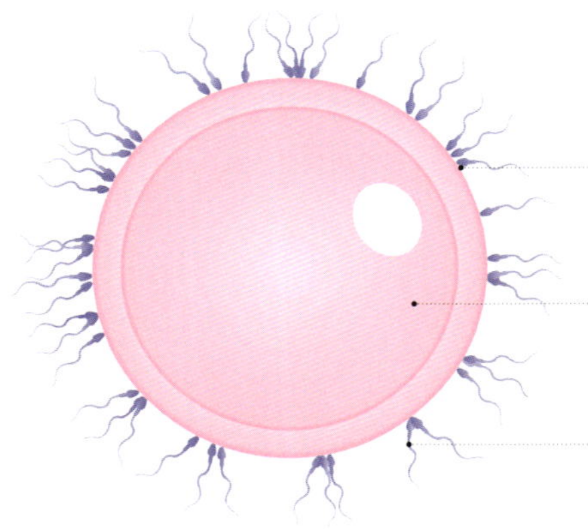

die Empfängnis
početí n
[ˈpɔt͡ʃɛciː]

die Befruchtung
oplodnění n
[ˈˀɔplɔdɲɛɲiː]

die Eizelle
vajíčko n
[ˈvajiːt͡ʃkɔ]

das Spermium
spermie f
[ˈspɛrmɪjɛ]

die Ultraschall-aufnahme
ultrazvuk m
[ˈˀʊltraˌzvʊk]

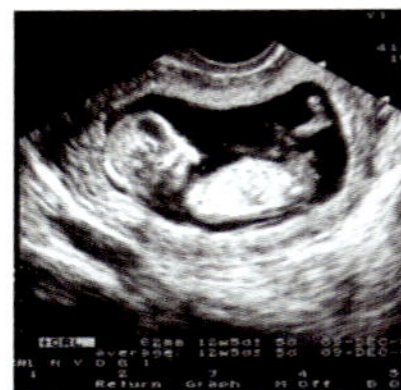

der/das Embryo
embryo n
[ˈˀɛmbrɪjɔ]

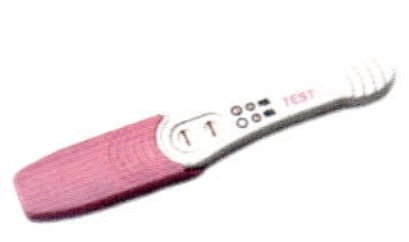

der Schwangerschafts-test
těhotenský test m
[ˈcɛɦɔtɛnskiː ˈtɛst]

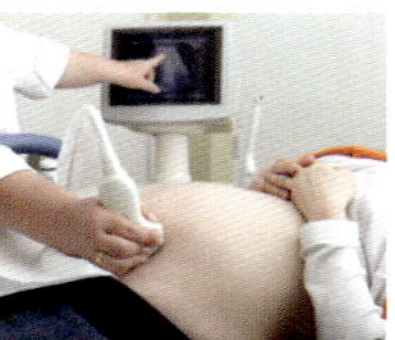

die Ultraschall-untersuchung
ultrazvukové vyšetření n
[ˈˀʊltrazvʊkɔvɛː ˈvɪʃɛtr̝̊ɛɲiː]

die Hebamme
porodní asistentka f
[ˈpɔrɔdɲiː ˈˀasɪstɛntka]

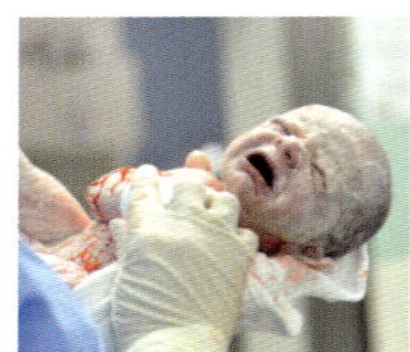

die Geburt
porod m
[ˈpɔrɔt]

schwanger	**těhotná** [ˈcɛɦɔtnaː]
die Wehen	**porodní bolesti** pl [ˈpɔrɔdɲiː ˈbɔlɛscɪ]
die Geburt einleiten	**vyvolat porod** [ˈvɪvɔlat ˈpɔrɔt]
pressen	**tlačit** [ˈtlat͡ʃɪt]
die Nabelschnur	**pupeční šňůra** f [ˈpʊpɛt͡ʃɲiː ˈʃɲuːra]
die Plazenta	**placenta** f [ˈplat͡sɛnta]
das Fruchtwasser	**plodová voda** f [ˈplɔdɔvaː ˈvɔda]
die Fruchtblase	**plodový vak** m [ˈplɔdɔviː ˈvak]

SCHWANGERSCHAFT UND GEBURT – TĚHOTENSTVÍ A POROD

das Fläschchen
lahvička f
[ˈlafivɪt͡ʃka]

der Messlöffel
odměrka f
[ˈʔɔdmɲɛrka]

das Milchpulver
kojenecké mléko n
[ˈkɔjɛnɛt͡skɛː ˈmlɛːkɔ]

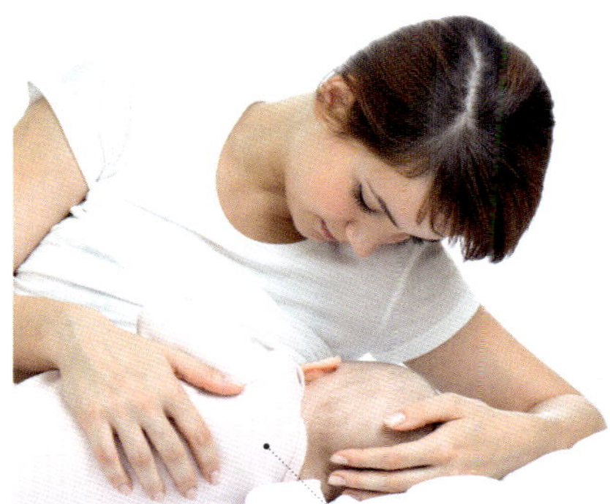

stillen
kojit
[ˈkɔjɪt]

der Säugling
kojenec m
[ˈkɔjɛnɛt͡s]

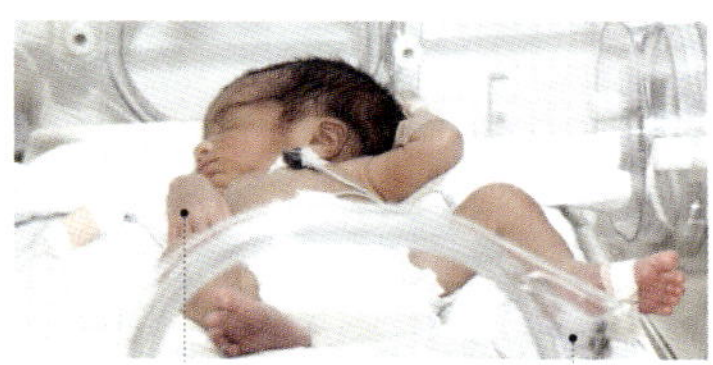

das Frühchen
předčasně narozené dítě n
[ˈpr̝ɛt͡ʃasɲɛː ˈnarɔzɛnɛː ˈɟiːcɛ]

der Brutkasten
inkubátor m
[ˈʔɪŋkubaːtɔr]

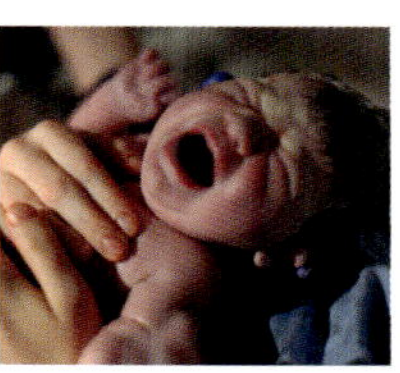

das Neugeborene
novorozenec m
[ˈnɔvɔrɔzɛnɛt͡s]

die Milchpumpe
odsávačka mléka f
[ˈʔɔtsaːvat͡ʃka mlɛːka]

der Kreißsaal	**porodní sál** m [ˈpɔrɔdɲiː ˈsaːl]
der Kaiserschnitt	**císařský řez** m [ˈt͡siːsar̝skiː ˈr̝ɛs]
die Frühgeburt	**předčasný porod** m [ˈpr̝ɛt͡ʃasniː ˈpɔrɔt]
die Fehlgeburt	**samovolný potrat** m [ˈsamɔvɔlniː ˈpɔtrat]
die eineiigen Zwillinge	**jednovaječná dvojčata** pl [ˈjɛdnɔvajɛt͡ʃnaː ˈdvɔjt͡ʃata]
die zweieiigen Zwillinge	**dvojvaječná dvojčata** pl [ˈdvɔjvajɛt͡ʃnaː ˈdvɔjt͡ʃata]
das Geburtsgewicht	**porodní váha** f [ˈpɔrɔdɲiː ˈvaːɦa]
die Impfung	**očkování** n [ˈʔɔt͡ʃkɔvaːɲiː]

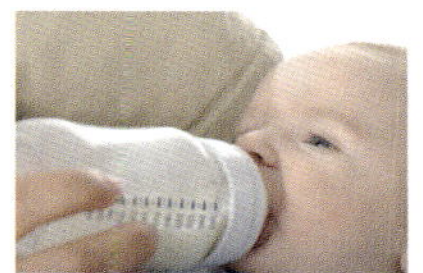

mit der Flasche füttern
krmit z láhve
[ˈkr̩mɪt ˈz laːɦvɛ]

DER ARZTBESUCH – U LÉKAŘE

den Blutdruck messen
měřit krevní tlak
[ˈmɲɛr̝ɪt ˈkrɛvɲiː ˈtlak]

das Wartezimmer
čekárna f
[ˈt͡ʃɛkaːrna]

das Rezept
recept m
[ˈrɛt͡sɛpt]

die Ärztin
doktorka f
[ˈdɔktɔrka]

die Patientin
pacientka f
[ˈpat͡sɪjɛntka]

die Manschette
manžeta f
[ˈmanʒɛta]

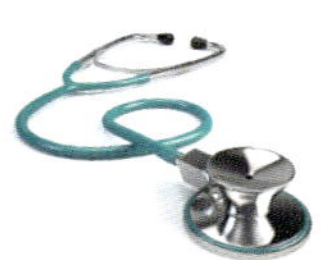

das Stethoskop
fonendoskop m
[ˈfɔnɛndɔskɔp]

das Sprechzimmer
ordinace f
[ˈʔɔrdɪnat͡sɛ]

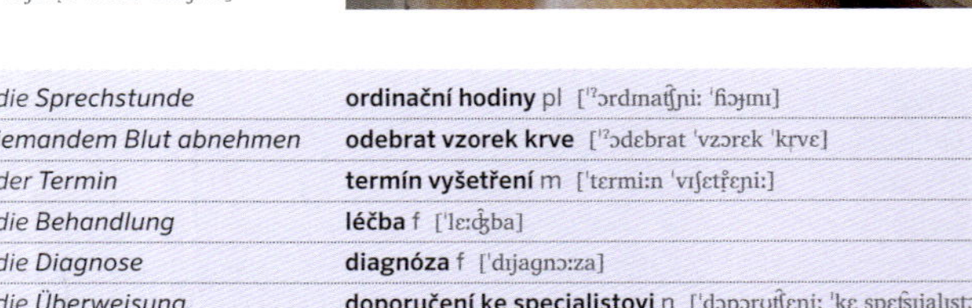

die Untersuchungsliege
vyšetřovací lůžko n
[ˈvɪʃɛtr̝ɔvat͡siː ˈluːʃkɔ]

das Blutdruckmessgerät
tlakoměr m
[ˈtlakɔmɲɛr]

die Sprechstunde	**ordinační hodiny** pl [ˈʔɔrdɪnat͡ʃɲiː ˈɦɔɟɪnɪ]
jemandem Blut abnehmen	**odebrat vzorek krve** [ˈʔɔdɛbrat ˈvzɔrɛk ˈkr̩vɛ]
der Termin	**termín vyšetření** m [ˈtɛrmiːn ˈvɪʃɛtr̝ɛɲiː]
die Behandlung	**léčba** f [ˈlɛːd͡ʒba]
die Diagnose	**diagnóza** f [ˈdɪjagnɔːza]
die Überweisung	**doporučení ke specialistovi** n [ˈdɔpɔrʊt͡ʃɛɲiː ˈkɛ‿spɛt͡sɪjalɪstɔvɪ]
die Ergebnisse	**výsledky** pl [ˈviːslɛtkɪ]
die Krankenkasse	**zdravotní pojišťovna** f [ˈzdravɔtɲiː ˈpɔjɪʃcɔvna]

SYMPTOME UND KRANKHEITEN – PŘÍZNAKY A NEMOCI

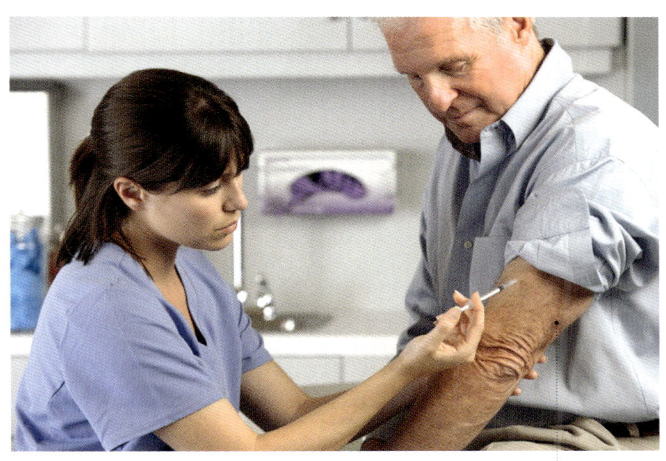

jemandem eine Spritze geben
dát někomu injekci
[ˈda:t ˈɲɛkɔmʊ ˈʔɪɲɛkt͡sɪ]

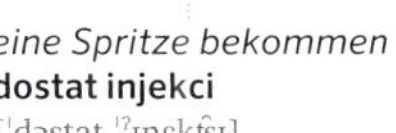

eine Spritze bekommen
dostat injekci
[ˈdɔstat ˈʔɪɲɛkt͡sɪ]

das Virus	**virus** m [ˈvɪrʊs]
der Infekt	**infekce** f [ˈʔɪnfɛkt͡sɛ]
die Allergie	**alergie** f [ˈʔalɛrgɪjɛ]
der Hautausschlag	**vyrážka** f [ˈvɪra:ʃka]
das Ekzem	**ekzém** m [ˈʔɛgzɛ:m]
die Migräne	**migréna** f [ˈmɪgrɛ:na]
das Nasenbluten	**krvácení z nosu** n [ˈkr̩va:t͡sɛɲi: ˈz‿nɔsʊ]
die Bindehautentzündung	**zánět spojivek** m [ˈza:ɲɛt ˈspɔjɪvɛk]
die Mittelohrentzündung	**zánět středního ucha** m [ˈza:ɲɛt ˈstr̝̊ɛdɲi:ɦɔ ˈʔʊxa]
der Durchfall	**průjem** m [ˈpru:jɛm]
die Darmgrippe	**střevní chřipka** f [ˈstr̝̊ɛvɲi: ˈxr̝̊ɪpka]
der Schwindel	**závrať** f [ˈza:vrac]
die Übelkeit	**žaludeční nevolnost** f [ˈʒalʊdɛt͡ʃɲi: ˈnɛvɔlnɔst]
der Krampf	**křeč** f [ˈkr̝̊ɛt͡ʃ]
die Bronchitis	**zánět průdušek** m [ˈza:ɲɛt ˈpru:dʊʃɛk]
die Blasenentzündung	**zánět močového měchýře** m [ˈza:ɲɛt ˈmɔt͡ʃɔvɛ:ɦɔ ˈmɲɛxi:r̝ɛ]

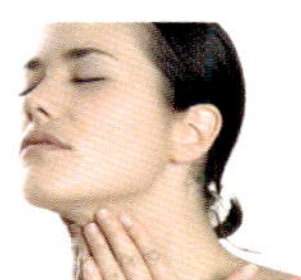

die Halsschmerzen
bolest v krku f
[ˈbɔlɛst ˈf‿kr̩kʊ]

die Kopfschmerzen
bolest hlavy f
[ˈbɔlɛst ˈɦlavɪ]

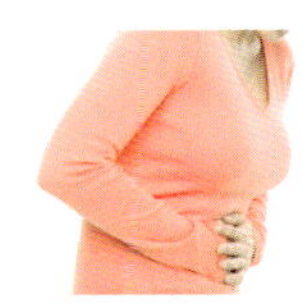

die Magenschmerzen
bolest žaludku f
[ˈbɔlɛst ˈʒalʊtkʊ]

die Zahnschmerzen
bolest zubů f
[ˈbɔlɛst ˈzʊbu:]

SYMPTOME UND KRANKHEITEN – PŘÍZNAKY A NEMOCI

krank
nemocný
[ˈnɛmɔt͡sniː]

der Schnupfen
rýma f
[ˈriːma]

der Husten
kašel m
[ˈkaʃɛl]

gesund
zdravý
[ˈzdraviː]

die Erkältung
nachlazení n
[ˈnaxlazɛɲiː]

die Grippe
chřipka f
[ˈxr̝̊ɪpka]

das Niesen
kýchnutí n
[ˈkiːxnʊciː]

das Fieber
horečka f
[ˈɦɔrɛt͡ʃka]

der Heuschnupfen
senná rýma f
[ˈsɛnaː ˈriːma]

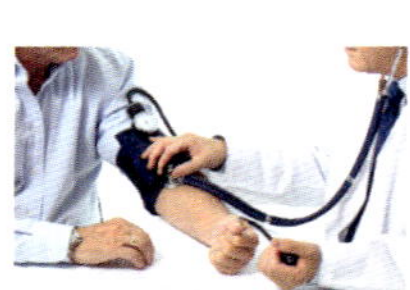

der hohe/niedrige Blutdruck
vysoký/nízký krevní tlak m [ˈvɪsɔkiː/ˈɲiːskiː ˈkrɛvɲiː ˈtlak]

die Entzündung	**zánět** m [ˈzaːɲɛt]
die Gürtelrose	**pásový opar** m [ˈpaːsɔviː ˈʔɔpar]
die Mangelerscheinung	**nedostatek** m [ˈnɛdɔstatɛk]
die Blutvergiftung	**otrava krve** f [ˈʔɔtrava ˈkrvɛ]
die Schuppenflechte	**lupénka** f [ˈlʊpɛːŋka]
die Kinderkrankheit	**dětská nemoc** f [ˈɟɛt͡skaː ˈnɛmɔt͡s]
die Röteln	**zarděnky** pl [ˈzarɟɛŋkɪ]
der/das Scharlach	**spála** f [ˈspaːla]
die Windpocken	**plané neštovice** pl [ˈplanɛː ˈnɛʃtɔvɪt͡sɛ]
der Mumps	**příušnice** pl [ˈpr̝̊iːʊʃɲɪt͡sɛ]
der Keuchhusten	**černý kašel** m [ˈt͡ʃɛrniː ˈkaʃɛl]
die Masern	**spalničky** pl [ˈspalɲɪt͡ʃkɪ]
die Kinderlähmung	**dětská obrna** f [ˈɟɛt͡skaː ˈʔɔbr̩na]
der Wundstarrkrampf	**tetanus** m [ˈtɛtanʊs]
die Tuberkulose	**tuberkulóza** f [ˈtʊbɛrkʊlɔːza]
die Rachitis	**křivice** f [ˈkr̝̊ɪvɪt͡sɛ]
die Hirnhautentzündung	**zánět mozkových blan** m [ˈzaːɲɛt ˈmɔskɔviːx ˈblan]
die Diphtherie	**záškrt** m [ˈzaːʃkr̩t]
die Tollwut	**vzteklina** f [ˈfstɛklɪna]

SYMPTOME UND KRANKHEITEN – PŘÍZNAKY A NEMOCI

das Asthma
astma n
[ˈʔastma]

der Inhalator
inhalátor m
[ˈʔɪnɦalaːtɔr]

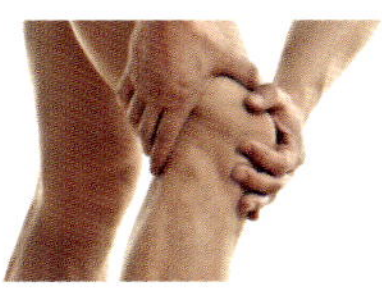

das Rheuma
revma n
[ˈrɛvma]

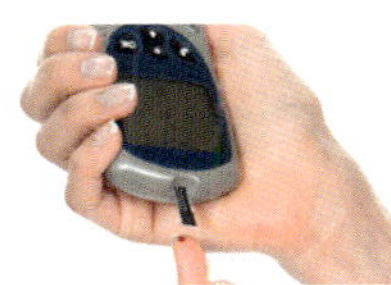

der Diabetes
cukrovka f
[ˈt͡sʊkrɔfka]

die Schlafstörung
porucha spánku f
[ˈpɔrʊxa ˈspaːŋkʊ]

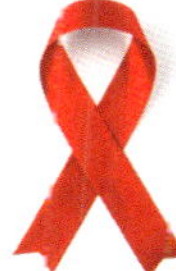

das Aids
AIDS n
[ˈʔajt͡s]

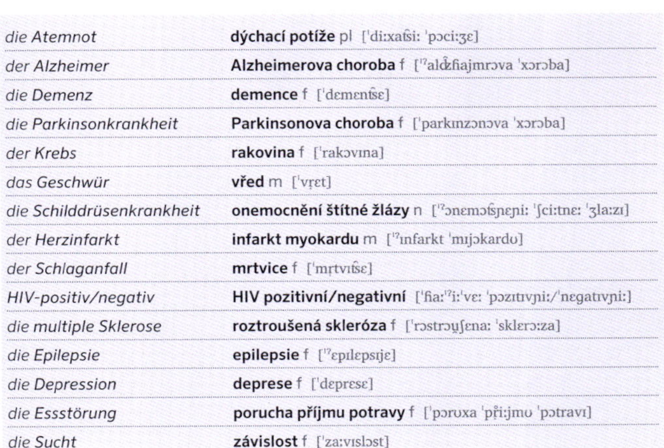

die Atemnot	**dýchací potíže** pl [ˈdiːxat͡siː ˈpɔciːʒɛ]
der Alzheimer	**Alzheimerova choroba** f [ˈʔald͡zɦajmrɔva ˈxɔrɔba]
die Demenz	**demence** f [ˈdɛmɛnt͡sɛ]
die Parkinsonkrankheit	**Parkinsonova choroba** f [ˈparkɪnzɔnɔva ˈxɔrɔba]
der Krebs	**rakovina** f [ˈrakɔvɪna]
das Geschwür	**vřed** m [ˈvr̝ɛt]
die Schilddrüsenkrankheit	**onemocnění štítné žlázy** n [ˈʔɔnɛmɔt͡sɲɛɲiː ˈʃciːtnɛː ˈʒlaːzɪ]
der Herzinfarkt	**infarkt myokardu** m [ˈʔɪnfarkt ˈmɪjɔkardʊ]
der Schlaganfall	**mrtvice** f [ˈmr̩tvɪt͡sɛ]
HIV-positiv/negativ	**HIV pozitivní/negativní** [ˈɦaːˈʔiːˈvɛː ˈpɔzɪtɪvɲiː/ˈnɛgatɪvɲiː]
die multiple Sklerose	**roztroušená skleróza** f [ˈrɔstrɔʊ̯ʃɛnaː ˈsklɛrɔːza]
die Epilepsie	**epilepsie** f [ˈʔɛpɪlɛpsɪjɛ]
die Depression	**deprese** f [ˈdɛprɛsɛ]
die Essstörung	**porucha příjmu potravy** f [ˈpɔrʊxa ˈpr̝iːjmʊ ˈpɔtravɪ]
die Sucht	**závislost** f [ˈzaːvɪslɔst]

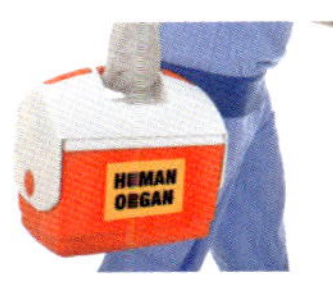

die Transplantation
transplantace f
[ˈtrant͡splantat͡sɛ]

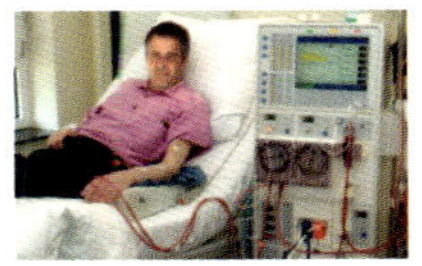

die Dialyse
dialýza f
[ˈdɪjaliːza]

BEHINDERUNGEN – ZDRAVOTNÍ POSTIŽENÍ

der Blindenhund
slepecký pes m
[ˈslɛpɛt͡ski: ˈpɛs]

der Rollstuhl
invalidní vozík m
[ˈˀɪnvalɪdɲi: ˈvɔzi:k]

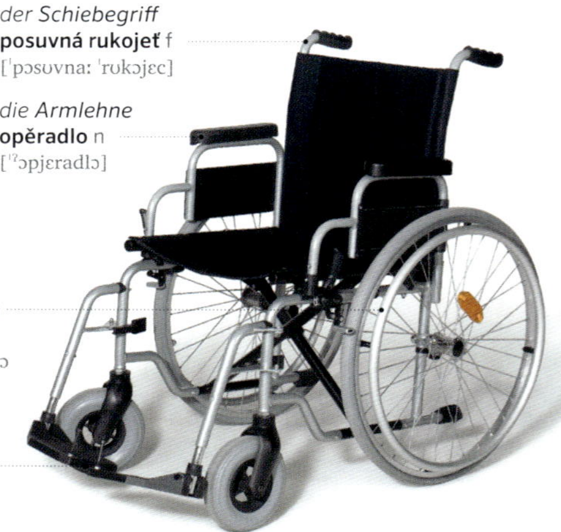

der Schiebegriff
posuvná rukojeť f
[ˈpɔsʊvna: ˈrʊkɔjɛc]

die Armlehne
opěradlo n
[ˈˀɔpjɛradlɔ]

der Greifreifen
ručně poháněné kolo invalidního vozíku n
[ˈrʊt͡ʃɲɛ ˈpɔɦa:ɲɛnɛ: ˈkɔlɔ ˈˀɪnvalɪdɲi:ɦɔ ˈvɔzi:kʊ]

die Fußstütze
nožní opěrka f
[ˈnɔʒɲi: ˈˀɔpjɛrka]

der Blindenstock
slepecká hůl f
[ˈslɛpɛt͡ska: ˈɦu:l]

die Gebärdensprache
znaková řeč f
[ˈznakɔva: ˈr̝ɛt͡ʃ]

das Hörgerät
naslouchátko n
[ˈnaslɔu̯xa:tkɔ]

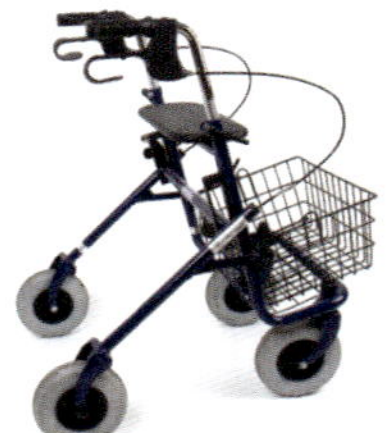

der Rollator
chodítko n
[ˈxɔɟi:tkɔ]

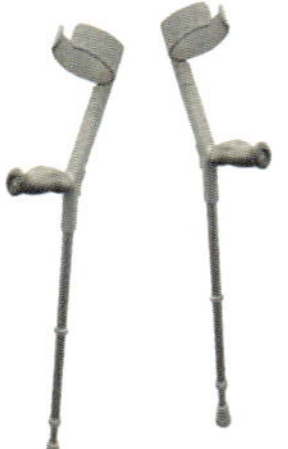

die Krücke
berle f
[ˈbɛrlɛ]

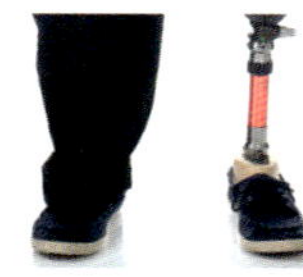

die Prothese
protéza f
[ˈprɔtɛ:za]

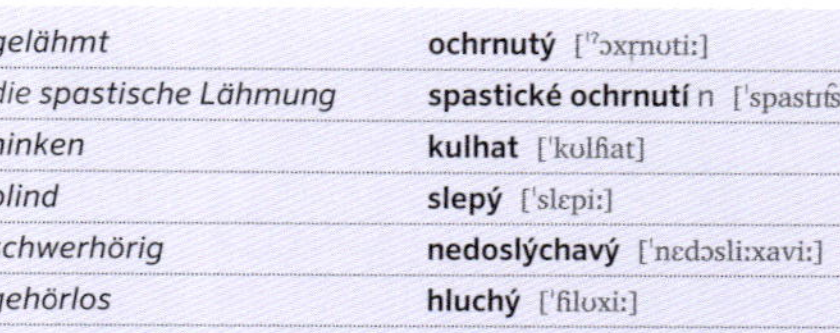

gelähmt	**ochrnutý** [ˈˀɔxr̩nʊti:]
die spastische Lähmung	**spastické ochrnutí** n [ˈspastɪt͡skɛ: ˈˀɔxr̩nʊci:]
hinken	**kulhat** [ˈkʊlɦat]
blind	**slepý** [ˈslɛpi:]
schwerhörig	**nedoslýchavý** [ˈnɛdɔsli:xavi:]
gehörlos	**hluchý** [ˈɦlʊxi:]
behindert	**postižený** [ˈpɔscɪʒɛni:]
schwerbehindert	**těžce postižený** [ˈcɛʒt͡sɛ ˈpɔscɪʒɛni:]

VERLETZUNGEN – ZRANĚNÍ

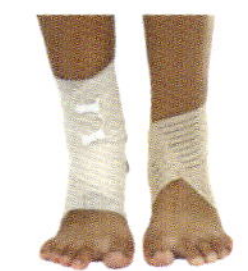

die Verstauchung
vyvrtnutí n
[ˈvɪvr̩tnʊciː]

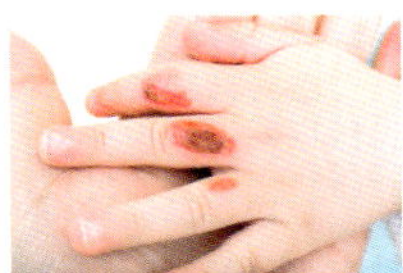

die Verbrennung
popálenina f
[ˈpɔpaːlɛɲɪna]

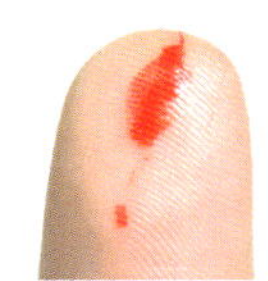

die Schnittwunde
řezná rána f
[ˈr̝ɛznaː ˈraːna]

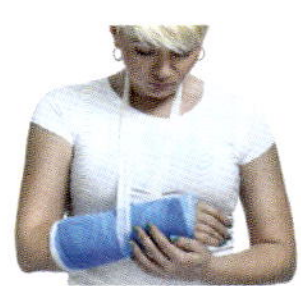

der Knochenbruch
zlomenina f
[ˈzlɔmɛɲɪna]

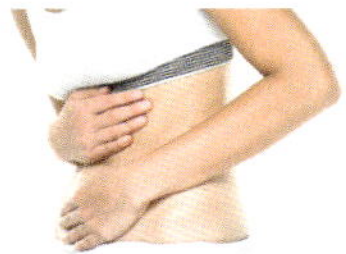

die Vergiftung
otrava f
[ˈˀɔtrava]

der Insektenstich
bodnutí hmyzem n
[ˈbɔdnʊciː ˈɦmɪzɛm]

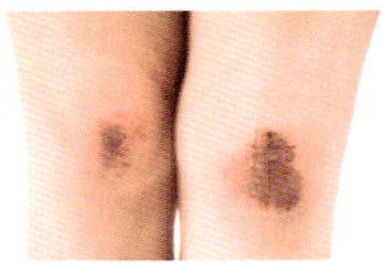

die Schürfwunde
odřenina f
[ˈˀɔdr̝ɛɲɪna]

in Ohnmacht fallen
omdlít
[ˈˀɔmdliːt]

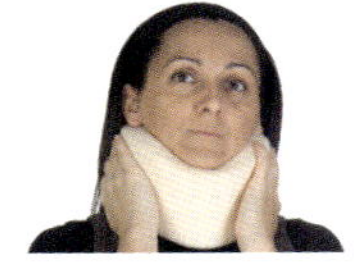

das Schleudertrauma
hyperflexe krku f
[ˈɦɪpɛrflɛksɛ ˈkr̩kʊ]

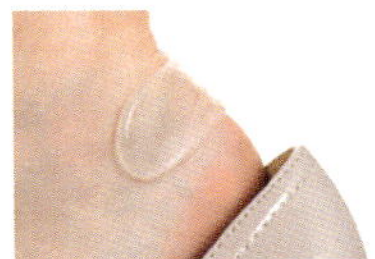

die Blase
puchýř m
[ˈpʊxiːr̝̊]

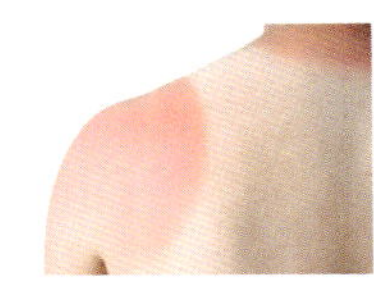

der Sonnenbrand
kůže spálená od slunce f
[ˈkuːʒɛ ˈspaːlɛnaː ˈˀɔt‿slʊnt͡sɛ]

der Bandscheibenvorfall
vyhřeznutá ploténka f
[ˈvɪɦr̝ɛznʊtaː plɔtɛːŋka]

die Wunde	**rána** f [ˈraːna]
die Brandwunde	**popálenina** f [ˈpɔpaːlɛɲɪna]
das Blut	**krev** f [ˈkrɛf]
bluten	**krvácet** [ˈkr̩vaːt͡sɛt]
die Blutung	**krvácení** n [ˈkr̩vaːt͡sɛɲiː]
die Gehirnerschütterung	**otřes mozku** m [ˈˀɔtr̝̊ɛs ˈmɔskʊ]
sich den Arm/einen Wirbel ausrenken	**vykloubit si rameno/vyhřeznout obratel** [ˈvɪklɔu̯bɪt‿sɪ ˈramɛnɔ/ˈvɪɦr̝ɛznɔu̯t ˈˀɔbratɛl]
sich den Fuß verstauchen/brechen	**podvrtnout si/zlomit si nohu** [ˈpɔdvr̩tnɔu̯t‿sɪ/ˈzlɔmɪt‿sɪ ˈnɔɦʊ]

der elektrische Schlag
rána elektrickým proudem f [ˈraːna ˈˀɛlɛktrɪt͡skiːm ˈprɔu̯dɛm]

BEIM ZAHNARZT – U ZUBAŘE

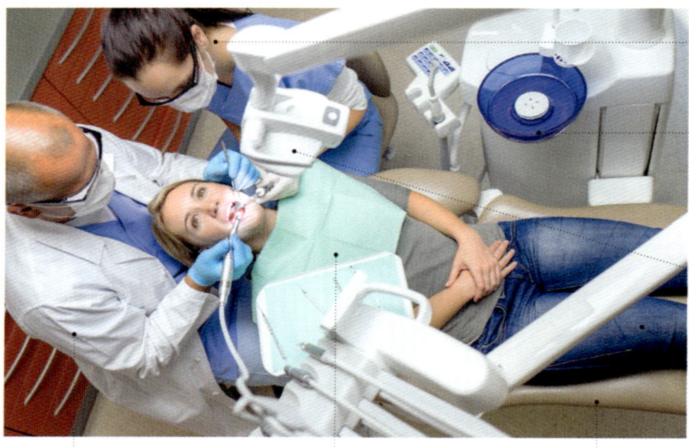

die Zahnarzthelferin
zubní asistentka f
[ˈzʊbɲiː ˈˀasɪstɛntka]

das Mundspülbecken
umyvadlo na vyplachování úst n
[ˈˀʊmɪvadlɔ ˈna‿vɪplaxɔvaːɲiː ˈˀuːst]

die Behandlungslampe
osvětlení n
[ˈˀɔsvjɛtlɛɲiː]

die Patientin
pacientka f
[ˈpat͡sɪjɛntka]

der Zahnarzt
zubař m
[ˈzʊbar̝]

der Patientenumhang
zástěrka pro pacienta f
[ˈzaːscɛrka ˈprɔ‿pat͡sɪjɛnta]

der Zahnarztstuhl
zubařské křeslo n
[ˈzʊbar̝skɛː ˈkr̝ɛslɔ]

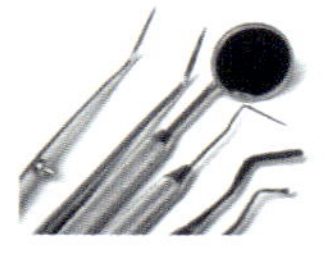

das Zahnarztbesteck
zubařské nástroje pl
[ˈzʊbar̝skɛː ˈnaːstrɔjɛ]

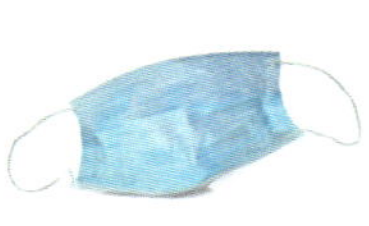

der Mundschutz
ústenka f
[ˈˀuːstɛŋka]

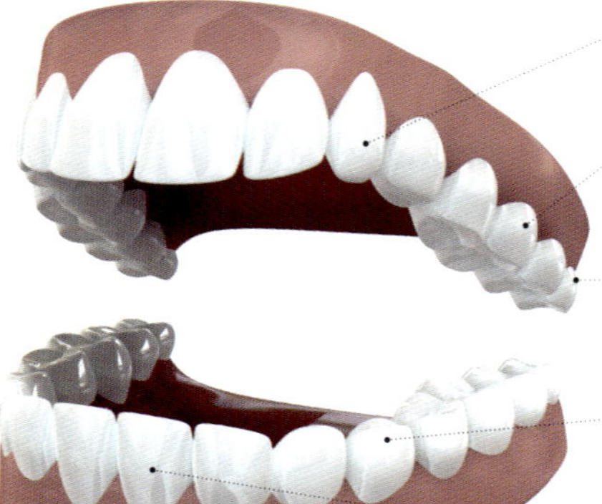

der Eckzahn
špičák m
[ˈʃpɪt͡ʃaːk]

der hintere Backenzahn
stolička f
[ˈstɔlɪt͡ʃka]

der Weisheitszahn
zub moudrosti m
[ˈzʊp ˈmɔu̯drɔscɪ]

der vordere Backenzahn
třenový zub m
[ˈtr̝ɛnɔviː ˈzʊp]

der Schneidezahn
řezák m
[ˈr̝ɛzaːk]

BEIM ZAHNARZT – U ZUBAŘE

der Zahn
zub m
[ˈzʊp]

der Zahnschmelz
zubní sklovina f
[ˈzʊbɲiː ˈsklɔvɪna]

das Zahnfleisch
dáseň f
[ˈdaːsɛɲ]

die Zahnwurzel
kořen zubu m
[ˈkor̝ɛn ˈzʊbʊ]

der Nerv
nerv m
[ˈnɛrf]

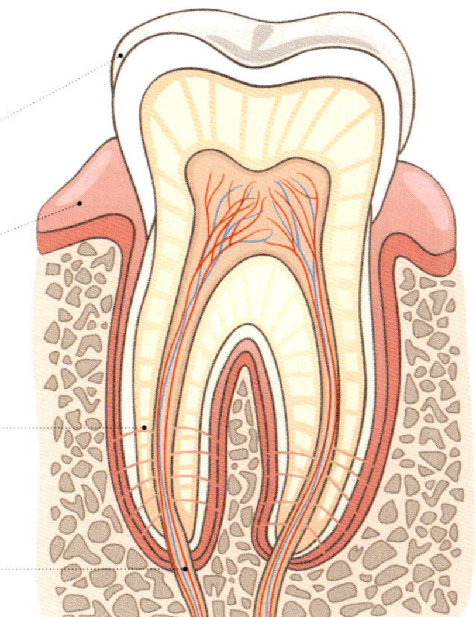

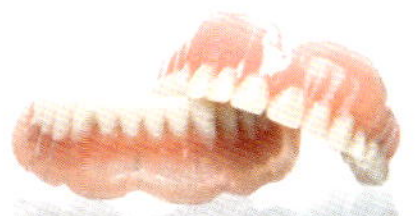

die Zahnprothese
zubní protéza f
[ˈzʊbɲiː ˈprɔtɛːza]

die Knirscherschiene
zubní dlaha f
[ˈzʊbɲiː ˈdlaɦa]

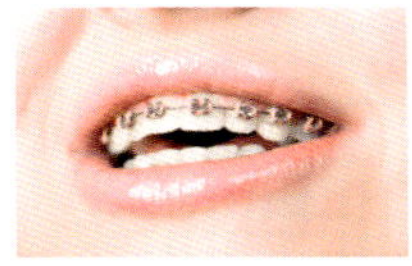

die Zahnspange
rovnátka pl
[ˈrɔvnaːtka]

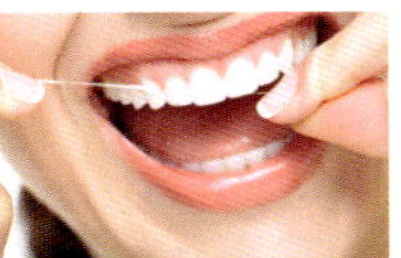

mit Zahnseide reinigen
čistit si zuby zubní nití
[ˈt͡ʃɪscɪt sɪ ˈzʊbɪ ˈzʊbɲiː ˈɲɪciː]

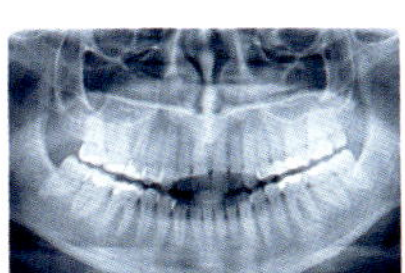

die Röntgenaufnahme
rentgenový snímek m
[ˈrɛntgɛnɔviː ˈsɲiːmɛk]

die Krone
zubní korunka f
[ˈzʊbɲiː ˈkɔrʊŋka]

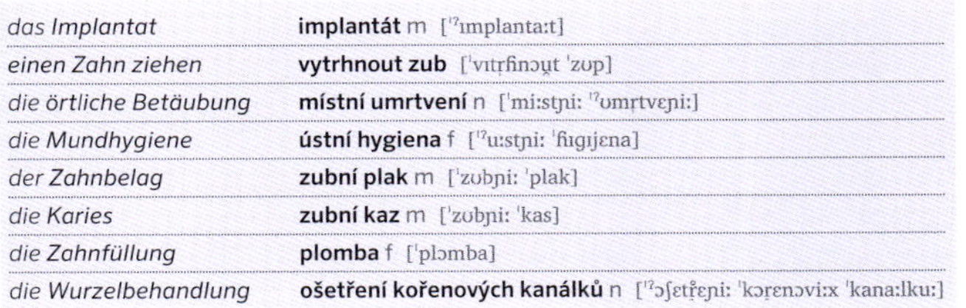

das Implantat	**implantát** m [ˈʔɪmplantaːt]
einen Zahn ziehen	**vytrhnout zub** [ˈvɪtr̩ɦnoʊ̯t ˈzʊp]
die örtliche Betäubung	**místní umrtvení** n [ˈmiːstɲiː ˈʔʊmr̩tvɛɲiː]
die Mundhygiene	**ústní hygiena** f [ˈʔuːstɲiː ˈɦɪgɪjɛna]
der Zahnbelag	**zubní plak** m [ˈzʊbɲiː ˈplak]
die Karies	**zubní kaz** m [ˈzʊbɲiː ˈkas]
die Zahnfüllung	**plomba** f [ˈplɔmba]
die Wurzelbehandlung	**ošetření kořenových kanálků** n [ˈʔɔʃɛtr̝̊ɛɲiː ˈkor̝ɛnɔviːx ˈkanaːlkuː]

das Mundwasser
ústní voda f
[ˈʔuːstɲiː ˈvɔda]

BEIM AUGENOPTIKER – V OPTICE

das Auge
oko n
[ˈˀɔkɔ]

die Pupille
zornice f
[ˈzɔrɲɪt͡sɛ]

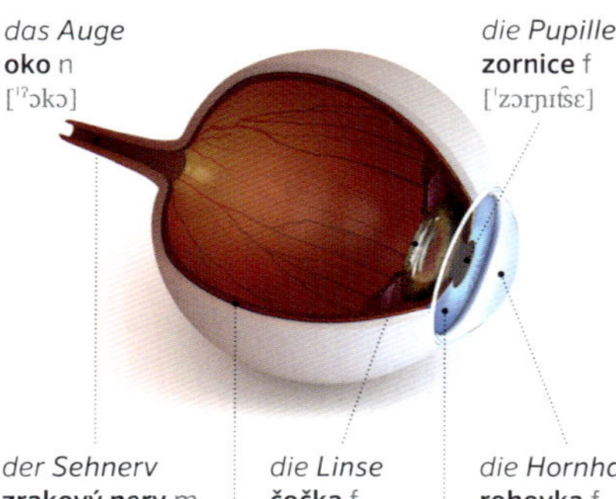

der Sehnerv
zrakový nerv m
[ˈzrakɔviː ˈnɛrf]

die Linse
čočka f
[ˈt͡ʃɔt͡ʃka]

die Hornhaut
rohovka f
[ˈrɔɦɔfka]

die Netzhaut
sítnice f
[ˈsiːtɲɪt͡sɛ]

die Iris
duhovka f
[ˈdʊɦɔfka]

die Brille
brýle pl
[ˈbriːlɛ]

das Brillengestell
obroučky pl
[ˈˀɔbrɔu̯t͡ʃkɪ]

das Brillenglas
sklo do brýlí n
[ˈsklɔ ˈdɔ‿briːliː]

der Kontaktlinsenbehälter
pouzdro na kontaktní čočky n
[ˈpɔu̯zdrɔ‿na ˈkɔntaktɲiː ˈt͡ʃɔt͡ʃkɪ]

die Kontaktlinse
kontaktní čočka f
[ˈkɔntaktɲiː ˈt͡ʃɔt͡ʃka]

die Optikerin
optička f
[ˈˀɔptɪt͡ʃka]

der Sehtest
oční vyšetření n
[ˈˀɔt͡ʃɲiː ˈvɪʃɛtr̝ɛɲiː]

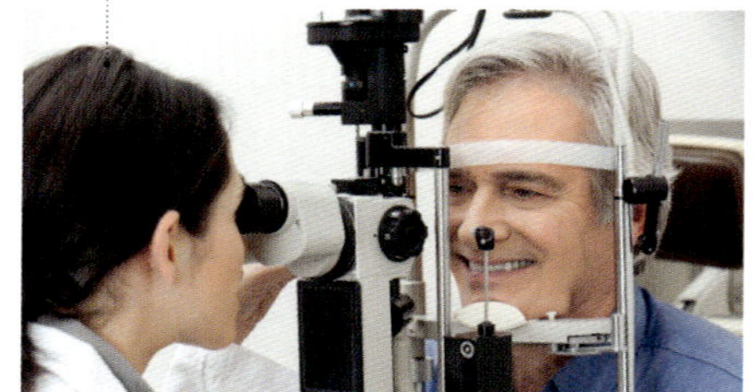

das Brillenputztuch	**hadřík na brýle** m [ˈɦadr̝iːk ˈna‿briːlɛ]
die Augentropfen	**oční kapky** pl [ˈˀɔt͡ʃɲiː ˈkapkɪ]
die Lesebrille	**brýle na čtení** pl [ˈbriːlɛ ˈna‿t͡ʃtɛɲiː]
weitsichtig	**dalekozraký** [ˈdalɛkɔˌzrakiː]
kurzsichtig	**krátkozraký** [ˈkraːtkɔˌzrakiː]
die Gleitsichtbrille	**varifokální brýle** pl [ˈvarɪˌfɔkaːlɲiː ˈbriːlɛ]
der graue Star	**šedý zákal** m [ˈʃɛdiː ˈzaːkal]
der grüne Star	**zelený zákal** m [ˈzɛlɛniː ˈzaːkal]

IM KRANKENHAUS – V NEMOCNICI

das Krankenzimmer
nemocniční pokoj m
[ˈnɛmɔt͡sɲɪt͡ʃɲiː ˈpɔkɔj]

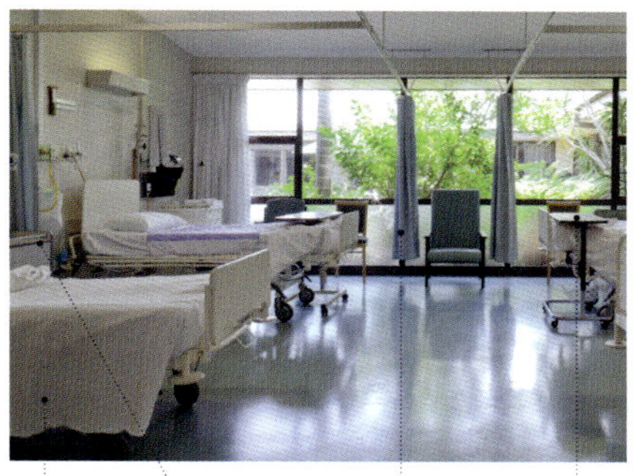

das Einzelzimmer
jednolůžkový pokoj m
[ˈjɛdnɔluːʃkɔviː pɔkɔj]

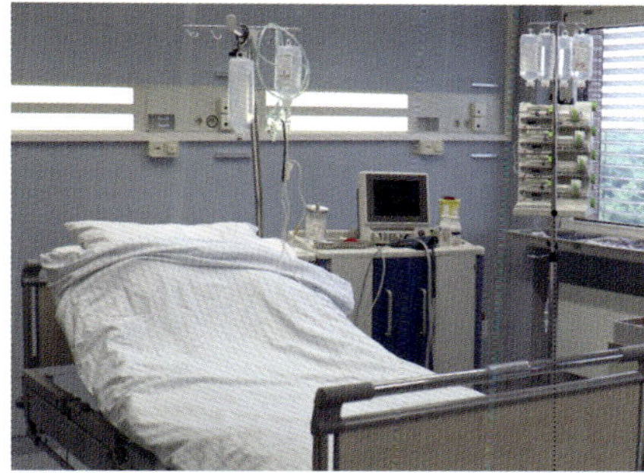

der Nachttisch
noční stolek m
[ˈnɔt͡ʃɲiː ˈstɔlɛk]

der Trennvorhang
oddělovací závěs m
[ˈˀɔdɟɛlɔvat͡siː ˈzaːvjɛs]

der Infusionsständer
stojan infuzní lahve m
[ˈstɔjan ˈˀɪnfuzɲiː ˈlafivɛ]

das Krankenhausbett
nemocniční postel f
[ˈnɛmɔt͡sɲɪt͡ʃɲiː ˈpɔstɛl]

der Krankentisch
nemocniční noční stolek m
[ˈnɛmɔt͡sɲɪt͡ʃɲiː ˈnɔt͡ʃɲiː ˈstɔlɛk]

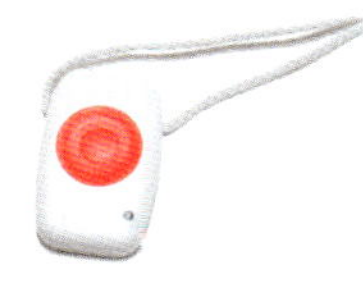

der Notrufknopf
nouzové tlačítko n
[ˈnɔu̯zɔvɛː ˈtlat͡ʃiːtkɔ]

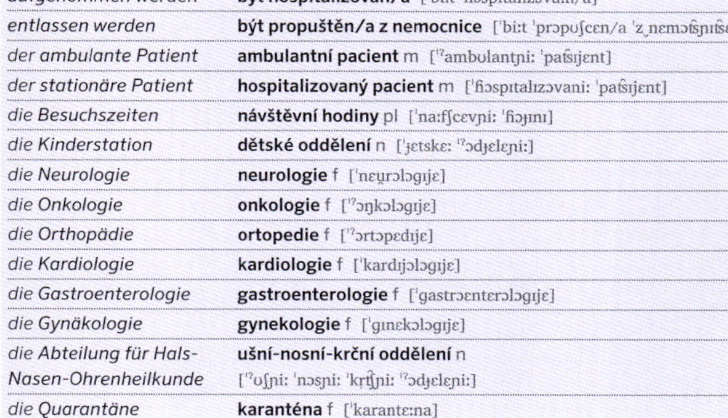

aufgenommen werden	**být hospitalizován/a** [ˈbiːt ˈfiɔspɪtalɪzɔvaːn/a]
entlassen werden	**být propuštěn/a z nemocnice** [ˈbiːt ˈprɔpuʃcɛn/a ˈz nɛmɔt͡sɲɪt͡sɛ]
der ambulante Patient	**ambulantní pacient** m [ˈˀambulantɲiː ˈpat͡sɪjɛnt]
der stationäre Patient	**hospitalizovaný pacient** m [ˈfiɔspɪtalɪzɔvaniː ˈpat͡sɪjɛnt]
die Besuchszeiten	**návštěvní hodiny** pl [ˈnaːfʃcɛvɲiː ˈfiɔɟɪnɪ]
die Kinderstation	**dětské oddělení** n [ˈɟɛtskɛː ˈˀɔdɟɛlɛɲiː]
die Neurologie	**neurologie** f [ˈnɛu̯rɔlɔgɪjɛ]
die Onkologie	**onkologie** f [ˈˀɔŋkɔlɔgɪjɛ]
die Orthopädie	**ortopedie** f [ˈˀɔrtɔpɛdɪjɛ]
die Kardiologie	**kardiologie** f [ˈkardɪjɔlɔgɪjɛ]
die Gastroenterologie	**gastroenterologie** f [ˈgastrɔɛntɛrɔlɔgɪjɛ]
die Gynäkologie	**gynekologie** f [ˈgɪnɛkɔlɔgɪjɛ]
die Abteilung für Hals-Nasen-Ohrenheilkunde	**ušní-nosní-krční oddělení** n [ˈˀuʃɲiː ˈnɔsɲiː ˈkr̩t͡ʃɲiː ˈˀɔdɟɛlɛɲiː]
die Quarantäne	**karanténa** f [ˈkarantɛːna]

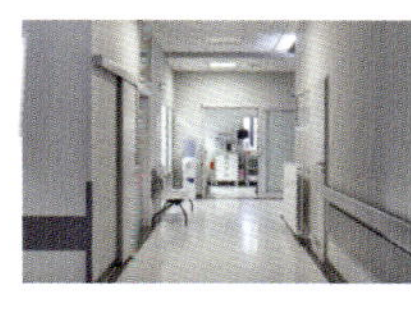

die Station
oddělení pro hospitalizované pacienty n [ˈˀɔdɟɛlɛɲiː ˈprɔ fiɔspɪtalɪzɔvanɛː ˈpat͡sɪjɛntɪ]

IM KRANKENHAUS – V NEMOCNICI

Die Chirurgie – Chirurgie

die Operation
operace f
[ˈˀɔpɛrat͡sɛ]

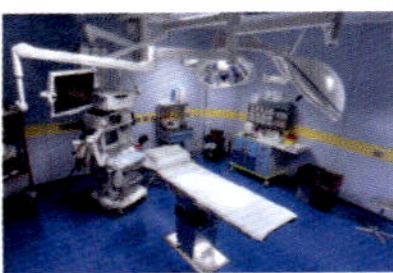

der Operationssaal
operační sál m
[ˈˀɔpɛrat͡ʃɲiː ˈsaːl]

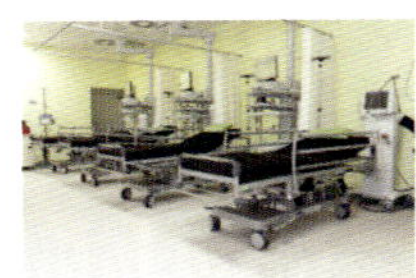

der Aufwachraum
pooperační pokoj m
[ˈpɔˀɔpɛrat͡ʃɲiː ˈpɔkɔj]

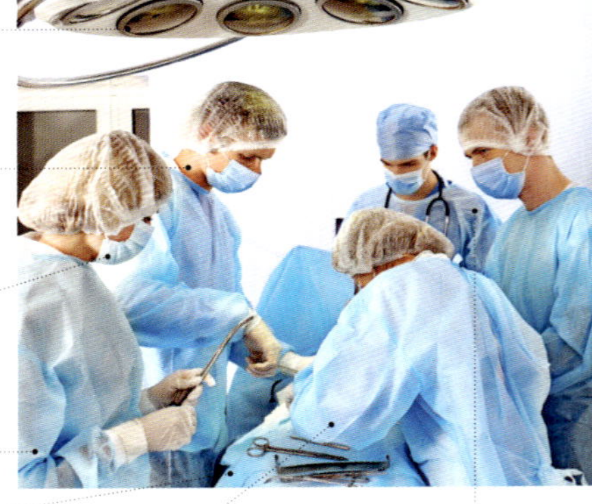

die Operationsleuchte
chirurgické osvětlení n
[ˈxɪrʊrgɪt͡skɛː ˈˀɔsvjɛtlɛɲiː]

der Chirurg
chirurg m
[ˈxɪrʊrk]

der Mundschutz
chirurgická maska f
[ˈxɪrʊrgɪt͡skaː ˈmaska]

die OP-Schwester
instrumentářka f
[ˈˀɪnstrʊmɛntaːr̝ka]

der Operationstisch
operační stůl m
[ˈˀɔpɛrat͡ʃɲiː ˈstuːl]

der OP-Mantel
operační plášť m
[ˈˀɔpɛrat͡ʃɲiː ˈplaːʃc]

der Anästhesist
anesteziolog m
[ˈˀanɛstɛzɪjɔlɔk]

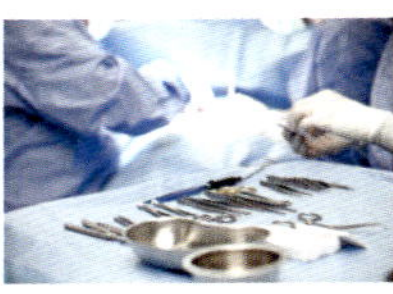

das Operationsbesteck
chirurgické nástroje pl
[ˈxɪrʊrgɪt͡skɛː ˈnaːstrɔjɛ]

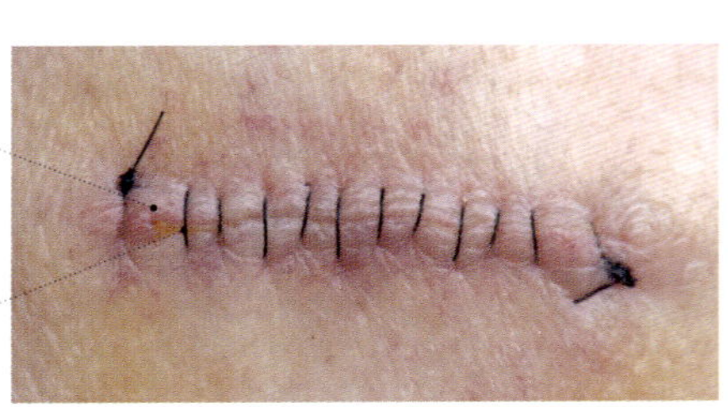

die Narbe
jizva f
[ˈjɪzva]

die Fäden
stehy pl
[ˈstɛɦɪ]

die Lokalanästhesie	**lokální anestezie** f [ˈlɔkaːlɲiː ˈˀanɛstɛzɪjɛ]
die Vollnarkose	**celková narkóza** f [ˈt͡sɛlkɔvaː ˈnarkɔːza]
die Rehabilitation	**rehabilitace** f [ˈrɛɦabɪlɪtat͡sɛ]
die medizinische Nachversorgung	**pooperační péče** f [ˈpɔˀɔpɛrat͡ʃɲiː ˈpɛːt͡ʃɛ]
die Bettruhe	**klid na lůžku** m [ˈklɪt ˈna‿luːʃkʊ]
die Genesung	**rekonvalescence** f [ˈrɛkɔnvalɛst͡sɛnt͡sɛ]
tot	**mrtvý** [ˈmr̩tviː]
der Tod	**smrt** f [ˈsmr̩t]

IM KRANKENHAUS – V NEMOCNICI

Die Unfallstation – Úrazové oddělení

die Intensivstation
jednotka intenzivní péče f
[ˈjɛdnɔtka ˈʔɪntɛnzɪvɲiː ˈpɛːt͡ʃɛ]

die Notaufnahme
urgentní příjem m
[ˈʔʊrgɛntɲiː ˈpr̝iːjɛm]

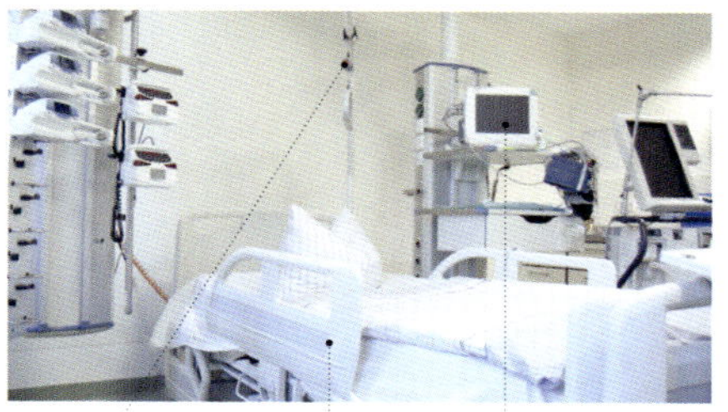

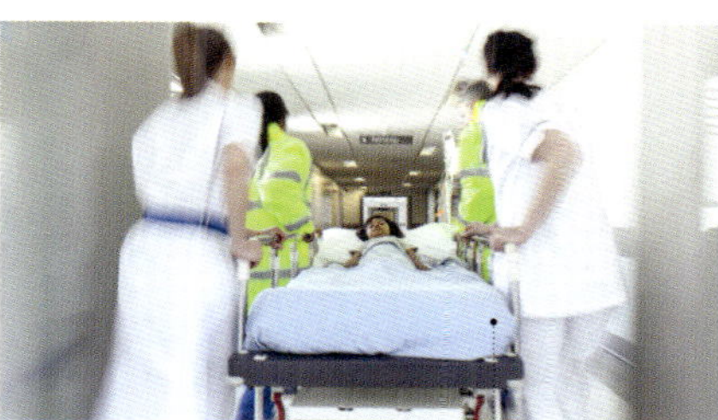

der Rufknopf
nouzové tlačítko n
[ˈnou̯zɔvɛː ˈtlat͡ʃiːtkɔ]

der Herzmonitor
monitor srdeční činnosti m
[ˈmɔnɪtɔr ˈsr̩dɛt͡ʃɲiː ˈt͡ʃɪnɔscɪ]

die Fahrtrage
pojízdná nosítka pl
[ˈpɔjiːzdnaː ˈnɔsiːtka]

das Krankenhausbett
nemocniční postel f [ˈnɛmɔt͡sɲɪt͡ʃɲiː ˈpɔstɛl]

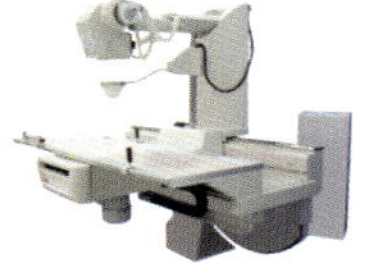

das Röntgengerät
rentgenový přístroj m
[ˈrɛntgɛnɔviː ˈpr̝iːstrɔj]

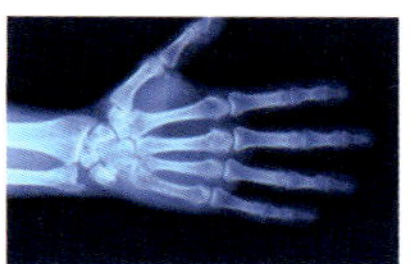

das Röntgenbild
rentgenový snímek m
[ˈrɛntgɛnɔviː ˈsɲiːmɛk]

der Warteraum
čekárna f
[ˈt͡ʃɛkaːrna]

die Oberärztin
vrchní lékařka f
[ˈvr̩xɲiː ˈlɛːkar̝ka]

die Computertomografie	**vyšetření CT** n [ˈvɪʃɛtr̝ɛɲiː ˈt͡sɛːtɛː]
die Strahlung	**záření** n [ˈzaːr̝ɛɲiː]
eine Diagnose stellen	**stanovit diagnózu** [ˈstanɔvɪt ˈdɪjagnɔːzʊ]
das Koma	**kóma** n [ˈkɔːma]
bewusstlos	**v bezvědomí** [ˈv‿bɛzvjɛdɔmiː]
die Beatmung	**umělé dýchání** n [ˈʔʊmɲɛlɛː ˈdiːxaːɲiː]
wieder zu Bewusstsein kommen	**nabýt vědomí** [ˈnabiːt ˈvjɛdɔmiː]
wieder gesund werden	**uzdravit se** [ˈʔʊzdravɪt‿sɛ]

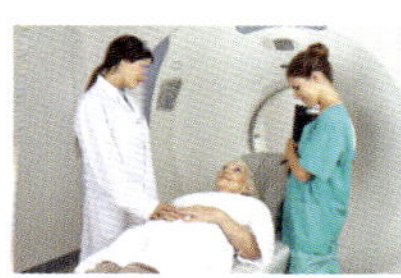

die Kernspintomografie
vyšetření magnetickou rezonancí n
[ˈvɪʃɛtr̝ɛɲiː ˈmagnɛtɪt͡skou̯ ˈrɛzɔnant͡siː]

DIE APOTHEKE – LÉKÁRNA

das Medikament
lék m
[ˈlɛːk]

die Kapsel
kapsle f
[ˈkapslɛ]

der Hustensaft
sirup proti kašli m
[ˈsɪrʊp ˈprɔcɪ ˈkaʃlɪ]

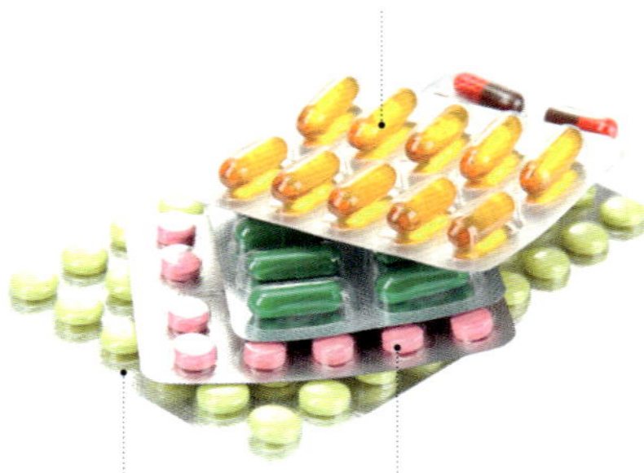

die Sichtverpackung
blistr m
[ˈblɪstr̩]

die Tablette
tableta f
[ˈtablɛta]

die Dosierung
dávkování n
[ˈdaːfkɔvaːɲiː]

der Messbecher
odměrka f
[ˈʔɔdmɲɛrka]

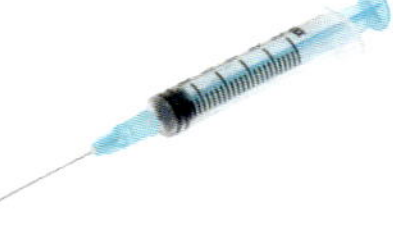

das Zäpfchen
čípek m
[ˈt͡ʃiːpɛk]

die Salbe
mast f
[ˈmast]

die Spritze
injekce f
[ˈʔɪɲɛkt͡sɛ]

die Apothekerin
lékárnice f
[ˈlɛːkaːr̝ɲɪt͡sɛ]

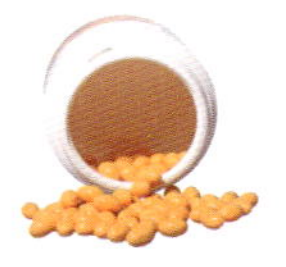

die Tropfen
kapky pl
[ˈkapkɪ]

der/das Spray
sprej m
[ˈsprɛj]

die Vitamintablette
vitamínová pilulka f
[ˈvɪtamiːnɔvaː ˈpɪlʊlka]

die Brausetablette
šumivá tableta f
[ˈʃʊmɪvaː ˈtablɛta]

DIE APOTHEKE – LÉKÁRNA

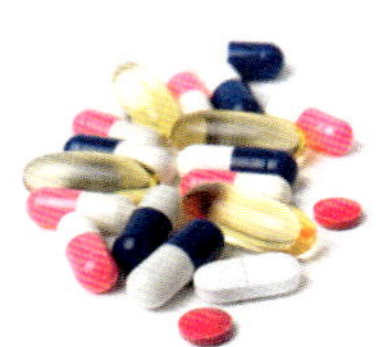

das Nahrungsergänzungsmittel
doplněk stravy m
[ˈdɔpl̩ɲɛk ˈstravɪ]

das Sonnenschutzmittel
ochranný opalovací prostředek m
[ˈˀɔxrani: ˈˀɔpalɔvat͡si: ˈprɔstr̝̊ɛdɛk]

der/das Mückenspray
repelent m
[ˈrɛpɛlɛnt]

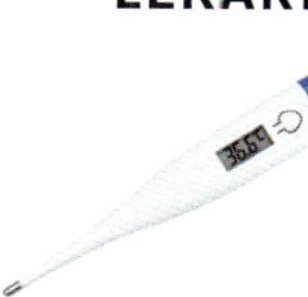

das/der Fieberthermometer
teploměr m
[ˈtɛplɔmɲɛr]

die Nagelfeile
pilníček na nehty m
[ˈpɪlɲi:t͡ʃɛk ˈna‿nɛxtɪ]

der Tampon
tampon m
[ˈtampɔ:n]

die Slipeinlage
hygienická vložka f
[ˈɦɪgɪjɛnɪt͡ska: vlɔʃka]

das Feuchttuch
vlhčený ubrousek m
[ˈvl̩xt͡ʃɛni: ˈˀʊbrɔu̯sɛk]

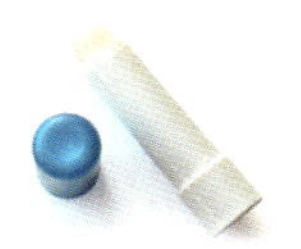

der Lippenpflegestift
balzám na rty m
[ˈbalza:m ˈna‿rtɪ]

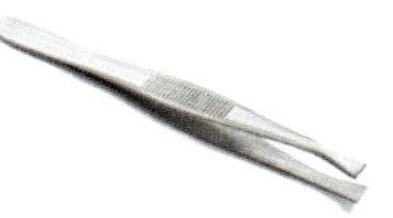

die Pinzette
pinzeta f
[ˈpɪnzɛta]

das Deodorant
deodorant m
[ˈdɛɔdɔrant]

das/der Hustenbonbon
pastilka proti kašli f
[ˈpastɪlka ˈprɔcɪ ˈkaʃlɪ]

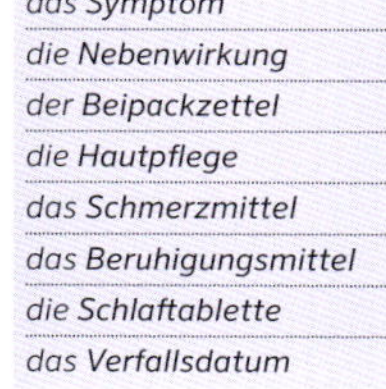

das Symptom	**příznak** m [ˈpr̝i:znak]
die Nebenwirkung	**vedlejší účinek** m [ˈvɛdlɛjʃi: ˈˀu:t͡ʃɪnɛk]
der Beipackzettel	**příbalový leták** m [ˈpr̝̊i:balɔvi: ˈlɛta:k]
die Hautpflege	**péče o pleť** f [ˈpɛ:t͡ʃɛ ˈˀɔ‿plɛc]
das Schmerzmittel	**lék proti bolesti** m [ˈlɛ:k ˈprɔcɪ ˈbɔlɛscɪ]
das Beruhigungsmittel	**sedativum** n [ˈsɛdatɪvʊm]
die Schlaftablette	**prášek na spaní** m [ˈpra:ʃɛk ˈna‿spaɲi:]
das Verfallsdatum	**doba použitelnosti** f [ˈdɔba ˈpɔu̯ʒɪtɛlnɔscɪ]

der Ohrstöpsel
špunt do uší m
[ˈʃpʊnt ˈdɔ‿ˀʊʃi:]

DIE ALTERNATIVMEDIZIN – ALTERNATIVNÍ MEDICÍNA

die Meditation
meditace f
[ˈmɛdɪtat͡sɛ]

das Yoga
jóga f
[ˈjɔːga]

das Tai-Chi
taj-či n
[ˈtaj ˈt͡ʃɪ]

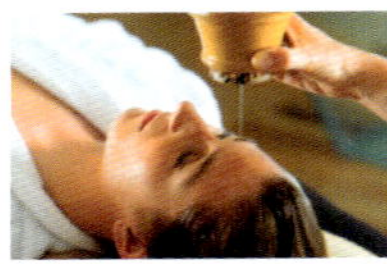

das Ayurveda
Ájurvéda f
[ˈˀaːjʊrvɛːda]

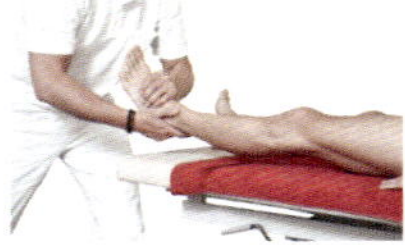

die Osteopathie
osteopatie f
[ˈˀɔstɛɔpatɪjɛ]

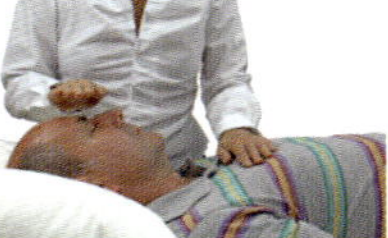

das Reiki
reiki n
[ˈrɛjkɪ]

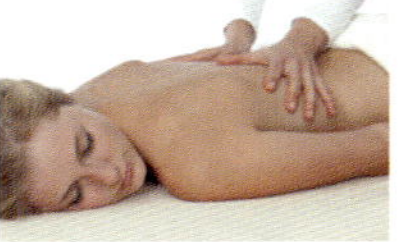

die Massage
masáž f
[ˈmasaːʃ]

die Hypnose
hypnóza f
[ˈɦɪpnɔːza]

die traditionelle chinesische Medizin
tradiční čínská medicína f
[ˈtradɪt͡ʃɲiː ˈt͡ʃiːnskaː ˈmɛdɪt͡siːna]

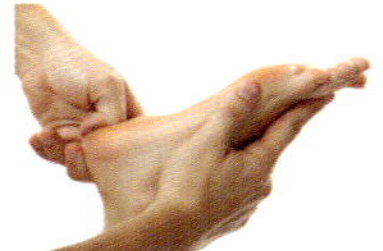

die Fußreflexzonen-massage
reflexní masáž chodidel f
[ˈrɛflɛksɲiː ˈmasaːʃ ˈxɔɟɪdɛl]

das homöopathische Heilmittel
homeopatické léčivo n
[ˈɦɔmɛɔpatɪt͡skɛː ˈlɛːt͡ʃɪvɔ]

die Kräuterheilkunde
bylinářství n
[ˈbɪlɪnaːr̝̊stviː]

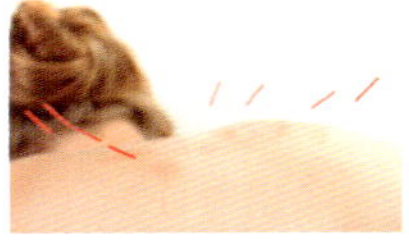

die Akupunktur
akupunktura f
[ˈˀakʊpʊŋktʊra]

die Kur	**lázně** pl [ˈlaːzɲɛ]
die Palliativmedizin	**paliativní medicína** f [ˈpalɪjatɪvɲiː ˈmɛdɪt͡siːna]
die Entspannung	**relaxace** f [ˈrɛlaksat͡sɛ]
die Entgiftung	**detoxikace** f [ˈdɛtɔksɪkat͡sɛ]
die Entziehungskur	**odvykací kúra** f [ˈˀɔdvɪkat͡siː ˈkuːra]
einen Entzug machen	**být na detoxikaci** [ˈbiːt ˈna‿dɛtɔksɪkat͡sɪ]
die Therapie	**terapie** f [ˈtɛrapɪjɛ]
die Lichttherapie	**terapie světlem** f [ˈtɛrapɪjɛ ˈsvjɛtlɛm]

WELLNESS – WELLNESS

die Gesichtsbehandlung
péče o obličej f
[ˈpɛːt͡ʃɛ ˈˀɔ‿ˀɔblɪt͡ʃɛj]

die Kosmetikerin
kosmetička f
[ˈkɔsmɛtɪt͡ʃka]

die Gesichtsmaske
pleťová maska f
[ˈplɛcɔvaː ˈmaska]

die Sauna
sauna f
[ˈsau̯na]

der Ofen
kamna pl
[ˈkamna]

die Bank
lavice f
[ˈlavɪt͡sɛ]

der Kopfkeil
opěrka hlavy f
[ˈˀɔpjɛrka ˈɦlavɪ]

der Aufgusskübel
dřevěný kbelík v sauně m
[ˈdr̝ɛvjɛniː ˈgbɛliːk ˈf‿sau̯ɲɛ]

der Ruheraum
odpočívárna f
[ˈˀɔtpɔt͡ʃiːvaːrna]

das Mineralbad
minerální lázeň f
[ˈmɪnɛraːlɲiː ˈlaːzɛɲ]

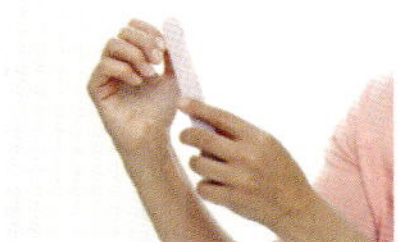

die Maniküre
manikúra f
[ˈmanɪkuːra]

die Pediküre
pedikúra f
[ˈpɛdɪkuːra]

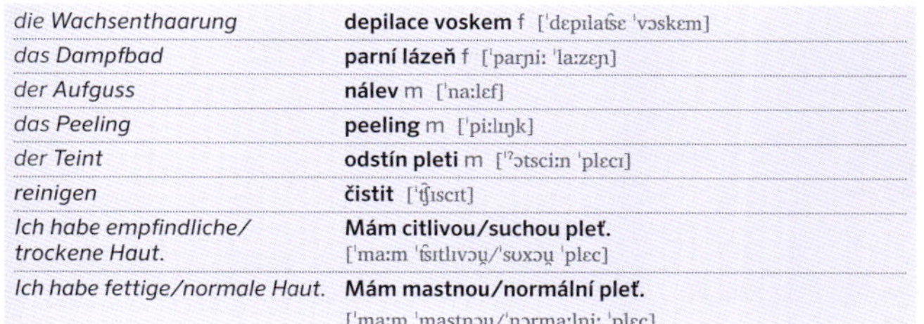

die Wachsenthaarung	**depilace voskem** f [ˈdɛpɪlat͡sɛ ˈvɔskɛm]
das Dampfbad	**parní lázeň** f [ˈparɲiː ˈlaːzɛɲ]
der Aufguss	**nálev** m [ˈnaːlɛf]
das Peeling	**peeling** m [ˈpiːlɪŋk]
der Teint	**odstín pleti** m [ˈˀɔtsciːn ˈplɛcɪ]
reinigen	**čistit** [ˈt͡ʃɪscɪt]
Ich habe empfindliche/ trockene Haut.	**Mám citlivou/suchou pleť.** [ˈmaːm ˈt͡sɪtlɪvɔu̯/ˈsuxɔu̯ ˈplɛc]
Ich habe fettige/normale Haut.	**Mám mastnou/normální pleť.** [ˈmaːm ˈmastnɔu̯/ˈnɔrmaːlɲiː ˈplɛc]

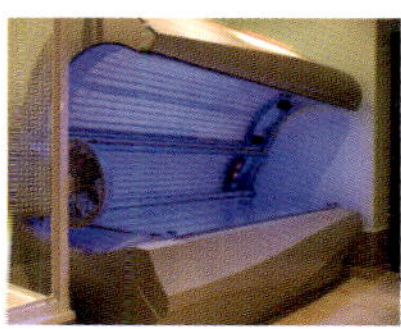

das Solarium
solárium n
[ˈsɔlaːrɪjum]

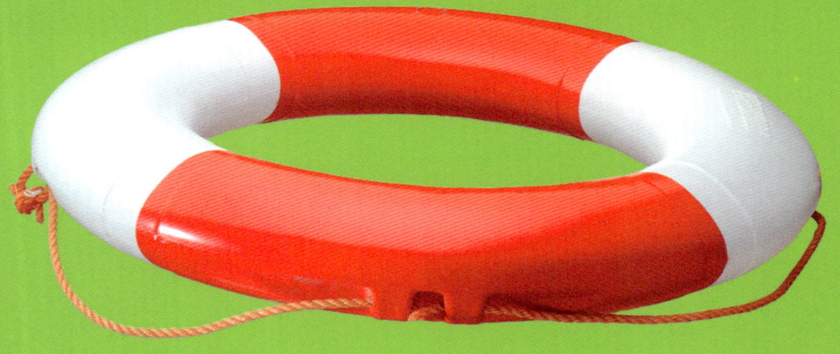

NOTFÄLLE

MIMOŘÁDNÉ UDÁLOSTI

ERSTE HILFE – PRVNÍ POMOC

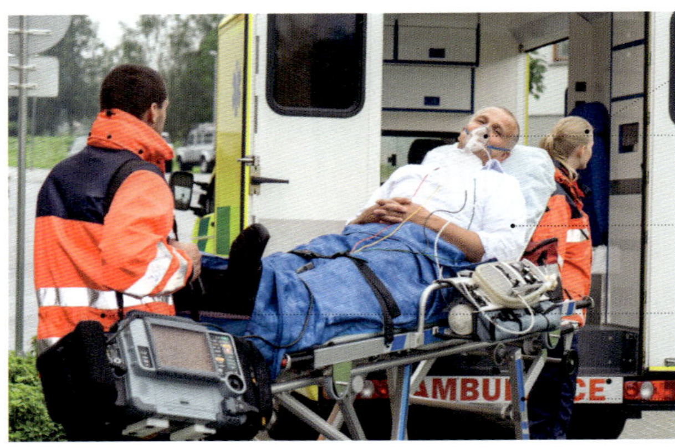

der Rettungswagen
sanitka f
[ˈsanɪtka]

die Sanitäterin
zdravotnická záchranářka f
[ˈzdravɔtɲɪt͡ska: ˈza:xrana:r̝̊ka]

die Sauerstoffmaske
kyslíková maska f
[ˈkɪsli:kɔva: ˈmaska]

das Unfallopfer
oběť nehody f
[ˈʔɔbjɛc ˈnɛɦɔdɪ]

der Sanitäter
zdravotnický záchranář m
[ˈzdravɔtɲɪt͡ski: ˈza:xrana:r̝̊]

die Trage
nosítka pl
[ˈnɔsi:tka]

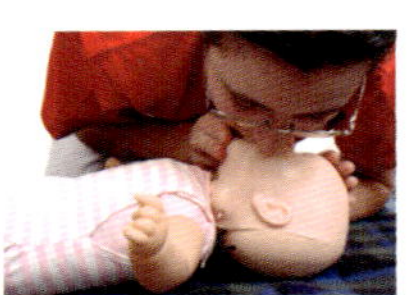

die Mund-zu-Mund-Beatmung
dýchání z úst do úst n
[ˈdi:xa:ɲi: ˈs‿ʔu:st ˈdɔ‿ʔu:st]

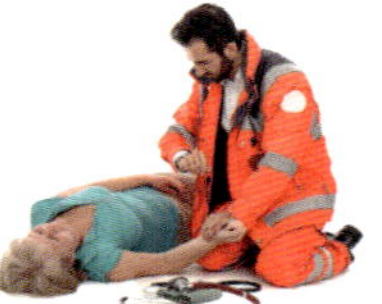

die Pulsmessung
měření pulzu n
[ˈmɲɛr̝ɛɲi: ˈpʊlzʊ]

die stabile Seitenlage
stabilizovaná poloha f
[ˈstabɪlɪzɔvana: ˈpɔlɔɦa]

der Unfallort
místo nehody n
[ˈmi:stɔ ˈnɛɦɔdɪ]

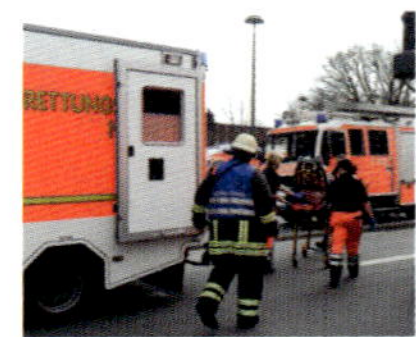

der Rettungsdienst
záchranná služba f
[ˈza:xrana: ˈslʊʒba]

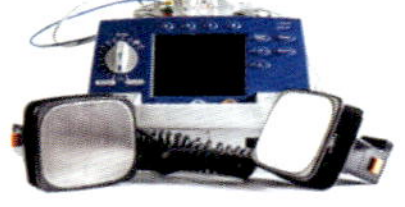

der Defibrillator
defibrilátor m
[ˈdɛfɪbrɪla:tɔr]

der Unfall	**nehoda** f [ˈnɛɦɔda]
die Wiederbelebung	**resuscitace** f [ˈrɛsʊst͡sɪtat͡sɛ]
die Herzdruckmassage	**masáž srdce** f [ˈmasa:ʃ ˈsr̩t͡sɛ]
der Puls	**pulz** m [ˈpʊls]
bewusstlos	**v bezvědomí** [ˈv‿bɛzvjɛdɔmi:]
erste Hilfe leisten	**poskytnout první pomoc** [ˈpɔskɪtnɔu̯t ˈpr̩vɲi: ˈpɔmɔt͡s]
der Notarzt	**lékař na pohotovosti** m [ˈlɛ:kar̝̊ ˈna‿pɔɦɔtɔvɔscɪ]
die Notärztin	**lékařka na pohotovosti** f [ˈlɛ:kar̝̊ka ˈna‿pɔɦɔtɔvɔscɪ]

ERSTE HILFE – PRVNÍ POMOC

das Verbandszeug
obvazový materiál m
[ˈʔɔbvazɔviː ˈmatɛrɪjaːl]

der Verband
obvaz m
[ˈʔɔbvas]

das Leukoplast®
leukoplast f
[ˈlɛu̯kɔplast]

das Pflaster
náplast f
[ˈnaːplast]

die Verbandschere
nůžky na obvazy pl
[ˈnuːʃkɪ ˈna‿ʔɔbvazɪ]

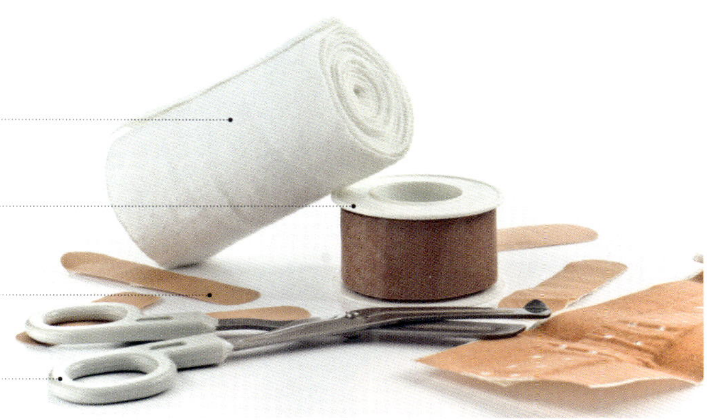

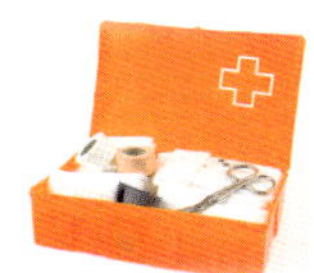

der Erste-Hilfe-Kasten
lékárnička f
[ˈlɛːkaːrɲɪt͡ʃka]

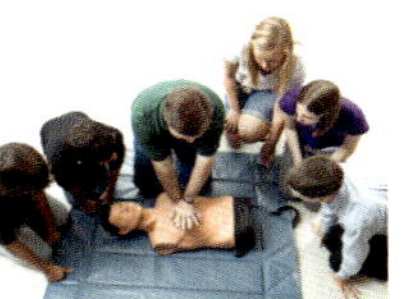

der Erste-Hilfe-Kurs
kurz první pomoci m
[ˈkʊrs ˈpr̩vɲiː ˈpɔmɔt͡sɪ]

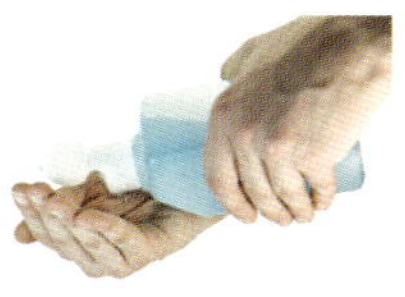

das Desinfektionsmittel
dezinfekční prostředek m
[ˈdɛzɪnfɛkt͡ʃɲiː ˈprɔstr̝ɛdɛk]

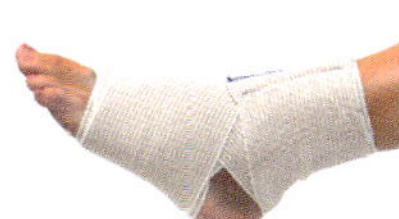

die Bandage
obvaz m
[ˈʔɔbvas]

steril	**sterilní** [ˈstɛrɪlɲiː]
überleben	**přežít** [ˈpr̝ɛʒiːt]
traumatisiert	**traumatizovaný** [ˈtrau̯matɪzɔvaniː]
unter Schock stehen	**být v šoku** [ˈbiːt ˈf‿ʃɔkʊ]
der Schock	**šok** m [ˈʃɔk]
die Blutspende	**dárcovství krve** n [ˈdaːrt͡sɔfstviː ˈkr̩vɛ]
die Organspende	**dárcovství orgánů** n [ˈdaːrt͡sɔfstviː ˈʔɔrgaːnuː]
das Adrenalin	**adrenalin** m [ˈʔadrɛnalɪn]

die Mullbinde
gázový obvaz m
[ˈgaːzɔviː ˈʔɔbvas]

DIE POLIZEI – POLICIE

der Dienstgürtel
služební opasek m
[ˈsluʒɛbɲiː ˈˀɔpasɛk]

das Handfunkgerät
vysílačka f
[ˈvɪsiːlat͡ʃka]

die Pistole
pistole f
[ˈpɪstɔlɛ]

der Schlagstock
obušek m
[ˈˀɔbuʃɛk]

die Handschellen
pouta pl
[ˈpɔu̯ta]

die Uniform
uniforma f
[ˈˀʊnɪfɔrma]

der Fingerabdruck
otisk prstu m
[ˈˀɔcɪsk ˈpr̩stʊ]

der Tatort
místo činu n
[ˈmiːstɔ ˈt͡ʃɪnʊ]

die Polizistin
policistka f
[ˈpɔlɪt͡sɪstka]

der Polizist
policista m
[ˈpɔlɪt͡sɪsta]

das Polizeiabzeichen
policejní odznak m
[ˈpɔlɪt͡sɛjɲiː ˈˀɔdznak]

der Zeuge	**svědek** m [ˈsvjɛdɛk]
die Zeugin	**svědkyně** f [ˈsvjɛtkɪɲɛ]
der Verbrecher	**zločinec** m [ˈzlɔt͡ʃɪnɛt͡s]
die Verbrecherin	**zločinkyně** f [ˈzlɔt͡ʃɪŋkɪɲɛ]
der Kriminalbeamte	**kriminalista** m [ˈkrɪmɪnalɪsta]
die Kriminalbeamtin	**kriminalistka** f [ˈkrɪmɪnalɪstka]
der/die Verdächtige	**podezřelý/podezřelá** m/f [ˈpɔdɛzr̝ɛliː/ˈpɔdɛzr̝ɛlaː]
die Ermittlung	**vyšetřování** n [ˈvɪʃɛtr̝̊ɔvaːɲiː]

DIE POLIZEI – POLICIE

das Polizeiauto
policejní auto n
[ˈpɔlɪt͡sɛjɲiː ˈʔau̯tɔ]

die Lichtleiste
světelná siréna f
[ˈsvjɛtɛlnaː ˈsɪrɛːna]

das Martinshorn
policejní houkačka f
[ˈpɔlɪt͡sɛjɲiː ˈɦɔu̯kat͡ʃka]

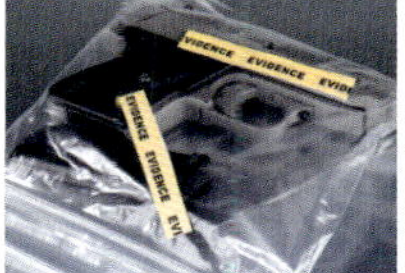

das Beweisstück
předmět doličný m
[ˈpr̝̊ɛdmɲɛt ˈdɔlɪt͡ʃniː]

das Gefängnis
vězení n
[ˈvjɛzɛɲiː]

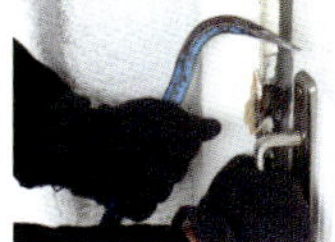

der Einbruch
vloupání n
[ˈvlɔu̯paːɲiː]

der Diebstahl
krádež f
[ˈkraːdɛʃ]

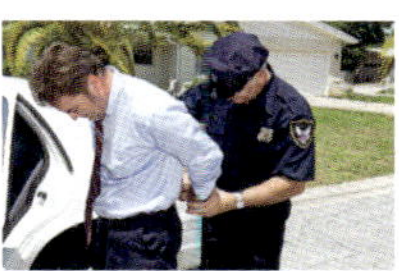

die Festnahme
zatčení n
[ˈzatːʃɛɲiː]

die Gewalt
násilí n
[ˈnaːsɪliː]

der Raubüberfall
loupežné přepadení n
[ˈlɔu̯pɛʒnɛː ˈpr̝̊ɛpadɛɲiː]

der Taschendiebstahl
kapesní krádež f
[ˈkapɛsɲiː ˈkraːdɛʃ]

die Entführung
únos m
[ˈʔuːnɔs]

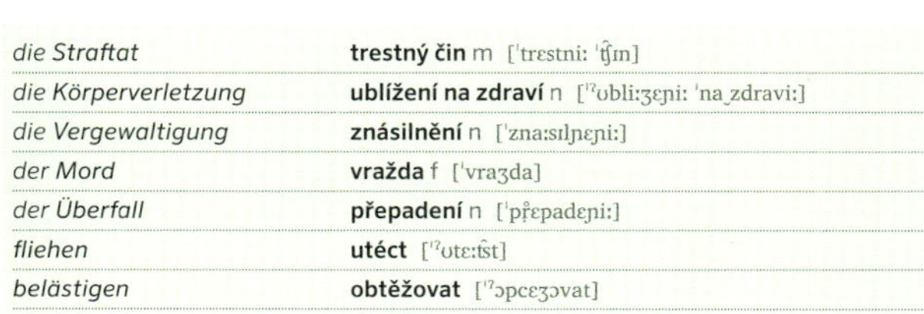

die Straftat	**trestný čin** m [ˈtrɛstniː ˈt͡ʃɪn]
die Körperverletzung	**ublížení na zdraví** n [ˈʔʊbliːʒɛɲiː ˈna zdraviː]
die Vergewaltigung	**znásilnění** n [ˈznaːsɪlɲɛɲiː]
der Mord	**vražda** f [ˈvraʒda]
der Überfall	**přepadení** n [ˈpr̝̊ɛpadɛɲiː]
fliehen	**utéct** [ˈʔʊtɛːt͡st]
belästigen	**obtěžovat** [ˈʔɔpcɛʒɔvat]
die Schuld	**vina** f [ˈvɪna]

die Polizeiabsperrung
policejní páska f
[ˈpɔlɪt͡sɛjɲiː ˈpaːska]

DIE FEUERWEHR – HASIČSKÝ ZÁCHRANNÝ SBOR

der Feuerlöscher
hasicí přístroj m
[ˈɦasɪt͡siː ˈpr̝̊iːstrɔj]

der Hydrant
hydrant m
[ˈɦɪdrant]

der Feuerwehrmann
hasič m
[ˈɦasɪt͡ʃ]

das Visier
hledí helmy n
[ˈɦlɛɟiː ˈɦɛlmɪ]

der Feuerwehrhelm
požární helma f
[ˈpɔʒaːrɲiː ˈɦɛlma]

die Feuerwehrschutzjacke
hasičská bunda f
[ˈɦasɪt͡ʃskaː ˈbʊnda]

der Reflexstreifen
reflexní pruh m
[ˈrɛflɛksɲiː ˈprʊx]

der Feuerwehrschlauch
požární hadice f
[ˈpɔʒaːrɲiː ˈɦaɟɪt͡sɛ]

die Brandbekämpfung
hašení požáru n
[ˈɦaʃɛɲiː ˈpɔʒaːrʊ]

der Notausgang
nouzový východ m
[ˈnɔu̯zɔviː ˈviːxɔt]

die Axt
sekera f
[ˈsɛkɛra]

der Rauchmelder
detektor kouře m
[ˈdɛtɛktɔr ˈkɔu̯r̝ɛ]

die Feuerwache
požární stanice f
[ˈpɔʒaːrɲiː ˈstaɲɪt͡sɛ]

das Löschfahrzeug
hasičské auto n
[ˈɦasɪt͡ʃskɛː ˈʔau̯tɔ]

IN DEN BERGEN – V HORÁCH

der Helm
helma f
[ˈɦɛlma]

die Bergwacht
horská záchranná služba f
[ˈɦɔrska: ˈza:xrana: ˈsluʒba]

der Rettungseinsatz
záchranná mise f
[ˈza:xrana: ˈmɪsɛ]

der Karabiner
karabina f
[ˈkarabɪna]

das Seil
lano n
[ˈlanɔ]

die Einsatzkraft
záchranář m
[ˈza:xrana:r̝̊]

der Rettungsschlitten
záchranné sáně f
[ˈza:xranɛ: ˈsa:ɲɛ]

das Schneemobil
sněžný skútr m
[ˈsɲɛʒni: ˈsku:tr̩]

das Fangnetz
záchranná síť f
[ˈza:xranna: ˈsi:c]

die Lawine
lavina f
[ˈlavɪna]

das LVS-Gerät
lavinový vysílač m
[ˈlavɪnɔvi: ˈvɪsi:lat͡ʃ]

der Rettungshund
záchranářský pes m
[ˈza:xrana:r̝̊ski: ˈpɛs]

der Rettungs-hubschrauber
záchranný vrtulník m
[ˈza:xrani: ˈvr̩tulɲi:k]

der Lawinenschutz
lavinová ochrana f
[ˈlavɪnɔva: ˈʔɔxrana]

das Lawinen-warnschild
lavinová výstraha f
[ˈlavɪnɔva: ˈvi:straɦa]

DAS MEER – NA MOŘI

die Schwimmweste
záchranná vesta f
[ˈzaːxranaː ˈvɛsta]

der Rettungsring
záchranný kruh m
[ˈzaːxraniː ˈkrʊx]

der Sammelpunkt
shromaždiště n
[ˈsxrɔmaʒɟɪʃcɛ]

der Sturm
bouřka f
[ˈbɔu̯r̝̊ka]

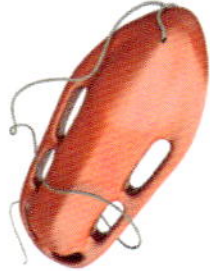

die Rettungsboje
záchranná bóje f
[ˈzaːxranaː ˈbɔːjɛ]

der Rettungsschwimmer
plavčík záchranář m
[ˈplaft͡ʃiːk ˈzaːxranaːr̝̊]

der Wachturm
strážní věž f
[ˈstraːʒɲiː ˈvjɛʃ]

der Tsunami
tsunami n
[ˈt͡sʊnamɪ]

das Küstenwachboot
pobřežní záchranářská loď f
[ˈpɔbr̝ɛʒɲiː ˈzaːxranaːr̝̊skaː ˈlɔc]

das Rettungsboot
záchranný člun m
[ˈzaːxraniː ˈt͡ʃlʊn]

kentern
ztroskotat
[ˈstrɔskɔtat]

der Schiffbruch
ztroskotání lodi n
[ˈstrɔskɔtaːɲiː ˈlɔɟɪ]

der/die Vermisste	**pohřešovaný/pohřešovaná** m/f [ˈpɔɦr̝ɛʃɔvaniː ˈpɔɦr̝ɛʃɔvanaː]
das Rettungstau	**záchranné lano** n [ˈzaːxranɛː ˈlanɔ]
die Wetterbedingungen	**povětrnostní podmínky** pl [ˈpɔvjɛtr̩nɔstɲiː ˈpɔdmiːŋkɪ]
der Seewetterbericht	**předpověď počasí na moři** f [ˈpr̝̊ɛtpɔvjɛc ˈpɔt͡ʃasiː ˈna‿mɔr̝ɪ]
die Suche	**pátrání** n [ˈpaːtraːɲiː]
ertrinken	**utopit se** [ˈʔʊtɔpɪt‿sɛ]
die Havarie	**havárie lodi** f [ˈɦavaːrɪjɛ ˈlɔɟɪ]
in Seenot geraten	**být v nouzi na moři** [ˈbiːt ˈv‿nɔu̯zɪ ˈna‿mɔr̝ɪ]

WEITERE NOTSITUATIONEN – DALŠÍ MIMOŘÁDNÉ UDÁLOSTI

die Explosion
výbuch m
[ˈviːbʊx]

die Epidemie
epidemie f
[ˈˀɛpɪdɛmɪjɛ]

die Evakuierung
evakuace f
[ˈˀɛvakʊat͡sɛ]

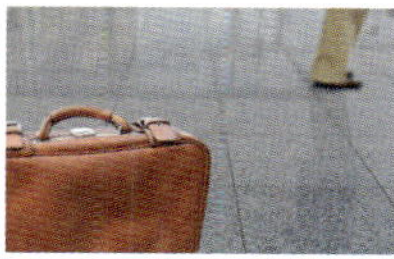

der Bombenalarm
hlášení nastražené bomby n [ˈɦlaːʃɛɲiː ˈnastraʒɛnɛː ˈbɔmbɪ]

die nukleare Katastrophe
jaderná katastrofa f
[ˈjadɛrnaː ˈkatastrɔfa]

die Notlandung
nouzové přistání n
[ˈnɔu̯zɔvɛː ˈpr̝̊ɪstaːɲiː]

der Terrorangriff
teroristický útok m
[ˈtɛrɔrɪstɪt͡skiː ˈˀuːtɔk]

retten
zachránit
[ˈzaxraːɲɪt]

die Notrufnummer
číslo tísňového volání n
[ˈt͡ʃiːslɔ ˈciːsɲɔvɛːɦɔ ˈvɔlaːɲiː]

die Überwachungskamera
bezpečnostní kamera f
[ˈbɛspɛt͡ʃnɔstɲiː ˈkamɛra]

der Verletzte
zraněný m
[ˈzraɲɛniː]

die Verletzung
zranění n
[ˈzraɲɛɲiː]

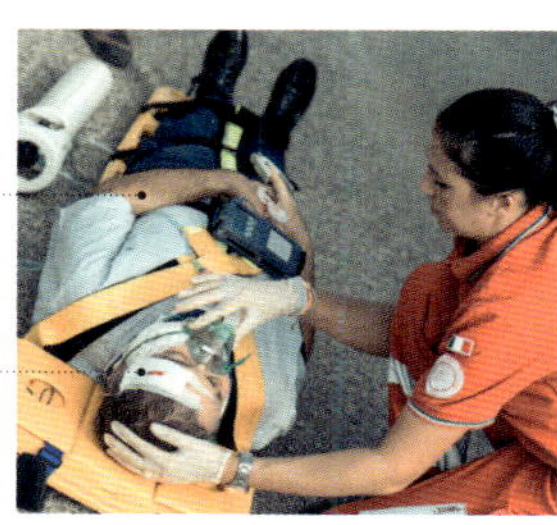

der/die Vermisste	**pohřešovaný/pohřešovaná** m/f [ˈpɔɦr̝ɛʃɔvaniː ˈpɔɦr̝ɛʃɔvanaː]
die Suchmannschaft	**pátrací skupina** f [ˈpaːtrat͡siː ˈskʊpɪna]
die Gefahr	**nebezpečí** n [ˈnɛbɛspɛt͡ʃiː]
Hilfe!	**Pomoc!** [ˈpɔmɔt͡s]
Es ist ein Unfall passiert!	**Došlo k nehodě!** [ˈdɔʃlɔ ˈk‿nɛɦɔɟɛ]
Rufen Sie einen Rettungswagen!	**Zavolejte sanitku!** [ˈzavɔlɛjtɛ ˈsanɪtkʊ]
Rufen Sie die Polizei!	**Zavolejte policii!** [ˈzavɔlɛjtɛ ˈpɔlɪt͡sɪjɪ]
Rufen Sie die Feuerwehr!	**Zavolejte hasiče!** [ˈzavɔlɛjtɛ ˈɦasɪt͡ʃɛ]

Achtung, Gefahr!
Pozor, nebezpečí!
[ˈpɔzɔr ˈnɛbɛspɛt͡ʃiː]

ERDE UND NATUR

ZEMĚ A PŘÍRODA

DER WELTRAUM – VESMÍR

das Sonnensystem
sluneční soustava f
[ˈslʊnɛt͡ʃɲiː ˈsɔu̯stava]

① *die Sonne*
Slunce n
[ˈslʊnt͡sɛ]

② *der Merkur*
Merkur m
[ˈmɛrkʊr]

③ *die Venus*
Venuše f
[ˈvɛnʊʃɛ]

④ *die Erde*
Země f
[ˈzɛmɲɛ]

⑤ *der Mars*
Mars m
[ˈmars]

die Mondphasen
měsíční fáze pl
[ˈmɲɛsiːt͡ʃɲiː ˈfaːzɛ]

⑤ *die Mondsichel*
srpek měsíce m
[ˈsr̩pɛk ˈmɲɛsiːt͡sɛ]

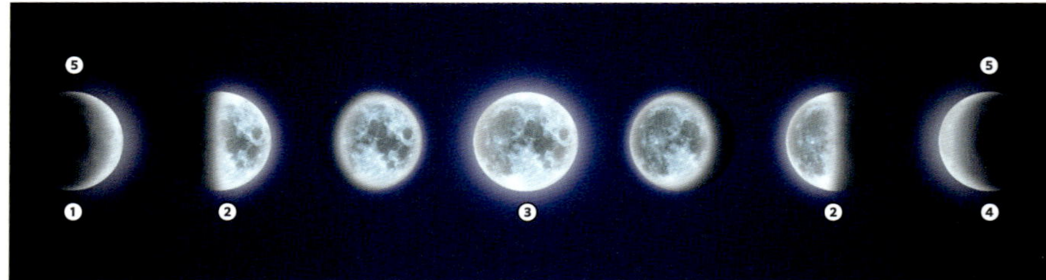

① *der zunehmende Mond*
přibývající měsíc m
[ˈpr̝̊ibiːvajiːt͡siː ˈmɲɛsiːt͡s]

② *der Halbmond*
půlměsíc m
[ˈpuːlmɲɛsiːt͡s]

③ *der Vollmond*
úplněk m
[ˈʔuːplɲɛk]

④ *der abnehmende Mond*
ubývající měsíc m
[ˈʔʊbiːvajiːt͡siː ˈmɲɛsiːt͡s]

DER WELTRAUM – VESMÍR

⑥ *der Jupiter*
Jupiter m
[ˈjʊpɪtɛr]

⑦ *der Saturn*
Saturn m
[ˈsatʊrn]

⑧ *der Uranus*
Uran m
[ˈˀʊran]

⑨ *der Neptun*
Neptun m
[ˈnɛptʊn]

das Raumschiff
kosmická loď f
[ˈkɔsmɪt͡ska: ˈlɔc]

① *der Außentank*
externí palivová nádrž f
[ˈˀɛkstɛrɲi: ˈpalɪvɔva: ˈna:dr̝ʃ]

② *der Booster*
přídavný raketový motor m
[ˈpr̝̊i:davni: ˈrakɛtɔvi: ˈmɔtɔr]

③ *der Orbiter*
orbiter m
[ˈˀɔrbɪtɛr]

DER WELTRAUM – VESMÍR

die Sonnenfinsternis
zatmění Slunce n
[ˈzatmɲɛɲiː ˈslʊnt͡sɛ]

die Galaxie
galaxie f
[ˈgalaksɪjɛ]

die Milchstraße
Mléčná dráha f
[ˈmlɛːt͡ʃnaː ˈdraːɦa]

der Komet
kometa f
[ˈkɔmɛta]

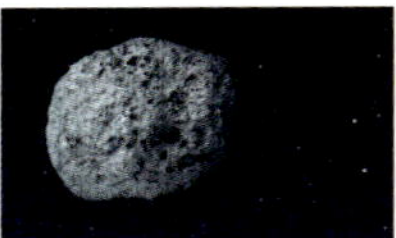

der Asteroid
asteroid m
[ˈʔastɛrɔjt]

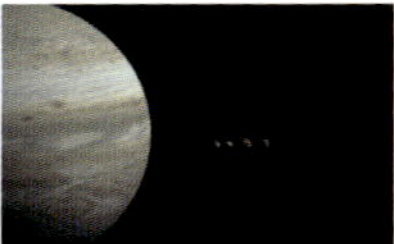

der Planet
planeta f
[ˈplanɛta]

der Meteor
meteor m
[ˈmɛtɛɔr]

das Universum
vesmír m
[ˈvɛsmiːr]

der Astronaut
astronaut m
[ˈʔastrɔnau̯t]

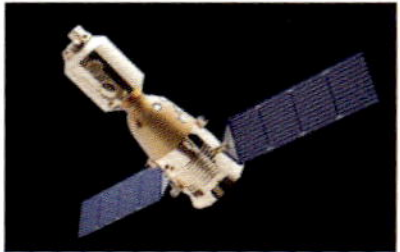

der Satellit
družice f
[ˈdrʊʒɪt͡sɛ]

die Sternwarte
hvězdárna f
[ˈɦvjɛzdaːrna]

das Radioteleskop
radioteleskop m
[ˈradɪjɔˌtɛlɛskɔp]

der Nebel
mlhovina f
[ˈml̩ɦɔvɪna]

das schwarze Loch	**černá díra** f [ˈt͡ʃɛrnaː ˈɟiːra]
die Schwerkraft	**gravitace** f [ˈgravɪtat͡sɛ]
die Umlaufbahn	**oběžná dráha** f [ˈʔɔbjɛʒnaː ˈdraːɦa]
das Lichtjahr	**světelný rok** m [ˈsvjɛtɛlniː ˈrɔk]
der Urknall	**velký třesk** m [ˈvɛlkiː ˈtr̝̊ɛsk]
der Stern	**hvězda** f [ˈɦvjɛzda]
die Raumstation	**vesmírná stanice** f [ˈvɛsmiːrnaː ˈstaɲɪt͡sɛ]
die Astronomie	**astronomie** f [ˈʔastrɔnɔmɪjɛ]

DIE ERDE – ZEMĚ

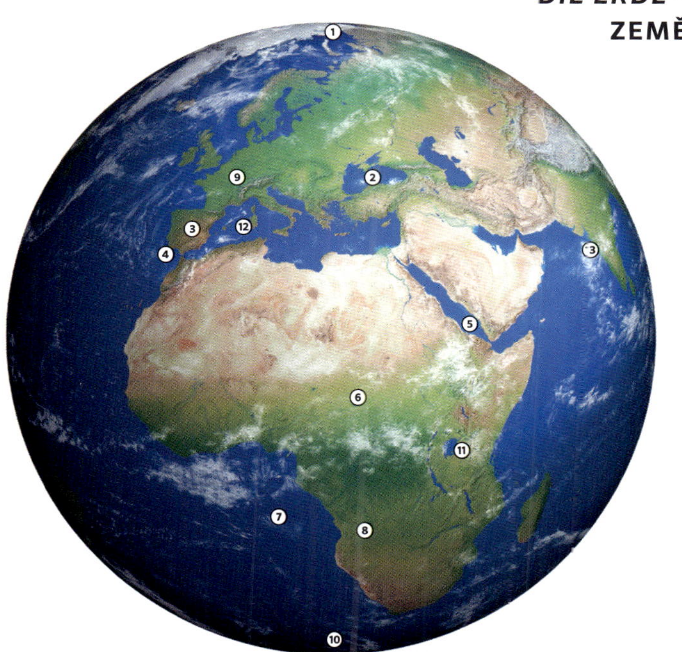

① *der Nordpol*
Severní pól m
[ˈsɛvɛrɲiː pɔːl]

② *das Binnenmeer*
vnitrozemské moře n
[ˈvɲɪtrɔzɛmskɛː ˈmɔr̝ɛ]

③ *die Halbinsel*
poloostrov m
[ˈpɔlɔˌɔstrɔf]

④ *die Meerenge*
úžina f
[ˈʔuːʒɪna]

⑤ *der Golf*
záliv m
[ˈzaːlɪf]

⑥ *der Kontinent*
kontinent m
[ˈkɔntɪnɛnt]

⑦ *das Meer*
moře n
[ˈmɔr̝ɛ]

⑧ *das Land*
pevnina f
[ˈpɛvɲɪna]

⑨ *die Gebirgskette*
pohoří n
[ˈpɔɦɔr̝iː]

⑩ *der Südpol*
Jižní pól m
[ˈjɪʒɲiː pɔːl]

⑪ *der See*
jezero n
[ˈjɛzɛrɔ]

⑫ *die Insel*
ostrov m
[ˈʔɔstrɔf]

⑬ *die Bucht*
zátoka f
[ˈzaːtɔka]

die Atmosphäre	**atmosféra** f [ˈʔatmɔsfɛːra]
der Erdmantel	**zemský plášť** m [ˈzɛmskiː ˈplaːʃc]
die Erdkruste	**zemská kůra** f [ˈzɛmskaː ˈkuːra]
der innere Erdkern	**vnitřní zemské jádro** n [ˈvɲɪtr̝̊ɲiː ˈzɛmskɛː ˈjaːdrɔ]
der äußere Erdkern	**vnější zemské jádro** n [ˈvɲɛjʃiː ˈzɛmskɛː ˈjaːdrɔ]
die Platte	**zemská deska** f [ˈzɛmskaː ˈdɛska]
das Grundgestein	**skalní podloží** n [ˈskalɲiː ˈpɔdlɔʒiː]
die Erde	**půda** f [ˈpuːda]

DIE WELTKARTE – MAPA SVĚTA

① *das Nordpolarmeer*
Severní ledový oceán m
[ˈsɛvɛrɲiː ˈlɛdɔviː ˈʔɔt͡sɛaːn]

⑥ *der Pazifische Ozean*
Tichý oceán m
[ˈcɪxiː ˈʔɔt͡sɛaːn]

⑦ *der Atlantische Ozean*
Atlantský oceán m
[ˈʔatlantskiː ˈʔɔt͡sɛaːn]

⑧ *der Indische Ozean*
Indický oceán m
[ˈʔɪndɪt͡skiː ˈʔɔt͡sɛaːn]

⑨ *das Arabische Meer*
Arabské moře n
[ˈʔarapskɛː ˈmɔr̝ɛ]

⑩ *das Karibische Meer*
Karibské moře n
[ˈkarɪpskɛː ˈmɔr̝ɛ]

⑪ *das Mittelmeer*
Středozemní moře n
[ˈstr̝̊ɛdɔzɛmɲiː ˈmɔr̝ɛ]

⑫ *die Nordsee*
Severní moře n
[ˈsɛvɛrɲiː ˈmɔr̝ɛ]

⑬ *die Ostsee*
Baltské moře n
[ˈbaltskɛː mɔr̝ɛ]

⑭ *das Kaspische Meer*
Kaspické moře n
[ˈkaspɪt͡skɛː ˈmɔr̝ɛ]

⑮ *das Schwarze Meer*
Černé moře n
[ˈt͡ʃɛrnɛː ˈmɔr̝ɛ]

⑯ *der Ärmelkanal*
Lamanšský průliv m
[ˈlamanʃskiː ˈpruːlɪf]

⑰ *das Rote Meer*
Rudé moře n
[ˈrʊdɛː ˈmɔr̝ɛ]

⑱ *das Südpolarmeer*
Jižní ledový oceán m
[ˈjɪʒɲiː ˈlɛdɔviː ˈʔɔt͡sɛaːn]

② *der Himalaja*
Himálaje pl
[ˈɦɪmaːlajɛ]

③ *die Alpen*
Alpy pl
[ˈʔalpɪ]

④ *die Anden*
Andy pl
[ˈʔandɪ]

⑤ *die Rocky Mountains*
Skalnaté hory p
[ˈskalnatɛː ˈɦɔrɪ]

⑲ *das Great Barrier Reef*
Velký bariérový útes m
[ˈvɛlkiː ˈbarɪjɛːrɔviː ˈʔuːtɛs]

⑳ *Amazonien*
Amazonie f
[ˈʔamazɔnɪjɛ]

㉑ *die Sahara*
Sahara f
[ˈsaɦara]

DIE WELTKARTE – MAPA SVĚTA

die Nordhalbkugel
severní polokoule f
[ˈsɛvɛrɲiː ˈpɔlɔkɔu̯lɛ]

die Arktis
Arktida f
[ˈˀarktɪda]

der nördliche Wendekreis
obratník Raka m
[ˈˀɔbratɲiːk ˈraka]

die westliche Hemisphäre
západní polokoule f
[ˈzaːpadɲiː ˈpɔlɔkɔu̯lɛ]

die östliche Hemisphäre
východní polokoule f
[ˈviːxɔdɲiː ˈpɔlɔkɔu̯lɛ]

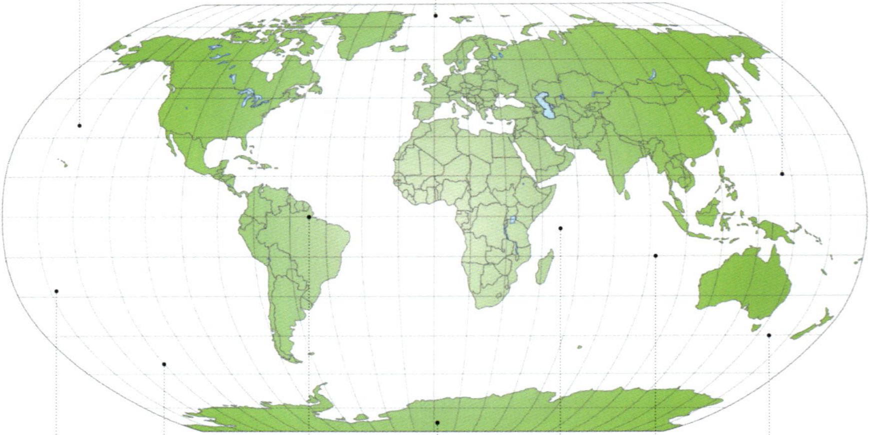

die geografische Länge
zeměpisná délka f
[ˈzɛmɲɛpɪsnaː ˈdɛːlka]

die Antarktis
Antarktida f
[ˈˀantarktɪda]

die geografische Breite
zeměpisná šířka f
[ˈzɛmɲɛpɪsnaː ˈʃiːr̝̊ka]

die Südhalbkugel
jižní polokoule f
[ˈjɪʒɲiː ˈpɔlɔkɔu̯lɛ]

der Äquator
rovník m
[ˈrɔvɲiːk]

die Tropen
tropy pl
[ˈtrɔpɪ]

der südliche Wendekreis
obratník Kozoroha m
[ˈˀɔbratɲiːk ˈkɔzɔrɔɦa]

der nördliche Polarkreis	**severní polární kruh** m [ˈsɛvɛrɲiː ˈpɔlaːrɲiː ˈkrʊx]
der südliche Polarkreis	**jižní polární kruh** m [ˈjɪʒɲiː ˈpɔlaːrɲiː ˈkrʊx]
das Land	**země** f [ˈzɛmɲɛ]
der Staat	**stát** m [ˈstaːt]
die Nation	**národ** m [ˈnaːrɔt]
das Territorium	**území** n [ˈˀuːzɛmiː]

das Fürstentum	**knížectví** n [ˈkɲiːʒɛt͡stviː]
das Königreich	**království** n [ˈkraːlɔfstviː]
die Republik	**republika** f [ˈrɛpublɪka]
die Kolonie	**kolonie** f [ˈkɔlɔnɪjɛ]
die Provinz	**provincie** f [ˈprɔvɪnt͡sɪjɛ]
die Zone	**pásmo** n [ˈpaːsmɔ]
die Region	**region** m [ˈrɛgɪjɔn]
die Hauptstadt	**hlavní město** n [ˈɦlavɲiː mɲɛstɔ]

UN-MITGLIEDSSTAATEN – ČLENSKÉ STÁTY OSN

Europa – Evropa

Albanien
Albánie f
[ˈʔalbaːnɪjɛ]

Andorra
Andorra f
[ˈʔandɔra]

Belgien
Belgie f
[ˈbɛlgɪjɛ]

Bosnien und Herzegowina
Bosna a Hercegovina f
[ˈbɔsna ˈʔa ˈɦɛrt͡sɛgɔvɪna]

Bulgarien
Bulharsko n
[ˈbʊlɦarskɔ]

Dänemark
Dánsko n
[ˈdaːnskɔ]

Deutschland
Německo n
[ˈɲɛmɛt͡skɔ]

Estland
Estonsko n
[ˈʔɛstɔnskɔ]

Finnland
Finsko n
[ˈfɪnskɔ]

Frankreich
Francie f
[ˈfrant͡sɪjɛ]

Griechenland
Řecko n
[ˈr̝ɛt͡skɔ]

Irland
Irsko n
[ˈʔɪrskɔ]

Island
Island m
[ˈʔɪslant]

Italien
Itálie f
[ˈʔɪtaːlɪjɛ]

Kroatien
Chorvatsko n
[ˈxɔrvatskɔ]

Lettland
Lotyšsko n
[ˈlɔtɪʃskɔ]

UN-MITGLIEDSSTAATEN – ČLENSKÉ STÁTY OSN

Europa – Evropa

Liechtenstein
Lichtenštejnsko n
[ˈlɪxtɛnʃtɛjnskɔ]

Litauen
Litva f
[ˈlɪtva]

Luxemburg
Lucembursko n
[ˈlʊt͡sɛmbʊrskɔ]

Malta
Malta f
[ˈmalta]

Moldawien
Moldavsko n
[ˈmɔldafskɔ]

Monaco
Monako n
[ˈmɔnakɔ]

Montenegro
Černá Hora f
[ˈt͡ʃɛrnaː ˈɦɔra]

die Niederlande
Nizozemsko n
[ˈɲɪzɔzɛmskɔ]

Nordmazedonien
Severní Makedonie f
[ˈsɛvɛrɲiː makɛdɔnɪjɛ]

Norwegen
Norsko n
[ˈnɔrskɔ]

Österreich
Rakousko n
[ˈrakɔu̯skɔ]

Polen
Polsko n
[ˈpɔlskɔ]

Portugal
Portugalsko n
[ˈpɔrtʊgalskɔ]

Rumänien
Rumunsko n
[ˈrʊmʊnskɔ]

Russland
Rusko n
[ˈrʊskɔ]

San Marino
San Marino n
[ˈsanmariːnɔ]

UN-MITGLIEDSSTAATEN – ČLENSKÉ STÁTY OSN

Europa – Evropa

Schweden
Švédsko n
[ˈʃvɛːt͡skɔ]

die Schweiz
Švýcarsko n
[ˈʃviːt͡sarskɔ]

Serbien
Srbsko n
[ˈsr̩pskɔ]

die Slowakei
Slovensko n
[ˈslɔvɛnskɔ]

Slowenien
Slovinsko n
[ˈslɔvɪnskɔ]

Spanien
Španělsko n
[ˈʃpaɲɛlskɔ]

Tschechien
Česká republika f
[ˈt͡ʃɛskaː ˈrɛpʊblɪka]

die Ukraine
Ukrajina f
[ˈʔʊkrajɪna]

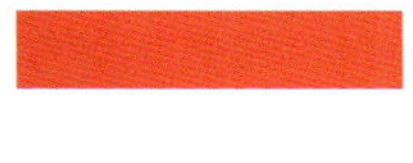

Ungarn
Maďarsko n
[ˈmaɟarskɔ]

das Vereinigte Königreich
Spojené království n
[ˈspɔjɛnɛː ˈkraːlɔfstviː]

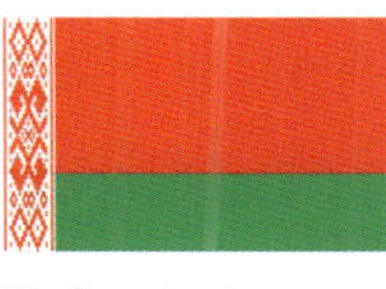

Weißrussland
Bělorusko n
[ˈbjɛlɔrʊskɔ]

Zypern
Kypr m
[ˈkɪpr̩]

Nord- und Mittelamerika – Severní a Střední Amerika

Antigua und Barbuda
Antigua a Barbuda f
[ˈʔantɪgva ˈʔa ˈbarbʊda]

die Bahamas
Bahamy pl
[ˈbaɦamɪ]

Barbados
Barbados m
[ˈbarbadɔs]

Belize
Belize n
[ˈbɛlɪzɛ]

UN-MITGLIEDSSTAATEN – ČLENSKÉ STÁTY OSN

Nord- und Mittelamerika – Severní a Střední Amerika

Costa Rica
Kostarika f
[ˈkɔstarɪka]

Dominica
Dominika f
[ˈdɔmɪnɪka]

die Dominikanische Republik
Dominikánská republika f
[ˈdɔmɪnɪkaːnskaː ˈrɛpʊblɪka]

El Salvador
Salvador m
[ˈsalvadɔr]

Grenada
Grenada f
[ˈgrɛnada]

Guatemala
Guatemala f
[ˈgvatɛmala]

Haiti
Haiti n
[ˈɦajtɪ]

Honduras
Honduras m
[ˈɦɔndʊras]

Jamaika
Jamajka f
[ˈjamajka]

Kanada
Kanada f
[ˈkanada]

Kuba
Kuba f
[ˈkʊba]

Mexiko
Mexiko n
[ˈmɛksɪkɔ]

Nicaragua
Nikaragua f
[ˈnɪkaragʊa]

Panama
Panama f
[ˈpanama]

St. Kitts und Nevis
Svatý Kryštof a Nevis m
[ˈsvatiː ˈkrɪʃtɔf ˈʔa ˈnɛvɪs]

St. Lucia
Svatá Lucie f
[ˈsvataː ˈlʊt͡sɪjɛ]

UN-MITGLIEDSSTAATEN – ČLENSKÉ STÁTY OSN

Nord- und Mittelamerika – Severní a Střední Amerika

St. Vincent und die Grenadinen
Svatý Vincenc a Grenadiny m, pl
[ˈsvatiː ˈvɪnt͡sɛnt͡s ˈʔa ˈgrɛnadɪnɪ]

Trinidad und Tobago
Trinidad a Tobago m, n
[ˈtrɪnɪdat ˈʔa ˈtɔbagɔ]

die Vereinigten Staaten
Spojené státy americké pl
[ˈspɔjɛnɛː ˈstaːtɪ ˈʔamɛrɪt͡skɛː]

Südamerika – Jižní Amerika

Argentinien
Argentina f
[ˈʔargɛntiːna]

Bolivien
Bolívie f
[ˈbɔliːvɪjɛ]

Brasilien
Brazílie f
[ˈbraziːlɪjɛ]

Chile
Chile n
[ˈt͡ʃɪlɛ]

Ecuador
Ekvádor m
[ˈʔɛkvaːdɔr]

Guyana
Guyana f
[ˈgvajaːna]

Kolumbien
Kolumbie f
[ˈkɔlʊmbɪjɛ]

Paraguay
Paraguay f
[ˈparagvaj]

Peru
Peru n
[ˈpɛrʊ]

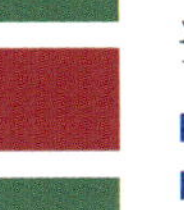

Suriname
Surinam m
[ˈsʊrɪnam]

Uruguay
Uruguay f
[ˈʔʊrʊgvaj]

Venezuela
Venezuela f
[ˈvɛnɛzʊɛla]

UN-MITGLIEDSSTAATEN – ČLENSKÉ STÁTY OSN

Afrika – Afrika

Ägypten
Egypt m
[ˈˀɛgɪpt]

Algerien
Alžírsko n
[ˈˀalʒiːrskɔ]

Angola
Angola f
[ˈˀaŋgɔla]

Äquatorialguinea
Rovníková Guinea f
[ˈrɔvɲiːkɔvaː ˈgvɪnɛa]

Äthiopien
Etiopie f
[ˈˀɛtɪjɔpɪjɛ]

Benin
Benin m
[ˈbɛnɪn]

Botswana
Botswana f
[ˈbɔt͡svana]

Burkina Faso
Burkina Faso f
[ˈbʊrkɪna ˈfasɔ]

Burundi
Burundi n
[ˈbʊrʊndɪ]

die Demokratische Republik Kongo
Demokratická republika Kongo f
[ˈdɛmɔkratɪt͡skaː ˈrɛpʊblɪka ˈkɔŋgɔ]

Dschibuti
Džibutsko n
[ˈd͡ʒɪbʊtskɔ]

die Elfenbeinküste
Pobřeží slonoviny n
[ˈpɔbr̝ɛʒiː ˈslɔnɔvɪnɪ]

Eritrea
Eritrea f
[ˈˀɛrɪtrɛa]

Gabun
Gabon m
[ˈgabɔn]

Gambia
Gambie f
[ˈgambɪjɛ]

Ghana
Ghana f
[ˈgɦana]

UN-MITGLIEDSSTAATEN – ČLENSKÉ STÁTY OSN

Afrika – Afrika

Guinea
Guinea f
[ˈgvɪnɛa]

Guinea-Bissau
Guinea-Bissau f
[ˈgvɪnɛa ˈbɪsɔ]

Kamerun
Kamerun m
[ˈkamɛrʊn]

Kap Verde
Kapverdy pl
[ˈkapvɛrdɪ]

Kenia
Keňa f
[ˈkɛɲa]

die Komoren
Komory pl
[ˈkɔmɔrɪ]

Lesotho
Lesotho n
[ˈlɛsɔtɔ]

Liberia
Libérie f
[ˈlɪbɛːrɪjɛ]

Libyen
Libye f
[ˈliːbɪjɛ]

Madagaskar
Madagaskar m
[ˈmadagaskar]

Malawi
Malawi n
[ˈmalavɪ]

Mali
Mali n
[ˈmalɪ]

Mauretanien
Mauretánie f
[ˈmau̯rɛtaːnɪjɛ]

Mauritius
Mauricius m
[ˈmau̯rɪt͡sɪʊs]

Marokko
Maroko n
[ˈmarɔkɔ]

Mosambik
Mosambik m
[ˈmɔzambɪk]

UN-MITGLIEDSSTAATEN – ČLENSKÉ STÁTY OSN

Afrika – Afrika

Namibia
Namibie f
[ˈnamɪbɪjɛ]

(der) Niger
Niger m
[ˈnɪgɛr]

Nigeria
Nigérie f
[ˈnɪgɛːrɪjɛ]

die Republik Kongo
Konžská republika f
[ˈkɔnʃskaː ˈrɛpʊblɪka]

Ruanda
Rwanda f
[ˈrvanda]

Sambia
Zambie f
[ˈzambɪjɛ]

São Tomé und Príncipe
Svatý Tomáš a Princův ostrov m
[ˈsvatiː ˈtɔmaːʃ ˈʔa ˈprɪnt͡suːf ˈʔɔstrɔf]

(der) Senegal
Senegal m
[ˈsɛnɛgal]

die Seychellen
Seychely pl
[ˈsɛjʃɛlɪ]

Sierra Leone
Sierra Leone f
[ˈsɪjɛra ˈlɛɔnɛ]

Simbabwe
Zimbabwe n
[ˈzɪmbabvɛ]

Somalia
Somálsko n
[ˈsɔmaːlskɔ]

Südafrika
Jihoafrická republika f
[ˈjɪɦɔˀafrɪt͡skaː ˈrɛpʊblɪka]

der Sudan
Súdán m
[ˈsuːdaːn]

der Südsudan
Jižní Súdán m
[ˈjɪʒɲiː ˈsuːdaːn]

Swasiland
Svazijsko n
[ˈsvazɪjskɔ]

UN-MITGLIEDSSTAATEN – ČLENSKÉ STÁTY OSN

Afrika – Afrika

Tansania
Tanzanie f
[ˈtanzanɪjɛ]

Togo
Togo n
[ˈtɔgɔ]

der Tschad
Čad m
[ˈt͡ʃat]

Tunesien
Tunisko n
[ˈtʊnɪskɔ]

Uganda
Uganda f
[ˈʔʊganda]

die Zentralafrikanische Republik
Středoafrická republika f
[ˈstr̝̊ɛdɔafrɪt͡ska: ˈrɛpʊblɪka]

Asien – Asie

Afghanistan
Afghánistán m
[ˈʔavga:nɪsta:n]

Armenien
Arménie f
[ˈʔarmɛ:nɪjɛ]

Aserbaidschan
Ázerbájdžán m
[ˈʔa:zɛrba:jd͡ʒa:n]

Bahrain
Bahrajn m
[ˈbaɦrajn]

Bangladesch
Bangladéš f
[ˈbaŋglade:ʃ]

Bhutan
Bhútán m
[ˈbɦu:ta:n]

Brunei
Brunej f
[ˈbrʊnɛj]

China
Čína f
[ˈt͡ʃi:nɛ]

UN-MITGLIEDSSTAATEN – ČLENSKÉ STÁTY OSN

Asien – Asie

Georgien
Gruzie f
[ˈgrʊzɪjɛ]

Indien
Indie f
[ˈˀɪndɪjɛ]

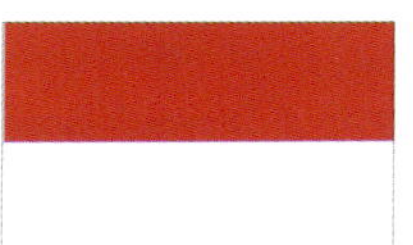

Indonesien
Indonésie f
[ˈˀɪndɔnɛːzɪjɛ]

(der) Irak
Irák m
[ˈˀɪraːk]

(der) Iran
Írán m
[ˈˀiːraːn]

Israel
Izrael m
[ˈˀɪzraɛl]

Japan
Japonsko n
[ˈjapɔnskɔ]

(der) Jemen
Jemen m
[ˈjɛmɛn]

Jordanien
Jordánsko n
[ˈjɔrdaːnskɔ]

Kambodscha
Kambodža f
[ˈkambɔd͡ʒa]

Kasachstan
Kazachstán m
[ˈkazaxstaːn]

Kirgisistan
Kyrgyzstán m
[ˈkɪrgɪstaːn]

Kuwait
Kuvajt m
[ˈkʊvajt]

Laos
Laos m
[ˈlaɔs]

(der) Libanon
Libanon m
[ˈlɪbanɔn]

Katar
Katar m
[ˈkatar]

UN-MITGLIEDSSTAATEN – ČLENSKÉ STÁTY OSN

Asien – Asie

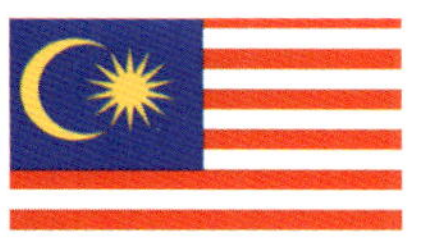

Malaysia
Malajsie f
[ˈmalajzɪjɛ]

die Malediven
Maledivy pl
[ˈmalɛdɪvɪ]

die Mongolei
Mongolsko n
[ˈmɔŋɡɔlskɔ]

Myanmar
Barma f
[ˈbarma]

Nepal
Nepál m
[ˈnɛpaːl]

Nordkorea
Severní Korea f
[ˈsɛvɛrɲiː ˈkɔrɛa]

Oman
Omán m
[ˈʔɔmaːn]

Osttimor
Východní Timor m
[ˈviːxɔdɲiː ˈtɪmɔr]

Pakistan
Pákistán m
[ˈpaːkɪstaːn]

die Philippinen
Filipíny pl
[ˈfɪlɪpiːnɪ]

Saudi-Arabien
Saúdská Arábie f
[ˈsau̯ːtskaː ˈʔaraːbɪjɛ]

Singapur
Singapur m
[ˈsɪŋɡapuːr]

Sri Lanka
Srí Lanka f
[ˈsriːlaŋka]

Südkorea
Jižní Korea f
[ˈjɪʒɲiː ˈkɔrɛa]

Syrien
Sýrie f
[ˈsiːrɪjɛ]

Tadschikistan
Tádžikistán m
[ˈtaːd͡ʒɪkɪstaːn]

UN-MITGLIEDSSTAATEN – ČLENSKÉ STÁTY OSN

Asien – Asie

Thailand
Thajsko n
[ˈtɦajskɔ]

die Türkei
Turecko n
[ˈtʊrɛt͡skɔ]

Turkmenistan
Turkmenistán m
[ˈtʊrkmɛnɪstaːn]

Usbekistan
Uzbekistán m
[ˈˀʊzbɛkɪstaːn]

die Vereinigten Arabischen Emirate
Spojené arabské emiráty pl
[ˈspɔjɛnɛː ˈˀarapskɛː ˈˀɛmɪraːtɪ]

Vietnam
Vietnam m
[ˈvɪjɛtnam]

Ozeanien – Oceánie

Australien
Austrálie f
[ˈˀau̯straːlɪjɛ]

Fidschi
Fidži n
[ˈfɪd͡ʒɪ]

Kiribati
Kiribati n
[ˈkɪrɪbatɪ]

die Marshallinseln
Marshallovy ostrovy pl
[ˈmarʃalɔvɪ ˈˀɔstrɔvɪ]

Mikronesien
Mikronésie f
[ˈmɪkrɔnɛːzɪjɛ]

Nauru
Nauru n
[ˈnau̯rʊ]

Neuseeland
Nový Zéland m
[ˈnɔviː ˈzɛːlant]

Palau
Palau n
[ˈpalau̯]

UN-MITGLIEDSSTAATEN – ČLENSKÉ STÁTY OSN

Ozeanien – Oceánie

Papua-Neuguinea
Papua-Nová Guinea f
[ˈpapʊa ˈnɔvaː ˈgvɪnɛa]

die Salomonen
Šalamounovy ostrovy pl
[ˈʃalamɔu̯nɔvɪ ˈˀɔstrɔvɪ]

Samoa
Samoa f
[ˈsamɔa]

Tonga
Tonga f
[ˈtɔŋga]

Tuvalu
Tuvalu n
[ˈtʊvalʊ]

Vanuatu
Vanuatu n
[ˈvanʊatʊ]

Internationale Organisationen – Mezinárodní organizace

die Europäische Union (EU)
Evropská unie (EU) f
[ˈˀɛvrɔpskaː ˈˀʊnɪjɛ (ˈˀɛːˀʊː)]

die Vereinten Nationen (UN)
Organizace spojených národů (OSN) f
[ˈˀɔrganɪzat͡sɛ ˈspɔjɛniːx ˈnaːrɔduː (ˈˀɔːˀɛsˀɛn)]

die Organisation des Nordatlantikvertrags (NATO)
Organizace Severoatlantické smlouvy (NATO) f
[ˈˀɔrganɪzat͡sɛ ˈsɛvɛrɔˀatlantɪt͡skɛː ˈsmlɔu̯vɪ (ˈnatɔ)]

die Afrikanische Union
Africká unie f
[ˈˀafrɪt͡skaː ˈˀʊnɪjɛ]

die Arabische Liga
Arabská liga f
[ˈˀarabskaː ˈlɪga]

die UNESCO
UNESCO n
[ˈˀʊnɛskɔ]

das Commonwealth
Společenství národů n
[ˈspɔlɛt͡ʃɛnstviː ˈnaːrɔduː]

DAS WETTER – POČASÍ

sonnig
slunečno
[ˈslʊnɛt͡ʃnɔ]

wolkig
oblačno
[ˈˀɔblat͡ʃnɔ]

neblig
mlhavo
[ˈml̩ɦavɔ]

windig
větrno
[ˈvjɛtr̩nɔ]

heiß
horko
[ˈɦɔrkɔ]

warm
teplo
[ˈtɛplɔ]

kalt
chladno
[ˈxladnɔ]

bedeckt
zataženo
[ˈzataʒɛnɔ]

vereist
náledí n
[ˈnaːlɛɟiː]

verschneit
napadl sníh
[ˈnapadl̩ ˈsɲiːx]

regnerisch
deštivo
[ˈdɛʃcɪvɔ]

stürmisch
jsou bouřky
[ˈjsɔu̯ ˈbɔu̯r̝̊kɪ]

feucht
vlhko
[ˈvl̩xkɔ]

die Temperatur	**teplota** f [ˈtɛplɔta]
der Grad	**stupeň** m [ˈstʊpɛɲ]
Celsius	**stupně Celsia** pl [ˈstʊpɲɛ ˈt͡sɛlzija]
Fahrenheit	**stupně Fahrenheita** pl [ˈstʊpɲɛ ˈfaːrɛnɦajta]
die Wettervorhersage	**předpověď počasí** f [ˈpr̝̊ɛtpɔvjɛc ˈpɔt͡ʃasiː]
Wie ist das Wetter?	**Jaké je počasí?** [ˈjakɛː jɛ ˈpɔt͡ʃasiː]
Es ist schön/trüb/nasskalt.	**Je hezky/zataženo/chladno a sychravo.** [ˈjɛ ˈɦɛskɪ/ˈzataʒɛnɔ/ˈxladnɔ ˈˀa ˈsɪxravɔ]
Es regnet/schneit.	**Prší/sněží.** [ˈpr̩ʃiː/ˈsɲɛʒiː]

DAS WETTER – POČASÍ

der Regen
déšť m
[ˈdɛːʃc]

der Regenbogen
duha f
[ˈdʊɦa]

der Sonnenschein
sluneční svit m
[ˈslʊnɛt͡ʃɲiː ˈsvɪt]

der Wind
vítr m
[ˈviːtr̩]

das Gewitter
bouřka f
[ˈbɔu̯r̝ka]

der Donner
hrom m
[ˈɦrɔm]

der Blitz
blesk m
[ˈblɛsk]

der Hagel
kroupy pl
[ˈkrɔu̯pɪ]

der Raureif
jinovatka f
[ˈjɪnɔvatka]

der Schnee
sníh m
[ˈsɲiːx]

der Frost
mráz m
[ˈmraːs]

das Eis
led m
[ˈlɛt]

die Brise	**vánek** m [ˈvaːnɛk]
die Windgeschwindigkeit	**rychlost větru** f [ˈrɪxlɔst ˈvjɛtrʊ]
der Pollenflug	**koncentrace pylových alergenů** f [ˈkɔnt͡sɛntrat͡sɛ ˈpɪlɔviːx ˈʔalɛrgɛnuː]
die UV-Strahlen	**ultrafialové paprsky** pl [ˈʔʊltrafɪjalɔvɛː ˈpapr̩skɪ]
der Ozon	**ozón** m [ˈʔɔzɔːn]
die Ozonschicht	**ozónová vrstva** f [ˈʔɔzɔnɔvaː ˈvr̩stva]
die Stratosphäre	**stratosféra** f [ˈstratɔsfɛːra]
die Troposphäre	**troposféra** f [ˈtrɔpɔsfɛːra]

der Smog
smog m
[ˈsmɔk]

DAS WETTER – POČASÍ

Naturkatastrophen – Přírodní katastrofy

die Dürre
sucho n
[ˈsʊxɔ]

der Hurrikan
hurikán m
[ˈɦʊrɪkaːn]

der Tornado
tornádo n
[ˈtɔrnaːdɔ]

der Monsun
monzun m
[ˈmɔnzʊn]

die Überschwemmung
povodeň f
[ˈpɔvɔdɛɲ]

das Erdbeben
zemětřesení n
[ˈzɛmɲɛtr̝̊ɛsɛɲiː]

der Vulkanausbruch
sopečná erupce f
[ˈsɔpɛt͡ʃnaː ˈʔɛrʊpt͡sɛ]

der Tsunami
tsunami n
[ˈt͡sʊnamɪ]

der Erdrutsch
sesuv půdy m
[ˈsɛsʊf ˈpuːdɪ]

der Waldbrand
lesní požár m
[ˈlɛsɲiː ˈpɔʒaːr]

die Hitzewelle
vlna veder f
[ˈvl̩na ˈvɛdɛr]

der Sturm
bouřka f
[ˈbɔu̯r̝̊ka]

die Lawine
lavina f
[ˈlavɪna]

der Schneesturm
sněhová bouře f
[ˈsɲɛɦɔvaː ˈbɔu̯r̝ɛ]

der (tropische) Wirbelsturm
tropická bouře f
[ˈtrɔpɪt͡ska: ˈbɔu̯r̝ɛ]

die Pandemie
pandemie f
[ˈpandɛmɪjɛ]

DIE LANDSCHAFT – KRAJINA

der Berg
hora f
[ˈɦora]

der Gipfel
vrchol m
[ˈvr̩xol]

das Gebirge
pohoří n
[ˈpoɦor̝iː]

der Wald
les m
[ˈlɛs]

der Berghang
svah m
[ˈsvax]

der See
jezero n
[ˈjɛzɛro]

der Felsen
skála f
[ˈskaːla]

das Tal
údolí n
[ˈʔuːdoliː]

der Fluss
řeka f
[ˈr̝ɛka]

die Flussmündung
ústí řeky n
[ˈʔuːsciː ˈr̝ɛkɪ]

die Höhle
jeskyně f
[ˈjɛskɪɲɛ]

die Klippe
útes m
[ˈʔuːtɛs]

die Küste
pobřeží n
[ˈpobr̝ɛʒiː]

der Gletscher
ledovec m
[ˈlɛdovɛts]

der Wasserfall
vodopád m
[ˈvodopaːt]

DIE LANDSCHAFT – KRAJINA

das Plateau
náhorní plošina f
[ˈnaːɦorɲiː ˈploʃɪna]

der Hügel
kopec m
[ˈkopɛt͡s]

die Ebene
rovina f
[ˈrovɪna]

die Schlucht
rokle f
[ˈroklɛ]

die Wüste
poušť f
[ˈpou̯ʃc]

die Wiese
louka f
[ˈlou̯ka]

das Feuchtgebiet
mokřina f
[ˈmokr̝̊ɪna]

die Heide
vřesoviště n
[ˈvr̝ɛsovɪʃcɛ]

das Grasland
lučina f
[ˈlut͡ʃɪna]

der Geysir
gejzír m
[ˈgɛjziːr]

die Thermalquelle
termální pramen m
[ˈtɛrmaːlɲiː ˈpramɛn]

der Vulkan
sopka f
[ˈsopka]

die Bucht
záliv m
[ˈzaːlɪf]

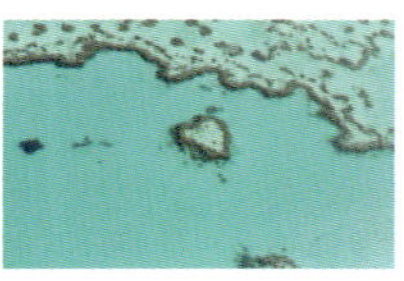

das Korallenriff
korálový útes m
[ˈkoraːloviː ˈʔuːtɛs]

die Insel
ostrov m
[ˈʔostrof]

der Gebirgsbach
horský potok m
[ˈɦorskiː ˈpotok]

STEINE UND MINERALIEN – KAMENY A MINERÁLY

das Eisenerz
železná ruda f
[ˈʒɛlɛzna: ˈrʊda]

der Sandstein
pískovec m
[ˈpi:skɔvɛt͡s]

der Asphalt
asfalt m
[ˈʔasfalt]

der Granit
žula f
[ˈʒʊla]

der Kalkstein
vápenec m
[ˈva:pɛnɛt͡s]

die Kreide
křída f
[ˈkr̝i:da]

die Kohle
uhlí n
[ˈʔʊɦli:]

der Schiefer
břidlice f
[ˈbr̝ɪdlɪt͡sɛ]

der Marmor
mramor m
[ˈmramɔr]

der Schwefel
síra f
[ˈsi:ra]

der Grafit
grafit m
[ˈgrafɪt]

das Gold
zlato n
[ˈzlatɔ]

das Silber
stříbro n
[ˈstr̝i:brɔ]

das Kupfer
měď f
[ˈmɲɛc]

das Quecksilber
rtuť f
[ˈrtʊc]

der Bauxit
bauxit m
[ˈbau̯ksɪt]

STEINE UND MINERALIEN – KAMENY A MINERÁLY

Edel- und Halbedelsteine – Drahokamy a polodrahokamy

der Rubin
rubín m
[ˈrʊbiːn]

der Aquamarin
akvamarín m
[ˈˀakvamariːn]

der Jade
jadeit m
[ˈjadɛjɪt]

der Smaragd
smaragd m
[ˈsmarakt]

der Saphir
safír m
[ˈsafiːr]

der Amethyst
ametyst m
[ˈˀamɛtɪst]

der Quarz
křemen m
[ˈkr̝̊ɛmɛn]

der Diamant
diamant m
[ˈdɪjamant]

der Turmalin
turmalín m
[ˈtʊrmaliːn]

der Topas
topas m
[ˈtɔpas]

der Granat
granát m
[ˈgranaːt]

das/der Tigerauge
tygří oko n
[ˈtɪgr̝̊iː ˈˀɔkɔ]

der Opal
opál m
[ˈˀɔpaːl]

der Bernstein
jantar m
[ˈjantar]

der Türkis
tyrkys m
[ˈtɪrkɪs]

der Rosenquarz
růženín m
[ˈruːʒɛɲiːn]

der Onyx
onyx m
[ˈˀɔnɪks]

die Perle
perla f
[ˈpɛrla]

der Lapislazuli
lapis lazuli m
[ˈlapɪs ˈlazʊlɪ]

der Citrin
citrín m
[ˈt͡sɪtriːn]

PFLANZEN – ROSTLINY

Bäume – Stromy

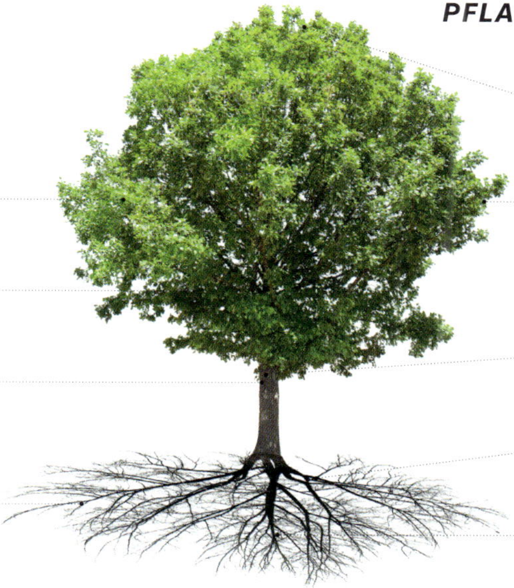

die Eiche
dub m
[ˈdʊp]

das Laub
listí n
[ˈlɪsciː]

der Ast
větev m
[ˈvjɛtɛf]

der Stamm
kmen m
[ˈkmɛn]

die Wurzel
kořen m
[ˈkɔr̝ɛn]

die Krone
koruna f
[ˈkɔrʊna]

das Blatt
list m
[ˈlɪst]

die Borke
kůra f
[ˈkuːra]

die Seitenwurzel
boční kořen m
[ˈbɔt͡ʃɲiː ˈkɔr̝ɛn]

die Pfahlwurzel
hlavní kořen m
[ˈɦlavɲiː ˈkɔr̝ɛn]

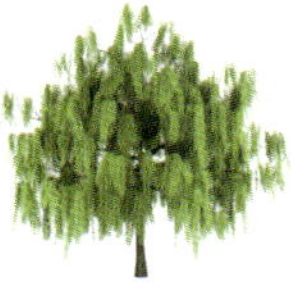

die Weide
vrba f
[ˈvr̩ba]

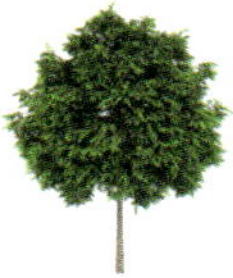

die Esche
jasan m
[ˈjasan]

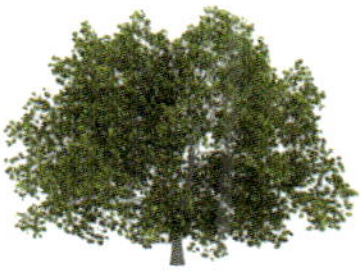

die Buche
buk m
[ˈbʊk]

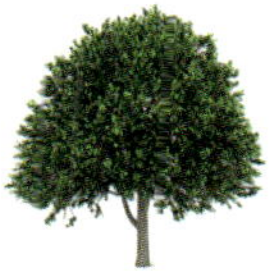

die Ulme
jilm m
[ˈjɪlm̩]

die Birke	**bříza** f [ˈbr̝iːza]
der Ahorn	**javor** m [ˈjavɔr]
die Linde	**lípa** f [ˈliːpa]
die Tanne	**jedle** f [ˈjɛdlɛ]
die Fichte	**smrk** m [ˈsmr̩k]
der Nadelbaum	**jehličnatý strom** m [ˈjɛɦlɪt͡ʃnatiː ˈstrɔm]
der Laubbaum	**listnatý strom** m [ˈlɪstnatiː ˈstrɔm]
der immergrüne Baum	**stálezelený strom** m [ˈstaːlɛzɛlɛniː ˈstrɔm]

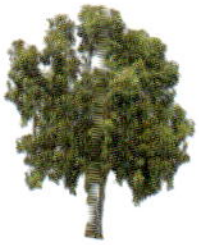

der Eukalyptus
eukalypt m
[ˈʔɛukalɪpt]

PFLANZEN – ROSTLINY

Wildpflanzen – Divoké rostliny

die Flechte
lišejník m
[ˈlɪʃɛjɲiːk]

das Moos
mech m
[ˈmɛx]

die Distel
bodlák m
[ˈbɔdlaːk]

der Pilz
houba f
[ˈɦɔu̯ba]

die Brennnessel
kopřiva dvoudomá f
[ˈkɔpr̝̊ɪva ˈdvɔu̯dɔmaː]

der Fingerhut
náprstník m
[ˈnaːpr̩stɲiːk]

der Bärenklau
bolševník m
[ˈbɔlʃɛvɲiːk]

der Löwenzahn
pampeliška f
[ˈpampɛlɪʃka]

das Gänseblümchen
sedmikráska f
[ˈsɛdmɪkraːska]

das Heidekraut
vřes m
[ˈvr̝ɛs]

das Hasenglöckchen
zvonek m
[ˈzvɔnɛk]

der Klee
jetel m
[ˈjɛtɛl]

die Kamille
heřmánek m
[ˈɦɛr̝maːnɛk]

das Maiglöckchen
konvalinka f
[ˈkɔnvalɪŋka]

die Pusteblume
chmýří pampelišky n
[ˈxmiːr̝iː ˈpampɛlɪʃkɪ]

die Butterblume
pryskyřník m
[ˈprɪskɪr̝ɲiːk]

PFLANZEN – ROSTLINY

Zierblumen – Okrasné květiny

die Rose
růže f
[ˈruːʒɛ]

das Blütenblatt
okvětní lístek m
[ˈʔɔkvjɛtɲiː ˈliːstɛk]

die Blüte
květ m
[ˈkvjɛt]

der Stängel
stonek m
[ˈstɔnɛk]

der Stiel
stonek m
[ˈstɔnɛk]

die Knospe
poupě n
[ˈpɔu̯pjɛ]

der Dorn
trn m
[ˈtr̩n]

das Blatt
list m
[ˈlɪst]

das Schneeglöckchen
sněženka f
[ˈsɲɛʒɛŋka]

der Krokus
krokus m
[ˈkrɔkʊs]

die Seerose
leknín m
[ˈlɛkɲiːn]

der Lavendel
levandule f
[ˈlɛvandʊlɛ]

der Flieder	**šeřík** m [ˈʃɛr̝iːk]
der/das Rhododendron	**rododendron** m [ˈrɔdɔdɛndrɔn]
blühen	**kvést** [ˈkvɛːst]
duften	**vonět** [ˈvɔɲɛt]
verwelken	**vadnout** [ˈvadnɔu̯t]
keimen	**klíčit** [ˈkliːt͡ʃɪt]
die Frühlingsblume	**jarní květina** f [ˈjarɲiː ˈkvjɛcɪna]
der Nachtblüher	**rostlina kvetoucí v noci** f [ˈrɔstlɪna ˈkvɛtɔu̯t͡siː ˈv_nɔt͡sɪ]

die Petunie
petúnie f
[ˈpɛtuːnɪjɛ]

PFLANZEN – ROSTLINY

Zierblumen – Okrasné květiny

die Nelke
karafiát m
[ˈkarafɪjaːt]

die Primel
prvosenka f
[ˈpr̩vɔsɛŋka]

die Gerbera
gerbera f
[ˈɡɛrbɛra]

die Tulpe
tulipán m
[ˈtʊlɪpaːn]

die Narzisse
narcis m
[ˈnart͡sɪs]

die Iris
kosatec m
[ˈkɔsatɛt͡s]

die Chrysantheme
chryzantéma f
[ˈxrɪzantɛːma]

die Hyazinthe
hyacint m
[ˈɦɪjat͡sɪnt]

die Ringelblume
měsíček lékařský m
[ˈmɲɛsiːt͡ʃɛk ˈlɛːkar̝̊skiː]

das Stiefmütterchen
maceška f
[ˈmat͡sɛʃka]

die Orchidee
orchidej f
[ˈˀɔrxɪdɛj]

der Rosenstrauch
růžový keř m
[ˈruːʒɔviː ˈkɛr̝̊]

die Lilie
lilie f
[ˈlɪlɪjɛ]

die Sonnenblume
slunečnice f
[ˈslʊnɛt͡ʃɲɪt͡sɛ]

die Geranie
muškát m
[ˈmʊʃkaːt]

die Hortensie
hortenzie f
[ˈɦɔrtɛnzɪjɛ]

PFLANZEN – ROSTLINY

Gartenpflanzen – Zahradní rostliny

der/das Efeu
břečťan m
[ˈbr̝ɛt͡ʃcan]

der Obstbaum
ovocný strom m
[ˈˀɔvɔt͡sniː ˈstrɔm]

die Baumblüte
květ stromu m
[ˈkvjɛt ˈstrɔmʊ]

der Trieb
výhonek m
[ˈviːɦɔnɛk]

der Formschnitt
tvarování keřů a stromů
[ˈtvarɔvaːɲiː ˈkɛr̝uː ˈˀa ˈstrɔmuː]

das Unkraut
plevel m
[ˈplɛvɛl]

blühen
kvést
[ˈkvɛːst]

verwelken
vadnout
[ˈvadnɔu̯t]

die Palme
palma f
[ˈpalma]

der Rasen
trávník m
[ˈtraːvɲiːk]

die Blumenwiese
květinová louka f
[ˈkvjɛcɪnɔvaː ˈlɔu̯ka]

die Mohnblume
vlčí mák m
[ˈvl̩t͡ʃiː ˈmaːk]

die Kletterpflanze
popínavá rostlina f
[ˈpɔpiːnavaː ˈrɔstlɪna]

einjährig
jednoletá rostlina f
[ˈjɛdnɔlɛtaː ˈrɔstlɪna]

zweijährig
dvouletá rostlina f
[ˈdvɔu̯lɛtaː ˈrɔstlɪna]

mehrjährig
trvalka f
[ˈtr̩valka]

TIERE – ZVÍŘATA

Säugetiere – Savci

die Ratte
krysa f
[ˈkrɪsa]

der Maulwurf
krtek m
[ˈkr̩tɛk]

die Katze
kočka f
[ˈkɔt͡ʃka]

der Hund
pes m
[ˈpɛs]

das Kaninchen
králík m
[ˈkraːliːk]

das Meerschweinchen
morče n
[ˈmɔrt͡ʃɛ]

die Maus
myš f
[ˈmɪʃ]

der Hamster
křeček m
[ˈkr̝̊ɛt͡ʃɛk]

die Fledermaus
netopýr m
[ˈnɛtɔpiːr]

das Eichhörnchen
veverka f
[ˈvɛvɛrka]

der Igel
ježek m
[ˈjɛʒɛk]

das Frettchen
fretka f
[ˈfrɛtka]

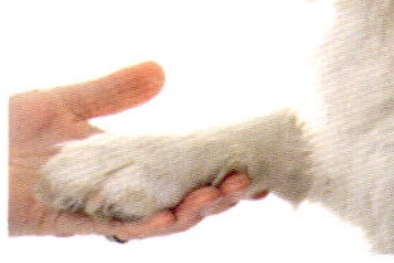

die Pfote
tlapa f
[ˈtlapa]

das Schnurrhaar	**vousky** pl [ˈvɔu̯skɪ]
das Fell	**srst** f [ˈsr̩st]
das Maul	**tlama** f [ˈtlama]
der Schwanz	**ocas** m [ˈʔɔt͡sas]
das Horn	**roh** m [ˈrɔx]
die Kralle	**dráp** m [ˈdraːp]
die Tatze	**pracka** f [ˈprat͡ska]
der Huf	**kopyto** n [ˈkɔpɪtɔ]

TIERE – ZVÍŘATA

Säugetiere – Savci

der Gepard
gepard m
[ˈgɛpart]

der Puma
puma f
[ˈpuma]

der Wolf
vlk m
[ˈvl̩k]

der Waschbär
mýval m
[ˈmiːval]

das Stinktier
skunk m
[ˈskuŋk]

das Erdmännchen
surikata f
[ˈsurɪkata]

der Leopard
leopard m
[ˈlɛɔpart]

der Dachs
jezevec m
[ˈjɛzɛvɛt͡s]

der Fuchs
liška f
[ˈlɪʃka]

der Jaguar
jaguár m
[ˈjaguaːr]

der Löwe
lev m
[ˈlɛf]

der Tiger
tygr m
[ˈtɪgr̩]

der Bär
medvěd m
[ˈmɛdvjɛt]

der Eisbär
lední medvěd m
[ˈlɛdɲiː ˈmɛdvjɛt]

der Koala
koala f
[ˈkɔala]

der Pandabär
panda f
[ˈpanda]

TIERE – ZVÍŘATA

Säugetiere – Savci

das Schwein
prase n
[ˈprasɛ]

die Ziege
koza f
[ˈkɔza]

das Pferd
kůň m
[ˈkuːɲ]

die Giraffe
žirafa f
[ˈʒɪrafa]

das Schaf
ovce f
[ˈˀɔft͡sɛ]

das Lama
lama f
[ˈlama]

der Esel
osel m
[ˈˀɔsɛl]

das Reh
srnka f
[ˈsr̩ŋka]

das Rentier
sob m
[ˈsɔp]

das Kamel
velbloud m
[ˈvɛlblɔu̯t]

die Kuh
kráva f
[ˈkraːva]

der Stier
býk m
[ˈbiːk]

das Nilpferd
hroch m
[ˈɦrɔx]

das Nashorn
nosorožec m
[ˈnɔsɔrɔʒɛt͡s]

der Elefant
slon m
[ˈslɔn]

das Zebra
zebra f
[ˈzɛbra]

TIERE – ZVÍŘATA

Säugetiere – Savci

das Walross
mrož m
[ˈmrɔʃ]

der Seelöwe
lachtan m
[ˈlaxtan]

der Seehund
tuleň m
[ˈtʊlɛɲ]

der Delfin
delfín m
[ˈdɛlfiːn]

der Schwertwal
kosatka f
[ˈkɔsatka]

der Otter
vydra f
[ˈvɪdra]

die Biberratte
nutrie f
[ˈnʊtrɪjɛ]

der Gorilla
gorila f
[ˈgɔrɪla]

der Orang-Utan
orangutan m
[ˈʔɔraŋgʊtan]

der Gibbon
gibon m
[ˈgɪbɔn]

der Pavian
pavián m
[ˈpavɪjaːn]

der Schimpanse
šimpanz m
[ˈʃɪmpans]

das Faultier
lenochod m
[ˈlɛnɔxɔt]

der Ameisenbär
mravenečník m
[ˈmravɛnɛt͡ʃɲiːk]

das Känguru
klokan m
[ˈklɔkan]

das Jungtier
mládě n
[ˈmlaːɟɛ]

TIERE – ZVÍŘATA

Vögel – Ptáci

der Specht
datel m
[ˈdatɛl]

der Spatz
vrabec m
[ˈvrabɛt͡s]

der Kolibri
kolibřík m
[ˈkɔlɪbr̝iːk]

der Tukan
tukan m
[ˈtʊkan]

das Rotkehlchen
červenka f
[ˈt͡ʃɛrvɛŋka]

die Schwalbe
vlaštovka f
[ˈvlaʃtɔfka]

der Habicht
jestřáb m
[ˈjɛstr̝̊aːp]

die Taube
holub m
[ˈɦɔlʊp]

der Rabe
havran m
[ˈɦavran]

die Krähe
vrána f
[ˈvraːna]

der Fink
pěnkava f
[ˈpjɛŋkava]

die Möwe
racek m
[ˈrat͡sɛk]

der Kanarienvogel
kanárek m
[ˈkanaːrɛk]

der Schnabel	**zobák** m [ˈzɔbaːk]
das Küken	**ptáče** n [ˈptaːt͡ʃɛ]
der Flügel	**křídlo** n [ˈkr̝̊iːdlɔ]
die Kralle	**dráp** m [ˈdraːp]
die Feder	**pero** n [ˈpɛrɔ]
das Federkleid	**peří** n [ˈpɛr̝iː]
zwitschern	**štěbetat** [ˈʃcɛbɛtat]
flattern	**mávat křídly** [ˈmaːvat ˈkr̝̊iːdlɪ]

TIERE – ZVÍŘATA

Vögel – Ptáci

der Storch
čáp m
[ˈt͡ʃaːp]

der Flamingo
plameňák m
[ˈplamɛɲaːk]

der Strauß
pštros m
[ˈpʃtrɔs]

der Adler
orel m
[ˈˀɔrɛl]

der Pinguin
tučňák m
[ˈtʊt͡ʃɲaːk]

der Kakadu
kakadu m
[ˈkakadʊ]

der Papagei
papoušek m
[ˈpapɔu̯ʃɛk]

die Eule
sova f
[ˈsɔva]

der Truthahn
krocan m
[ˈkrɔt͡san]

der Schwan
labuť f
[ˈlabʊc]

die Gans
husa f
[ˈɦʊsa]

die Ente
kachna f
[ˈkaxna]

der Hahn
kohout m
[ˈkɔɦɔu̯t]

das Huhn
slepice f
[ˈslɛpɪt͡sɛ]

die Wachtel
křepelka f
[ˈkr̝ɛpɛlka]

der Pfau
páv m
[ˈpaːf]

TIERE – ZVÍŘATA

Reptilien und Amphibien – Plazi a obojživelníci

die Schlange
had m
[ˈɦat]

das Krokodil
krokodýl m
[ˈkrɔkɔdiːl]

der Alligator
aligátor m
[ˈʔalɪgaːtɔr]

die Eidechse
ještěrka f
[ˈjɛʃcɛrka]

das Chamäleon
chameleon m
[ˈxamɛlɛɔn]

der Leguan
leguán m
[ˈlɛgʊaːn]

die Schildkröte
želva f
[ˈʒɛlva]

die Meeresschildkröte
vodní želva f
[ˈvɔdɲiː ˈʒɛlva]

der Frosch
žába f
[ˈʒaːba]

die Kröte
ropucha f
[ˈrɔpʊxa]

die Kaulquappe
pulec m
[ˈpʊlɛt͡s]

der Salamander
mlok m
[ˈmlɔk]

der Gecko
gekon m
[ˈgɛkɔn]

der Panzer	**krunýř** m [ˈkrʊniːr̝̊]
die Schuppen	**šupiny** pl [ˈʃʊpɪnɪ]
das Gift	**jed** m [ˈjɛt]
der Giftzahn	**jedový zub** m [ˈjɛdɔviː ˈzʊp]
das wechselwarme Tier	**studenokrevný živočich** m [ˌstʊdɛnɔˈkrɛvniː ˈʒɪvɔt͡ʃɪx]
kriechen	**plazit se** [ˈplazɪt‿sɛ]
zischen	**syčet** [ˈsɪt͡ʃɛt]
quaken	**kvákat** [ˈkvaːkat]

TIERE – ZVÍŘATA

Fische – Ryby

der Kugelfisch
čtverzubec m
[ˈt͡ʃtvɛrzʊbɛt͡s]

der Hornhecht
jehlice rohozobá f
[ˈjɛɦɪlɪt͡sɛ ˈrɔɦɔzɔbaː]

der Piranha
piraňa f
[ˈpɪraɲa]

der Fliegende Fisch
létající ryba f
[ˈlɛːtajiːt͡siː ˈrɪba]

der Fächerfisch
plachetník m
[ˈplaxɛtɲiːk]

der Rochen
rejnok m
[ˈrɛjnɔk]

der Weiße Hai
žralok bílý m
[ˈʒralɔk ˈbiːliː]

der Tigerhai
žralok tygří m
[ˈʒralɔk ˈtɪgr̝̊iː]

der Goldfisch
zlatá rybka f
[ˈzlataː ˈrɪpka]

der Koi
kapr koi m
[ˈkapr̩ ˈkɔj]

der Aal
úhoř m
[ˈʔuːɦɔr̝̊]

der Wels
sumec m
[ˈsʊmɛt͡s]

der Fischschwarm	**hejno ryb** n [ˈɦɛjnɔ ˈrɪp]
die Flosse	**ploutev** f [ˈplɔu̯tɛf]
die Kiemen	**žábry** pl [ˈʒaːbrɪ]
das Tiefseetier	**hlubokomořské zvíře** n [ˈɦlʊbɔkɔmɔr̝̊skɛː ˈzviːr̝ɛ]
der Rogen	**jikry** pl [ˈjɪkrɪ]
der Süßwasserfisch	**sladkovodní ryba** f [ˈslatkɔvɔdɲiː ˈrɪba]
der Seefisch	**mořská ryba** f [ˈmɔr̝̊skaː ˈrɪba]
das Aquarium	**akvárium** n [ˈʔakvaːrɪjʊm]

das Seepferdchen
mořský koník m
[ˈmɔr̝̊skiː ˈkɔɲiːk]

TIERE – ZVÍŘATA

Insekten und Spinnen – Hmyz a pavouci

der Schmetterling
motýl m
[ˈmɔtiːl]

die Raupe
housenka f
[ˈɦɔu̯sɛŋka]

die Puppe
kukla f
[ˈkʊkla]

der Nachtfalter
můra f
[ˈmuːra]

die Biene
včela f
[ˈft͡ʃɛla]

die Hummel
čmelák m
[ˈt͡ʃmɛlaːk]

die Wespe
vosa f
[ˈvɔsa]

die Hornisse
sršeň m/f
[ˈsr̩ʃɛɲ]

die Fliege
moucha f
[ˈmɔu̯xa]

die Stechmücke
komár m
[ˈkɔmaːr]

die Zikade
cikáda f
[ˈt͡sɪkaːda]

der Maikäfer
chroust m
[ˈxrɔu̯st]

die Libelle
vážka f
[ˈvaːʃka]

die Gottesanbeterin
kudlanka nábožná f
[ˈkʊdlaŋka ˈnaːbɔʒnaː]

die Heuschrecke
kobylka f
[ˈkɔbɪlka]

die Grille
cvrček m
[ˈt͡svr̩t͡ʃɛk]

TIERE – ZVÍŘATA

Insekten und Spinnen – Hmyz a pavouci

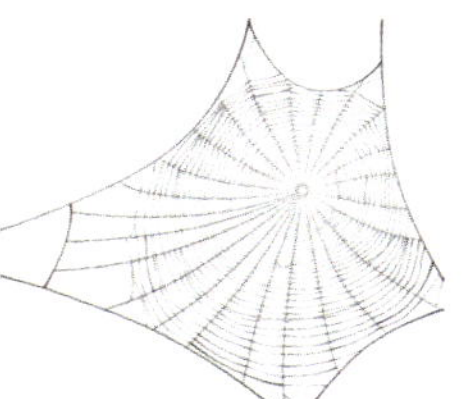

das Spinnennetz
pavučina f
[ˈpavʊt͡ʃɪna]

die Spinne
pavouk m
[ˈpavou̯k]

der Floh
blecha f
[ˈblɛxa]

die Assel
svinka f
[ˈsvɪŋka]

die Stinkwanze
kněžice f
[ˈkɲɛʒɪt͡sɛ]

der Marienkäfer
slunéčko sedmitečné n
[ˈslʊnɛːt͡ʃkɔ ˈsɛdmɪtɛt͡ʃnɛː]

die Schabe
šváb m
[ˈʃvaːp]

der Wasserläufer
bruslařka f
[ˈbrʊslar̝ka]

der Hundertfüßer
stonožka f
[ˈstɔnɔʃka]

die Nacktschnecke
slimák m
[ˈslɪmaːk]

die Schnecke
hlemýžď m
[ˈɦlɛmiːʃc]

der Wurm
červ m
[ˈt͡ʃɛrf]

die Termite
termit m
[ˈtɛrmɪt]

die Ameise
mravenec m
[ˈmravɛnɛt͡s]

die Zecke
klíště n
[ˈkliːʃcɛ]

der Skorpion
štír m
[ˈʃciːr]

8

ZAHLEN UND MAßE

ČÍSLA A MÍRY

DIE ZAHLEN – ČÍSLA

Die Kardinalzahlen – Základní číslovky

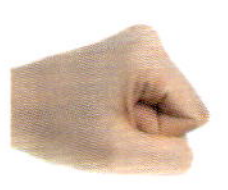

null
nula f
[ˈnʊla]

eins
jeden/jedna/jedno m/f/n
[ˈjɛdɛn/ˈjɛdna/ˈjɛdnɔ]

zwei
dva/dvě/dvě m/f/n
[ˈdva/ˈdvjɛ/ˈdvjɛ]

drei
tři
[ˈtr̝̊ɪ]

vier
čtyři
[ˈt͡ʃtɪr̝ɪ]

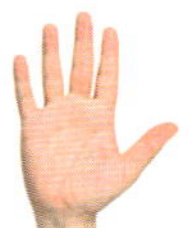

fünf
pět
[ˈpjɛt]

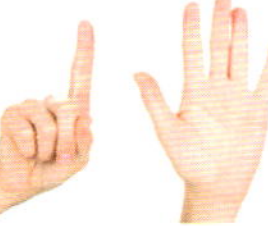

sechs
šest
[ˈʃɛst]

sieben
sedm
[ˈsɛdm̩]

acht
osm
[ˈˀɔsm̩]

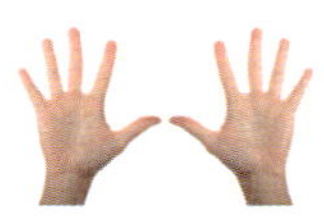

neun
devět
[ˈdɛvjɛt]

zehn
deset
[ˈdɛsɛt]

elf	**jedenáct** [ˈjɛdɛnaːt͡st]
zwölf	**dvanáct** [ˈdvanaːt͡st]
dreizehn	**třináct** [ˈtr̝̊ɪnaːt͡st]
vierzehn	**čtrnáct** [ˈt͡ʃtr̩naːt͡st]
fünfzehn	**patnáct** [ˈpatnaːt͡st]
sechzehn	**šestnáct** [ˈʃɛstnaːt͡st]
siebzehn	**sedmnáct** [ˈsɛdm̩naːt͡st]
achtzehn	**osmnáct** [ˈˀɔsm̩naːt͡st]
neunzehn	**devatenáct** [ˈdɛvatɛnaːt͡st]
zwanzig	**dvacet** [ˈdvat͡sɛt]
einundzwanzig	**dvacet jedna** [ˈdvat͡sɛt‿jɛdna]
zweiundzwanzig	**dvacet dva** [ˈdvat͡sɛt‿dva]
dreiundzwanzig	**dvacet tři** [ˈdvat͡sɛt‿tr̝̊ɪ]
dreißig	**třicet** [ˈtr̝̊ɪt͡sɛt]
vierzig	**čtyřicet** [ˈt͡ʃtɪr̝ɪt͡sɛt]
fünfzig	**padesát** [ˈpadɛsaːt]
sechzig	**šedesát** [ˈʃɛdɛsaːt]
siebzig	**sedmdesát** [ˈsɛdm̩dɛsaːt]
achtzig	**osmdesát** [ˈˀɔsm̩dɛsaːt]
neunzig	**devadesát** [ˈdɛvadɛsaːt]
hundert	**sto** n [ˈstɔ]

DIE ZAHLEN – ČÍSLA

Die Kardinalzahlen – Základní číslovky

zweihundertzweiundzwanzig **dvě stě dvacet dva** [ˈdvjɛ‿scɛ ˈdvat͡sɛt ˈdva]

tausend **tisíc** m [ˈcɪsiːt͡s]

zehntausend **deset tisíc** [ˈdɛsɛt ˈcɪsiːt͡s]

zwanzigtausend **dvacet tisíc** [ˈdvat͡sɛt ˈcɪsiːt͡s]

fünfzigtausend **padesát tisíc** [ˈpadɛsaːt ˈcɪsiːt͡s]

fünfundfünfzigtausend **padesát pět tisíc** [ˈpadɛsaːt‿pjɛt ˈcɪsiːt͡s]

hunderttausend **sto tisíc** [ˈstɔ ˈcɪsiːt͡s]

eine Million **milion** m [ˈmɪlɪjɔn]

eine Milliarde **miliarda** f [ˈmɪlɪjarda]

eine Billion **bilion** m [ˈbɪlɪjɔn]

Die Ordinalzahlen – Řadové číslovky

erste(r, s) **první** m, f, n [ˈpr̩vɲiː]

zweite(r, s) **druhý, -á, -é** m, f, n [ˈdrʊɦiː -aː -ɛː]

dritte(r, s) **třetí** m, f, n [ˈtr̝̊ɛciː]

vierte(r, s) **čtvrtý, -á, -é** m, f, n [ˈt͡ʃtvr̩tiː -aː -ɛː]

fünfte(r, s) **pátý, -á, -é** m, f, n [ˈpaːtiː -aː -ɛː]

sechste(r, s) **šestý, -á, -é** m, f, n [ˈʃɛstiː -aː -ɛː]

siebte(r, s) **sedmý, -á, -é** m, f, n [ˈsɛdmiː -aː -ɛː]

achte(r, s) **osmý, -á, -é** m, f, n [ˈʔɔsmiː -aː -ɛː]

neunte(r, s) **devátý, -á, -é** m, f, n [ˈdɛvaːtiː -aː -ɛː]

zehnte(r, s) **desátý, -á, -é** m, f, n [ˈdɛsaːtiː -aː -ɛː]

elfte(r, s) **jedenáctý, -á, -é** m, f, n [ˈjɛdɛnaːt͡stiː -aː -ɛː]

zwölfte(r, s) **dvanáctý, -á, -é** m, f, n [ˈdvanaːt͡stiː -aː -ɛː]

dreizehnte(r, s) **třináctý, -á, -é** m, f, n [ˈtr̝̊ɪnaːt͡stiː -aː -ɛː]

vierzehnte(r, s) **čtrnáctý, -á, -é** m, f, n [ˈt͡ʃtr̩naːt͡stiː -aː -ɛː]

fünfzehnte(r, s) **patnáctý, -á, -é** m, f, n [ˈpatnaːt͡stiː -aː -ɛː]

sechzehnte(r, s) **šestnáctý, -á, -é** m, f, n [ˈʃɛstnaːt͡stiː -aː -ɛː]

siebzehnte(r, s) **sedmnáctý, -á, -é** m, f, n [ˈsɛdm̩naːt͡stiː -aː -ɛː]

achtzehnte(r, s) **osmnáctý, -á, -é** m, f, n [ˈʔɔsm̩naːt͡stiː -aː -ɛː]

neunzehnte(r, s) **devatenáctý, -á, -é** m, f, n [ˈdɛvatɛnaːt͡stiː -aː -ɛː]

zwanzigste(r, s) **dvacátý, -á, -é** m, f, n [ˈdvat͡saːtiː -aː -ɛː]

einundzwanzigste(r, s) **dvacátý (-á, -é) první** m, f, n [ˈdvat͡saːtiː (-aː -ɛː) ˈpr̩vɲiː]

zweiundzwanzigste(r, s) **dvacátý druhý, -á, -é** m, f, n [ˈdvat͡saːtiː ˈdrʊɦiː -aː -ɛː]

DIE ZAHLEN – ČÍSLA

Die Zahlen – ČÍSLA

dreißigste(r, s)	**třicátý, -á, -é** m, f, n [ˈtr̝̊ɪt͡sa:ti: -a: -ɛ:]
vierzigste(r, s)	**čtyřicátý, -á, -é** m, f, n [ˈt͡ʃtɪr̝̊ɪt͡sa:ti: -a: -ɛ:]
fünfzigste(r, s)	**padesátý, -á, -é** m, f, n [ˈpadɛsa:ti: -a: -ɛ:]
sechzigste(r, s)	**šedesátý, -á, -é** m, f, n [ˈʃɛdɛsa:ti: -a: -ɛ:]
siebzigste(r, s)	**sedmdesátý, -á, -é** m, f, n [ˈsɛdm̩dɛsa:ti: -a: -ɛ:]
achtzigste(r, s)	**osmdesátý, -á, -é** m, f, n [ˈˀɔsm̩dɛsa:ti: -a: -ɛ:]
neunzigste(r, s)	**devadesátý, -á, -é** m, f, n [ˈdɛvadɛsa:ti: -a: -ɛ:]
hundertste(r, s)	**stý, -á, -é** m, f, n [ˈsti: -a: -ɛ:]
zweihunderterste(r, s)	**dvoustý, -á, -é** m, f, n [ˈdvɔu̯sti: -a: -ɛ:]
zweihundertfünfund-zwanzigste(r, s)	**dvoustý dvacátý pátý, -á, -é** m, f, n [ˈdvɔu̯sti: ˈdvat͡sa:ti: ˈpa:ti: -a: -ɛ:]
dreihundertste(r, s)	**třístý, -á, -é** m, f, n [ˈtr̝̊i:sti: -a: -ɛ:]
tausendste(r, s)	**tisící** m, f, n [ˈcɪsi:t͡si:]
zehntausendste(r, s)	**desetitisící** m, f, n [ˈdɛsɛcɪcɪsi:t͡si:]
millionste(r, s)	**miliónty, -á, -é** m, f, n [ˈmɪlɪjɔ:nti: -a: -ɛ:]
zehnmillionste(r, s)	**desetimiliónty, -á, -é** m, f, n [ˈdɛsɛcɪmɪlɪjɔ:nti: -a: -ɛ:]
vorletzte(r, s)	**předposlední** m, f, n [ˈpr̝̊ɛtpɔslɛdɲi:]
letzte(r, s)	**poslední** m, f, n [ˈpɔslɛdɲi:]

Die Bruchzahlen – Zlomky

ein halber/ein halbes/eine halbe	**polovina** f [ˈpɔlɔvɪna]
ein Drittel	**třetina** f [ˈtr̝̊ɛcɪna]
ein Viertel	**čtvrtina** f [ˈt͡ʃtvr̩cɪna]
ein Fünftel	**pětina** f [ˈpjɛcɪna]
ein Achtel	**osmina** f [ˈˀɔsmɪna]
drei Viertel	**tři čtvrtiny** pl [ˈtr̝̊ɪ‿t͡ʃtvr̩cɪnɪ]
zwei Fünftel	**dvě pětiny** pl [ˈdvjɛ‿pjɛcɪnɪ]
siebeneinhalb	**sedm a půl** [ˈsɛdm̩‿ˀa ˈpu:l]
zwei Siebzehntel	**dvě sedmnáctiny** pl [ˈdvjɛ‿sɛdm̩na:t͡scɪnɪ]
fünf und drei Achtel	**pět a tři osminy** [ˈpjɛt‿ˀa ˈtr̝̊ɪ ˈˀɔsmɪnɪ]

DIE ZAHLEN – ČÍSLA

Weitere Zahlwörter – Další slova s čísly

einmal	**jednou** [ˈjɛdnɔu̯]
zweimal	**dvakrát** [ˈdvakraːt]
dreimal	**třikrát** [ˈtr̝̊ɪkraːt]
viermal	**čtyřikrát** [ˈt͡ʃtɪr̝ɪkraːt]
mehrmals	**víckrát** [ˈviːt͡skraːt]
manchmal	**někdy** [ˈɲɛgdɪ]
niemals	**nikdy** [ˈɲɪgdɪ]
einfach	**jednou** [ˈjɛdnɔu̯]
doppelt/zweifach	**dvojnásobný** [ˈdvɔjnaːsɔbniː]
dreifach	**trojnásobný** [ˈtrɔjnaːsɔbniː]
vierfach	**čtyřnásobný** [ˈt͡ʃtɪr̝naːsɔbniː]
fünffach	**pětinásobný** [ˈpjɛcɪnaːsɔbniː]
sechsfach	**šestinásobný** [ˈʃɛscɪnaːsɔbniː]
mehrfach/vielfach	**několikanásobný** [ˈɲɛkɔlɪkanaːsɔbniː]
ein Paar	**pár** m [ˈpaːr]

ein halbes Dutzend	**půl tuctu** [ˈpuːl ˈtʊt͡stʊ]
ein Dutzend	**tucet** m [ˈtʊt͡sɛt]
ein Gros	**většina** f [ˈvjɛtʃɪna]
ein paar	**trochu** [ˈtrɔxʊ]
wenige	**málo** [ˈmaːlɔ]
einige	**několik** [ˈɲɛkɔlɪk]
etliche	**hodně** [ˈɦɔdɲɛ]
manche	**některý, některá, některé** m, f, n [ˈɲɛkteriː ˈɲɛkteraː ˈɲɛkterɛː]
viele	**mnoho** [ˈmnɔɦɔ]
beide	**oba/obě** [ˈʔɔba/ˈʔɔbjɛ]
sämtliche	**všechny** [ˈvʃɛxnɪ]
alle	**všichni** [ˈvʃɪxɲɪ]
jeder/jede/jedes	**každý, každá, každé** m, f, n [ˈkaʒdiː ˈkaʒdaː ˈkaʒdɛː]

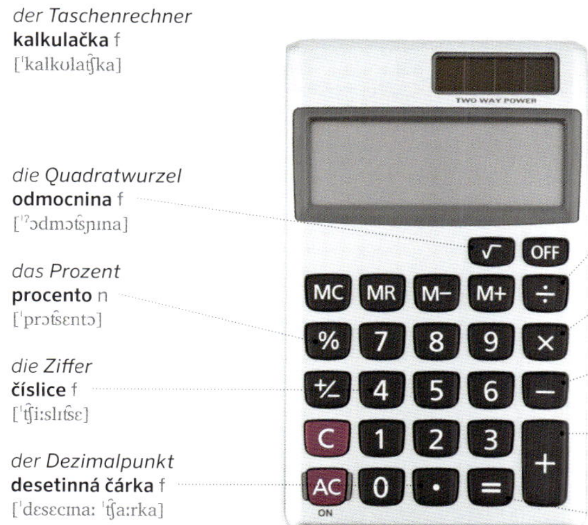

der Taschenrechner **kalkulačka** f [ˈkalkʊlat͡ʃka]

die Quadratwurzel **odmocnina** f [ˈʔɔdmɔt͡sɲɪna]

das Prozent **procento** n [ˈprɔt͡sɛntɔ]

die Ziffer **číslice** f [ˈt͡ʃiːslɪt͡sɛ]

der Dezimalpunkt **desetinná čárka** f [ˈdɛsɛcɪnaː ˈt͡ʃaːrka]

dividieren **dělit** [ˈɟɛlɪt]

multiplizieren **násobit** [ˈnaːsɔbɪt]

subtrahieren **odčítat** [ˈʔɔtt͡ʃiːtat]

addieren **sčítat** [ˈst͡ʃiːtat]

ist gleich **rovná se** [ˈrɔvnaː sɛ]

DIE ZEIT – ČAS

Die Uhrzeit – Hodiny

ein Uhr
jedna hodina
[ˈjɛdna ˈɦɔɟɪna]

zwei Uhr
dvě hodiny
[ˈdvjɛ ˈɦɔɟɪnɪ]

drei Uhr
tři hodiny
[ˈtř̊ɪ ˈɦɔɟɪnɪ]

vier Uhr
čtyři hodiny
[ˈt͡ʃtɪrɪ ˈɦɔɟɪnɪ]

fünf Uhr
pět hodin
[ˈpjɛt ˈɦɔɟɪn]

sechs Uhr
šest hodin
[ˈʃɛst ˈɦɔɟɪn]

sieben Uhr
sedm hodin
[ˈsɛdm̩ ˈɦɔɟɪn]

acht Uhr
osm hodin
[ˈˀɔsm̩ ˈɦɔɟɪn]

neun Uhr
devět hodin
[ˈdɛvjɛt ˈɦɔɟɪn]

zehn Uhr
deset hodin
[ˈdɛsɛt ˈɦɔɟɪn]

elf Uhr
jedenáct hodin
[ˈjɛdɛnaːt͡st ˈɦɔɟɪn]

zwölf Uhr mittags
dvanáct hodin (poledne)
[ˈdvanaːt͡st ˈɦɔɟɪn (ˈpɔlɛdnɛ)]

dreizehn Uhr
jedna hodina (odpoledne)
[ˈjɛdna ˈɦɔɟɪna (ˈˀɔtpɔlɛdnɛ)]

die Stunde	**hodina** f [ˈɦɔɟɪna]
die Minute	**minuta** f [ˈmɪnʊta]
eine halbe Stunde	**půl hodiny** [ˈpuːl ˈɦɔɟɪnɪ]
die Sekunde	**vteřina** f [ˈftɛr̝ɪna]
Wie viel Uhr ist es?	**Kolik je hodin?** [ˈkɔlɪk‿jɛ ˈɦɔɟɪn]
Es ist zwei Uhr.	**Jsou dvě hodiny.** [ˈjsɔu̯ ˈdvjɛ ˈɦɔɟɪnɪ]
Um wie viel Uhr?	**V kolik hodin?** [ˈf‿kɔlɪk ˈɦɔɟɪn]
Um sieben Uhr.	**V sedm hodin.** [ˈf‿sɛdm̩ ˈɦɔɟɪn]

DIE ZEIT – ČAS

Die Uhrzeit – Hodiny

vierzehn Uhr
dvě hodiny (odpoledne)
['dvjɛ 'ɦoɟɪnɪ ('ˀɔtpɔlɛdnɛ)]

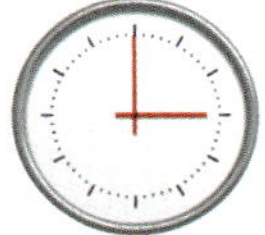

fünfzehn Uhr
tři hodiny (odpoledne)
['tř̩ɪ 'ɦoɟɪnɪ ('ˀɔtpɔlɛdnɛ)]

sechzehn Uhr
čtyři hodiny (odpoledne)
['t͡ʃtɪr̝ɪ 'ɦoɟɪnɪ ('ˀɔtpɔlɛdnɛ)]

siebzehn Uhr
pět hodin (odpoledne)
['pjɛt 'ɦoɟɪn ('ˀɔtpɔlɛdnɛ)]

achtzehn Uhr
šest hodin (večer)
['ʃɛst 'ɦoɟɪn ('vɛt͡ʃɛr)]

neunzehn Uhr
sedm hodin (večer)
['sɛdm̩ 'ɦoɟɪn ('vɛt͡ʃɛr)]

zwanzig Uhr
osm hodin (večer)
['ˀɔsm̩ 'ɦoɟɪn ('vɛt͡ʃɛr)]

einundzwanzig Uhr
devět hodin (večer)
['dɛvjɛt 'ɦoɟɪn ('vɛt͡ʃɛr)]

zweiundzwanzig Uhr
deset hodin (večer)
['dɛsɛt 'ɦoɟɪn ('vɛt͡ʃɛr)]

dreiundzwanzig Uhr
jedenáct hodin (večer)
['jɛdɛnaːt͡st 'ɦoɟɪn ('vɛt͡ʃɛr)]

Mitternacht
půlnoc f
['puːlnɔt͡s]

fünf nach zwölf
dvanáct hodin a pět minut ['dvanaːt͡st 'ɦoɟɪn 'ˀa 'pjɛt 'mɪnʊt]

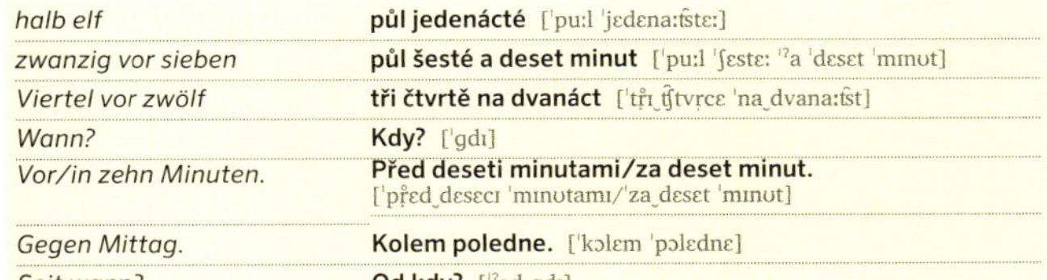

halb elf	**půl jedenácté** ['puːl 'jɛdɛnaːt͡stɛː]
zwanzig vor sieben	**půl šesté a deset minut** ['puːl 'ʃɛstɛː 'ˀa 'dɛsɛt 'mɪnʊt]
Viertel vor zwölf	**tři čtvrtě na dvanáct** ['tř̩ɪ 't͡ʃtvr̩cɛ 'na dvanaːt͡st]
Wann?	**Kdy?** ['gdɪ]
Vor/in zehn Minuten.	**Před deseti minutami/za deset minut.** ['př̩ɛd dɛsɛcɪ 'mɪnʊtamɪ/'za dɛsɛt 'mɪnʊt]
Gegen Mittag.	**Kolem poledne.** ['kɔlɛm 'pɔlɛdnɛ]
Seit wann?	**Od kdy?** ['ˀɔd gdɪ]
Seit gestern.	**Od včerejška.** ['ˀɔt ft͡ʃɛrɛjʃka]

Viertel nach neun
čtvrt na deset
['t͡ʃtvr̩t 'na dɛsɛt]

DIE ZEIT – ČAS

Tag und Nacht – Den a noc

die Mitternacht
půlnoc f
[ˈpuːlnɔt͡s]

die Morgendämmerung
svítání n
[ˈsviːtaːɲiː]

der Sonnenaufgang
východ slunce m
[ˈviːxɔt ˈslʊnt͡sɛ]

der Morgen
ráno n
[ˈraːnɔ]

der Mittag
poledne n
[ˈpɔlɛdnɛ]

der Nachmittag
odpoledne n
[ˈˀɔtpɔlɛdnɛ]

der Sonnenuntergang
západ slunce m
[ˈzaːpat ˈslʊnt͡sɛ]

die Abenddämmerung
soumrak m
[ˈsɔu̯mrak]

der Abend
večer m
[ˈvɛt͡ʃɛr]

der Frühling
jaro n
[ˈjarɔ]

der Sommer
léto n
[ˈlɛːtɔ]

der Herbst
podzim m
[ˈpɔdzɪm]

der Winter
zima f
[ˈzɪma]

heute	**dnes** [ˈdnɛs]
morgen	**zítra** [ˈziːtra]
übermorgen	**pozítří** [ˈpɔziːtr̝̊iː]
gestern	**včera** [ˈft͡ʃɛra]
vorgestern	**předevčírem** [ˈpr̝̊ɛdɛvt͡ʃiːrɛm]
Welches Datum haben wir heute?	**Kolikátého je dnes?** [ˈkɔlɪkaːtɛːɦɔ jɛ ˈdnɛs]
der 9. September 2022	**devátého září 2022** [ˈdɛvaːtɛːɦɔ ˈzaːr̝iː ˈdva cɪsiːt͡sɛ ˈdvat͡sɛt dva]
der Feiertag	**státní svátek** m [ˈstaːtɲiː ˈsvaːtɛk]

DIE ZEIT – ČAS

Der Kalender – Kalendář

der Sonntag
neděle f
[ˈnɛɟɛlɛ]

der Montag
pondělí n
[ˈpɔɲɟɛliː]

der Dienstag
úterý n
[ˈʔuːtɛriː]

der Mittwoch
středa f
[ˈstr̝ɛda]

der Donnerstag
čtvrtek m
[ˈt͡ʃtvr̩tɛk]

der Freitag
pátek m
[ˈpaːtɛk]

der Samstag
sobota f
[ˈsɔbɔta]

SUN MON TUE WED THU FRI SAT
1 2 3 4 5
6 7 8 9 10 11 12
13 14 15 16 17 18 19
20 21 22 23 24 25 26
27 28 29 30 31

der Wochentag
všední den m
[ˈvʃɛdɲiː ˈdɛn]

die Woche
týden m
[ˈtiːdɛn]

der Tag
den m
[ˈdɛn]

das Wochenende
víkend m
[ˈviːkɛnt]

das Datum
datum n
[ˈdatum]

das Jahr
rok m
[ˈrɔk]

der Monat
měsíc m
[ˈmɲɛsiːt͡s]

der Januar	**leden** m [ˈlɛdɛn]	*der Juli*	**červenec** m [ˈt͡ʃɛrvɛnɛt͡s]
der Februar	**únor** m [ˈʔuːnɔr]	*der August*	**srpen** m [ˈsr̩pɛn]
der März	**březen** m [ˈbr̝ɛzɛn]	*der September*	**září** n [ˈzaːr̝iː]
der April	**duben** m [ˈdubɛn]	*der Oktober*	**říjen** m [ˈr̝iːjɛn]
der Mai	**květen** m [ˈkvjɛtɛn]	*der November*	**listopad** m [ˈlɪstɔpat]
der Juni	**červen** m [ˈt͡ʃɛrvɛn]	*der Dezember*	**prosinec** m [ˈprɔsɪnɛt͡s]

MAßE – MÍRY

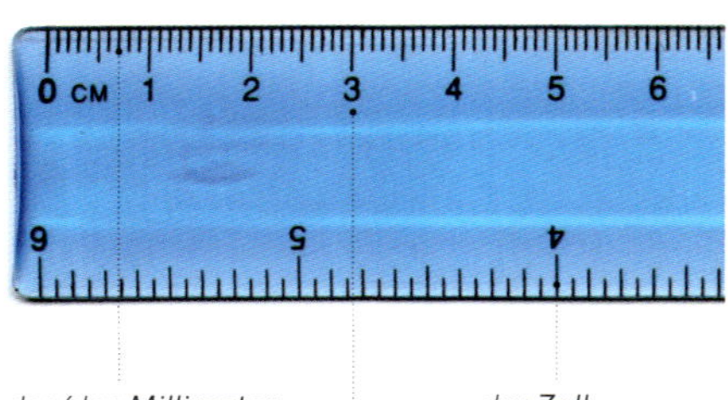

der/das Millimeter
milimetr m
[ˈmɪlɪmɛtr̩]

der/das Zentimeter
centimetr m
[ˈt͡sɛntɪmɛtr̩]

der Zoll
palec m
[ˈpalɛt͡s]

der/das Liter
litr m
[ˈlɪtr̩]

der/das Milliliter
mililitr m
[ˈmɪlɪlɪtr̩]

die Unze
unce f
[ˈʔʊnt͡sɛ]

das Pint
pinta f
[ˈpɪnta]

der Kilometer
kilometr m
[ˈkɪlɔmɛtr̩]

die Meile
míle f
[ˈmiːlɛ]

das Yard
yard m
[ˈjart]

der Acre/Morgen
akr m
[ˈʔakr̩]

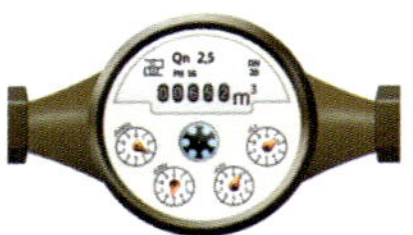

der/das Kubikmeter
metr krychlový m
[ˈmɛtr̩ ˈkrɪxlɔviː]

der Fuß	**stopa** f [ˈstɔpa]
der/das Meter	**metr** m [ˈmɛtr̩]
der/das Quadratmeter	**metr čtvereční** m [ˈmɛtr̩ ˈt͡ʃtvɛrɛt͡ʃniː]
der Quadratfuß	**čtvereční stopa** f [ˈt͡ʃtvɛrɛt͡ʃniː ˈstɔpa]
der/das Hektar	**hektar** m [ˈɦɛktar]
die Tasse	**hrnek** m [ˈɦr̩nɛk]
der Esslöffel	**lžíce** f [ˈlʒiːt͡sɛ]
der Teelöffel	**čajová lžička** f [ˈt͡ʃajɔvaː ˈlʒɪt͡ʃka]

DAS GEWICHT – VÁHA

die Tonne
tuna f
[ˈtʊna]

das Kilogramm
kilogram m
[ˈkɪlɔgram]

das Gramm
gram m
[ˈgram]

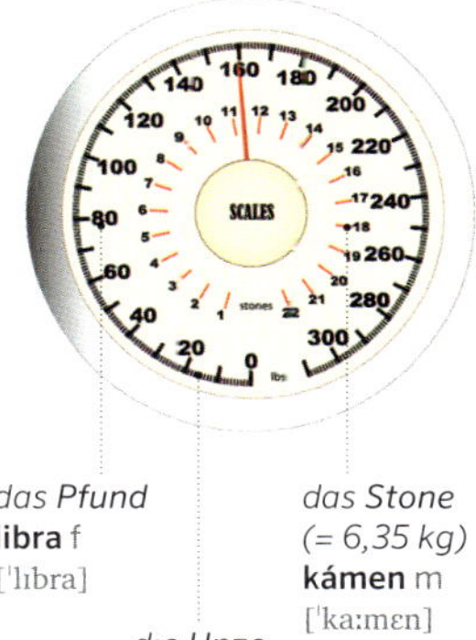

das Pfund
libra f
[ˈlɪbra]

die Unze
unce f
[ˈʔʊnt͡sɛ]

das Stone
(= 6,35 kg)
kámen m
[ˈkaːmɛn]

DIE WÄHRUNG – MĚNA

der Dollar
dolar m
[ˈdɔlar]

das Pfund
libra f
[ˈlɪbra]

der Euro
euro n
[ˈʔɛu̯rɔ]

der Yen
japonský jen m
[ˈjapɔnskiː ˈjɛn]

der Baht	**thajský baht** m [ˈtɦajskiː ˈbaxt]
die Rupie	**rupie** f [ˈrʊpɪjɛ]
der Dinar	**dinár** m [ˈdɪnaːr]
der Franc	**frank** m [ˈfraŋk]
der Schweizer Franken	**švýcarský frank** m [ˈʃviːt͡sarskiː ˈfraŋk]
die Krone	**koruna** f [ˈkɔrʊna]

der Rand	**rand** m [ˈrant]
der Peso	**peso** n [ˈpɛsɔ]
der Real	**reál** m [ˈrɛaːl]
der Yuan	**jüan** m [ˈjɪan]
die Lira	**lira** f [ˈlɪra]
der Rubel	**rubl** m [ˈrʊbl̩]

DIE WICHTIGSTEN SÄTZE – NEJDŮLEŽITĚJŠÍ VĚTY

DIE VERBEN – SLOVESA

INDEX – HESLÁŘ

DIE WICHTIGSTEN SÄTZE – NEJDŮLEŽITĚJŠÍ VĚTY

Mit diesen nützlichen Wörtern und Sätzen drücken Sie sich in den wichtigsten und häufigsten Situationen mit Sicherheit aus.

IM GESPRÄCH – ROZHOVOR

BEGRÜSSEN UND VERABSCHIEDEN – POZDRAVY NA UVÍTANOU A NA ROZLOUČENOU

Guten Tag!	Dobrý den! [ˈdɔbriː ˈdɛn]
Guten Abend!	Dobrý večer! [ˈdɔbriː ˈvɛt͡ʃɛr]
Hallo!	Ahoj! [ʔaˈɦɔj]
Auf Wiedersehen!	Na shledanou! [ˈna‿sxlɛdanɔu̯, ˈna‿zɦlɛdanɔu̯]
Tschüss!	Ahoj! [ʔaˈɦɔj]

HÖFLICHKEIT – ZDVOŘILOSTNÍ OBRATY

bitte	prosím [ˈprɔsiːm]
danke	děkuju [ˈɟɛkʊjʊ]
bitte schön	prosím [ˈprɔsiːm]
Ja, bitte.	Ano, prosím. [ˈʔanɔ ˈprɔsiːm]
Nein, danke.	Ne, děkuju. [ˈnɛ ˈɟɛkʊjʊ]
Keine Ursache!	Není zač! [ˈnɛɲiː ˈzat͡ʃ]
Entschuldigung!	Promiň! *(sg. nur beim Duzen)* / Promiňte! *(pl. beim Duzen und Siezen)* [ˈprɔmɪɲ/ˈprɔmɪɲtɛ]
Entschuldigen Sie, …	Promiňte… [ˈprɔmɪɲtɛ]
Das tut mir leid.	To je mi líto. [ˈtɔ‿jɛ‿mɪ ˈliːtɔ]
Wie geht's?	Jak se máš? [ˈjak‿sɛ ˈmaːʃ]
Danke, gut. Und Ihnen/dir?	Děkuju, dobře. A Vám/tobě? [ˈɟɛkʊjʊ ˈdɔbr̝ɛ ˈʔa ˈvaːm/ˈtɔbjɛ]

KOMMUNIKATION – KOMUNIKACE

Wie bitte?	Prosím? [ˈprɔsiːm]
Ich verstehe.	Rozumím. [ˈrɔzʊmiːm]
Ich verstehe nicht.	Nerozumím. [ˈnɛrɔzʊmiːm]
Könnten Sie das bitte wiederholen?	Mohl (m.) / mohla (f.) byste to prosím zopakovat? [ˈmɔɦl/ˈmɔɦla‿bɪstɛ‿tɔ ˈprɔsiːm ˈzɔpakɔvat]
Könnten Sie bitte langsamer sprechen?	Mohl (m.) / mohla (f.) byste prosím mluvit pomaleji? [ˈmɔɦl/ˈmɔɦla‿bɪstɛ ˈprɔsiːm ˈmlʊvɪt ˈpɔmalɛjɪ]
Könnten Sie das bitte aufschreiben?	Mohl (m.) / mohla (f.) byste to prosím napsat? [ˈmɔɦl/ˈmɔɦla‿bɪstɛ‿tɔ ˈprɔsiːm ˈnapsat]
Was bedeutet …?	Co znamená…? [ˈt͡sɔ‿znamɛnaː]

SICH VORSTELLEN – PŘEDSTAVOVÁNÍ

Wie heißt du?	Jak se jmenuješ? [ˈjak‿sɛ ˈjmɛnʊjɛʃ]
Wie heißen Sie?	Jak se jmenujete? [ˈjak‿sɛ ˈjmɛnʊjɛtɛ]
Ich heiße …	Já se jmenuju… [ˈjaː‿sɛ ˈjmɛnʊjʊ]
Woher kommen Sie?	Odkud jste? [ˈʔɔtkʊt‿stɛ]
Woher kommst du?	Odkud jsi? [ˈʔɔtkʊt‿sɪ]
Ich komme aus …	Já jsem z/ze… [ˈjaː‿jsɛm ˈs/z/zɛ]
Das ist mein Mann.	To je můj muž. [ˈtɔ‿jɛ ˈmuːj ˈmʊʃ]

Das ist meine Frau.	To je moje žena. [ˈtɔ‿jɛ ˈmɔjɛ ˈʒɛna]
Das ist mein Partner.	To je můj partner. [ˈtɔ‿jɛ ˈmuːj ˈpartnɛr]
Das ist meine Partnerin.	To je moje partnerka. [ˈtɔ‿jɛ ˈmɔjɛ ˈpartnɛrka]
Das ist mein Sohn.	To je můj syn. [ˈtɔ‿jɛ ˈmuːj ˈsɪn]
Das ist meine Tochter.	To je moje dcera. [ˈtɔ‿jɛ ˈmɔjɛ ˈt͡sɛra]
Hier ist meine E-Mail-Adresse.	Tady je moje e-mailová adresa. [ˈtadɪ‿jɛ ˈmɔjɛ ˈʔiːmɛjlɔvaː ˈʔadrɛsa]
Hier ist meine Telefonnummer.	Tady je moje telefonní číslo. [ˈtadɪ‿jɛ ˈmɔjɛ ˈtɛlɛfɔɲiː ˈt͡ʃiːslɔ]

BEIM TELEFONIEREN – TELEFONÁT

Ich hätte gern eine SIM-Karte, bitte.	Potřeboval (m.) / potřebovala (f.) bych SIM kartu. [ˈpɔtr̝̊ɛbɔval/ ˈpɔtr̝̊ɛbɔvala‿bɪx ˈsɪm‿kartʊ]
Mein Akku ist leer.	Mám vybitou baterku. [ˈmaːm ˈvɪbɪtɔu̯ ˈbatɛrkʊ]
Hier spricht …	Tady je… [ˈtadɪ‿jɛ]
Mit wem spreche ich bitte?	S kým mluvím, prosím? [ˈs‿kiːm ˈmlʊviːm ˈprɔsiːm]
Kann ich bitte Herrn/Frau … sprechen?	Mohl (m.) / mohla (f.) bych prosím mluvit s panem/paní…? [ˈmɔɦl/ ˈmɔɦla‿bɪx ˈprɔsiːm ˈmlʊvɪt ˈs‿panɛm/paɲiː]
Tut mir leid, er/sie ist nicht da.	Bohužel, zrovna tu není. [ˈbɔɦʊʒɛl ˈzrɔvna‿tʊ ˈnɛɲiː]
Kann er/sie Sie zurückrufen?	Má Vám zavolat zpátky? [ˈmaː ˈvaːm ˈzavɔlat ˈspaːtkɪ]

UNTERWEGS – NA CESTĚ

TOILETTE UND BAD – ZÁCHOD A KOUPELNA

Wo ist bitte die Toilette?	Kde jsou tu prosím toalety? [ˈgdɛ‿jsɔu̯‿tʊ ˈprɔsiːm ˈtɔalɛtɪ]
Damen	dámy / ženy [ˈdaːmɪ / ˈʒɛnɪ]
Herren	páni / muži [ˈpaːɲɪ / ˈmuʒɪ]
die Damentoilette	dámská toaleta [ˈdaːmskaː ˈtɔalɛta]
die Herrentoilette	pánská toaleta [ˈpaːnskaː ˈtɔalɛta]

BAHN – VLAK

Wann fährt der nächste Zug ab?	Kdy odjíždí další vlak? [ˈgdɪ‿ɔdjiːʒɟiː ˈdalʃiː ˈvlak]
Wo muss ich umsteigen?	Kde musím přestupovat? [ˈgdɛ‿mʊsiːm ˈpr̝̊ɛstʊpɔvat]
Von welchem Gleis fährt der Zug nach …?	Z které koleje jede vlak do…? [ˈs‿ktɛrɛː ˈkɔlɛjɛ ˈjɛdɛ ˈvlak ˈdɔ]
Ist dieser Platz noch frei?	Je tu volno? [ˈjɛ‿tʊ ˈvɔlnɔ]
Hält dieser Zug in …?	Staví tento vlak v/ve…? [ˈstaviː ˈtɛntɔ ˈvlak ˈv/vɛ]

BUS – AUTOBUS

Welche Linie fährt nach …?	Která linka jede do…? [ˈktɛraː ˈlɪnka ˈjɛdɛ ˈdɔ]
Welche Linie fährt zum Bahnhof?	Která linka jede na nádraží? [ˈktɛraː ˈlɪnka ˈjɛdɛ ˈna‿naːdraʒiː]
Wann fährt der nächste Bus nach …?	Kdy pojede další autobus do…? [ˈgdɪ‿pɔjɛdɛ ˈdalʃiː ˈʔau̯tɔbus ˈdɔ…?]

Wo muss ich aussteigen?	Kde musím vystoupit? [ˈgdɛ͜mʊsiːm ˈvɪstɔu̯pɪt]
Wie viele Haltestellen sind es?	Kolik je to zastávek? [ˈkɔlɪk͜jɛ͜tɔ ˈzastaːvɛk]
Fährt dieser Bus nach ...?	Jede tenhle autobus do...? [ˈjɛdɛ ˈtɛnfilɛ ˈʔau̯tɔbus ˈdɔ]

AUTO – AUTOBUS

der Führerschein	řidičský průkaz [ˈr̝ɪɟɪt͡ʃskiː ˈpruːkas]
Entschuldigen Sie bitte, wie komme ich nach ...?	Promiňte prosím, jak se dostanu do...? [ˈprɔmɪɲtɛ ˈprɔsiːm ˈjak͜sɛ ˈdɔstanʊ ˈdɔ]
Entschuldigen Sie bitte, wo ist ...?	Promiňte prosím, kde je...? [ˈprɔmɪɲtɛ ˈprɔsiːm ˈgdɛ͜jɛ]
Wie weit ist es?	Jak je to daleko? [ˈjak͜jɛ͜tɔ ˈdalɛkɔ]

BEIM ARZT – U LÉKAŘE

Ich bin krankenversichert.	Mám zdravotní pojištění. [ˈmaːm ˈzdravɔtɲiː ˈpɔjɪʃcɛɲiː]
Ich möchte von einer Ärztin behandelt werden, bitte.	Chtěl (m.) / Chtěla (f.) bych, aby mě vyšetřila lékařka. [ˈxcɛl / ˈxcɛla͜bɪx ˈʔabɪ͜mɲɛ ˈvɪʃɛtr̝ɪla ˈlɛːkar̝ka]
Es tut hier weh.	Tady mě to bolí. [ˈtadɪ͜mɲɛ͜tɔ ˈbɔliː]
Ich bin ohnmächtig geworden.	Omdlel (m.) / omdlela (f.) jsem. [ˈʔɔmdlɛl/ˈʔɔmdlɛla͜jsɛm]
Ich habe mich erbrochen.	Zvracel (m.) / zvracela (f.) jsem. [ˈzvrat͡sɛl/ˈzvrat͡sɛla͜jsɛm]
Ich habe Herzbeschwerden.	Mám srdeční potíže. [ˈmaːm ˈsr̩dɛt͡ʃniː ˈpɔtiːʒɛ]
Ich habe Atembeschwerden.	Mám potíže s dýcháním. [ˈmaːm ˈpɔtiːʒɛ ˈz͜diːxaːɲiːm]
Ich habe Zahnschmerzen.	Bolí mě zub. [ˈbɔliː͜mɲɛ ˈzʊp]
Ich habe eine Füllung verloren.	Vypadla mi plomba. [ˈvɪpadla͜mɪ ˈplɔmba]
Ich bin allergisch gegen Antibiotika.	Mám alergii na antibiotika. [ˈmaːm ˈʔalɛrgɪjɪ ˈna͜ʔantɪbɪjɔtɪka]
Ich bin allergisch gegen Bienen.	Mám alergii na včely. [ˈmaːm ˈʔalɛrgɪjɪ ˈna͜ft͡ʃɛlɪ]
Ich bin allergisch gegen Pollen.	Mám alergii na pyl. [ˈmaːm ˈʔalɛrgɪjɪ ˈna͜pɪl]
Ich bin Diabetiker/ Diabetikerin.	Jsem diabetik/ diabetička. [ˈjsɛm ˈdɪjabɛtɪk/ ˈdɪjabɛtɪt͡ʃka]
Ist es ansteckend?	Je to nakažlivé? [ˈjɛ͜tɔ ˈnakaʒlɪvɛː]
Ich brauche ein Rezept für ...	Potřebuju recept na... [ˈpɔtr̝ɛbʊjʊ ˈrɛt͡sɛpt ˈna]
Ich nehme Medikamente gegen ...	Užívám léky na... [ˈʊʒiːvaːm ˈlɛːkɪ ˈna]

DIE VERBEN – SLOVESA

Wenn es darum geht, eigene Sätze zu bilden, hilft Ihnen unsere ausführliche Verbliste, wo Sie auch abstrakte Verben, die sich nicht abbilden lassen, nachschlagen und übersetzen können.

A

abbeißen	ukousnout [ˈʔʊkɔu̯snɔu̯t]
abbiegen	zahnout [ˈzaɦnɔu̯t]
abbringen	odradit [ˈʔɔdraɟɪt]
abfahren	odjet [ˈʔɔdjɛt]
abfärben	pouštět barvu [ˈpɔu̯ʃcɛt ˈbarvʊ]
abfinden	odškodnit [ˈʔɔtʃkɔdɲɪt]
abfragen	zkoušet [ˈskɔu̯ʃɛt]
abführen	odvést [ˈʔɔdvɛːst]
abfüllen	plnit [ˈpl̩ɲɪt]
abgeben	odevzdat [ˈʔɔdɛvzdat]
abgewöhnen	odnaučit [ˈʔɔdnau̯t͡ʃɪt]
abgrenzen	distancovat se [ˈdɪstant͡sɔvat‿sɛ]
abhaken	odškrtnout [ˈɔtʃkr̩tnɔu̯t]
abhalten	bránit (někomu v něčem) [ˈbraːɲɪt]
abhärten	otužit [ˈʔɔtʊʒɪt]
abhauen	utéct [ˈʔʊtɛːt͡st]
abheben	vyzvednout [ˈvɪzvɛdnɔu̯t]
abholen	vyzvednout [ˈvɪzvɛdnɔu̯t]
abklären	objasnit [ˈʔɔbjasɲɪt]
abklingen	odeznít [ˈʔɔdɛzɲiːt]
abkochen	převařit [ˈpr̝̊ɛvar̝ɪt]
abkühlen	zchladit [ˈsxɫaɟɪt]
abkürzen	zkrátit [ˈskraːcɪt]
abladen	vyložit [ˈvɪlɔʒɪt]
ablaufen	vypršet [ˈvɪpr̩ʃɛt]
ablecken	olíznout [ˈʔɔliːznɔu̯t]
ablegen	odložit [ˈʔɔdlɔʒɪt]
ablehnen	odmítnout [ˈʔɔdmiːtnɔu̯t]
ablenken	odvést pozornost [ˈʔɔdvɛːst ˈpɔzɔrnɔst]
abmagern	extrémně zhubnout [ˈʔɛkstrɛːmɲɛ ˈzɦʊbnɔu̯t]
abmalen	obkreslit [ˈʔɔpkrɛslɪt]
abmelden	odhlásit [ˈʔɔdɦlaːsɪt]
abmessen	změřit [ˈzmɲɛr̝ɪt]
abnehmen	zhubnout [ˈzɦʊbnɔu̯t]
abnutzen	opotřebovat [ˈʔɔpɔtr̝̊ɛbɔvat]
abonnieren	předplatit si [ˈpr̝̊ɛːplacɪt‿sɪ]
abprallen	odrazit se [ˈʔɔdrazɪt‿sɛ]
abputzen	očistit [ˈʔɔt͡ʃɪscɪt]
abraten	odrazovat [ˈɔdrazɔvat]
abräumen	uklidit [ˈʔʊklɪɟɪt]
abreagieren	odreagovat se [ˈʔɔdrɛagɔvat‿sɛ]
abrechnen	vyúčtovat [ˈvɪuːt͡ʃtɔvat]
abregen	uklidnit se [ˈʔʊklɪdɲɪt‿sɛ]
abreisen	odjet [ˈʔɔdjɛt]
abreißen	odtrhnout [ˈʔɔttr̩ɦnɔu̯t]
abrunden	zaokrouhlit dolů [ˈzaɔkrɔu̯ɦlɪd‿ˈdɔluː]
abrutschen	uklouzncut [ˈʔʊklɔu̯znɔu̯t]
absagen	odříct [ˈʔɔdr̝iːt͡st]

abschaffen	zrušit [ˈzrʊʃɪt]
abschalten	vypnout [ˈvɪpnou̯t]
abschätzen	odhadnout [ˈʔɔdɦadnou̯t]
abschauen	odkoukat [ˈʔɔtkou̯kat]
abschicken	odeslat [ˈʔɔdɛslat]
abschleppen	odtáhnout [ˈʔɔtta:ɦnou̯t]
abschließen	zamknout [ˈzamknou̯t]
abschminken	odlíčit [ˈʔɔdli:t͡ʃɪt]
abschneiden	odkrojit [ˈʔɔtkrɔjɪt]
abschreiben	opsat [ˈʔɔpsat]
abschwächen	oslabit [ˈʔɔslabɪt]
abschweifen	odbočit [ˈʔɔdbɔt͡ʃɪt]
abschwellen	splasknout [ˈsplasknou̯t]
absehen	upustit od [ˈʔʊpʊscɪt ɔt]
absenden	odeslat [ˈʔɔdɛslat]
absetzen	sundat [ˈsʊndat]
absichern	pojistit [ˈpɔjɪscɪt]
absinken	klesnout [ˈklɛsnou̯t]
abspeichern	uložit [ˈʔʊlɔʒɪt]
abspielen	odehrát se [ˈʔɔdɛɦra:t‿sɛ]
abspringen	odskočit [ˈʔɔtskɔt͡ʃɪt]
abspülen	umýt nádobí [ˈʔʊmi:t ˈna:dɔbi:]
abstammen	pocházet [ˈpɔxa:zɛt]
abstehen	odstávat [ˈʔɔtsta:vat]
abstellen	odstavit [ˈʔɔtstavɪt]
absterben	odumřít [ˈʔɔdʊmr̝i:t]
abstimmen	odhlasovat [ˈʔɔdɦlasɔvat]
abstoßen	odpuzovat [ˈʔɔtpʊzɔvat]
abstreiten	popírat [ˈpɔpi:rat]
abstumpfen	otupit [ˈʔɔtʊpɪt]
abstürzen	zřítit se [ˈzr̝i:cɪt‿sɛ]
abstützen	podepřít [ˈpɔdɛpr̝̊i:t]
absuchen	prohledat [ˈprɔɦlɛdat]
abtreiben	potratit [ˈpɔtracɪt]
abtrocknen	osušit [ˈʔɔsʊʃɪt]
abtropfen	odkapat [ˈʔɔtkapat]
abverlangen	vyžadovat [ˈvɪʒadɔvat]
abwägen	zvážit [ˈzva:ʒɪt]
abwarten	vyčkat [ˈvɪt͡ʃkat]
abwaschen	umýt nádobí [ˈʔʊmi:t ˈna:dɔbi:]
abwechseln	střídat [ˈstr̝̊i:dat]
abwehren	ubránit [ˈʔʊbra:ɲɪt]
abweichen	odchýlit se [ˈʔɔdxi:lɪt‿sɛ]
abweisen	odmítnout [ˈʔɔdmi:tnou̯t]
abwerten	znehodnotit [ˈznɛɦɔdnɔcɪt]
abwischen	utřít [ˈʔʊtr̝̊i:t]
abzahlen	splatit [ˈsplacɪt]
abziehen	stáhnout [ˈsta:ɦnou̯t]
achten	dbát [ˈdba:t]
ächzen	sténat [ˈstɛ:nat]
addieren	sčítat [ˈst͡ʃi:tat]
adoptieren	adoptovat [ˈʔadɔptɔvat]
adressieren	adresovat [ˈʔadrɛsɔvat]
agieren	jednat [ˈjɛdnat]
ähneln	podobat se [ˈpɔdɔbat‿sɛ]
ahnen	tušit [ˈtʊʃɪt]
aktivieren	aktivovat [ˈʔaktɪvɔvat]
aktualisieren	aktualizovat [ˈʔaktʊalɪzɔvat]

akzeptieren	akceptovat	[ˈʔak͡tsɛptɔvat]
alarmieren	zalarmovat	[ˈsʔalarmɔvat]
amputieren	amputovat	[ˈʔamputɔvat]
amüsieren	bavit se	[ˈbavɪt‿sɛ]
analysieren	analyzovat	[ˈʔanalɪzɔvat]
anbauen	přistavět	[ˈpr̝̊ɪstavjɛt]
anbeten	uctívat	[ˈʔʊt͡sciːvat]
anbiedern	vnucovat se	[ˈvnʊt͡sɔvat‿sɛ]
anbieten	nabízet	[ˈnabiːzɛt]
anblicken	podívat se	[ˈpɔɟiːvat‿sɛ]
anbrüllen	okřiknout	[ˈʔɔkr̝̊ɪknou̯t]
andauern	trvat	[ˈtr̩vat]
ändern	změnit	[ˈzmɲɛɲɪt]
andeuten	naznačit	[ˈnaznat͡ʃɪt]
androhen	pohrozit	[ˈpɔɦrɔzɪt]
aneignen	osvojit si	[ˈʔɔsvɔjɪt‿sɪ]
anekeln	ošklivit se	[ˈʔɔʃklɪvɪt‿sɛ]
anerkennen	uznat	[ˈʔʊznat]
anfangen	začít	[ˈzat͡ʃiːt]
anfassen	dotknout se	[ˈdɔtknou̯t‿sɛ]
anfertigen	zhotovit	[ˈzɦɔtɔvɪt]
anfeuern	fandit	[ˈfaɲɟɪt]
anflehen	úpěnlivě prosit	[ˈʔuːpjɛnlɪvjɛ ˈprɔsɪt]
anfordern	požadovat	[ˈpɔʒadɔvat]
anfreunden	zpřátelit se	[ˈspr̝̊aːtɛlɪt‿sɛ]
anfühlen	cítit na omak	[ˈt͡siːcɪt ˈna‿ʔɔmak]
anführen	vést	[ˈvɛːst]
angeben	chlubit se	[ˈxlʊbɪt‿sɛ]
angehören	patřit k něčemu	[ˈpatr̝̊ɪt ˈk‿ɲɛt͡ʃɛmʊ]
angeln	lovit ryby	[ˈlɔvɪt ˈrɪbɪ]
angewöhnen	navyknout si	[ˈnavɪknou̯t‿sɪ]
angleichen	přizpůsobit	[ˈpr̝̊ɪspuːsɔbɪt]
angreifen	napadnout	[ˈnapadnou̯t]
ängstigen	znepokojovat	[ˈznɛpɔkɔjɔvat]
angucken	dívat se	[ˈɟiːvat‿sɛ]
anhaben	mít na sobě	[ˈmiːt ˈna‿sɔbjɛ]
anhalten	zastavit	[ˈzastavɪt]
anhängen	přiložit	[ˈpr̝̊ɪlɔʒɪt]
anhimmeln	zbožňovat	[ˈzbɔʒɲɔvat]
anhören	vyslechnout si	[ˈvɪslɛxnou̯t‿sɪ]
anklagen	zažalovat	[ˈzaʒalɔvat]
ankleben	nalepit	[ˈnalɛpɪt]
anklicken	kliknout	[ˈklɪknou̯t]
anklopfen	zaťukat	[ˈzacʊkat]
anknüpfen	napojit	[ˈnapɔjɪt]
ankommen	dorazit	[ˈdɔrazɪt]
ankreuzen	označit křížkem	[ˈʔɔznat͡ʃɪt ˈkr̝̊iːʃkɛm]
ankündigen	oznámit	[ˈʔɔznaːmɪt]
anlächeln	usmát se na někoho	[ˈʔʊsmaːt‿sɛ ˈna‿ɲɛkɔɦɔ]
anlachen	usmát se na někoho	[ˈʔʊsmaːt‿sɛ ˈna‿ɲɛkɔɦɔ]
anlehnen	opřít se	[ˈʔɔpr̝̊iːt‿sɛ]
anleiten	uvést	[ˈʔʊvɛːst]
anlocken	přilákat	[ˈpr̝̊ɪlaːkat]

anlügen	lhát někomu	[ˈlɦaːt ˈɲɛkɔmʊ]
anmachen	zapnout	[ˈzapnɔu̯t]
anmaßen	dovolit si	[ˈdɔvɔlɪt‿sɪ]
anmelden	přihlásit se	[ˈpr̝̊ɪɦlaːsɪt‿sɛ]
anmerken	podotknout	[ˈpɔdɔtknɔu̯t]
annähern	přiblížit se	[ˈpr̝̊ɪbliːʒɪt‿sɛ]
annehmen	přijmout	[ˈpr̝̊ɪjmɔu̯t]
annullieren	anulovat	[ˈʔanʊlɔvat]
anordnen	přikázat	[ˈpr̝̊ɪkaːzat]
anpacken	popadnout	[ˈpɔpadnɔu̯t]
anpassen	přizpůsobit	[ˈpr̝̊ɪspuːsɔbɪt]
anpflanzen	zasadit	[ˈzasaɟɪt]
anprobieren	vyzkoušet si	[ˈvɪskɔu̯ʃɛt‿sɪ]
anreden	oslovit	[ˈʔɔslɔvɪt]
anrufen	zavolat	[ˈzavɔlat]
ansagen	ohlásit	[ˈʔɔɦlaːsɪt]
ansammeln	hromadit	[ˈɦrɔmaɟɪt]
anschalten	zapnout	[ˈzapnɔu̯t]
anschauen	podívat se	[ˈpɔɟɪːvat‿sɛ]
anschieben	roztlačit	[ˈrɔstlat͡ʃɪt]
anschleichen	připlížit se	[ˈpr̝̊ɪpliːʒɪt‿sɛ]
anschließen	připojit	[ˈpr̝̊ɪpɔjɪt]
anschmiegen	přitulit se	[ˈpr̝̊ɪtʊlɪt‿sɛ]
anschnallen	připoutat se	[ˈpr̝̊ɪpɔu̯tat‿sɛ]
anschnauzen	osopit se	[ˈʔɔsɔpɪt‿sɛ]
anschreien	okřiknout	[ˈʔɔkr̝̊ɪknɔu̯t]
anschuldigen	obvinit	[ˈʔɔbvɪɲɪt]
anschweigen	mlčet	[ˈml̩t͡ʃɛt]
anschwellen	napuchnout	[ˈnapʊxnɔu̯t]
anschwindeln	ošidit	[ˈʔɔʃɪɟɪt]
ansehen	podívat se	[ˈpɔɟɪːvat‿sɛ]
anspannen	napnout	[ˈnapnɔu̯t]
anspielen	nahrát	[ˈnaɦraːt]
anspitzen	ořezat	[ˈʔɔr̝ɛzat]
anspornen	povzbudit	[ˈpɔvzbʊɟɪt]
ansprechen	oslovit	[ˈʔɔslɔvɪt]
anspringen	naskočit	[ˈnaskɔt͡ʃɪt]
anspucken	plivnout	[ˈplɪvnɔu̯t]
anstarren	civět	[ˈt͡sɪvjɛt]
anstecken	nakazit	[ˈnakazɪt]
anstehen	stát ve frontě	[ˈstaːt ˈvɛ‿frɔncɛ]
ansteigen	vzrůst	[ˈvzruːst]
anstellen	postavit se do fronty	[ˈpɔstavɪt‿sɛ ˈdɔ‿frɔntɪ]
anstimmen	začít zpívat	[ˈzat͡ʃiːt ˈspiːvat]
anstoßen	připít si	[ˈpr̝̊ɪpiːt‿sɪ]
anstrahlen	nasvítit	[ˈnasviːcɪt]
anstreben	usilovat	[ˈʔʊsɪlɔvat]
anstreichen	natřít	[ˈnatr̝̊iːt]
anstrengen	snažit se	[ˈsnaʒɪt‿sɛ]
antreffen	narazit	[ˈnarazɪt]
antreiben	popohnat	[ˈpɔpɔɦnat]
antreten	nastoupit	[ˈnastɔu̯pɪt]
antun	udělat někomu něco	[ˈʔʊɟɛlat ˈɲɛkɔmʊ ˈɲɛt͡sɔ]
antworten	odpovědět	[ˈʔɔtpɔvjɛɟɛt]
anvertrauen	svěřit	[ˈsvjɛr̝ɪt]
anweisen	instruovat	[ˈʔɪnstrʊɔvat]
anwenden	použít	[ˈpɔu̯ʒiːt]

anwidern	protivit se	[ˈprɔcɪvɪt͜ sɛ]
anzeigen	zobrazit	[ˈzɔbrazɪt]
anziehen	obléct si	[ˈʔɔblɛːt͡st͜ sɪ]
anzünden	zapálit	[ˈzapaːlɪt]
anzweifeln	pochybovat	[ˈpɔxɪbɔvat]
applaudieren	tleskat	[ˈtlɛskat]
arbeiten	pracovat	[ˈprat͡sɔvat]
ärgern	zlobit	[ˈzlɔbɪt]
atmen	dýchat	[ˈdiːxat]
aufarbeiten	zpracovat	[ˈsprat͡sɔvat]
aufatmen	vydechnout si	[ˈvɪdɛxnɔu̯t͜ sɪ]
aufbauen	vystavět	[ˈvɪstavjɛt]
aufbewahren	uschovat	[ˈʔʊsxɔvat]
aufblasen	nafouknout	[ˈnafɔu̯knɔu̯t]
aufbleiben	zůstat vzhůru	[ˈzuːstat ˈvzɦuːrʊ]
aufbrauchen	spotřebovat	[ˈspɔtr̝̊ɛbɔvat]
aufbrausen	vzplanout	[ˈvsplanɔu̯t]
aufbrechen	vyrazit	[ˈvɪrazɪt]
aufbringen	obstarat	[ˈʔɔpstarat]
aufdecken	odhalit	[ˈʔɔdɦalɪt]
aufdrängen	vnutit	[ˈvnʊcɪt]
aufdrehen	otevřít	[ˈʔɔtɛvr̝iːt]
aufeinanderfolgen	následovat za sebou	[ˈnaːslɛdɔvat ˈza͜ sɛbɔu̯]
aufessen	sníst	[ˈsɲiːst]
auffallen	vzbuzovat pozornost	[ˈvzbʊzɔvat ˈpɔzɔrnɔst]
auffangen	pochytat	[ˈpɔxɪtat]
auffassen	pochopit	[ˈpɔxɔpɪt]
auffordern	požadovat	[ˈpɔʒadɔvat]
aufführen	vystupovat	[ˈvɪstʊpɔvat]
aufgeben	vzdát	[ˈvzdaːt]
aufgreifen	dopadnout	[ˈdɔpadnɔu̯t]
aufhaben	mít otevřeno	[ˈmiːt ˈʔɔtɛvr̝ɛnɔ]
aufhalten	zastavit	[ˈzastavɪt]
aufhängen	pověsit	[ˈpɔvjɛsɪt]
aufheben	zvednout	[ˈzvɛdnɔu̯t]
aufhetzen	provokovat	[ˈprɔvɔkɔvat]
aufholen	dohnat	[ˈdɔɦnat]
aufhören	přestat	[ˈpr̝̊ɛstat]
aufkleben	nalepit	[ˈnalɛpɪt]
aufladen	nabít	[ˈnabiːt]
auflassen	nechat otevřeno	[ˈnɛxat ˈʔɔtɛvr̝ɛnɔ]
auflauern	číhat	[ˈt͡ʃiːɦat]
aufleben	ožít	[ˈʔɔʒiːt]
auflehnen	vzepřít se	[ˈvzɛpr̝̊iːt͜ sɛ]
auflockern	uvolnit	[ˈʔʊvɔlɲɪt]
auflösen	rozpustit	[ˈrɔspʊscɪt]
aufmachen	otevřít	[ˈɔtɛvr̝iːt]
aufmuntern	povzbudit	[ˈpɔvzbʊɟɪt]
aufnehmen	nahrát	[ˈnaɦraːt]
aufpassen	dávat pozor	[ˈdaːvat ˈpɔzɔr]
aufplatzen	prasknout	[ˈpraskn ɔu̯t]
aufpumpen	napumpovat	[ˈnapʊmpɔvat]
aufraffen	vzchopit se	[ˈvsxɔpɪt͜ sɛ]
aufräumen	uklidit	[ˈʔʊklɪɟɪt]
aufrechterhalten	zachovat	[ˈzaxɔvat]
aufregen	rozčílit	[ˈrɔzt͡ʃiːlɪt]

aufrunden	zaokrouhlit nahoru [ˈzaɔkrɔu̯ɦɪlɪt naɦɔrʊ]
aufsammeln	sesbírat [ˈsɛzbiːrat]
aufschieben	posunout [ˈpɔsʊnɔu̯t]
aufschließen	odemknout [ˈʔɔdɛmknɔu̯t]
aufschreiben	zapsat [ˈzapsat]
aufspringen	vyskočit [ˈvɪskɔt͡ʃɪt]
aufstacheln	popichovat [ˈpɔpɪxɔvat]
aufstehen	vstát [ˈfstaːt]
aufstellen	postavit [ˈpɔstavɪt]
aufstützen	podepřít [ˈpɔdɛpr̝̊iːt]
aufsuchen	vyhledat [ˈvɪɦlɛdat]
auftauchen	vynořit se [ˈvɪnɔr̝ɪt‿sɛ]
aufteilen	rozdělit [ˈrɔzɟɛlɪt]
auftragen	nanést [ˈnanɛːst]
auftreiben	sehnat [ˈsɛɦnat]
auftreten	objevit se [ˈɔbjɛvɪt‿sɛ]
aufwachen	vzbudit se [ˈvzbʊɟɪt‿sɛ]
aufwachsen	vyrůstat [ˈvɪruːstat]
aufwärmen	ohřát [ˈʔɔɦr̝aːt]
aufwecken	vzbudit [ˈvzbʊɟɪt]
aufweichen	změkčit [ˈzmɲɛkt͡ʃɪt]
aufweisen	vykazovat [ˈvɪkazɔvat]
aufwischen	vytřít [ˈvɪtr̝̊iːt]
aufwühlen	prohrabat [ˈprɔɦrabat]
aufzählen	vyjmenovat [ˈvɪjmɛnɔvat]
aufzeichnen	nahrát [ˈnaɦraːt]
aufzeigen	poukázat [ˈpɔu̯kaːzat]
aufzwingen	vynutit si [ˈvɪnʊcɪt‿sɪ]
ausarbeiten	vypracovat [ˈvɪprat͡sɔvat]
ausatmen	vydechnout [ˈvɪdɛxnɔu̯t]
ausbessern	opravit [ˈʔɔpravɪt]
ausbleiben	nedostavit se [ˈnɛdɔstavɪt‿sɛ]
ausbrechen	uprchnout [ˈʔʊpr̩xnɔu̯t]
ausbreiten	rozšířit [ˈrɔzʃiːr̝ɪt]
ausdehnen	roztáhnout [ˈrɔstaːɦnɔu̯t]
ausdenken	vymyslet [ˈvɪmɪslɛt]
auseinanderbrechen	rozlomit se [ˈrɔzlɔmɪt‿sɛ]
ausfallen	odpadnout [ˈʔɔtpadnɔu̯t]
ausfragen	vyptávat se [ˈvɪptaːvat‿sɛ]
ausfüllen	vyplnit [ˈvɪpl̩ɲɪt]
ausgeben	utratit (peníze) [ˈʔʊtracɪt]
ausgehen	vyrazit si ven [ˈvɪrazɪt‿sɪ ˈvɛn]
ausgleichen	vyrovnat [ˈvɪrɔvnat]
aushaben	mít po práci [ˈmiːt ˈpɔ‿praːt͡sɪ]
aushalten	vydržet [ˈvɪdr̩ʒɛt]
aushelfen	vypomoct [ˈvɪpɔmɔt͡st]
auskennen	vyznat se [ˈvɪznat‿sɛ]
auskommen	vyjít [ˈvɪjiːt]
auslachen	vysmát se [ˈvɪsmaːt‿sɛ]
auslaufen	vypršet [ˈvɪpr̩ʃɛt]
ausleeren	vyprázdnit [ˈvɪpraːzdɲɪt]
ausleihen	vypůjčit si [ˈvɪpuːjt͡ʃɪt‿sɪ]
ausloggen	odhlásit se [ˈʔɔdɦlaːsɪt‿sɛ]
auslösen	spustit [ˈspʊscɪt]
ausmachen	vypnout [ˈvɪpnɔu̯t]

ausmalen	představovat si [ˈpr̝̊ɛtstavɔvat‿sɪ]
ausmessen	změřit [ˈzmɲɛr̝ɪt]
ausnutzen	využít [ˈvɪuʒiːt]
auspacken	vybalit [ˈvɪbalɪt]
ausplaudern	vyzradit [ˈvɪzraɟɪt]
auspressen	vymačkat [ˈvɪmat͡ʃkat]
ausprobieren	vyzkoušet si [ˈvɪskou̯ʃɛt‿sɪ]
ausrasten	vybuchnout (o člověku) [ˈvɪbʊxnou̯t]
ausrauben	vykrást [ˈvɪkraːst]
ausrechnen	vypočítat [ˈvɪpɔt͡ʃiːtat]
ausreden	vymluvit [ˈvɪmlʊvɪt]
ausreichen	vystačit [ˈvɪstat͡ʃɪt]
ausreisen	vycestovat [ˈvɪt͡sɛstɔvat]
ausrichten	vyřídit [ˈvɪr̝iːɟɪt]
ausruhen	odpočinout [ˈʔɔtpɔt͡ʃɪnou̯t]
ausrutschen	uklouznout [ˈʔʊklou̯znou̯t]
ausschalten	vypnout [ˈvɪpnou̯t]
ausscheiden	odstoupit [ˈɔtstou̯pɪt]
ausschimpfen	vynadat [ˈvɪnadat]
ausschlafen	vyspat se [ˈvɪspat‿sɛ]
ausschließen	vyloučit [ˈvɪlou̯t͡ʃɪt]
ausschneiden	vystřihnout [ˈvɪstr̝̊ɪɦnou̯t]
aussehen	vypadat [ˈvɪpadat]
äußern	vyjádřit [ˈvɪjaːdr̝ɪt]
aussetzen	vysadit [ˈvɪsaɟɪt]
aussprechen	vyslovit [ˈvɪslɔvɪt]
ausstehen	vystát [ˈvɪstaːt]
aussteigen	vystoupit [ˈvɪstou̯pɪt]
aussterben	vymřít [ˈvɪmr̝iːt]
ausstrecken	vystrčit [ˈvɪstr̩t͡ʃɪt]
aussuchen	vyhledat [ˈvɪɦlɛdat]
austauschen	vyměnit [ˈvɪmɲɛɲɪt]
austeilen	rozdělovat [ˈrɔzɟɛlɔvat]
austoben	vydovádět se [ˈvɪdɔvaːɟɛt‿sɛ]
austreten	vystoupit [ˈvɪstou̯pɪt]
austricksen	oklamat [ˈʔɔklamat]
austrinken	vypít [ˈvɪpiːt]
ausüben	provozovat [ˈprɔvɔzɔvat]
auswählen	vybrat [ˈvɪbrat]
auswandern	emigrovat [ˈʔɛmɪgrɔvat]
auswaschen	vyprat [ˈvɪprat]
auswechseln	vyměnit [ˈvɪmɲɛɲɪt]
ausweichen	vyhnout se [ˈvɪɦnou̯t‿sɛ]
auswerten	vyhodnotit [ˈvɪɦɔdnɔcɪt]
auswirken	projevit se [ˈprɔjɛvɪt‿sɛ]
auszählen	vypočítat [ˈvɪpɔt͡ʃiːtat]
auszeichnen	vyznamenat [ˈvɪznamɛnat]
ausziehen	svléci se [ˈsvlɛːt͡sɪ‿sɛ]

B

babysitten	hlídat děti [ˈɦliːdat ˈɟɛcɪ]
backen	péct [ˈpɛːt͡st]
baden	koupat se [ˈkou̯pat‿sɛ]
baggern	bagrovat [ˈbagrɔvat]
basteln	vyrábět [ˈvɪraːbjɛt]
bauen	stavět [ˈstavjɛt]
beabsichtigen	zamýšlet [ˈzamiːʃlɛt]
beachten	dbát na něco [ˈdbaːt ˈna‿ɲɛt͡sɔ]
beängstigen	znepokojovat [ˈznɛpɔkɔjɔvat]
beanspruchen	požadovat [ˈpɔʒadɔvat]
beantragen	podat žádost [ˈpɔdat ˈʒaːdɔst]
beantworten	odpovědět [ˈɔtpɔvjɛɟɛt]
bearbeiten	zpracovat [ˈsprat͡sɔvat]
beatmen	dát umělé dýchání [ˈdaːt ˈʔʊmɲɛlɛː ˈdiːxaːɲiː]
beaufsichtigen	dohlížet [ˈdɔɦliːʒɛt]
beauftragen	pověřit [ˈpɔvjɛr̝ɪt]
bedanken	poděkovat [ˈpɔɟɛkɔvat]
bedauern	litovat [ˈlɪtɔvat]
bedecken	pokrýt [ˈpɔkriːt]
bedenken	uvážit [ˈʔʊvaːʒɪt]
bedeuten	znamenat [ˈznamɛnat]
bedienen	obsluhovat [ˈʔɔpslʊɦɔvat]
bedrängen	naléhat [ˈnalɛːɦat]
bedrohen	hrozit [ˈɦrɔzɪt]
bedrücken	trápit [ˈtraːpɪt]
beeilen	pospíšit si [ˈpɔspiːʃɪt‿sɪ]
beeindrucken	udělat dojem [ˈʔʊɟɛlat ˈdɔjɛm]
beeinflussen	ovlivnit [ˈʔɔvlɪvɲɪt]
beeinträchtigen	narušit [ˈnarʊʃɪt]
beenden	zakončit [ˈzakɔnt͡ʃɪt]
beerdigen	pohřbít [ˈpɔɦr̝biːt]
befassen	zabývat se [ˈzabiːvat‿sɛ]
befehlen	rozkazovat [ˈrɔskazɔvat]
befestigen	upevnit [ˈʔʊpɛvɲɪt]
befeuchten	zvlhčit [ˈzvl̩xt͡ʃɪt]
befinden	nacházet se [ˈnaxaːzɛt‿sɛ]
befolgen	řídit se [ˈr̝iːɟɪt‿sɛ]
befragen	dotazovat se [ˈdɔtazɔvat‿sɛ]
befreien	osvobodit [ˈʔɔsvɔbɔɟɪt]
befriedigen	uspokojit [ˈʔʊspɔkɔjɪt]
befruchten	oplodnit [ˈʔɔplɔdɲɪt]
befürchten	obávat se [ˈʔɔbaːvat‿sɛ]
befürworten	schvalovat [ˈsxvalɔvat]
begegnen	setkat se [ˈsɛtkat‿sɛ]
begehen	dopustit se [ˈdɔpʊscɪt‿sɛ]
begehren	toužit [ˈtɔu̯ʒɪt]
begeistern	nadchnout [ˈnatxnɔu̯t]
beginnen	začít [ˈzat͡ʃiːt]
begleiten	doprovodit [ˈdɔprɔvɔɟɪt]
beglückwünschen	gratulovat [ˈgratʊlɔvat]
begraben	pohřbít [ˈpɔɦr̝biːt]
begreifen	pochopit [ˈpɔxɔpɪt]
begrenzen	omezit [ˈɔmɛzɪt]
begründen	zdůvodnit [ˈzduːvɔdɲɪt]
begrüßen	pozdravit [ˈpɔzdravɪt]

begünstigen	upřednostňovat	[ˈʔʊpr̝ɛdnɔstɲɔvat]
begutachten	odborně posoudit	[ˈʔɔdbɔrɲɛ ˈpɔsɔu̯ɟɪt]
behalten	ponechat si	[ˈpɔnɛxat‿sɪ]
behandeln	zacházet	[ˈzaxa:zɛt]
beharren	stát si za něčím	[ˈsta:t‿sɪ ˈza‿ɲɛt͡ʃi:m]
behaupten	tvrdit	[ˈtvr̩ɟɪt]
beheben	odstranit	[ˈʔɔtstraɲɪt]
behelfen	zvládnout	[ˈzvla:dnɔu̯t]
beherrschen	ovládat	[ˈʔɔvla:dat]
beherzigen	vzít si k srdci	[ˈvzi:t‿sɪ ˈk‿sr̩t͡sɪ]
behindern	překážet	[ˈpr̝ɛka:ʒɛt]
behüten	chránit	[ˈxra:ɲɪt]
beibehalten	nechat si	[ˈnɛxat‿sɪ]
beibringen	naučit někoho něco	[ˈnau̯t͡ʃɪt ˈɲɛkɔɦɔ ˈɲɛt͡sɔ]
beichten	přiznat se	[ˈpr̝ɪznat‿sɛ]
beifügen	připojit	[ˈpr̝ɪpɔjɪt]
beinhalten	obsahovat	[ˈʔɔpsaɦɔvat]
beipflichten	souhlasit	[ˈsɔu̯ɦlasɪt]
beirren	znejistit	[ˈznɛjɪscɪt]
beißen	kousnout	[ˈkɔu̯snɔu̯t]
beistehen	stát při někom	[ˈsta:t ˈpr̝ɪ‿ɲɛkɔm]
beitragen	přispět k něčemu	[ˈpr̝ɪspjɛt ˈk‿ɲɛt͡ʃɛmʊ]
beitreten	vstoupit	[ˈfstɔu̯pɪt]
bejahen	souhlasit	[ˈsɔu̯ɦlasɪt]
bejubeln	jásat	[ˈja:sat]
bekämpfen	bojovat s něčím	[ˈbɔjɔvat ˈs‿ɲɛt͡ʃi:m]
bekehren	obrátit na víru	[ˈʔɔbra:cɪt ˈna‿vi:rʊ]
bekennen	hlásit se k něčemu	[ˈɦla:sɪt‿sɛ ˈk‿ɲɛt͡ʃɛmʊ]
beklagen	stěžovat si	[ˈscɛʒɔvat‿sɪ]
bekleckern	pokapat se	[ˈpɔkapat‿sɛ]
bekommen	dostat	[ˈdɔstat]
bekräftigen	potvrdit	[ˈpɔtvr̩ɟɪt]
beladen	naložit	[ˈnalɔʒɪt]
belasten	zatížit	[ˈzaci:ʒɪt]
belästigen	obtěžovat	[ˈʔɔpcɛʒɔvat]
belauschen	odposlouchávat	[ˈʔɔtpɔslɔu̯xa:vat]
beleidigen	urazit	[ˈʔʊrazɪt]
bellen	štěkat	[ˈʃcɛkat]
belohnen	odměnit	[ˈʔɔdmɲɛɲɪt]
belügen	obelhat	[ˈʔɔbɛlɦat]
bemerken	poznamenat	[ˈpɔznamɛnat]
bemitleiden	mít soucit	[ˈmi:t ˈsɔu̯t͡sɪt]
bemühen	snažit se	[ˈsnaʒɪt‿sɛ]
benachrichtigen	podat zprávu	[ˈpɔdat ˈspra:vʊ]
benehmen	chovat se	[ˈxɔvat‿sɛ]
beneiden	závidět	[ˈza:vɪɟɛt]
benennen	jmenovat	[ˈjmɛnɔvat]
benoten	známkovat	[ˈzna:mkɔvat]
benötigen	potřebovat	[ˈpɔtr̝ɛbɔvat]
beobachten	pozorovat	[ˈpɔzɔrɔvat]
beraten	radit	[ˈraɟɪt]
berechnen	vypočítat	[ˈvɪpɔt͡ʃi:tat]

bereden	projednat [ˈprɔjɛdnat]
bereiten	připravit [ˈpřɪpravɪt]
bereithalten	přichystat [ˈpřɪxɪstat]
bereitmachen	přichystat [ˈpřɪxɪstat]
bereuen	litovat [ˈlɪtɔvat]
berichten	podávat zprávu [ˈpɔdaːvat ˈspraːvʊ]
berichtigen	opravit [ˈʔɔpravɪt]
berücksichtigen	brát ohled [ˈbraːt ˈʔɔɦlɛt]
beruhigen	uklidnit [ˈʔʊklɪdɲɪt]
berühren	dotknout se [ˈdɔtknɔu̯t͜sɛ]
beschädigen	poškodit [ˈpɔʃkɔɟɪt]
beschaffen	opatřit si [ˈʔɔpatřɪt͜sɪ]
beschäftigen	zaměstnat [ˈzamɲɛstnat]
bescheinigen	potvrdit [ˈpɔtvr̩ɟɪt]
beschenken	obdarovat [ˈʔɔbdarɔvat]
beschimpfen	vynadat [ˈvɪnadat]
beschleunigen	urychlit [ˈʔʊrɪxlɪt]
beschließen	rozhodnout [ˈrɔzɦɔdnɔu̯t]
beschmutzen	zašpinit [ˈzaʃpɪɲɪt]
beschränken	omezit [ˈʔɔmɛzɪt]
beschreiben	popsat [ˈpɔpsat]
beschuldigen	obvinit [ˈʔɔbvɪɲɪt]
beschützen	chránit [ˈxraːɲɪt]
beschweren	stěžovat si [ˈscɛʒɔvat͜sɪ]
beseitigen	odstranit [ˈʔɔtstraɲɪt]
besetzen	obsadit [ˈʔɔpsaɟɪt]
besichtigen	navštívit [ˈnafʃciːvɪt]
besiegen	porazit [ˈpɔrazɪt]
besitzen	vlastnit [ˈvlastɲɪt]
besorgen	opatřit [ˈʔɔpatřɪt]
besprechen	dojednat [ˈdɔjɛdnat]
bestätigen	potvrdit [ˈpɔtvr̩ɟɪt]
bestatten	pohřbít [ˈpɔɦr̝biːt]
bestaunen	podivovat se [ˈpɔɟɪvɔvat͜sɛ]
bestehen	složit (např. zkoušku) [ˈslɔʒɪt]
bestellen	objednat [ˈʔɔbjɛdnat]
bestimmen	určit [ˈʔʊrt͡ʃɪt]
bestrafen	potrestat [ˈpɔtrɛstat]
bestreiten	popřít [ˈpɔpřiːt]
besuchen	navštívit [ˈnafʃciːvɪt]
betätigen	uvést do činnosti [ˈʔʊvɛːst ˈdɔ͜t͡ʃɪnɔscɪ]
betäuben	umrtvit [ˈʔʊmr̩tvɪt]
beteiligen	podílet se [ˈpɔɟɪːlɛt͜sɛ]
beten	modlit se [ˈmɔdlɪt͜sɛ]
beteuern	ujišťovat [ˈʔʊjɪʃcɔvat]
betonen	zdůrazňovat [ˈzduːrazɲɔvat]
betören	omámit [ˈʔɔmaːmɪt]
betrachten	pozorovat [ˈpɔzɔrɔvat]
betreuen	pečovat [ˈpɛt͡ʃɔvat]
betrügen	podvádět [ˈpɔdvaːɟɛt]
betteln	žebrat [ˈʒɛbrat]
beugen	ohnout [ˈʔɔɦnɔu̯t]
beunruhigen	zneklidňovat [ˈznɛklɪdɲɔvat]
beurteilen	soudit [ˈsɔu̯ɟɪt]
bevorzugen	upřednostňovat [ˈʔʊpřɛdnɔstɲɔvat]

bewachen	střežit [ˈstřɛʒɪt]
bewaffnen	ozbrojit [ˈʔɔzbrɔjɪt]
bewältigen	zvládnout [ˈzvlaːdnɔu̯t]
bewegen	pohnout [ˈpɔɦnɔu̯t]
beweisen	dokázat [ˈdɔkaːzat]
bewerben	ucházet se [ˈʔʊxaːzɛt͜ sɛ]
bewerten	hodnotit [ˈɦɔdnɔcɪt]
bewirken	zapříčinit [ˈzapřiːt͡ʃɪɲɪt]
bewohnen	obývat [ˈʔɔbiːvat]
bewundern	obdivovat [ˈʔɔbɟɪvɔvat]
bezahlen	platit [ˈplacɪt]
bezeichnen	označit [ˈʔɔznat͡ʃɪt]
bezweifeln	zpochybnit [ˈspɔxɪbɲɪt]
biegen	ohnout [ˈʔɔɦnɔu̯t]
bieten	nabídnout [ˈnabiːdnɔu̯t]
bilden	tvořit [ˈtvɔřɪt]
bitten	prosit [ˈprɔsɪt]
blamieren	ztrapnit se [ˈstrapɲɪt͜ sɛ]
blasen	foukat [ˈfɔu̯kat]
bleiben	zůstat [ˈzuːstat]
blenden	oslepit [ˈʔɔslɛpɪt]
blinken	blikat [ˈblɪkat]
blinzeln	mžourat [ˈmʒɔu̯rat]
blitzen	blýskat se [ˈbliːskat͜ sɛ]
blockieren	blokovat [ˈblɔkɔvat]
blühen	kvést [ˈkvɛːst]
bluten	krvácet [ˈkr̩vaːt͡sɛt]
bohren	vrtat [ˈvr̩tat]
boxen	boxovat [ˈbɔksɔvat]
boykottieren	bojkotovat [ˈbɔjkɔtɔvat]
braten	péci [ˈpɛːt͡sɪ]
brauchen	potřebovat [ˈpɔtřɛbɔvat]
brechen	zlomit [ˈzlɔmɪt]
bremsen	brzdit [ˈbr̩zɟɪt]
brennen	hořet [ˈɦɔřɛt]
bringen	zanést [ˈzanɛːst]
bröckeln	drobit se [ˈdrɔbɪt͜ sɛ]
brüllen	řvát [ˈřvaːt]
brummen	bručet [ˈbrʊt͡ʃɛt]
brüten	přemýšlet [ˈpřɛmiːʃlɛt]
buchen	rezervovat [ˈrɛzɛrvɔvat]
buchstabieren	hláskovat [ˈɦlaːskɔvat]
bücken	sehnout se [ˈsɛɦnɔu̯t͜ sɛ]
bügeln	žehlit [ˈʒɛɦlɪt]
bummeln	procházet se [ˈprɔxaːzɛt͜ sɛ]
bürsten	kartáčovat [ˈkartaːt͡ʃɔvat]

C

campen	kempovat [ˈkɛmpɔvat]
charakterisieren	charakterizovat [ˈxaraktɛrɪzɔvat]
chatten	chatovat [ˈt͡ʃɛtɔvat]

D

dableiben	zůstat na místě [ˈzuːstat ˈna‿miːscɛ]
danebenbenehmen	chovat se nemístně [ˈxɔvat‿sɛ ˈnɛmiːstɲɛ]
danken	děkovat [ˈɟɛkɔvat]
darstellen	představovat [ˈpr̝̊ɛt͡sstavɔvat]
dastehen	stát tam [ˈstaːt ˈtam]
dauern	trvat [ˈtr̩vat]
decken	pokrývat [ˈpɔkriːvat]
dehnen	protahovat [ˈprɔtaɦɔvat]
dementieren	popírat [ˈpɔpiːrat]
demonstrieren	demonstrovat [ˈdɛmɔnstrɔvat]
demütigen	ponižovat [ˈpɔɲɪʒɔvat]
denken	myslet [ˈmɪslɛt]
deprimieren	deprimovat [ˈdɛprɪmɔvat]
desinfizieren	desinfikovat [ˈdɛzɪɱfɪkɔvat]
deuten	interpretovat [ˈʔɪntɛrprɛtɔvat]
dienen	sloužit [ˈslɔu̯ʒɪt]
diskriminieren	diskriminovat [ˈdɪskrɪmɪnɔvat]
diskutieren	diskutovat [ˈdɪskʊtɔvat]
disqualifizieren	diskvalifikovat [ˈdɪskvalɪfɪkɔvat]
distanzieren	distancovat [ˈdɪstant͡sɔvat]
dividieren	dělit [ˈɟɛlɪt]

donnern	hřmít [ˈɦr̩miːt]
dosieren	dávkovat [ˈdaːfkɔvat]
downloaden	stahovat [ˈstaɦɔvat]
dramatisieren	dramatizovat [ˈdramatɪzɔvat]
dranbleiben	vytrvat [ˈvɪtr̩vat]
drängeln	tlačit se [ˈtlat͡ʃɪt‿sɛ]
drängen	tlačit [ˈtlat͡ʃɪt]
drankommen	přijít na řadu [ˈpr̝̊ɪjiːt ˈna‿r̝adʊ]
drehen	otáčet [ˈʔɔtaːt͡ʃɛt]
drohen	hrozit [ˈɦrɔzɪt]
drucken	tisknout [ˈcɪsknɔu̯t]
drücken	stisknout [ˈscɪsknɔu̯t]
ducken	skrčit se [ˈskr̩t͡ʃɪt‿sɛ]
duften	vonět [ˈvɔɲɛt]
dulden	trpět někomu něco [ˈtr̩pjɛt ˈɲɛkɔmʊ ˈɲɛt͡sɔ]
durchdenken	promyslet [ˈprɔmɪslɛt]
durcheinander-bringen	rozházet [ˈrɔzɦaːzɛt]
durchführen	provést [ˈprɔvɛːst]
durchsagen	hlásit (v rádiu apod.) [ˈɦlaːsɪt]
durchschauen	prohlédnout něco n. někoho [ˈprɔɦlɛːdnɔu̯t ˈɲɛt͡sɔ/ˈɲɛkɔɦɔ]
durchsetzen	prosadit [ˈprɔsaɟɪt]
durchsickern	prosáknout [ˈprɔsaːknɔu̯t]
durchstöbern	prohledat [ˈprɔɦlɛdat]
durchstreichen	přeškrtnout [ˈpr̝̊ɛʃkr̩tnɔu̯t]
durchwühlen	prohrabat [ˈprɔɦrabat]
durchziehen	dotáhnout do konce [ˈdɔtaːɦnɔu̯t ˈdɔ‿kɔnt͡sɛ]
dürfen	smět [ˈsmɲɛt]
duschen	sprchovat se [ˈspr̩xɔvat‿sɛ]
duzen	tykat [ˈtɪkat]

E

ebnen	zarovnat [ˈzarɔvnat]
ehren	ctít [ˈt͡sciːt]
eignen	hodit se [ˈɦɔɟɪt‿sɛ]
eilen	spěchat [ˈspjɛxat]
einatmen	nadechnout se [ˈnadɛxnɔu̯t‿sɛ]
einbilden	namlouvat si [ˈnamlɔu̯vat‿sɪ]
einbrechen	vloupat se [ˈvlɔu̯pat‿sɛ]
einchecken	odbavit [ˈʔɔdbavɪt]
eincremen	nakrémovat se [ˈnakrɛːmɔvat‿sɛ]
eindringen	vniknout [ˈvɲɪknɔu̯t]
eindrücken	vmáčknout [ˈvmaːt͡ʃknɔu̯t]
einengen	omezovat [ˈʔɔmɛzɔvat]
einfädeln	navléci (nit apod.) [ˈnavlɛːt͡sɪ]
einfahren	vjet [ˈvjɛt]
einfallen	napadnout [ˈnapadnɔu̯t]
einfangen	polapit [ˈpɔlapɪt]
einfügen	vložit [ˈvlɔʒɪt]
einfühlen	vcítit se [ˈvt͡siːcɪt‿sɛ]
einführen	zavést [ˈzavɛːst]
eingeben	zadat [ˈzadat]
eingestehen	přiznat [ˈpr̝̊ɪznat]
eingreifen	zasáhnout [ˈzasaːɦnɔu̯t]
eingrenzen	ohraničit [ˈʔɔɦraɲɪt͡ʃɪt]
einholen	dohnat [ˈdɔɦnat]
einigen	shodnout se [ˈsxɔdnɔu̯t‿sɛ]
einkaufen	nakoupit [ˈnakɔu̯pɪt]
einkleben	vlepit [ˈvlɛpɪt]
einklemmen	skřípnout [ˈskr̝̊iːpnɔu̯t]
einladen	pozvat [ˈpɔzvat]
einleben	zabydlet se [ˈzabɪdlɛt‿sɛ]
einlenken	ustoupit [ˈʔʊstɔu̯pɪt]
einleuchten	dávat smysl [ˈdaːvat ˈsmɪsl̩]
einliefern	doručit [ˈdɔrʊt͡ʃɪt]
einloggen	přihlásit se [ˈpr̝̊ɪɦlaːsɪt‿sɛ]
einlösen	proplatit [ˈprɔplacɪt]
einmischen	vměšovat se [ˈvmɲɛʃɔvat‿sɛ]
einordnen	nařídit [ˈnar̝iːɟɪt]
einpacken	zabalit [ˈzabalɪt]
einparken	zaparkovat [ˈzaparkɔvat]
einpflanzen	zasadit [ˈzasaɟɪt]
einplanen	zahrnout do plánu [ˈzaɦr̩nɔu̯t ˈdɔ‿plaːnʊ]
einprägen	vštípit [ˈfʃciːpɪt]
einräumen	připustit (např. chybu) [ˈpr̝̊ɪpʊscɪt]
einreden	namlouvat [ˈnamlɔu̯vat]
einreiben	vetřít [ˈvɛtr̝̊iːt]
einreisen	přicestovat [ˈpr̝̊ɪt͡sɛstɔvat]
einrosten	zrezivět [ˈzrɛzɪvjɛt]
einschalten	zapnout [ˈzapnɔu̯t]
einschätzen	odhadnout [ˈʔɔdɦadnɔu̯t]
einschenken	nalít [ˈnaliːt]
einschlafen	usnout [ˈʔʊsnɔu̯t]

einschließen	zamknout [ˈzamknou̯t]
einschränken	omezit [ˈʔɔmɛzɪt]
einschreiten	zasáhnout [ˈzasaːɦnou̯t]
einschüchtern	zastrašit [ˈzastraʃɪt]
einschulen	zaškolit [ˈzaʃkɔlɪt]
einsehen	uznat [ˈʔʊznat]
einsetzen	nasadit [ˈnasaɟɪt]
einsperren	zavřít [ˈzavr̝iːt]
einspringen	zaskočit za někoho [ˈzaskɔt͡ʃɪt ˈza ɲɛkɔɦɔ]
einstecken	zastrčit [ˈzastr̩t͡ʃɪt]
einsteigen	nastoupit [ˈnastou̯pɪt]
einstellen	nastavit [ˈnastavɪt]
einstürzen	zbořit se [ˈzbɔr̝ɪt‿sɛ]
eintauchen	ponořit se [ˈpɔnɔr̝ɪt‿sɛ]
einteilen	rozdělit [ˈrɔzɟɛlɪt]
eintragen	zapsat [ˈzapsat]
eintreffen	dorazit [ˈdɔrazɪt]
eintreten	vejít [ˈvɛjiːt]
einwandern	imigrovat [ˈʔɪmɪgrɔvat]
einwechseln	vyměnit [ˈvɪmɲɛɲɪt]
einweichen	namočit [ˈnamɔt͡ʃɪt]
einweihen	zasvětit [ˈzasvjɛcɪt]
einweisen	zaškolit [ˈzaʃkɔlɪt]
einwenden	namítnout [ˈnamiːtnou̯t]
einwilligen	schválit [ˈsxvaːlɪt]
einzahlen	vložit [ˈvlɔʒɪt]
eitern	hnisat [ˈɦɲɪsat]
ekeln	hnusit se [ˈɦnʊsɪt‿sɛ]
empfangen	přijmout [ˈpr̝ɪjmou̯t]
empfehlen	doporučit [ˈdɔpɔrʊt͡ʃɪt]
empfinden	cítit [ˈt͡siːcɪt]
enden	končit [ˈkɔnt͡ʃɪt]
entdecken	objevit [ˈʔɔbjɛvɪt]
entfachen	rozdmýchat [ˈrɔzdmiːxat]
entfallen	odpadnout [ˈʔɔtpadnou̯t]
entfernen	odstranit [ˈʔɔtstraɲɪt]
entführen	unést [ˈʔʊnɛːst]
entgegenbringen	projevit [ˈprɔjɛvɪt]
entgegnen	odvětit [ˈʔɔdvjɛcɪt]
entgleisen	vykolejit [ˈvɪkɔlɛjɪt]
enthalten	obsahovat [ˈʔɔpsaɦɔvat]
entkommen	uniknout [ˈʔʊɲɪknou̯t]
entlanggehen	jít podél [ˈjiːt ˈpɔdɛːl]
entlassen	propustit [ˈprɔpʊscɪt]
entlasten	poskytnout pomoc [ˈpɔskɪtnou̯t ˈpɔmɔt͡s]
entlaufen	utéct [ˈʔʊtɛːt͡st]
entscheiden	rozhodnout [ˈrɔzɦɔdnou̯t]
entschließen	rozhodnout se [ˈrɔzɦɔdnou̯t‿sɛ]
entschuldigen	omluvit se [ˈʔɔmlʊvɪt‿sɛ]
entsetzen	vyděsit se [ˈvɪɟɛsɪt‿sɛ]
entsorgen	zlikvidovat [ˈzlɪkvɪdɔvat]
entspannen	uvolnit se [ˈʔʊvɔlɲɪt‿sɛ]

entsprechen	odpovídat něčemu [ˈʔɔtpɔviːdat ˈɲɛt͡ʃɛmʊ]
entstehen	vzniknout [ˈvzɲɪknɔu̯t]
entstellen	zdeformovat [ˈzdɛfɔrmɔvat]
enttäuschen	zklamat [ˈsklamat]
entwaffnen	odzbrojit [ˈʔɔdzbrɔjɪt]
entweichen	uniknout [ˈʔʊɲɪknɔu̯t]
entwerfen	navrhnout [ˈnavr̩ɦnɔu̯t]
entwickeln	vyvinout [ˈvɪvɪnɔu̯t]
erben	zdědit [ˈzɟɛɟɪt]
erbrechen	zvracet [ˈzvrat͡sɛt]
ereignen	stát se [ˈstaːt‿sɛ]
erfahren	dozvědět se [ˈdɔzvjɛɟɛt‿sɛ]
erfinden	vynalézt [ˈvɪnalɛːst]
erforschen	probádat [ˈprɔbaːdat]
erfrieren	zmrznout [ˈzmr̩znɔu̯t]
erfrischen	občerstvit [ˈʔɔpt͡ʃɛrstvɪt]
erfüllen	splnit [ˈspl̩ɲɪt]
ergänzen	doplnit [ˈdɔpl̩ɲɪt]
ergeben	vzdát se [ˈvzdaːt‿sɛ]
erhalten	obdržet [ˈʔɔbdr̩ʒɛt]
erhoffen	doufat [ˈdɔu̯fat]
erhöhen	zvýšit [ˈzviːʃɪt]
erholen	odpočinout si [ˈʔɔtpɔt͡ʃɪnɔu̯t‿sɪ]
erinnern	vzpomenout si [ˈvspɔmɛnɔu̯t‿sɪ]
erkälten	nachladit se [ˈnaxlaɟɪt‿sɛ]
erkennen	poznat [ˈpɔznat]
erklären	vysvětlit [ˈvɪsvjɛtlɪt]
erkundigen	zjistit [ˈzjɪscɪt]
erlauben	dovolit [ˈdɔvɔlɪt]
erläutern	vysvětlit [ˈvɪsvjɛtlɪt]
erleben	zažít [ˈzaʒiːt]
erledigen	zařídit [ˈzar̝iːɟɪt]
erleichtern	ulehčit [ˈʔʊlɛxt͡ʃɪt]
erlösen	vysvobodit [ˈvɪsvɔbɔɟɪt]
ermahnen	upomínat [ˈʔʊpɔmiːnat]
ermitteln	vypátrat [ˈvɪpaːtrat]
ermöglichen	umožnit [ˈʔʊmɔʒɲɪt]
ermorden	zavraždit [ˈzavraʒɟɪt]
ermuntern	povzbudit [ˈpɔvzbʊɟɪt]
ermutigen	povzbudit [ˈpɔvzbʊɟɪt]
ernähren	stravovat se [ˈstravɔvat‿sɛ]
ernennen	jmenovat [ˈjmɛnɔvat]
erneuern	obnovit [ˈʔɔbnɔvɪt]
ernten	sklízet [ˈskliːzɛt]
eröffnen	otevřít [ˈʔɔtɛvr̝iːt]
erpressen	vydírat [ˈvɪɟiːrat]
erregen	vzrušovat [ˈvzrʊʃɔvat]
erreichen	dosáhnout [ˈdɔsaːɦnɔu̯t]
erscheinen	objevit se [ˈʔɔbjɛvɪt‿sɛ]
erschrecken	vyděsit [ˈvɪɟɛsɪt]
erschüttern	otřást [ˈʔɔtr̝̊aːst]
erschweren	ztížit [ˈsciːʒɪt]
ersetzen	nahradit [ˈnaɦraɟɪt]
erstaunen	udivit [ˈʔʊɟɪvɪt]
ersticken	udusit se [ˈʔʊdʊsɪt‿sɛ]

ertappen	přistihnout [ˈpr̊ɪscɪɦnou̯t]
ertragen	snést [ˈsnɛːst]
ertrinken	utopit se [ˈʔutɔpɪt‿sɛ]
erwähnen	zmínit [ˈzmiːɲɪt]
erwarten	očekávat [ˈʔɔt͡ʃɛkaːvat]
erwidern	odpovědět [ˈʔɔtpɔvjɛɟɛt]
erwürgen	uškrtit [ˈʔuʃkr̩cɪt]
erzählen	vyprávět [ˈvɪpraːvjɛt]
erzeugen	vyrobit [ˈvɪrɔbɪt]
erziehen	vychovat [ˈvɪxɔvat]
erzwingen	vynutit [ˈvɪnucɪt]
essen	jíst [ˈjiːst]
existieren	existovat [ˈʔɛgzɪstɔvat]
explodieren	explodovat [ˈʔɛksplɔdɔvat]

F

fahren	jet [ˈjɛt]
fallen	spadnout [ˈspadnou̯t]
fälschen	padělat [ˈpaɟɛlat]
falten	složit [ˈslɔʒɪt]
fangen	chytit [ˈxɪcɪt]
färben	obarvit [ˈɔbarvɪt]
fassen	uchopit [ˈʔuxɔpɪt]
fasten	postit se [ˈpɔscɪt‿sɛ]
faszinieren	fascinovat [ˈfast͡sɪnɔvat]
faulen	hnít [ˈɦɲiːt]
faulenzen	lenošit [ˈlɛnɔʃɪt]
fechten	šermovat [ˈʃɛrmɔvat]
fegen	zametat [ˈzamɛtat]
fehlen	chybět [ˈxɪbjɛt]
feiern	slavit [ˈslavɪt]
feilen	pilovat [ˈpɪlɔvat]
fernsehen	dívat se na televizi [ˈɟiːvat‿sɛ ˈna‿tɛlɛvɪzɪ]
fernsteuern	dálkově ovládat [ˈdaːlkɔvjɛ ˈʔɔvlaːdat]
fertigmachen	připravit [ˈpr̊ɪpravɪt]
fesseln	spoutat [ˈspou̯tat]
festhalten	držet [ˈdr̩ʒɛt]
festnehmen	zatknout [ˈzatknou̯t]
feststehen	být si jistý [ˈbiːt‿sɪ ˈjɪstiː]
feststellen	zjistit [ˈzjɪscɪt]
filmen	natáčet [ˈnataːt͡ʃɛt]
filtern	filtrovat [ˈfɪltrɔvat]
finanzieren	financovat [ˈfɪnant͡sɔvat]
finden	najít [ˈnajiːt]

flehen	žadonit [ˈʒadɔɲɪt]
flicken	spravovat [ˈspravɔvat]
fliegen	létat [ˈlɛːtat]
fliehen	utéct [ˈʔʊtɛːt͡st]
fließen	téct [ˈtɛːt͡st]
flimmern	třpytit se [ˈtr̝̊pɪcɪt‿sɛ]
flirten	flirtovat [ˈflɪrtɔvat]
fluchen	klít [ˈkliːt]
flüchten	utéct [ˈʔʊtɛːt͡st]
flüstern	šeptat [ˈʃɛptat]
föhnen	fénovat [ˈfɛːnɔvat]
folgen	následovat [ˈnaːslɛdɔvat]
folgern	usoudit [ˈʔʊsɔʊ̯ɟɪt]
foltern	mučit [ˈmʊt͡ʃɪt]
fordern	požadovat [ˈpɔʒadɔvat]
fördern	podporovat [ˈpɔtpɔrɔvat]
formulieren	formulovat [ˈfɔrmʊlɔvat]
forschen	zkoumat [ˈskɔʊ̯mat]
fortbilden	dále se vzdělávat [ˈdaːlɛ‿sɛ ˈvzɟɛlaːvat]
fortfahren	pokračovat [ˈpɔkrat͡ʃɔvat]
fortsetzen	pokračovat [ˈpɔkrat͡ʃɔvat]
fotografieren	fotit [ˈfɔcɪt]
fragen	ptát se [ˈptaːt‿sɛ]
frankieren	známkovat [ˈznaːmkɔvat]
freigeben	propustit [ˈprɔpʊscɪt]
freihaben	mít volno [ˈmiːt ˈvɔlnɔ]
freilassen	propustit [ˈprɔpʊscɪt]
freisprechen	zprostit viny [ˈsprɔscɪt ˈvɪnɪ]
fremdgehen	být nevěrný [ˈbiːt ˈnɛvjɛrniː]
fressen	žrát [ˈʒraːt]
freuen	těšit se [ˈcɛʃɪt‿sɛ]
frieren	mrznout [ˈmr̩znɔʊ̯t]
frühstücken	snídat [ˈsɲiːdat]
frustrieren	frustrovat [ˈfrʊstrɔvat]
fühlen	cítit [ˈt͡siːcɪt]
führen	vést [ˈvɛːst]
füllen	plnit [ˈpl̩ɲɪt]
funktionieren	fungovat [ˈfʊŋgɔvat]
fürchten	obávat se [ˈʔɔbaːvat‿sɛ]

G

gähnen	zívat [ˈziːvat]
garantieren	garantovat [ˈgarantɔvat]
geben	dát [ˈdaːt]
gefährden	ohrozit [ˈʔɔɦirɔzɪt]
gefallen	líbit se [ˈliːbɪt͜ sɛ]
gehen	jít [ˈjiːt]
gehorchen	poslouchat [ˈpɔslɔu̯xat]
gehören	patřit [ˈpatr̝̊ɪt]
gelangen	dostat se někam [ˈdɔstat͜ sɛ ˈɲɛkam]
gelingen	uspět [ˈʔʊspjɛt]
gelten	platit [ˈplacɪt]
genehmigen	schválit [ˈsxvaːlɪt]
genesen	uzdravit se [ˈʔʊzdravɪt͜ sɛ]
genieren	ostýchat se [ˈʔɔstiːxat͜ sɛ]
genießen	užívat si [ˈʔʊʒiːvat͜ sɪ]
genügen	stačit [ˈstat͡ʃɪt]
geschehen	stát se [ˈstaːt͜ sɛ]
gestatten	dovolit [ˈdɔvɔlɪt]
gestehen	přiznat se [ˈpr̝̊ɪznat͜ sɛ]
gestikulieren	gestikulovat [ˈgɛstɪkʊlɔvat]
gewinnen	vyhrát [ˈvɪɦraːt]
gewittern	bouřit [ˈbɔu̯r̝ɪt]
gewöhnen	zvyknout si [ˈzvɪknɔu̯t͜ sɪ]
gießen	zalévat [ˈzalɛːvat]
glänzen	lesknout se [ˈlɛsknɔu̯t͜ sɛ]
glätten	uhladit [ˈʔʊɦlaɟɪt]
glauben	věřit [ˈvjɛr̝ɪt]
gleichen	podobat se [ˈpɔdɔbat͜ sɛ]
gleiten	plachtit [ˈplaxcɪt]
gliedern	rozčlenit [ˈrɔzt͡ʃlɛɲɪt]
glitzern	třpytit se [ˈtr̝̊pɪcɪt͜ sɛ]
glühen	žhnout [ˈʒɦnɔu̯t]
gönnen	dopřát [ˈdɔpr̝̊aːt]
graben	hloubit [ˈɦlɔu̯bɪt]
gratulieren	gratulovat [ˈgratʊlɔvat]
greifen	chytnout [ˈxɪtnɔu̯t]
grenzen	sousedit [ˈsɔu̯sɛɟɪt]
grillen	grilovat [ˈgrɪlɔvat]
grinsen	šklebit se [ˈʃklɛbɪt͜ sɛ]
grübeln	přemítat [ˈpr̝̊ɛmiːtat]
gründen	založit [ˈzalɔʒɪt]
grunzen	chrochtat [ˈxrɔxtat]
gruseln	děsit se [ˈɟɛsɪt͜ sɛ]
grüßen	zdravit [ˈzdravɪt]
gucken	dívat se [ˈɟiːvat͜ sɛ]
gurgeln	kloktat [ˈklɔktat]
gutmachen	napravit [ˈnapravɪt]

H

haaren	línat	[ˈliːnat]
haben	mít	[ˈmiːt]
hacken	sekat	[ˈsɛkat]
hadern	nepohodnout se	[ˈnɛpɔɦɔdnɔu̯t͜sɛ]
hageln	padat (o kroupách)	[ˈpadat]
häkeln	háčkovat	[ˈɦaːt͡ʃkɔvat]
halbieren	půlit	[ˈpuːlɪt]
halten	držet	[ˈdr̩ʒɛt]
hämmern	klepat kladivem	[ˈklɛpat ˈklaɟɪvɛm]
handeln	jednat	[ˈjɛdnat]
handhaben	manipulovat	[ˈmanɪpʊlɔvat]
hängen	věšet	[ˈvjɛʃɛt]
harmonieren	ladit	[ˈlaɟɪt]
hassen	nenávidět	[ˈnɛnaːvɪɟɛt]
hauen	bouchat	[ˈbɔu̯xat]
heben	zvedat	[ˈzvɛdat]
hecheln	lapat po dechu	[ˈlapat ˈpɔ͜dɛxu]
heften	připevnit	[ˈpr̝̊ɪpɛvɲɪt]
hegen	pečovat	[ˈpɛt͡ʃɔvat]
heilen	uzdravit	[ˈʔʊzdravɪt]
heimfahren	jet domů	[ˈjɛt ˈdɔmuː]
heimzahlen	oplatit	[ˈʔɔplacɪt]
heiraten	oženit se, vdát se	[ˈʔɔʒɛɲɪt͜sɛ vdaːt͜sɛ]
heißen	jmenovat se	[ˈjmɛnɔvat͜sɛ]
heizen	topit	[ˈtɔpɪt]
helfen	pomáhat	[ˈpɔmaːɦat]
herausfordern	vyzvat	[ˈvɪzvat]
herrschen	panovat	[ˈpanɔvat]
hervorrufen	vyvolat	[ˈvɪvɔlat]
hetzen	spěchat	[ˈspjɛxat]
heucheln	přetvařovat se	[ˈpr̝̊ɛtvar̝ɔvat͜sɛ]
heulen	brečet	[ˈbrɛt͡ʃɛt]
hinken	kulhat	[ˈkʊlɦat]
hinrichten	popravit	[ˈpɔpravɪt]
hinterfragen	vyptávat se	[ˈvɪptaːvat͜sɛ]
hinweisen	poukázat	[ˈpɔu̯kaːzat]
hinzufügen	přidat	[ˈpr̝̊ɪdat]
hobeln	hoblovat	[ˈɦɔblɔvat]
hocken	dřepět	[ˈdr̝ɛpjɛt]
hoffen	doufat	[ˈdɔu̯fat]
holen	dojít pro	[ˈdɔjiːt ˈprɔ]
hören	slyšet	[ˈslɪʃɛt]
humpeln	kulhat	[ˈkʊlɦat]
hungern	hladovět	[ˈɦladɔvjɛt]
hupen	houkat	[ˈɦɔu̯kat]
hüpfen	skákat	[ˈskaːkat]
husten	kašlat	[ˈkaʃlat]
hüten	chránit	[ˈxraːɲɪt]
hypnotisieren	hypnotizovat	[ˈɦɪpnɔtɪzɔvat]

I

identifizieren	identifikovat [ˈɪdɛntɪfɪkɔvat]
ignorieren	ignorovat [ˈɪgnɔrɔvat]
impfen	očkovat [ˈʔɔt͡ʃkɔvat]
infizieren	infikovat [ˈʔɪnfɪkɔvat]
informieren	informovat [ˈʔɪnfɔrmɔvat]
innehaben	zastávat [ˈzastaːvat]
inspirieren	inspirovat [ˈʔɪnspɪrɔvat]
installieren	instalovat [ˈʔɪnstalɔvat]
integrieren	integrovat [ˈʔɪntɛgrɔvat]
interessieren	zajímat [ˈzajiːmat]
interpretieren	interpretovat [ˈʔɪntɛrprɛtɔvat]
interviewen	dělat rozhovor [ˈɟɛlat ˈrɔzɦɔvɔr]
investieren	investovat [ˈʔɪnvɛstɔvat]
irreführen	klamat [ˈklamat]
irren	být na omylu [ˈbiːt ˈna‿ʔɔmɪlʊ]
irritieren	mást [ˈmaːst]
isolieren	izolovat [ˈʔɪzɔlɔvat]

J

jagen	lovit [ˈlɔvɪt]
jammern	naříkat [ˈnar̝iːkat]
joggen	kondičně běhat [ˈkɔndɪt͡ʃɲɛ ˈbjɛɦat]
jubeln	jásat [ˈjaːsat]
jucken	svědit [ˈsvjɛɟɪt]

K

kämmen	česat [ˈt͡ʃɛsat]
kämpfen	bojovat [ˈbɔjɔvat]
kapitulieren	kapitulovat [ˈkapɪtʊlɔvat]
kaputtgehen	rozbít se [ˈrɔzbiːt͜sɛ]
kassieren	vybírat peníze [ˈvɪbiːrat ˈpɛɲiːzɛ]
kauen	žvýkat [ˈʒviːkat]
kauern	dřepět [ˈdr̝ɛpjɛt]
kaufen	koupit [ˈkoʊ̯pɪt]
kehren	zametat [ˈzamɛtat]
kehrtmachen	obrátit se [ˈʔɔbraːcɪt͜sɛ]
kennen	znát [ˈznaːt]
kennzeichnen	označit [ˈʔɔznat͡ʃɪt]
keuchen	supět [ˈsʊpjɛt]
kichern	chichotat se [ˈxɪxɔtat͜sɛ]
kidnappen	provést únos [ˈprɔvɛːst ˈʔuːnɔs]
kitzeln	lechtat [ˈlɛxtat]
klaffen	rozevírat se [ˈrɔzɛviːrat͜sɛ]
klagen	stěžovat si [ˈscɛʒɔvat͜sɪ]
klammern	pevně se chytit [ˈpɛvɲɛ͜sɛ ˈxɪcɪt]
klappen	podařit se [ˈpɔdar̝ɪt͜sɛ]
klappern	klapat [ˈklapat]
klären	objasnit [ˈʔɔbjasɲɪt]
klargehen	klapnout [ˈklapnoʊ̯t]
klarkommen	zvládnout [ˈzvlaːdnoʊ̯t]
klatschen	tleskat [ˈtlɛskat]
kleben	lepit [ˈlɛpɪt]
kleckern	bryndat [ˈbrɪndat]
klettern	lozit [ˈlɔzɪt]
klicken	kliknout [ˈklɪknoʊ̯t]
klingeln	zvonit [ˈzvɔɲɪt]
klingen	znít [ˈzɲiːt]
klopfen	klepat [ˈklɛpat]
knabbern	křoupat [ˈkr̝̊oʊ̯pat]
knacken	křupat [ˈkr̝̊ʊpat]
knallen	prásknout [ˈpraːsknoʊ̯t]
kneifen	štípnout [ˈʃciːpnoʊ̯t]
kneten	hníst [ˈɦɲiːst]
knicken	ohnout [ˈʔɔɦnoʊ̯t]
knien	klečet [ˈklɛt͡ʃɛt]
knirschen	skřípat [ˈskr̝̊iːpat]
knistern	praskat (např. o ohni) [ˈpraskat]
knittern	mačkat se [ˈmat͡ʃkat͜sɛ]
knöpfen	zapnout knoflíky [ˈzapnoʊ̯t ˈknɔfliːkɪ]
knurren	vrčet [ˈvr̩t͡ʃɛt]
kochen	vařit [ˈvar̝ɪt]
kombinieren	kombinovat [ˈkɔmbɪnɔvat]
kommen	přijít [ˈpr̝̊ɪjiːt]
kommentieren	komentovat [ˈkɔmɛntɔvat]
können	umět [ˈʔʊmɲɛt]
konstruieren	konstruovat [ˈkɔnstrʊɔvat]
konsumieren	konzumovat [ˈkɔnzʊmɔvat]
kontrollieren	kontrolovat [ˈkɔntrɔlɔvat]
konzentrieren	koncentrovat [ˈkɔnt͡sɛntrɔvat]
kooperieren	kooperovat [ˈkɔɔpɛrɔvat]
koordinieren	koordinovat [ˈkɔɔrdɪnɔvat]

kopieren	kopírovat	[ˈkɔpiːrɔvat]
korrigieren	opravovat	[ˈʔɔpravɔvat]
kosten	stát (o ceně)	[ˈstaːt]
krabbeln	lézt po čtyřech	[ˈlɛːst ˈpɔ͜t͡ʃtɪr̝ɛx]
krankmelden	být na nemocenské	[ˈbiːt ˈna͜nɛmɔt͡sɛnskɛː]
kratzen	škrábat	[ˈʃkraːbat]
kraulen	šimrat	[ˈʃɪmrat]
kräuseln	vlnit	[ˈvl̩ɲɪt]
kreisen	kroužit	[ˈkrɔu̯ʒɪt]
kreuzen	křižovat	[ˈkr̝̊ɪʒɔvat]
kribbeln	svědit	[ˈsvjɛɟɪt]
kriechen	plazit se	[ˈplazɪt͜sɛ]
kriegen	dostat	[ˈdɔstat]
kritisieren	kritizovat	[ˈkrɪtɪzɔvat]
krümeln	drobit se	[ˈdrɔbɪt͜sɛ]
krümmen	křivit	[ˈkr̝̊ɪvɪt]
kühlen	chladit	[ˈxlaɟɪt]
kümmern	starat se	[ˈstarat͜sɛ]
kündigen	dát výpověď	[ˈdaːt ˈviːpɔvjɛc]
kürzen	zkrátit	[ˈskraːcɪt]
kuscheln	mazlit se	[ˈmazlɪt͜sɛ]
küssen	políbit	[ˈpɔliːbɪt]

L

lächeln	usmívat se	[ˈʔʊsmiːvat͜sɛ]
lachen	smát se	[ˈsmaːt͜sɛ]
laden	nabíjet	[ˈnabiːjɛt]
lagern	skladovat	[ˈskladɔvat]
lähmen	ochromit	[ˈʔɔxrɔmɪt]
lahmlegen	ochromit	[ˈʔɔxrɔmɪt]
landen	přistát	[ˈpr̝̊ɪstaːt]
langweilen	nudit	[ˈnʊɟɪt]
lassen	nechat	[ˈnɛxat]
lästern	znevažovat	[ˈznɛvaʒɔvat]
lauern	číhat	[ˈt͡ʃiːɦat]
laufen	běhat	[ˈbjɛɦat]
läuten	zvonit	[ˈzvɔɲɪt]
leben	žít	[ˈʒiːt]
lecken	lízat	[ˈliːzat]
leeren	vyprázdnit	[ˈvɪpraːzɟɲɪt]
legen	položit	[ˈpɔlɔʒɪt]
lehnen	opřít	[ˈʔɔpr̝̊iːt]
lehren	učit	[ˈʔʊt͡ʃɪt]
leiden	trpět	[ˈtr̩pjɛt]
leihen	půjčit	[ˈpuːjt͡ʃɪt]
leisten	dovolit si	[ˈdɔvɔlɪt͜sɪ]
leiten	vést	[ˈvɛːst]
lenken	řídit	[ˈr̝iːɟɪt]
lernen	učit se	[ˈʔʊt͡ʃɪt͜sɛ]
lesen	číst	[ˈt͡ʃiːst]
leugnen	popřít	[ˈpɔpr̝̊iːt]

lieben	milovat [ˈmɪlɔvat]
liebkosen	mazlit se [ˈmazlɪt͜sɛ]
liefern	doručit [ˈdɔrʊt͡ʃɪt]
liegen	ležet [ˈlɛʒɛt]
lispeln	šišlat [ˈʃɪʃlat]
loben	chválit [ˈxvaːlɪt]
locken	lákat [ˈlaːkat]
lockern	uvolnit [ˈʔʊvɔlɲɪt]
löffeln	jíst lžicí [ˈjiːst ˈlʒɪt͡siː]
lohnen	vyplatit se [ˈvɪplacɪt͜sɛ]
löschen	uhasit [ˈʔʊɦasɪt]
lösen	vyřešit [ˈvɪr̝ɛʃɪt]
losfahren	odjet [ˈɔdjɛt]
loswerden	zbavit se [ˈzbavɪt͜sɛ]
lüften	větrat [ˈvjɛtrat]
lügen	lhát [ˈlɦaːt]
lutschen	lízat [ˈliːzat]

M

machen	dělat [ˈɟɛlat]
mahnen	napomínat [ˈnapɔmiːnat]
mailen	psát e-mail [ˈpsaːt ˈʔiːmɛjl]
malen	malovat [ˈmalɔvat]
manipulieren	manipulovat [ˈmanɪpʊlɔvat]
markieren	označit [ˈʔɔznat͡ʃɪt]
massieren	masírovat [ˈmasiːrɔvat]
meditieren	meditovat [ˈmɛdɪtɔvat]
meiden	vyhnout se [ˈvɪɦnɔu̯t͜sɛ]
meinen	myslet si [ˈmɪslɛt͜sɪ]
meistern	zvládnout [ˈzvlaːdnɔu̯t]
melden	ohlásit [ˈʔɔɦlaːsɪt]
merken	všimnout si [ˈfʃɪmnɔu̯t͜sɪ]
messen	změřit [ˈzmɲɛr̝ɪt]
miauen	mňoukat [ˈmɲɔu̯kat]
mieten	najmout [ˈnajmɔu̯t]
mindern	redukovat [ˈrɛdʊkɔvat]
mischen	míchat [ˈmiːxat]
missachten	nedbat [ˈnɛdbat]
missbilligen	nesouhlasit [ˈnɛsɔu̯ɦlasɪt]
missbrauchen	zneužít [ˈznɛu̯ʒiːt]
missen	postrádat [ˈpɔstraːdat]
missfallen	nelíbit se [ˈnɛliːbɪt͜sɛ]
missglücken	nepodařit se [ˈnɛpɔdar̝ɪt͜sɛ]
misshandeln	týrat [ˈtiːrat]
misslingen	nepodařit se [ˈnɛpɔdar̝ɪt͜sɛ]

misstrauen	nedůvěřovat	[ˈnɛduːvjɛr̝ɔvat]
missverstehen	nerozumět si	[ˈnɛrɔzʊmɲɛt‿sɪ]
mitbekommen	zaslechnout	[ˈzaslɛxnɔu̯t]
mitfahren	jet s někým	[ˈjɛt ˈs‿ɲɛkiːm]
mitfühlen	mít soucit	[ˈmiːt ˈsɔu̯t͡sɪt]
mitmachen	účastnit se	[ˈʔuːt͡ʃastɲɪt‿sɛ]
mitteilen	sdělit	[ˈsɟɛlɪt]
mixen	míchat	[ˈmiːxat]
mögen	mít rád	[ˈmiːt ˈraːt]
morden	vraždit	[ˈvraʒɟɪt]
motivieren	motivovat	[ˈmɔtɪvɔvat]
multiplizieren	násobit	[ˈnaːsɔbɪt]
murmeln	mumlat	[ˈmʊmlat]
müssen	muset	[ˈmʊsɛt]
mutmaßen	domnívat se	[ˈdɔmɲiːvat‿sɛ]

N

nachahmen	napodobovat	[ˈnapɔdɔbɔvat]
nachdenken	přemýšlet	[ˈpr̝ɛmiːʃlɛt]
nachgeben	poddat se	[ˈpɔddat‿sɛ]
nachholen	dohnat	[ˈdɔɦnat]
nachkommen	přijít později	[ˈpr̝ɪjiːt ˈpɔzɟɛjɪ]
nachtragen	zazlívat	[ˈzazliːvat]
nagen	hryzat	[ˈɦrɪzat]
nahekommen	přiblížit se	[ˈpr̝ɪbliːʒɪt‿sɛ]
nahen	blížit se	[ˈbliːʒɪt‿sɛ]
nähen	šít	[ˈʃiːt]
nähern	blížit se	[ˈbliːʒɪt‿sɛ]
nahestehen	stát blízko	[ˈstaːt ˈbliːskɔ]
naschen	mlsat	[ˈml̩sat]
necken	škádlit	[ˈʃkaːdlɪt]
nehmen	vzít	[ˈvziːt]
neiden	závidět	[ˈzaːvɪɟɛt]
neigen	mít sklon k	[ˈmiːt ˈsklɔn ˈk]
nennen	jmenovat	[ˈjmɛnɔvat]
nerven	lézt na nervy	[ˈlɛːst ˈna‿nɛrvɪ]
nicken	pokyvovat	[ˈpɔkɪvɔvat]
niederknien	pokleknout	[ˈpɔklɛknɔu̯t]
niederlassen	usadit se	[ˈʔʊsaɟɪt‿sɛ]
nieseln	mrholit	[ˈmr̩ɦɔlɪt]
niesen	kýchat	[ˈkiːxat]
nörgeln	reptat	[ˈrɛptat]
nummerieren	číslovat	[ˈt͡ʃiːslɔvat]
nuscheln	huhňat	[ˈɦʊɦɲat]

O

öffnen	otevřít [ˈʔɔtɛvr̝iːt]
ölen	naolejovat [ˈnaɔlɛjɔvat]
operieren	operovat [ˈʔɔpɛrɔvat]
opfern	obětovat [ˈʔɔbjɛtɔvat]
ordnen	urovnat [ˈʔʊrɔvnat]
organisieren	organizovat [ˈʔɔrganɪzɔvat]
orientieren	orientovat [ˈʔɔrɪjɛntɔvat]

P

packen	balit [ˈbalɪt]
paddeln	pádlovat [ˈpaːdlɔvat]
parken	parkovat [ˈparkɔvat]
passen	padnout [ˈpadnɔu̯t]
passieren	stát se [ˈstaːt‿sɛ]
petzen	žalovat [ˈʒalɔvat]
pfeffern	pepřit [ˈpɛpr̝̊ɪt]
pfeifen	pískat [ˈpiːskat]
pflanzen	sázet [ˈsaːzɛt]
pflegen	pečovat [ˈpɛt͡ʃɔvat]
pflücken	sklízet [ˈskliːzɛt]
picknicken	pořádat piknik [ˈpɔr̝aːdat ˈpɪknɪk]
piepen	pípat [ˈpiːpat]
piepsen	pípat [ˈpiːpat]
plagen	trápit [ˈtraːpɪt]
planen	plánovat [ˈplaːnɔvat]
planschen	koupat se v bazénku [ˈkɔu̯pat‿sɛ ˈv‿bazɛːŋkʊ]
plappern	brebtat [ˈbrɛptat]
platzen	prasknout [ˈpraskno̯u̯t]
platzieren	umístit [ˈʔʊmiːscɪt]
plaudern	klábosit [ˈklaːbɔsɪt]
pleitegehen	zkrachovat [ˈskraxɔvat]
pokern	hrát poker [ˈɦraːt ˈpɔkr̩]
posieren	pózovat [ˈpɔːzɔvat]
prägen	razit [ˈrazɪt]

prahlen	vychloubat se [ˈvɪxlo̯ubat‿sɛ]
prallen	narazit [ˈnarazɪt]
präsentieren	prezentovat [ˈprɛzɛntɔvat]
pressen	tlačit [ˈtlat͡ʃɪt]
probieren	zkusit [ˈskʊsɪt]
protestieren	protestovat [ˈprɔtɛstɔvat]
provozieren	provokovat [ˈprɔvɔkɔvat]
prüfen	zkoušet [ˈskɔu̯ʃɛt]
prügeln	mlátit [ˈmlaːcɪt]
pupsen	prdět [ˈpr̩ɟɛt]
pusten	foukat [ˈfɔu̯kat]
putzen	uklízet [ˈʔʊkliːzɛt]

Q

quaken	kvákat [ˈkvaːkat]
quälen	mučit [ˈmʊt͡ʃɪt]
qualmen	kouřit [ˈkɔu̯r̝ɪt]
quengeln	kňourat [ˈkɲɔu̯rat]
quieken	kvičet [ˈkvɪt͡ʃɛt]
quietschen	skřípat [ˈskr̝̊iːpat]

R

rächen	mstít se [ˈmsciːt͜ sɛ]
radeln	jet na kole [ˈjɛt ˈna͜ kɔlɛ]
rascheln	šustit [ˈʃʊscɪt]
rasen	jet velkou rychlostí [ˈjɛt ˈvɛlkɔu̯ ˈrɪxlɔsciː]
rasieren	holit se [ˈɦɔlɪt͜ sɛ]
rasseln	chrastit [ˈxrascɪt]
raten	hádat [ˈɦaːdat]
rätseln	hádat [ˈɦaːdat]
rattern	rachotit [ˈraxɔcɪt]
rauben	loupit [ˈlɔu̯pɪt]
rauchen	kouřit [ˈkɔu̯r̝ɪt]
rauschen	šumět [ˈʃʊmɲɛt]
räuspern	zakašlat [ˈzakaʃlat]
rausschmeißen	vyhodit [ˈvɪɦɔɟɪt]
reagieren	reagovat [ˈrɛagɔvat]
realisieren	realizovat [ˈrɛalɪzɔvat]
rebellieren	bouřit se [ˈbɔu̯r̝ɪt͜ sɛ]
rechnen	počítat [ˈpɔt͡ʃiːtat]
rechtfertigen	ospravedlňovat [ˈʔɔspravɛdl̩ɲɔvat]
recyceln	recyklovat [ˈrɛt͡sɪklɔvat]
reden	mluvit [ˈmlʊvɪt]
regeln	zařídit [ˈzar̝iːɟɪt]
regen	pohybovat [ˈpɔɦɪbɔvat]
regieren	vládnout [ˈvlaːdnɔu̯t]
registrieren	registrovat [ˈrɛgɪstrɔvat]
regnen	pršet [ˈpr̩ʃɛt]
reiben	strouhat [ˈstrɔu̯ɦat]
reichen	dostačovat [ˈdɔstat͡ʃɔvat]
reimen	rýmovat se [ˈriːmɔvat͜ sɛ]
reinigen	čistit [ˈt͡ʃɪscɪt]
reinlegen	doběhnout někoho [ˈdɔbjɛɦnɔu̯t ˈɲɛkɔɦɔ]
reisen	cestovat [ˈt͡sɛstɔvat]
reißen	trhat [ˈtr̩ɦat]
reiten	jezdit na koni [ˈjɛzɟɪt ˈna͜ kɔɲɪ]
reizen	dráždit [ˈdraːʒɟɪt]
rekeln	protahovat se [ˈprɔtaɦɔvat͜ sɛ]
rennen	běžet [ˈbjɛʒɛt]
renovieren	renovovat [ˈrɛnɔvɔvat]
reparieren	opravovat [ˈɔpravɔvat]
reservieren	rezervovat [ˈrɛzɛrvɔvat]
respektieren	respektovat [ˈrɛspɛktɔvat]
retten	zachránit [ˈzaxraːɲɪt]
revanchieren	oplatit [ˈʔɔplacɪt]
richtigstellen	uvést na pravou míru [ˈʔʊvɛːst ˈna͜ pravɔu̯ ˈmiːrʊ]
riechen	cítit (nosem) [ˈt͡siːcɪt]
riskieren	riskovat [ˈrɪskɔvat]
rollen	kutálet se [ˈkʊtaːlɛt͜ sɛ]
röntgen	rentgenovat [ˈrɛntgɛnɔvat]
rosten	rezavět [ˈrɛzavjɛt]

rubbeln	setřít (los) [ˈsɛtr̝iːt]
rückerstatten	refundovat [ˈrɛfʊndɔvat]
rudern	veslovat [ˈvɛslɔvat]
rufen	volat [ˈvɔlat]
ruhen	odpočívat [ˈɔtpɔt͡ʃiːvat]
rühren	míchat [ˈmiːxat]
ruinieren	přivést na mizinu [ˈpr̝ɪvɛːst ˈna‿mɪzɪnʊ]
rutschen	sklouznout se [ˈsklɔu̯znɔu̯t‿sɛ]
rütteln	třepat [ˈtr̝ɛpat]

S

sagen	říkat [ˈr̝iːkat]
sägen	řezat pilou [ˈr̝ɛzat ˈpɪlɔu̯]
salzen	solit [ˈsɔlɪt]
sammeln	sbírat [ˈzbiːrat]
säubern	čistit [ˈt͡ʃɪscɪt]
saugen	vysávat [ˈvɪsaːvat]
schaden	škodit [ˈʃkɔɟɪt]
schaffen	tvořit [ˈtvɔr̝ɪt]
schälen	loupat [ˈlɔu̯pat]
schalten	přepojit [ˈpr̝ɛpɔjɪt]
schämen	stydět se [ˈstɪɟɛt‿sɛ]
schätzen	odhadnout [ˈʔɔdɦadnɔu̯t]
schauen	dívat se [ˈɟiːvat‿sɛ]
schaufeln	nabírat lopatou [ˈnabiːrat lɔpatɔu̯]
schaukeln	houpat se [ˈɦɔu̯pat‿sɛ]
schäumen	pěnit [ˈpjɛɲɪt]
scheinen	jevit se [ˈjɛvɪt‿sɛ]
scheitern	ztroskotat [ˈstrɔskɔtat]
schenken	darovat [ˈdarɔvat]
scherzen	žertovat [ˈʒɛrtɔvat]
scheuchen	zahnat [ˈzaɦnat]
scheuen	vyhýbat se [ˈvɪɦiːbat‿sɛ]
schicken	poslat [ˈpɔslat]
schieben	sunout [ˈsʊnɔu̯t]
schiefgehen	nepodařit se [ˈnɛpɔdar̝ɪt‿sɛ]
schielen	šilhat [ˈʃɪlɦat]
schießen	střílet [ˈstr̝iːlɛt]
schildern	líčit [ˈliːt͡ʃɪt]

schimmeln	plesnivět	[ˈplɛsɲɪvjɛt]
schimpfen	nadávat	[ˈnadaːvat]
schlafen	spát	[ˈspaːt]
schlagen	bouchat	[ˈbo̯uxat]
schlecken	lízat	[ˈliːzat]
schleichen	plížit se	[ˈpliːʒɪt͜ sɛ]
schleppen	táhnout	[ˈtaːɦno̯ut]
schließen	zavřít	[ˈzavr̝iːt]
schluchzen	vzlykat	[ˈvzlɪkat]
schlucken	polykat	[ˈpɔlɪkat]
schlüpfen	klouznout	[ˈklo̯uzno̯ut]
schmarotzen	přiživovat se	[ˈpr̝̊ɪʒɪvɔvat͜ sɛ]
schmatzen	mlaskat	[ˈmlaskat]
schmecken	chutnat	[ˈxutnat]
schmeißen	házet	[ˈɦaːzɛt]
schmelzen	tát	[ˈtaːt]
schmerzen	bolet	[ˈbɔlɛt]
schminken	líčit se	[ˈliːt͡ʃɪt͜ sɛ]
schmollen	trucovat	[ˈtrʊt͡sɔvat]
schmücken	zdobit	[ˈzdɔbɪt]
schmunzeln	usmívat se	[ˈʔʊsmiːvat͜ sɛ]
schnarchen	chrápat	[ˈxraːpat]
schnauben	odfrknout	[ˈʔɔtfr̩kno̯ut]
schnaufen	funět	[ˈfʊɲɛt]
schneiden	krájet	[ˈkraːjɛt]
schneien	sněžit	[ˈsɲɛʒɪt]
schnurren	vrnět	[ˈvr̩ɲɛt]
schocken	šokovat	[ˈʃɔkɔvat]
schockieren	šokovat	[ˈʃɔkɔvat]
schonen	šetřit se	[ˈʃɛtr̝̊ɪt͜ sɛ]
schrauben	šroubovat	[ˈʃro̯ubɔvat]
schreiben	psát	[ˈpsaːt]
schreien	křičet	[ˈkr̝̊ɪt͡ʃɛt]
schubsen	strkat	[ˈstr̩kat]
schummeln	švindlovat	[ˈʃvɪndlɔvat]
schütteln	třepat	[ˈtr̝̊ɛpat]
schütten	lít	[ˈliːt]
schützen	chránit	[ˈxraːɲɪt]
schwächen	oslabit	[ˈʔɔslabɪt]
schwanken	kymácet se	[ˈkɪmaːt͡sɛt͜ sɛ]
schwänzen	chodit za školu	[ˈxɔɟɪt ˈza͜ ʃkɔlʊ]
schwärmen	zbožňovat	[ˈzbɔʒɲɔvat]
schwarzfahren	jet na černo	[ˈjɛt ˈna͜ t͡ʃɛrnɔ]
schweben	vznášet se	[ˈvznaːʃɛt͜ sɛ]
schweigen	mlčet	[ˈml̩t͡ʃɛt]
schwerfallen	být zatěžko	[ˈbiːt ˈzacɛʃkɔ]
schwimmen	plavat	[ˈplavat]
schwindeln	švindlovat	[ˈʃvɪndlɔvat]
schwingen	houpat se	[ˈɦo̯upat͜ sɛ]
schwirren	bzučet	[ˈbzʊt͡ʃɛt]
schwitzen	potit se	[ˈpɔcɪt͜ sɛ]
schwören	přísahat	[ˈpr̝̊iːsaɦat]
segeln	plout (o plachetnici)	[ˈplo̯ut]
sehen	vidět	[ˈvɪɟɛt]
sehnen	toužit	[ˈto̯uʒɪt]

sein	být [ˈbiːt]
senden	poslat [ˈpɔslat]
senken	klesnout [ˈklɛsnoʊ̯t]
servieren	servírovat [ˈsɛrviːrɔvat]
setzen	posadit [ˈpɔsaɟɪt]
seufzen	vzdychnout [ˈvzdɪxnoʊ̯t]
sichergehen	ujistit se [ˈʔʊjɪscɪt͜ sɛ]
sichern	zajistit [ˈzajɪscɪt]
sicherstellen	zaručit [ˈzarʊt͡ʃɪt]
siegen	zvítězit [ˈzviːcɛzɪt]
siezen	vykat [ˈvɪkat]
simsen	psát sms [ˈpsaːt ʔɛsɛmɛs]
singen	zpívat [ˈspiːvat]
sinken	klesat [ˈklɛsat]
sitzen	sedět [ˈsɛɟɛt]
skaten	jezdit na skateboardu [ˈjɛzɟɪt ˈna͜ skɛjtbɔrdʊ]
sollen	mít (povinnost) [ˈmiːt (ˈpɔvɪnɔst)]
sonnen	opalovat se [ˈʔɔpalɔvat͜ sɛ]
sorgen	dělat si starosti [ˈɟɛlat͜ sɪ ˈstarɔscɪ]
sortieren	třídit [ˈtr̝iːɟɪt]
sparen	šetřit [ˈʃɛtr̝ɪt]
spaßen	dělat si legraci [ˈɟɛlat͜ sɪ ˈlɛgrat͡sɪ]
spazieren	jít na procházku [ˈjiːt ˈna͜ prɔxaːskʊ]
speichern	uložit [ˈʔʊlɔʒɪt]
speisen	jíst [ˈjiːst]
spekulieren	spekulovat [ˈspɛkʊlɔvat]
spenden	darovat [ˈdarɔvat]
sperren	uzavřít [ˈʔʊzavr̝iːt]
spiegeln	zrcadlit [ˈzr̩t͡sadlɪt]
spielen	hrát si [ˈɦraːt͜ sɪ]
spinnen	bláznit [ˈblaːzɲɪt]
spitzen	ořezávat [ˈɔr̝ɛzaːvat]
spotten	posmívat se [ˈpɔsmiːvat͜ sɛ]
sprechen	mluvit [ˈmlʊvɪt]
spreizen	roztáhnout [ˈrɔstaːɦnoʊ̯t]
sprengen	odstřelit [ˈɔtstr̝ɛlɪt]
sprießen	rašit [ˈraʃɪt]
springen	skákat [ˈskaːkat]
spritzen	stříkat [ˈstr̝iːkat]
sprudeln	bublat [ˈbʊblat]
sprühen	stříkat sprejem [ˈstr̝iːkat ˈsprɛjɛm]
spucken	plivat [ˈplɪvat]
spuken	strašit [ˈstraʃɪt]
spülen	umývat nádobí [ˈʔʊmiːvat ˈnaːdɔbiː]
spüren	cítit [ˈt͡siːcɪt]
stammen	pocházet [ˈpɔxaːzɛt]
stapeln	hromadit [ˈɦrɔmaɟɪt]
stärken	posílit [ˈpɔsiːlɪt]
starren	civět [ˈt͡sɪvjɛt]
starten	startovat [ˈstartɔvat]
stattfinden	konat se [ˈkɔnat͜ sɛ]
staunen	divit se [ˈɟɪvɪt͜ sɛ]
stechen	píchat [ˈpiːxat]

stecken	vězet [ˈvjɛzɛt]
stehen	stát [ˈstaːt]
stehlen	krást [ˈkraːst]
steigen	lézt [ˈlɛːst]
steigern	stoupat [ˈstɔu̯pat]
stellen	postavit [ˈpɔstavɪt]
sterben	zemřít [ˈzɛmr̝iːt]
steuern	řídit [ˈr̝iːɟɪt]
stieren	zírat [ˈziːrat]
stillen	kojit [ˈkɔjɪt]
stillhalten	snášet něco [ˈsnaːʃɛt ˈɲɛt͡sɔ]
stillliegen	být mimo provoz [ˈbiːt ˈmɪmɔ ˈprɔvɔs]
stimmen	odpovídat [ˈʔɔtpɔviːdat]
stinken	smrdět [ˈsmrɟɛt]
stöbern	šmejdit [ˈʃmɛjɟɪt]
stocken	váznout [ˈvaːznɔu̯t]
stöhnen	sténat [ˈstɛːnat]
stolpern	zakopnout [ˈzakɔpnɔu̯t]
stoppen	zastavit [ˈzastavɪt]
stören	rušit [ˈrʊʃɪt]
stoßen	strčit [ˈstrt͡ʃɪt]
stottern	koktat [ˈkɔktat]
strafen	trestat [ˈtrɛstat]
straffen	napnout [ˈnapnɔu̯t]
strahlen	zářit [ˈzaːrɪt]
strampeln	kopat nohama (o miminkách) [ˈkɔpat ˈnɔɦama]
strapazieren	opotřebovat [ˈʔɔpɔtr̝̊ɛbɔvat]
sträuben	bránit se [ˈbraːɲɪt‿sɛ]
streben	usilovat [ˈʔʊsɪlɔvat]
strecken	natáhnout [ˈnataːɦnɔu̯t]
streicheln	hladit [ˈɦlaɟɪt]
streichen	malovat [ˈmalɔvat]
streifen	zavadit [ˈzavaɟɪt]
streiken	stávkovat [ˈstaːfkɔvat]
streiten	hádat se [ˈɦaːdat‿sɛ]
streuen	sypat [ˈsɪpat]
stricken	plést [ˈplɛːst]
studieren	studovat [ˈstʊdɔvat]
stürmen	zaútočit [ˈzau̯ːtɔt͡ʃɪt]
stürzen	spadnout [ˈspadnɔu̯t]
stutzen	zarazit se [ˈzarazɪt‿sɛ]
stützen	opřít [ˈʔɔpr̝̊iːt]
subtrahieren	odečíst [ˈʔɔdɛt͡ʃiːst]
suchen	hledat [ˈɦlɛdat]
summen	bzučet [ˈbzʊt͡ʃɛt]
sündigen	hřešit [ˈɦr̝ɛʃɪt]
surfen	surfovat [ˈsɛrfɔvat]
süßen	sladit [ˈslaɟɪt]

T

tadeln	kárat [ˈkaːrat]
tanken	tankovat [ˈtaŋkɔvat]
tanzen	tancovat [ˈtant͡sɔvat]
tapezieren	tapetovat [ˈtapɛtɔvat]
tappen	ťapat [ˈcapat]
tarnen	maskovat [ˈmaskɔvat]
tasten	hmatat [ˈɦmatat]
tauchen	potápět se [ˈpɔtaːpjɛt‿sɛ]
tauen	tát [ˈtaːt]
taufen	křtít [ˈkr̝̊ciːt]
taugen	být k něčemu [ˈbiːt ˈk‿ɲɛt͡ʃɛmʊ]
taumeln	potácet se [ˈpɔtaːt͡sɛt‿sɛ]
tauschen	vyměnit [ˈvɪmɲɛɲɪt]
täuschen	klamat [ˈklamat]
teilen	dělit [ˈɟɛlɪt]
teilnehmen	účastnit se [ˈʔuːt͡ʃastɲɪt‿sɛ]
telefonieren	telefonovat [ˈtɛlɛfɔnɔvat]
testen	zkoušet [ˈskɔu̯ʃɛt]
ticken	tikat [ˈcɪkat]
tippen	psát na stroji [ˈpsaːt ˈna‿strɔjɪ]
toben	řádit [ˈr̝aːɟɪt]
tolerieren	tolerovat [ˈtɔlɛrɔvat]
töten	zabít [ˈzabiːt]
totfahren	zajet [ˈzajɛt]
totschießen	zastřelit [ˈzastr̝̊ɛlɪt]
totschlagen	ubít [ˈʔʊbiːt]
tragen	nést [ˈnɛːst]
trainieren	trénovat [ˈtrɛːnɔvat]
trampeln	dupat [ˈdʊpat]
tränen	slzet [ˈsl̩zɛt]
transportieren	přepravovat [ˈpr̝̊ɛpravɔvat]
trauen	důvěřovat [ˈduːvjɛr̝ɔvat]
trauern	truchlit [ˈtrʊxlɪt]
träumen	snít [ˈsɲiːt]
treffen	setkat se [ˈsɛtkat‿sɛ]
trennen	oddělit [ˈʔɔdɟɛlɪt]
treten	kopnout [ˈkɔpnɔu̯t]
trinken	pít [ˈpiːt]
trocknen	sušit [ˈsʊʃɪt]
trödeln	loudat se [ˈlɔu̯dat‿sɛ]
trommeln	bubnovat [ˈbʊbnɔvat]
tröpfeln	kapat [ˈkapat]
tropfen	kapat [ˈkapat]
trösten	utěšovat [ˈʔʊcɛʃɔvat]
trotzen	vzdorovat [ˈvzdɔrɔvat]
trügen	klamat [ˈklamat]
tun	dělat [ˈɟɛlat]
turnen	cvičit [ˈt͡svɪt͡ʃɪt]
tyrannisieren	tyranizovat [ˈtɪranɪzɔvat]

U

üben	cvičit	[ˈt͡svɪt͡ʃɪt]
überanstrengen	přetěžovat	[ˈpr̝ɛcɛʒɔvat]
überarbeiten	předělat	[ˈpr̝ɛɟɛlat]
überblicken	mít přehled	[ˈmiːt ˈpr̝ɛɦlɛt]
überbringen	doručit	[ˈdɔrʊt͡ʃɪt]
überbrücken	překlenout	[ˈpr̝ɛklɛnɔu̯t]
überdenken	promyslet	[ˈprɔmɪslɛt]
übereinstimmen	shodovat se	[ˈsxɔdɔvat͜sɛ]
überfahren	přejet	[ˈpr̝ɛjɛt]
überfallen	přepadnout	[ˈpr̝ɛpadnɔu̯t]
überfordern	přetěžovat	[ˈpr̝ɛcɛʒɔvat]
übergeben	předat	[ˈpr̝ɛdat]
überholen	předjet	[ˈpr̝ɛdjɛt]
überhören	přeslechnout	[ˈpr̝ɛslɛxnɔu̯t]
überlappen	překrýt	[ˈpr̝ɛkriːt]
überlassen	přenechat	[ˈpr̝ɛnɛxat]
überleben	přežít	[ˈpr̝ɛʒiːt]
überlegen	rozmyslet si	[ˈrɔzmɪslɛt͜sɪ]
überlisten	přelstít	[ˈpr̝ɛlsciːt]
übernachten	přenocovat	[ˈpr̝ɛnɔt͡sɔvat]
übernehmen	převzít	[ˈpr̝ɛvziːt]
überprüfen	zkontrolovat	[ˈskɔntrɔlɔvat]
überqueren	přejít	[ˈpr̝ɛjiːt]
überraschen	překvapit	[ˈpr̝ɛkvapɪt]
überreden	přemluvit	[ˈpr̝ɛmlʊvɪt]
überreichen	předat	[ˈpr̝ɛdat]
überschatten	zastínit	[ˈzasciːɲɪt]
überschätzen	přecenit	[ˈpr̝ɛt͡sɛɲɪt]
überschlagen	dělat salta	[ˈɟɛlat ˈsalta]
überschnappen	přeskočit někomu	[ˈpr̝ɛskɔt͡ʃɪt ˈɲɛkɔmʊ]
überschneiden	překrývat se	[ˈpr̝ɛkriːvat͜sɛ]
überschütten	polít	[ˈpɔliːt]
überschwemmen	zaplavit	[ˈzaplavɪt]
übersehen	přehlédnout	[ˈpr̝ɛɦlɛːdnɔu̯t]
übersetzen	přeložit	[ˈpr̝ɛlɔʒɪt]
überspielen	zakrýt	[ˈzakriːt]
übersteigen	překročit	[ˈpr̝ɛkrɔt͡ʃɪt]
überstrapazieren	přetěžovat	[ˈpr̝ɛcɛʒɔvat]
überstürzen	uspěchat	[ˈʔʊspjɛxat]
übertragen	přenést	[ˈpr̝ɛnɛːst]
übertreffen	předstihnout	[ˈpr̝ɛt͡scɪɦnɔu̯t]
übertreiben	přehnat	[ˈpr̝ɛɦnat]
überwachen	hlídat	[ˈɦliːdat]
überwältigen	přemoci	[ˈpr̝ɛmɔt͡sɪ]
überweisen	převést	[ˈpr̝ɛvɛːst]
überwiegen	převažovat	[ˈpr̝ɛvaʒɔvat]
überwinden	překonat	[ˈpr̝ɛkɔnat]
überzeugen	přesvědčit	[ˈpr̝ɛsvjɛt͡ʃɪt]
überziehen	přetáhnout	[ˈpr̝ɛtaːɦnɔu̯t]
umarmen	obejmout	[ˈɔbɛjmɔu̯t]
umbauen	přestavět	[ˈpr̝ɛstavjɛt]
umbenennen	přejmenovat	[ˈpr̝ɛjmɛnɔvat]
umblättern	listovat	[ˈlɪstɔvat]

umbringen	zabít [ˈzabiːt]
umdrehen	obrátit [ˈʔɔbraːcɪt]
umfallen	spadnout [ˈspadnɔu̯t]
umfassen	zahrnout [ˈzaɦr̩nɔu̯t]
umgehen	obejít [ˈɔbɛjiːt]
umhängen	pověsit [ˈpɔvjɛsɪt]
umkehren	obrátit [ˈʔɔbraːcɪt]
umkippen	převrátit [ˈpr̝̊ɛvraːcɪt]
umklammern	pevně obejmout [ˈpɛvɲɛ ˈʔɔbɛjmɔu̯t]
umkommen	přijít o život [ˈpr̝̊ɪjiːt ˈʔɔ‿ʒɪvɔt]
umleiten	vést jinou cestou [ˈvɛːst ˈjɪnɔu̯ ˈt͡sɛstɔu̯]
umräumen	přestavět [ˈpr̝̊ɛstavjɛt]
umreißen	strhnout [ˈstr̩ɦnɔu̯t]
umrühren	zamíchat [ˈzamiːxat]
umschalten	přepnout [ˈpr̝̊ɛpnɔu̯t]
umsehen	porozhlédnout se [ˈpɔrɔzɦlɛːdnɔu̯t‿sɛ]
umsetzen	uskutečnit [ˈʔʊskʊtɛt͡ʃɲɪt]
umsteigen	přestoupit [ˈpr̝̊ɛstɔu̯pɪt]
umstimmen	přesvědčit [ˈpr̝̊ɛsvjɛt͡ʃɪt]
umstürzen	převrhnout [ˈpr̝̊ɛvr̩ɦnɔu̯t]
umtauschen	vyměnit [ˈvɪmɲɛɲɪt]
umwerfen	převrátit [ˈpr̝̊ɛvraːcɪt]
umziehen	přestěhovat se [ˈpr̝̊ɛscɛɦɔvat‿sɛ]
unterbrechen	přerušit [ˈpr̝̊ɛrʊʃɪt]
unterdrücken	potlačit [ˈpɔtlat͡ʃɪt]
untergehen	zaniknout [ˈzaɲɪknɔu̯t]
unterhalten	bavit se [ˈbavɪt‿sɛ]
unterlassen	nechat něčeho [ˈnɛxat ˈɲɛt͡ʃɛɦɔ]
unternehmen	podniknout něco [ˈpɔdɲɪknɔu̯t ˈɲɛt͡sɔ]
unterrichten	vyučovat [vɪut͡ʃɔvat]
untersagen	zakázat [ˈzakaːzat]
unterschätzen	podcenit [ˈpɔtt͡sɛɲɪt]
unterscheiden	rozlišit [ˈrɔzlɪʃɪt]
unterschreiben	podepsat [ˈpɔdɛpsat]
unterstellen	podezírat [ˈpɔdɛziːrat]
unterstreichen	zdůraznit [ˈzduːrazɲɪt]
unterstützen	podporovat [ˈpɔtpɔrɔvat]
untersuchen	vyšetřit [ˈvɪʃɛtr̝̊ɪt]
untertauchen	zmizet [zmɪzɛt]
unterteilen	rozdělit [ˈrɔzɟɛlɪt]
urteilen	posoudit [ˈpɔsɔu̯ɟɪt]

V

verabreden	domluvit se [ˈdɔmlʊvɪt‿sɛ]
verabschieden	rozloučit se [ˈrɔzlɔu̯t͡ʃɪt‿sɛ]
verachten	opovrhovat [ˈʔɔpɔvr̩ɦɔvat]
verallgemeinern	zevšeobecnit [ˈzɛvʃɛɔbɛt͡sɲɪt]
verändern	změnit [ˈzmɲɛɲɪt]
verängstigen	vystrašit [ˈvɪstraʃɪt]
verantworten	nést zodpovědnost [ˈnɛːst ˈzɔtpɔvjɛdnɔst]
verarbeiten	zpracovat [ˈsprat͡sɔvat]
verärgern	rozzlobit [ˈrɔzzlɔbɪt]
verarzten	ošetřit [ˈʔɔʃɛtr̝̊ɪt]
verbergen	ukrýt [ˈʔʊkriːt]
verbessern	zlepšit [ˈzlɛpʃɪt]
verbeugen	uklonit se [ˈʔʊklɔɲɪt‿sɛ]
verbiegen	ohnout [ˈʔɔɦnɔu̯t]
verbieten	zakázat [ˈzakaːzat]
verbinden	spojit [ˈspɔjɪt]
verbleiben	zůstat [ˈzuːstat]
verbluten	vykrvácet [ˈvɪkr̩vaːt͡sɛt]
verbrauchen	spotřebovat [ˈspɔtr̝̊ɛbɔvat]
verbreiten	rozšířit se [ˈrɔsʃiːr̝ɪt‿sɛ]
verbrennen	spálit [ˈspaːlɪt]
verbringen	strávit [ˈstraːvɪt]
verdächtigen	podezřívat [ˈpɔdɛzr̝iːvat]
verdanken	vděčit [ˈvɟɛt͡ʃɪt]
verdauen	strávit (o stravě) [ˈstraːvɪt]
verdecken	zakrýt [ˈzakriːt]
verderben	zkazit [ˈskazɪt]
verdeutlichen	ozřejmit [ˈʔɔzr̝ɛjmɪt]
verdienen	vydělávat [ˈvɪɟɛlaːvat]
verdoppeln	zdvojnásobit [ˈzdvɔjnaːsɔbɪt]
verdrängen	potlačit [ˈpɔtlat͡ʃɪt]
verdursten	zemřít žízní [ˈzɛmr̝iːt ˈʒiːzɲiː]
verehren	uctívat [ˈʔʊt͡sciːvat]
vereinbaren	dohodnout [ˈdɔɦɔdnɔu̯t]
vereinen	sjednotit [ˈsjɛdnɔcɪt]
vereinfachen	zjednodušit [ˈzjɛdnɔdʊʃɪt]
vereinheitlichen	sjednotit [ˈsjɛdnɔcɪt]
vereinigen	sloučit [ˈslɔu̯t͡ʃɪt]
verfallen	chátrat [ˈxaːtrat]
verfälschen	zfalšovat [ˈsfalʃɔvat]
verfassen	napsat [ˈnapsat]
verfaulen	shnít [ˈsxɲiːt]
verfehlen	propást [ˈprɔpaːst]
verfeinern	vylepšit [ˈvɪlɛpʃɪt]
verfluchen	proklít [ˈprɔkliːt]
verfolgen	sledovat [ˈslɛdɔvat]
verfügen	disponovat [ˈdɪspɔnɔvat]
verführen	svést [ˈsvɛːst]
vergehen	uplynout [ˈʔʊplɪnɔu̯t]
vergelten	odplatit [ˈʔɔtplacɪt]
vergessen	zapomenout [ˈzapɔmɛnɔu̯t]
vergeuden	promarnit [ˈprɔmarɲɪt]
vergewaltigen	znásilnit [ˈznaːsɪlɲɪt]
vergewissern	ujistit se [ˈʔʊjɪscɪt‿sɛ]
vergiften	otrávit [ˈʔɔtraːvɪt]
vergleichen	porovnat [ˈpɔrɔvnat]
vergnügen	bavit se [ˈbavɪt‿sɛ]

vergraben	zahrabat	[ˈzaɦrabat]
vergrößern	zvětšit	[ˈzvjɛtʃɪt]
verhaften	zajmout	[ˈzajmɔu̯t]
verhalten	chovat se	[ˈxɔvat‿sɛ]
verhandeln	vyjednávat	[ˈvɪjɛdnaːvat]
verhängen	uložit	[ˈʔʊlɔʒɪt]
verharmlosen	bagatelizovat	[ˈbagatɛlɪzɔvat]
verharren	setrvat	[ˈsɛtr̩vat]
verheilen	zahojit se	[ˈzaɦɔjɪt‿sɛ]
verheimlichen	zatajit	[ˈzatajɪt]
verherrlichen	velebit	[ˈvɛlɛbɪt]
verhexen	začarovat	[ˈzat͡ʃarɔvat]
verhindern	znemožnit	[ˈznɛmɔʒɲɪt]
verhören	vyslýchat	[ˈvɪsliːxat]
verhüllen	zahalit	[ˈzaɦalɪt]
verhungern	umřít hlady	[ˈʔʊmr̝iːt ˈɦladɪ]
verhüten	zabránit něčemu	[ˈzabraːɲɪt ˈɲɛt͡ʃɛmʊ]
verirren	zabloudit	[ˈzablɔu̯ɟɪt]
verjagen	odehnat	[ˈʔɔdɛɦnat]
verkaufen	prodat	[ˈprɔdat]
verklagen	zažalovat	[ˈzaʒalɔvat]
verkleiden	převléknout se	[ˈpr̝ɛvlɛːknɔu̯t‿sɛ]
verkleinern	zmenšit	[ˈzmɛnʃɪt]
verknoten	svázat	[ˈsvaːzat]
verknüpfen	spojit	[ˈspɔjɪt]
verkommen	zpustnout	[ˈspʊstnɔu̯t]
verkörpern	ztělesnit	[ˈscɛlɛsɲɪt]
verkraften	zvládnout	[ˈzvlaːdnɔu̯t]
verkrampfen	dělat něco křečovitě	[ˈɟɛlat ˈɲɛt͡sɔ ˈkr̝ɛt͡ʃɔvɪcɛ]
verkümmern	pustnout	[ˈpʊstnɔu̯t]
verkürzen	zkrátit	[ˈskraːcɪt]
verlangen	požadovat	[ˈpɔʒadɔvat]
verlängern	prodloužit	[ˈprɔdlɔu̯ʒɪt]
verlangsamen	zpomalit	[ˈspɔmalɪt]
verlassen	opustit	[ˈʔɔpʊscɪt]
verlaufen	zabloudit	[ˈzablɔu̯ɟɪt]
verleihen	propůjčit	[ˈprɔpuːjt͡ʃɪt]
verlernen	zapomenout	[ˈzapɔmɛnɔu̯t]
verletzen	zranit	[ˈzraɲɪt]
verleugnen	popřít	[ˈpɔpr̝iːt]
verleumden	pomluvit	[ˈpɔmlʊvɪt]
verlieben	zamilovat se	[ˈzamɪlɔvat‿sɛ]
verlieren	ztratit	[ˈstracɪt]
verloben	zasnoubit se	[ˈzasnɔu̯bɪt‿sɛ]
vermehren	rozmnožit se	[ˈrɔzmnɔʒɪt‿sɛ]
vermeiden	vyvarovat se	[ˈvɪvarɔvat‿sɛ]
vermieten	pronajmout	[ˈprɔnajmɔu̯t]
vermischen	smíchat	[ˈsmiːxat]
vermissen	postrádat	[ˈpɔstraːdat]
vermitteln	zprostředkovat	[ˈsprɔstr̝ɛtkɔvat]
vermuten	domnívat se	[ˈdɔmɲiːvat‿sɛ]
vernachlässigen	zanedbat	[ˈzanɛdbat]
vernehmen	vyslýchat	[ˈvɪsliːxat]
verneigen	uklonit se	[ˈʔʊklɔɲɪt‿sɛ]
verneinen	odpovědět záporně	[ˈʔɔtpɔvjɛɟɛt ˈzaːpɔrɲɛ]

vernichten	zničit [ˈzɲɪt͡ʃɪt]
veröffentlichen	zveřejnit [ˈzvɛr̝ɛjɲɪt]
verordnen	nařídit [ˈnar̝iːɟɪt]
verpacken	sbalit [ˈzbalɪt]
verpassen	propásnout [ˈprɔpaːsnoʊ̯t]
verpflichten	zavázat se [ˈzavaːzat‿sɛ]
verprügeln	zmlátit někoho [ˈzmlaːcɪt ˈɲɛkɔɦɔ]
verraten	prozradit [ˈprɔzraɟɪt]
verrechnen	přepočítat se [ˈpr̝̊ɛpɔt͡ʃiːtat‿sɛ]
verreisen	odcestovat [ˈʔɔtt͡sɛstɔvat]
verrenken	vymknout si [ˈvɪmknoʊ̯t‿sɪ]
verriegeln	zavřít na závoru [ˈzavr̝iːt ˈna‿zaːvɔrʊ]
verringern	snížit [ˈsɲiːʒɪt]
versagen	selhat [ˈsɛlɦat]
versammeln	shromáždit se [ˈsxrɔmaːʒɟɪt‿sɛ]
versäumen	zameškat [ˈzamɛʃkat]
verschenken	darovat [ˈdarɔvat]
verschicken	poslat [ˈpɔslat]
verschieben	přesunout [ˈpr̝̊ɛsʊnoʊ̯t]
verschimmeln	zplesnivět [ˈsplɛsɲɪvjɛt]
verschlafen	zaspat [ˈzaspat]
verschlechtern	zhoršit se [ˈzɦɔrʃɪt‿sɛ]
verschließen	zavřít [ˈzavr̝iːt]
verschlimmern	zhoršit se [ˈzɦɔrʃɪt‿sɛ]
verschlucken	spolknout [ˈspɔlknoʊ̯t]
verschmutzen	zašpinit [ˈzaʃpɪɲɪt]
verschonen	ušetřit [ˈʔʊʃɛtr̝̊ɪt]
verschönern	zkrášlit [ˈskraːʃlɪt]
verschütten	rozlít [ˈrɔzliːt]
verschweigen	zamlčet [ˈzaml̩t͡ʃɛt]
verschwenden	plýtvat [ˈpliːtvat]
verschwimmen	rozplývat se [ˈrɔspliːvat‿sɛ]
verschwinden	zmizet [ˈzmɪzɛt]
verschwören	spiknout se [ˈspɪknoʊ̯t‿sɛ]
versenden	odeslat [ˈʔɔdɛslat]
versetzen	přeložit [ˈpr̝̊ɛlɔʒɪt]
verseuchen	zamořit [ˈzamɔr̝ɪt]
versichern	pojistit [ˈpɔjɪscɪt]
versickern	prosáknout [ˈprɔsaːknoʊ̯t]
versinken	potopit se [ˈpɔtɔpɪt‿sɛ]
versöhnen	udobřit se [ˈʔʊdɔbr̝ɪt‿sɛ]
versorgen	zásobit [ˈzaːsɔbɪt]
verspäten	opozdit se [ˈʔɔpɔzɟɪt‿sɛ]
versperren	zablokovat [ˈzablɔkɔvat]
verspotten	posmívat se [ˈpɔsmiːvat‿sɛ]
versprechen	slíbit [ˈsliːbɪt]
verspüren	cítit [ˈt͡siːcɪt]
verständigen	vyrozumět [ˈvɪrɔzʊmɲɛt]
verstärken	posílit [ˈpɔsiːlɪt]
verstauben	pokrýt se prachem [ˈpɔkriːt‿sɛ ˈpraxɛm]
verstauchen	vyvrtnout [ˈvɪvr̩tnoʊ̯t]
verstecken	schovat [ˈsxɔvat]
verstehen	rozumět [ˈrɔzʊmɲɛt]
versteigern	vydražit [ˈvɪdraʒɪt]

verstellen	změnit nastavení [ˈzmɲɛɲɪt ˈnastavɛɲiː]
verstopfen	zacpat [ˈzat͡spat]
verstoßen	provinit se [ˈprɔvɪɲɪt͜ sɛ]
verstreichen	rozetřít [ˈrɔzɛtr̝̊iːt]
verstummen	oněmět [ˈʔɔɲɛmɲɛt]
versuchen	zkusit [ˈskʊsɪt]
versüßen	osladit [ˈʔɔslaɟɪt]
vertagen	odročit [ˈʔɔdrɔt͡ʃɪt]
vertauschen	zaměnit [ˈzamɲɛɲɪt]
verteidigen	obhájit [ˈʔɔbɦaːjɪt]
verteilen	rozdělit [ˈrɔzɟɛlɪt]
vertiefen	prohloubit [ˈprɔɦlɔu̯bɪt]
vertragen	vydržet [ˈvɪdr̩ʒɛt]
vertrauen	důvěřovat [ˈduːvjɛr̝ɔvat]
vertreiben	vyhnat [ˈvɪɦnat]
vertreten	zastoupit [ˈzastɔu̯pɪt]
vertrocknen	vyschnout [ˈvɪsxnɔu̯t]
vertrödeln	promarnit [ˈprɔmarɲɪt]
vertrösten	odkázat na později [ˈʔɔtkaːzat ˈna͜ pɔzɟɛjɪ]
vertuschen	zatajit [ˈzatajɪt]
verübeln	mít za zlé [ˈmiːt ˈza͜ zlɛː]
verüben	spáchat [ˈspaːxat]
verunglücken	mít nehodu [ˈmiːt ˈnɛɦɔdʊ]
verunsichern	znejistět [ˈznɛjɪscɛt]
verunstalten	znetvořit [ˈznɛtvɔr̝ɪt]
verursachen	způsobit [ˈspuːsɔbɪt]
verurteilen	odsoudit [ˈʔɔtsɔu̯ɟɪt]
verwechseln	zaměnit [ˈzamɲɛɲɪt]
verweigern	odepřít [ˈʔɔdɛpr̝̊iːt]
verwelken	zvadnout [ˈzvadnɔu̯t]
verwenden	použít [ˈpɔu̯ʒiːt]
verwirklichen	uskutečnit [ˈʔʊskʊtɛt͡ʃɲɪt]
verwirren	zmást [ˈzmaːst]
verwischen	rozmazat [ˈrɔzmazat]
verwöhnen	rozmazlit [ˈrɔzmazlɪt]
verwunden	poranit [ˈpɔraɲɪt]
verzaubern	začarovat [ˈzat͡ʃarɔvat]
verzehren	zkonzumovat [ˈskɔnzʊmɔvat]
verzeichnen	zaznamenat [ˈzaznamɛnat]
verzeihen	odpustit [ˈʔɔtpʊscɪt]
verzerren	zkřivit [ˈskr̝̊ɪvɪt]
verzichten	vzdát se [ˈvzdaːt͜ sɛ]
verzieren	ozdobit [ˈʔɔzdɔbɪt]
verzögern	zdržet se [ˈzdr̩ʒɛt͜ sɛ]
verzweifeln	být zoufalý [ˈbiːt ˈzɔu̯faliː]
voraussagen	předpovídat [ˈpr̝̊ɛtpɔviːdat]
vorbeifahren	jet okolo [ˈjɛt ʔɔkɔlɔ]
vorbereiten	připravit [ˈpr̝̊ɪpravɪt]
vorbeugen	předejít [ˈpr̝̊ɛdɛjiːt]
vordrängeln	tlačit se dopředu [ˈtlat͡ʃɪt͜ sɛ dɔpr̝ɛdʊ]
vorenthalten	zatajit [ˈzatajɪt]
vorfallen	přihodit se [ˈpr̝̊ɪɦɔɟɪt͜ sɛ]
vorfinden	najít [ˈnajiːt]

vorgeben	zadat [ˈzadat]
vorhaben	mít v úmyslu [ˈmiːt ˈf‿ʔuːmɪslʊ]
vorhersehen	předvídat [ˈpr̝̊ɛdviːdat]
vorkommen	stát se [ˈstaːt‿sɛ]
vorlesen	předčítat [ˈpr̝̊ɛt͡ʃiːtat]
vormachen	předvádět [ˈpr̝̊ɛdvaːɟɛt]
vornehmen	předsevzít si [ˈpr̝̊ɛtsɛvziːt‿sɪ]
vorschlagen	navrhnout [ˈnavr̩ɦnoʊ̯t]
vorschreiben	předepsat [ˈpr̝̊ɛdɛpsat]
vorsorgen	učinit opatření [ˈʔʊt͡ʃɪɲɪt ʔɔpatr̝̊ɛɲiː]
vorstellen	představit [ˈpr̝̊ɛtstavɪt]
vortäuschen	předstírat [ˈpr̝̊ɛtsciːrat]
vortragen	přednášet [ˈpr̝̊ɛdnaːʃɛt]
vorübergehen	jít kolem [ˈjiːt ˈkɔlɛm]
vorweisen	předložit [ˈpr̝̊ɛdlɔʒɪt]
vorwerfen	vyčítat [ˈvɪt͡ʃiːtat]
vorzeigen	ukázat [ˈʔʊkaːzat]
vorziehen	upřednostnit [ˈʔʊpr̝̊ɛdnɔstɲɪt]

W

wachsen	růst [ˈruːst]
wackeln	viklat se [ˈvɪklat‿sɛ]
wagen	odvážit se [ˈɔdvaːʒɪt‿sɛ]
wählen	vybrat [ˈvɪbrat]
wahrnehmen	vnímat [ˈvɲiːmat]
wandern	chodit (např. po horách) [ˈxɔɟɪt]
warnen	varovat [ˈvarɔvat]
warten	čekat [ˈt͡ʃɛkat]
waschen	mýt [ˈmiːt]
wechseln	měnit [ˈmɲɛɲɪt]
wecken	vzbudit [ˈvzbʊɟɪt]
wegfahren	odjet [ˈʔɔdjɛt]
wegfallen	odpadnout [ˈʔɔtpadnoʊ̯t]
weggehen	jít pryč [ˈjiːt prɪt͡ʃ]
weglassen	nechat jít [ˈnɛxat ˈjiːt]
wegnehmen	odebrat [ˈʔɔdɛbrat]
wegrennen	utéct pryč [ˈʔʊtɛːt͡st ˈprɪt͡ʃ]
wegschicken	poslat pryč [ˈpɔslat prɪt͡ʃ]
wegschmeißen	vyhodit [ˈvɪɦɔɟɪt]
wehren	bránit se [ˈbraːɲɪt‿sɛ]
weigern	zdráhat se [ˈzdraːɦat‿sɛ]
weinen	plakat [ˈplakat]
welken	vadnout [ˈvadnoʊ̯t]
wellen	vlnit se [ˈvl̩ɲɪt‿sɛ]
wenden	obrátit se [ˈʔɔbraːcɪt‿sɛ]
werden	stát se [ˈstaːt‿sɛ]

werfen	hodit [ˈɦɔɟɪt]
wetten	vsadit se [ˈfsaɟɪt͜sɛ]
wickeln	přebalit (dítě) [ˈpr̝̊ɛbalɪt]
widerlegen	vyvrátit [ˈvɪvraːcɪt]
widersetzen	vzepřít se [ˈvzɛpr̝̊iːt͜sɛ]
widerspiegeln	zrcadlit [ˈzr̩t͡sadlɪt]
widerstehen	odolat [ˈʔɔdɔlat]
widmen	věnovat se [ˈvjɛnɔvat͜sɛ]
wiedergeben	vrátit [ˈvraːcɪt]
wiederholen	opakovat [ˈʔɔpakɔvat]
wiederkehren	navrátit se [ˈnavraːcɪt͜sɛ]
wiederkommen	přijít zpět [ˈpr̝̊ɪjiːt ˈspjɛt]
wiedersehen	shledat se [ˈsxlɛdat͜sɛ]
wiegen	vážit [ˈvaːʒɪt]
wiehern	řehtat [ˈr̝ɛxtat]
wimmeln	hemžit se [ˈɦɛmʒɪt͜sɛ]
wimmern	sténat [ˈstɛːnat]
winden	vít [ˈviːt]
winken	mávat [ˈmaːvat]
winseln	kňučet [ˈkɲut͡ʃɛt]
wippen	houpat [ˈɦɔu̯pat]
wirken	působit [ˈpuːsɔbɪt]
wischen	utřít [ˈʔʊtr̝̊iːt]
wispern	šeptat [ˈʃɛptat]
wissen	vědět [ˈvjɛɟɛt]
wohnen	bydlet [ˈbɪdlɛt]
wollen	chtít [ˈxciːt]
wundern	divit se [ˈɟɪvɪt͜sɛ]
wünschen	přát si [ˈpr̝̊aːt͜sɪ]
würdigen	ocenit [ˈʔɔt͡sɛɲɪt]
würfeln	házet kostkou [ˈɦaːzɛt ˈkɔstkɔu̯]
würgen	škrtit [ˈʃkr̩cɪt]
würzen	okořenit [ˈʔɔkɔr̝ɛɲɪt]

Z

zahlen	platit [ˈplacɪt]
zählen	počítat [ˈpɔt͡ʃiːtat]
zähmen	zkrotit [ˈskrɔcɪt]
zanken	hádat se [ˈɦaːdat‿sɛ]
zappeln	házet sebou [ˈɦaːzɛt‿sɛbɔu̯]
zaubern	kouzlit [ˈkɔu̯zlɪt]
zeichnen	kreslit [ˈkrɛslɪt]
zeigen	ukazovat [ˈʔʊkazɔvat]
zelten	stanovat [ˈstanɔvat]
zerbrechen	rozbít [ˈrɔzbiːt]
zerdrücken	rozmáčknout [ˈrɔzmaːt͡ʃknɔu̯t]
zerfallen	rozpadnout se [ˈrɔspadnɔu̯t‿sɛ]
zerkleinern	rozkouskovat [ˈrɔskɔu̯skɔvat]
zerknüllen	zmačkat [ˈzmat͡ʃkat]
zerkratzen	poškrábat [ˈpɔʃkraːbat]
zerkrümeln	rozdrobit [ˈrɔzdrɔbɪt]
zerreißen	roztrhnout [ˈrɔstr̩ɦnɔu̯t]
zerren	tahat [ˈtaɦat]
zerschlagen	rozbít [ˈrɔzbiːt]
zerspringen	prasknout [ˈprasknɔu̯t]
zerstören	zničit [ˈzɲɪt͡ʃɪt]
zertreten	rozšlápnout [ˈrɔsʃlaːpnɔu̯t]
zertrümmern	rozdrtit [ˈrɔzdr̩cɪt]
ziehen	táhnout [ˈtaːɦnɔu̯t]
zielen	mířit [ˈmiːr̝ɪt]
zieren	zdobit [ˈzdɔbɪt]
zischen	syčet [ˈsɪt͡ʃɛt]
zittern	klepat se [ˈklɛpat‿sɛ]
zögern	zdráhat se [ˈzdraːɦat‿sɛ]
zoomen	zoomovat [ˈzuːmɔvat]
zubeißen	zakousnout se [ˈzakɔu̯snɔu̯t‿sɛ]
zubereiten	připravit (o pokrmu) [ˈpr̝̊ɪpravɪt]
zubinden	zavázat [ˈzavaːzat]
zublinzeln	mrknout [ˈmr̩knɔu̯t]
zucken	cuknout [ˈt͡sʊknɔu̯t]
zücken	vytasit [ˈvɪtasɪt]
zudecken	přikrýt [ˈpr̝̊ɪkriːt]
zudrehen	utáhnout [ˈʔʊtaːɦnɔu̯t]
zufriedengeben	spokojit se [ˈspɔkɔjɪt‿sɛ]
zufriedenlassen	nechat na pokoji [ˈnɛxat ˈna‿pɔkɔjɪ]
zufügen	způsobit [ˈspuːsɔbɪt]
zugeben	přiznat se [ˈpr̝̊ɪznat‿sɛ]
zugreifen	vzít si [ˈvziːt‿sɪ]
zugucken	přihlížet [ˈpr̝̊ɪɦliːʒɛt]
zuhören	poslouchat [ˈpɔslɔu̯xat]
zujubeln	vítat s jásotem [ˈviːtat ˈs‿jaːsɔtɛm]
zuknöpfen	zapnout na knoflíky [ˈzapnɔu̯t ˈna‿knɔfliːkɪ]

zulächeln usmát se na [ˈʔʊsmaːt͜sɛ ˈna]

zulassen povolit [ˈpɔvɔlɪt]

zumachen zavřít [ˈzavr̝iːt]

zumuten očekávat od někoho něco [ˈʔɔt͡ʃɛkaːvat ˈʔɔd͜ɲɛkɔɦɔ ˈɲɛt͡sɔ]

zünden zapálit [ˈzapaːlɪt]

zunehmen přibrat [ˈpr̝̊ɪbrat]

zunichtemachen zmařit [ˈzmar̝ɪt]

zunicken pokynout [ˈpɔkɪnɔu̯t]

zuordnen přiřadit [ˈpr̝̊ɪr̝aɟɪt]

zupacken uchopit [ˈʔʊxɔpɪt]

zupfen trhat [ˈtr̩ɦat]

zurechtfinden vyznat se [ˈvɪznat͜sɛ]

zurücknehmen vzít zpět [ˈvziːt ˈspjɛt]

zurufen zakřičet na [ˈzakr̝̊ɪt͡ʃɛt͜ˈna]

zusagen slíbit [ˈsliːbɪt]

zusammenhängen souviset [ˈsɔu̯vɪsɛt]

zusammenprallen srazit se [ˈsrazɪt͜sɛ]

zusammenschreiben psát dohromady [ˈpsaːt ˈdɔɦrɔmadɪ]

zuschicken zaslat [ˈzaslat]

zuschlagen zabouchnout [ˈzabɔu̯xnɔu̯t]

zuschließen zavřít [ˈzavr̝iːt]

zuschrauben zašroubovat [ˈzaʃrɔu̯bɔvat]

zusehen přihlížet [ˈpr̝̊ɪɦliːʒɛt]

zusichern přislíbit [ˈpr̝̊ɪsliːbɪt]

zuspielen přihrát [ˈpr̝̊ɪɦraːt]

zuspitzen vyhrotit [ˈvɪɦrɔcɪt]

zustimmen souhlasit [ˈsɔu̯ɦlasɪt]

zustoßen stát se [ˈstaːt͜sɛ]

zutrauen důvěřovat [ˈduːvjɛr̝ɔvat]

zutreffen sedět na koho/co [ˈsɛɟɛt ˈna͜kɔɦɔ/t͡sɔ]

zuvorkommen předejít [ˈpr̝̊ɛdɛjiːt]

zuwenden obrátit se ke komu/čemu [ˈʔɔbraːcɪt͜sɛ ˈkɛ͜kɔmʊ/t͡ʃɛmʊ]

zuziehen zatáhnout [ˈzataːɦnɔu̯t]

zwängen vtlačit [ˈvtlat͡ʃɪt]

zweifeln pochybovat [ˈpɔxɪbɔvat]

zwicken štípat [ˈʃciːpat]

zwingen nutit [ˈnʊcɪt]

zwinkern mrkat [ˈmr̩kat]

INDEX DEUTSCH – SEZNAM NĚMECKÝCH HESEL

INDEX TSCHECHISCH – SEZNAM ČESKÝCH HESEL

INDEX DEUTSCH – SEZNAM NĚMECKÝCH HESELX

C

H

I

L

Q

R

S

T

U

V

W

INDEX TSCHECHISCH – SEZNAM ČESKÝCH HESEL

A

B

C

Č

E

F

G

H

I

J

N

P

Q

R

Ř

S

Š

T

BILDNACHWEIS

* - © Fotolia.com

14 */Csaba Peterdi, **16** */Alexander Raths, **16** */Jeanette Dietl, **16** */Forgiss, **16** */paulmz, **16** */fotodesign-jegg.de, **16** */mimage-photos, **16** */Syda Productions, **16** */iko, **16** */Jeanette Dietl, **16** */drubig-photo, **16** */oocoskun, **17** */damato, **17** */vbaleha, **17** */Rido, **17** */Ljupco Smokovski, **17** */Jeanette Dietl, **17** */Janina Dierks, **17** */Valua Vitaly, **17** */Rido, **17** */Andres Rodriguez, **17** */Syda Productions, **17** */Valua Vitaly, **18** */Dmitry Lobanov, **18** */Samuel Borges, **18** */DenisNata, **18** */Pavel Losevsky, **18** */Gabriel Blaj, **18** */WONG SZE FEI, **18** */vgstudio, **18** */Picture-Factory, **18** */Ariwasabi, **19** */endostock, **19** */mma23, **19** */Jasmin Merdan, **19** */Tom Wang, **19** */Michael Gray, **19** */JanMika, **19** */BeTa-Artworks, **19** */michaeljung, **19** */Savannah1969, **19** */patpitchaya, **19** */Sabphoto, **19** */Cello Armstrong, **19** */eyetronic, **20** */Danilo Rizzuti, **20** */Ruth Black, **20** */Smileus, **20** */chesterF, **20** iStockphoto/Catherine Yeulet, **20** */DenisNata, **20** */Melinda Nagy, **20** */Kaarsten, **20** */MISHELA, **20** */Eray, **20** */Unclesam, **20** */satin_111, **20** */Michael Fritzen, **21** */yanlev, **21** */BeTa-Artworks, **21** */Margit Power, **21** */Brenda Carson, **21** */Africa Studio, **21** */Piotr Marcinski, **21** */Fotowerk, **21** */AVRORA, **21** */stockyimages, **21** */Tyler Olson, **21** */ExQuisine, **21** */Glenda Powers, **21** Thinkstock/iStockphoto, **22** */Valua Vitaly, **22** */codiarts, **23** */Jaimie Duplass, **23** */krimar, **23** */magann, **23** */Stefan Balk, **23** */Kaponia Aliaksei, **23** */koji6aca, **23** */yuriyzhuravov, **23** */yuriyzhuravov, **23** */Ermolaev Alexandr, **23** */V.R.Murralinath, **23** */badmanproduction, **23** */Anton Zabielskyi, **23** */auremar, **23** */koji6aca, **24** */mimagephotos, **24** */Tiler84, **24** */velazquez, **24** */giorgiomtb, **24** */apops, **24** */dusk, **24** */Knut Wiarda, **24** */stokkete, **24** */Taiga, **24** */Taiga, **24** */Taiga, **24** */Taiga, **25** */Karramba Production, **25** */Robert Kneschke, **25** */cantor pannatto, **25** */Garrincha, **25** */Picture-Factory, **25** */bevangoldswain, **25** */WavebreakMediaMicro, **25** */Rido, **25** */Minerva Studio, **25** */cantor pannatto, **25** */Fotowerk, **25** */Fotowerk, **26** */Gelpi, **26** */stockyimages, **26** */WavebreakmediaMicro, **26** */pathdoc, **26** */Ilike, **26** */pathdoc, **26** */Andres Rodriguez, **26** */Garrincha, **26** */cantor pannatto, **26** */pressmaster, **26** */vladimirfloyd, **26** */Elnur, **26** */Klaus Eppele, **27** */boumenjapet, **27** */Vera Anistratenko, **27** */carol_anne, **27** */Andrey Armyagov, **27** Thinkstock/NikolayK, **27** */srdjan111, **27** */Zbyszek Nowak, **27** */Pamela Uyttendaele, **27** */Michaela Pucher, **27** */Katrina Brown, **28** */ghoststone, **28** */nito, **28** */zhekos, **28** */chiyacat, **28** */Alexandra Karamyshev, **28** */BEAUTYofLIFE, **28** */Lucky Dragon, **29** */Karramba Production, **29** */BEAUTYofLIFE, **29** */Khvost, **29** */Khvost, **29** */Elnur, **29** */Popova Olga, **29** */Artem Gorohov, **29** */Elnur, **29** */Ruslan Kudrin, **29** */Gordana Sermek, **29** */Alexandra Karamyshev, **30** */alaterphotog, **30** */Elnur, **30** */Elnur, **30** */Ruslan Kudrin, **30** */Alexandra Karamyshev, **30** */Alexandra Karamyshev, **30** */Oliver Preißner, **30** */Robert Lehmann, **30** */Alexandra Karamyshev, **31** */mimagephotos, **31** */Alexandra Karamyshev, **31** */Alexandra Karamyshev, **31** */ludmilafoto, **31** */okinawakasawa, **31** Thinkstock/Alexandru Chiriac, **31** */cedrov, **31** */Khvost, **31** */hifashion, **31** */Alexandra Karamyshev, **31** */Alexandra Karamyshev, **32** */Little_wine_fly, **32** */Jiri Hera, **32** */rangizzz, **32** */Jiri Hera, **32** */Andrew Buckin, **32** Thinkstock/Danny Chan, **32** */Artem Merzlenko, **32** */Cobalt, **32** */fotomatrix, **32** */Rozaliya, **32** */adisa, **32** */Kira Nova, **32** */Shariff Che'Lah, **32** */venusangel, **32** */Unclesam, **32** */srki66, **33** */adisa, **33** */adisa, **33** */lalouetto, **33** */PRILL Mediendesign, **33** */Africa Studio, **33** */adisa, **33** */Andrey Bandurenko, **33** */Nadinelle, **33** */design56, **33** */Sergey Rusakov, **33** */Jiri Hera, **33** */gemenacom, **33** */Andre Plath, **33** */Alexander Raths, **33** */Liaurinko, **33** */thaikrit, **33** */humbak, **34** */wiedzma, **34** */kontur-vid, **34** */Tharakorn, **34** */picsfive, **34** */pattarastock, **34** */NilsZ, **34** */picsfive, **34** */picsfive, **34** */ksena32, **34** */cristi180884, **34** */bpstocks, **34** */nito, **34** */Tarzhanova, **34** */bpstocks, **34** */terex, **34** */ibphoto, **35** */Gennadiy Poznyakov, **36** */stockone, **38** */JSB, **38** */stocker1970, **38** */photo 5000, **38** */Tiberius Gracchus, **38** */Ralf Gosch, **38** */visivasnc, **38** */Lasse Kristensen, **38** */Speedfighter, **38** */Bokicbo, **38** */typomaniac, **38** */O.M., **38** */designsstock, **38** */Tatty, **39** */Kurhan, **39** */selensergen, **39** */Brilliant Eagle, **39** */Iriana Shiyan, **39** */terex, **39** */Sashkin, **39** */bcdesign, **39** */pyzata, **39** */Thomas Aumann, **39** */Tiberius Gracchus, **39** */Igor Kovalchuk, **39** */Maksym Yemelyanov, **39** */pabijan, **40** */Magda Fischer, **41** */Kasia Bialasiewicz, **41** */bennnn, **41** */Bert Folsom, **41** */Aleksandar Jocic, **41** */yevgenromanenko, **41** */Aleksandr Ugorenkov, **42** */Iriana Shiyan, **42** */luchshen, **42** */sokrub, **42** */sokrub, **42** */okinawakasawa, **43** */pics721, **43** */Delphimages, **43** */arteferretto, **43** */Kitch Bain, **43** */Chris Brignell, **44** */stock_for_free, **44** */kornienko, **45** */mrgarry, **45** */mariocigic, **45** Thinkstock/Hemera, **45** */Alexander Morozov, **45** */Denis Gladkiy, **45** */Sergii Moscaliuk, **45** */sutsaiy, **45** */sutsaiy, **45** */okinawakasawa, **45** */Alexander Morozov, **45** */venusangel, **45** */bergamont, **45** */Alexander Morozov, **45** */sutsaiy, **45** */manipulateur, **45** */kmiragaya, **46** */fotyma, **46** */Denisa V, **46** */jonnysek, **46** */Kitch Bain, **46** */pholien, **46** */Alona Dudaieva, **46** */M.R. Swadzba, **46** Thinkstock/iStockphoto, **46** */bennyartist, **46** */Nikola Bilic, **46** */cretolamna, **46** */Igor Syrbu, **46** */Piotr Pawinski, **47** */cretolamna, **47** */Harald Biebel, **47** */gavran333, **47** */M.R. Swadzba, **47** */IrisArt, **47** */Diana Taliun, **47** */cretolamna, **47** */M S, **47** */nito, **47** */Bombaert Patrick, **47** */scol22, **47** */cretolamna, **47** */picsfive, **48** */Sunshine Pics, **48** */VRD, **48** */petrsalinger, **48** */cretolamna, **48** */gavran333, **48** */Uwe Landgraf, **48** */nito, **48** */Schwoab, **48** */cretolamna, **48** */Stefan Balk, **48** */karandaev, **48** */Lucky Dragon, **48** */PhotoSG, **49** */2mmedia, **50** */Andres Rodriguez, **50** */simmittorok, **50** */Liliia Rudchenko, **50** */venusangel, **50** */Ljupco Smokovski, **50** */Maksim Kostenko, **50** Thinkstock/Stockbyte, **50** */Xuejun li, **50** */Ljupco Smokovski, **50** */Coprid, **50** */Yingko, **51** */poligonchik, **52** */arsdigital, **53** */adpePhoto, **53** */Africa Studio, **53** */Tiler84, **53** */NilsZ, **53** */Africa Studio, **53** */Coprid, **54** */magraphics.eu, **54** */sommersby, **54** */ermess, **54** */AndG, **55** */ILYA AKINSHIN, **55** */Lusoimages, **55** */HamsterMan, **55** */jlcst, **55** */Foto-Ruhrgebiet, **55** */Dmytro Akulov, **55** */picsfive, **55** */ibphoto, **55** */Jonathan Stutz, **55** */Jackin, **55** */ganko, **55** */artmim, **55** */Klaus Eppele, **56** */Sashkin, **56** */Creatix, **56** */Andreja Donko, **56** */Katrina Brown, **56** */Ljupco Smokovski, **57** */Okea, **58** */kmit, **58** */luckylight, **58** */tuja66, **58** */tuja66, **58** */corund, **58** */tuja66, **58** */Rynio Productions, **58** */mick20, **58** */Denis Dryashkin, **58** */tuja66, **58** */claudio, **58** */CE Photography, **58** */tuja66, **58** */Бурдюков Андрей, **58** */vav63, **59** */Rynio Productions, **59** */Rynio Productions, **59** */Rynio Productions, **59** */PRILL Mediendesign, **59** */fefufoto, **59** */antonsov85, **60** */andersphoto, **60** */scis65, **60** */venusangel, **60** */Coprid, **60** */f9photos, **60** */tuja66, **60** */Konovalov Pavel, **60** */Freer, **60** */Nik, **60** */chungking, **60** */mariusz szczygieł, **61** */auremar, **61** */Africa Studio, **61** */ankiro, **61** */Ionescu Bogdan, **61** */piai, **61** */Denys Rudyi, **62** */Nomad_Soul, **62** */gradt, **62** */twister025, **62** */egorovvasily, **62** */womue, **62** Thinkstock/

iStockphoto, **62** Thinkstock/iStockphoto, **62** */cherezoff, **62** */by-studio, **63** */coco, **63** */D. Ott, **63** */D. Ott, **63** */federicofoto, **63** */babsi_w, **63** */Stibat Studio, **63** */Kara, **63** */Jeanette Dietl, **63** */sonne fleckl, **63** */keller, **63** */miket, **63** */WoGi, **63** */M. Schuppich , **63** */Marco Becker , **63** */kobra78 , **63** */Kalle Kolodziej, **64** */mallivan, **64** */Zbyszek Nowak, **64** */opasstudio, **64** */hsagencia, **64** */photka , **64** */photka , **64** */photka , **64** */photka , **64** */Gerald Bernard , **64** */Jaimie Duplass , **64** */ steamroller , **64** */tompet80 , **64** */schankz, **64** */keerati, **65** */hopfi23, **65** */Alex Petelin, **65** */Patryssia, **65** */D. Ott, **65** */ Horticulture, **65** */Kasia Bialasiewicz, **65** */mopsgrafik, **65** */B. Wylezich, **65** */fotoschab, **65** */Miredi, **65** */udra11, **65** */NinaMalyna, **65** */rupbilder, **66** */mates, **68** */unpict, **68** */Teamarbeit, **68** */Christian Jung, **68** Dreamstime/Christianjung, **68** */HLPhoto, **68** */ExQuisine , **68** */rdnzl, **68** */uckyo, **68** */ExQuisine, **68** */lefebvre_jonathan, **68** */Cornerman, **68** */Mara Zemgaliete, **68** iStockphoto/Vasko, **68** */Diana Taliun, **68** Thinkstock/Alena Dvorakova, **68** Shutterstock/marco mayer, **69** */ExQuisine, **69** */ ExQuisine, **69** */fotomaster, **69** */Eric Isselée, **69** */boguslaw, **69** */Eric Isselée, **69** */nito, **69** */Irina Khomenko, **69** */Viktor, **69** */Oran Tantapakul, **69** */lightpoet, **70** */Rémy MASSEGLIA, **70** */Natalia Merzlyakova, **70** Dreamstime/Witoldkr1, **70** */Picture Partners, **70** */antonio scarpi, **70** */Gaetan Soupa, **70** */o.meerson, **70** */ExQuisine, **70** Dreamstime/Pipa 100, **70** */lunamarina, **70** */HelleM, **70** */Dalmatin.o , **70** */Witold Krasowski, **70** */Andrei Nekrassov, **70** */Dionisvera, **70** */Dionisvera, **71** */angorius, **71** */Dani Vincek, **71** */felinda, **71** */Andrey Starostin, **71** */pedrolieb, **71** */ExQuisine, **71** Dreamstime/Onepony, **71** */dulsita, **71** */ Giuseppe Lancia, **71** */margo555, **71** */BSANI , **71** */womue, **71** */Jiri Hera, **72** */ExQuisine, **72** Dreamstime/Sethislav, **72** */volff , **73** */dimakp, **73** Shutterstock/Multiart, **73** Shutterstock/Krzysztof Slusarczyk, **73** */Daddy Cool, **73** */Brad Pict, **73** Dreamstime/ Jack14, **73** */cynoclub, **73** */Picture Partners, **73** */Lsantilli , **73** */Coprid, **73** */Fotofermer, **73** */Brad Pict, **73** */Mara Zemgaliete, **74** */Dani Vincek , **74** */Natika, **74** */Luis Carlos Jiménez, **74** */angorius, **74** */marrfa, **74** */Natika, **74** */fotogal, **74** */Shawn Hempel, **74** */Jessmine, **74** */Daorson, **74** */Jérôme Rommé, **74** */gcpics, **74** */Picture Partners, **75** */valeriy555, **75** */valeriy555, **75** */Barbara Pheby, **75** */volga1971, **75** Dreamstime/Robynmac, **75** */Anna Kucherova, **76** */jerome signoret, **76** */boguslaw, **76** */fotomatrix, **76** */World travel images, **76** */margo555 , **76** */margo555 , **76** */margo555 , **76** */margo555 , **76** */Wolfgang Jargstorff, **77** */valeriy555, **77** */silencefoto, **77** */valeriy555, **77** */valeriy555, **77** */silencefoto, **77** */valeriy555, **77** */photocrew, **77** */valeriy555, **77** */Anna Kucherova, **77** */valeriy555, **77** */Malyshchyts Viktar, **77** */charlottelake, **77** */valeriy555, **78** */tycoon101, **78** */Zbyszek Nowak, **78** */M.R. Swadzba, **78** */Schlierner, **78** */Ekaterina Lin, **78** */Andrey Starostin, **79** */azureus70, **79** */ azureus70, **79** */valeriy555, **79** */Dionisvera, **79** Thinkstock/anna1311, **79** */valeriy555, **79** */Andrea Wilhelm, **79** */valeriy555, **79** */ valeriy555, **79** */valeriy555, **79** */valeriy555, **79** */valeriy555, **79** */valeriy555, **79** */Anna Kucherova, **80** */Malyshchyts Viktar, **80** */Malyshchyts Viktar, **80** */Malyshchyts Viktar, **80** */Malyshchyts Viktar, **80** */Malyshchyts Viktar, **80** */Malyshchyts Viktar, **80** */ Malyshchyts Viktar, **80** */Malyshchyts Viktar, **80** */Malyshchyts Viktar, **80** */Malyshchyts Viktar, **80** */Natika, **80** */Malyshchyts Viktar, **80** */Malyshchyts Viktar, f9photos, **80** */Malyshchyts Viktar, **80** */Oleksiy Ilyashenko, **80** */Tim UR, **80** */valeriy555, **80** */ valeriy555, **80** */Natika, **80** */valeriy555, **81** Dreamstime/Skyper1975, **81** */Werner Fellner, **81** */marilyn barbone, **81** */nblxer, **81** */ goodween123, **82** */Popova Olga, **82** */Popova Olga, **82** */mates, **82** */Popova Olga, **82** */Popova Olga, **82** */Popova Olga, **82** */ Popova Olga, **82** */Popova Olga, **82** */pimponaco, **82** */Schlierner, **82** */svl861, **82** */svl861, **82** Dreamstime/Margouillat, **83** */ Team 5, **83** MDB/seli8, **83** */unpict, **83** */Tomboy2290, **83** */nbriam, **83** */Vera Kuttelvaserova, **83** */Vesna Cvorovic, **83** */Maceo, **83** */scis65, **84** Thinkstock/iStockphoto, **84** Thinkstock/iStockphoto, **84** Thinkstock/iStockphoto, **84** Thinkstock/iStockphoto, **84** Thinkstock/iStockphoto, **84** Thinkstock/iStockphoto, **84** Thinkstock/iStockphoto, **84** Thinkstock/iStockphoto, **84** */Popova Olga, **84** Thinkstock/iStockphoto, **84** Thinkstock/iStockphoto, **84** Thinkstock/iStockphoto, **84** Thinkstock/iStockphoto, **84** Thinkstock/ iStockphoto, **84** Thinkstock/iStockphoto, **84** Thinkstock/iStockphoto, **85** Dreamstime/Sergioz, **85** */Africa Studio, **85** */Orlando Bellini, **85** */Inga Nielsen, **85** */Inga Nielsen, **85** */Inga Nielsen, **85** */Boris Ryzhkov, **86** */Popova Olga, **86** */Popova Olga, **86** */ Popova Olga, **86** */Popova Olga, **86** */Popova Olga, **86** */Popova Olga, **86** */Popova Olga, **86** */Popova Olga, **86** */Popova Olga, **86** */Popova Olga, **86** */Popova Olga, **86** */Popova Olga, **86** */Popova Olga, **86** */Popova Olga, **86** */Elena Schweitzer, **86** */Picturefoods.com, **87** Dreamstime/Jirkaejc, **87** Dreamstime/Glasscuter, **87** */Andrzej Tokarski, **87** Dreamstime/Pryzmat, **87** */Stefano Neri , **87** */Roxana, **87** */enzo4, **87** */Stefano Neri, **87** */akulamatiau, **87** */zorandim75, **87** */marilyn barbone, **88** */pico, **88** */ Sergejs Rahunoks, **88** Dreamstime/Givaga, **88** */Piovanello, **88** */Piovanello, **88** */the_pixel, **88** */Liaurinko, **88** */nemez210769, **88** */midosemsem, **88** */Jiri Hera, **88** */juri semjonow, **88** */Brad Pict, **88** Dreamstime/Travelling-light, **88** Dreamstime/Synchronista, **88** */Julian Weber, **88** */IrisArt , **89** */BeTa-Artworks, **89** */Sergii Moscaliuk, **89** */Diana Taliun, **89** */Daniel Wiedemann, **89** Dreamstime/Nagme, **89** */lantapix, **89** */Olegich, **89** */scis65, **89** */Vidady, **89** */komar.maria, **90** */Petrov Vadim, **90** */unpict, **90** */Smart7, **90** */tycoon101, **90** */M. Schuppich, **90** */digifood, **90** */Schwoab, **90** */photocrew, **90** */chrisdorney, **90** */anakondasp, **90** */unpict, **90** */sorcerer11, **90** */Lucky Dragon, **91** */MarFot, **91** */ppi09, **91** */Kesu, **91** */Andrea Wilhelm, **91** */kehr design, **91** */gtranquillity, **91** */Corinna Gissemann, **91** */Lucky Dragon, **91** */Jiri Hera, **91** */sergojpg, **91** */Daryl Musser, **91** */ robysaba, **91** */unpict, **92** */Jiri Hera, **92** */Nitr, **92** */Nitr, **92** */ExQuisine, **92** */Natika , **92** */Inga Nielsen, **92** */Nitr, **92** */Nitr, **92** */Taffi, **92** */karandaev, **92** */unpict, **92** */baibaz, **92** */Africa Studio, **93** */pabijan, **93** */amenic181, **93** */Viktor, **93** */blende40, **93** */Fotofermer, **93** */Rob Stark, **93** */gtranquillity, **93** */gtranquillity, **93** */gtranquillity, **93** */gtranquillity, **93** */gtranquillity, **93** */ Inga Nielsen, **94** Thinkstock/puchkovo48, **94** */neirfy, **94** */Nitr, **94** */Nitr, **94** */Nitr, **94** */Taffi, **94** */Taffi, **94** */Taffi, **94** */Taffi, **94** */karandaev, **94** */karandaev, **94** */karandaev, **95** */Hemeroskopion, **95** */Hemeroskopion, **95** */Hemeroskopion, **95** */ Hemeroskopion, **95** */Hemeroskopion, **95** */Hemeroskopion, **95** */Hemeroskopion, **95** */Hemeroskopion, **95** */Hemeroskopion, **95** */Hemeroskopion, **95** */Hemeroskopion, **95** */Hemeroskopion, **95** */Hemeroskopion, **96** */kab-vision, **96** Shutterstock/ Multiart - Shutterstock.com, **96** */Volodymyr Shevchuk, **96** */Sergejs Rahunoks, **96** */sspice, **96** */Corinna Gisseman, **96** */ azureus70, **96** */Popova Olga, **96** */baibaz, **97** */Whitebox Media, **97** */angorius, **97** */Andrea Wilhelm, **97** Dreamstime/Margouillat, **97** */Viktor, **97** */Kesu, **97** */Peredniankina, **97** */margo555, **97** */Aleksandar Jocic, **98** */Jiri Hera, **98** */victoria p., **98** */djama, **98** */vagabondo, **98** */Jiri Hera, **98** */scis65, **98** */blende40, **98** */MUNCH!, **98** */Africa Studio, **98** */arinahabich, **98** */Marius Graf, **98** */Marius Graf, **98** */Marius Graf, **98** */Liaurinko, **98** */Brad Pict, **98** */juniart, **99** */Dmytro Sukharevskyy, **99** */Dmytro Sukharevskyy, **99** */Dmytro Sukharevskyy, **99** */Sergejs Rahunoks, **99** */canoncam, **99** */uckyo, **99** */torsakarin, **99** */Thibault Renard, **99** */eyewave, **99** */Orlando Bellini, **99** */Blue Wren, **99** */Dmytro Sukharevskyy, **99** */Dmytro Sukharevskyy, **100** */Jacek

Chabraszewski, **100** */Inga Nielsen, **100** */dusk, **100** */Road King, **100** */Jack Jelly, **100** Dreamstime/Tomislav Pinter, **100** */Jacek Chabraszewski, **100** */ExQuisine, **100** */aktifreklam, **100** */zhekos , **100** */Jess Yu, **100** */illustrez-vous, **100** */Andrea Wilhelm, **101** */Minerva Studio, **101** */Boris Ryzhkov, **101** */Nitr, **101** */unpict, **101** */Jacek Chabraszewski, **101** */photocrew, **101** */Viktor, **101** */ eyewave, **101** Dreamstime/Lightzoom, **101** iStockphoto/Gordana Sermek, **102** */Africa Studio, **102** */Vitaly Korovin, **102** */Coprid, **102** */Schlierner, **102** */Fotofermer, **103** */ashka2000, **103** */womue, **103** */EM Art, **103** */ExQuisine, **103** */photocrew, **103** */ jeehyun, **103** */reineg, **103** */reineg, **103** */reineg, **103** */reineg, **103** */Subbotina Anna, **103** */rangizzz, **103** */sjhuls, **104** */ Fotofermer, **106** Thinkstock/Keith Levit Photography, **106** Thinkstock/iStockphoto, **106** Thinkstock/iStockphoto, **106** Thinkstock/ iStockphoto, **106** Thinkstock/iStockphoto, **106** Thinkstock/iStockphoto, **106** Thinkstock/iStockphoto, **106** Thinkstock/iStockphoto, **106** Thinkstock/Fuse, **107** Thinkstock/Fuse, **107** Thinkstock/iStockphoto, **107** Thinkstock/iStockphoto, **107** Thinkstock/ iStockphoto, **107** Thinkstock/Comstock, **107** */Alexandra Gl, **108** */leremy, **108** */leremy, **108** */leremy, **108** */leremy, **108** */ leremy, **108** */leremy, **108** */mrtimmi, **108** */mrtimmi, **108** */mrtimmi, **108** */mrtimmi, **108** */mrtimmi, **108** */mrtimmi, **108** */ Bobo, **108** */leremy, **108** */leremy, **108** */FelixCHH, **109** Thinkstock/iStockphoto, **109** */Eisenhans, **109** Thinkstock/iStockphoto, **109** Thinkstock/iStockphoto, **109** Thinkstock/Hemera, **109** Thinkstock/Hemera, **109** Thinkstock/Hemera, **109** */Bombaert Patrick, **109** */algre, **109** Thinkstock/Hemera, **109** Thinkstock/iStockphoto, **109** Thinkstock/Hemera, **110** */Vladimir Kramin, **110** */ algre, **111** */algre, **111** */apttone, **112** Thinkstock/iStockphoto, **112** */Jenny Thompson, **112** */Aaron Amat, **112** */overthehill, **112** */ eldadcarin, **112** */Michael Seidel, **113** Thinkstock/iStockphoto, **113** */gradt, **113** */Lasse Kristensen, **113** */Željko Radojko, **113** */ golandr, **114** Thinkstock/iStockphoto, **114** Thinkstock/Stockbyte, **115** Thinkstock/iStockphoto, **115** Thinkstock/Hemera, **115** Thinkstock/iStockphoto, **115** Thinkstock/iStockphoto, **115** Thinkstock/iStockphoto, **115** */Bikeworldtravel, **116** */Idelfoto, **116** Thinkstock/iStockphoto, **116** Thinkstock/Hemera, **116** Thinkstock/Hemera, **116** Thinkstock/Hemera, **117** Thinkstock/iStockphoto, **117** Thinkstock/iStockphoto, **117** Thinkstock/iStockphoto, **118** Thinkstock/iStockphoto, **119** Thinkstock/Hemera, **119** Thinkstock/ iStockphoto, **119** Thinkstock/iStockphoto, **119** Thinkstock/iStockphoto, **119** Thinkstock/iStockphoto, **119** Thinkstock/iStockphoto, **119** Thinkstock/iStockphoto, **119** Thinkstock/iStockphoto, **119** Thinkstock/iStockphoto, **119** Thinkstock/iStockphoto, **119** Thinkstock/iStockphoto, **119** Thinkstock/iStockphoto, **119** Thinkstock/iStockphoto, **119** Thinkstock/iStockphoto, **119** Thinkstock/ Hemera, **119** Thinkstock/iStockphoto, **120** Thinkstock/iStockphoto, **120** Thinkstock/Hemera, **120** Thinkstock/Photos.com, **120** Thinkstock/iStockphoto, **120** */photo 5000, **120** Thinkstock/iStockphoto, **120** Thinkstock/iStockphoto, **120** Thinkstock/Hemera, **120** Thinkstock/Hemera, **121** */Eisenhans, **121** Thinkstock/iStockphoto, **121** Thinkstock/iStockphoto, **121** Thinkstock/Stockbyte, **121** Thinkstock/Hemera, **121** Thinkstock/iStockphoto, **121** Thinkstock/Julio de la Higuera Rodrigo, **121** */DeVIce, **121** */Artem Gorohov, **121** */Lukas Sembera, **121** Thinkstock/iStockphoto, **121** Thinkstock/iStockphoto, **121** */Eisenhans, **121** Thinkstock/iStockphoto, **121** Thinkstock/iStockphoto, **121** */auremar, **122** */laurenthuet, **122** */Nikolai Sorokin, **122** */Dmitry Vereshchagin, **122** */Ettore, **122** */ tr3gi, **122** */12ee12, **122** Thinkstock/Vladimir Arndt, **123** */Fotito, **123** */mschick, **123** */BlueSkyImages, **123** */contrastwerkstatt, **123** Thinkstock/iStockphoto, **123** Thinkstock/Hemera Technologies, **124** */Okea, **124** */Marcus Lindström - iStockphoto.com, **125** */CandyBox Images, **125** */TMAX, **125** */michaeljung, **125** */Maygutyak, **125** */Steve Mann, **125** */nui7711, **125** */Jörg Hackemann, **126** */Sashkin, **126** */virtabo, **126** Thinkstock/iStockphoto, **126** */Ben Chams, **126** */Ben Chams, **126** */Ben Chams, **126** */mindscanner , **126** */swx, **126** */michaeljung, **126** */alexmillos, **126** Thinkstock/iStockphoto, **126** */Bergringfoto, **126** Thinkstock/ iStockphoto, **126** */chalabala, **126** */Ben Burger, **127** */Tupungato, **127** */Pink Badger, **127** */HappyAlex, **127** */monticellllo, **127** */ monticellllo, **127** */monticellllo, **128** */Masyanya, **128** */Dmitry Vereshchagin, **128** */Dmitry Vereshchagin, **128** */Dmitry Vereshchagin, **128** */Photobank kiev, **129** */vichie81, **129** */Uschi Hering, **129** */skampixelle, **129** */DOC RABE Media, **129** */Nadine Klabunde, **129** */AndreasJ. **130** */Farinoza, **132** */Marco2811, **132** */phant, **132** */Crobard, **132** */A.Karnholz, **132** */ermess, **133** */sborisov, **133** */XtravaganT, **133** */Mihai-Bogdan Lazar, **133** */jacek_kadaj, **133** */ArTo, **133** */hansenn, **133** */Marcel Schauer, **133** Thinkstock/ iStockphoto, **133** */Jörg Lantelme, **133** */vaitekune, **133** */apops, **133** */motivation1965, **133** */steschum, **133** Thinkstock/iStockphoto, **133** Thinkstock/iStockphoto, **133** */HaywireMedia, **134** */Scanrail, **134** */anshar73, **134** */XtravaganT, **134** Thinkstock/ iStockphoto, **134** Thinkstock/iStockphoto, **134** */A_Lein, **134** Thinkstock/iStockphoto, **134** */jovannig, **134** */Patryk Kosmider, **134** */Max, **134** Thinkstock/Getty Images, **134** */miket, **134** */Ciaobucarest, **134** */Paul Liu, **134** Thinkstock/iStockphoto, **134** */Adrian v. Allenstein, **135** */Pabkov, **135** Thinkstock/iStockphoto, **135** Thinkstock/iStockphoto, **135** Thinkstock/photodisc/David De Lossy, **135** */Anchels, **135** Thinkstock/Ingram Publishing, **135** */Ichbins11, **135** */MIMOHE, **135** */blas, **135** */Franz Pfluegl, **135** */Petra Beerhalter, **135** */davidundderriese, **136** */contrastwerkstatt, **136** */Berni, **136** */Berni, **136** */Berni, **136** */slava296, **136** */Berni, **136** */Berni, **136** */xy, **136** */lunamarina, **136** */Berni, **137** Thinkstock/Hemera, **137** */oranhall, **137** */Kzenon, **137** Thinkstock/ iStockphoto, **137** */Margo Harrison, **137** Thinkstock/iStockphoto, **137** Thinkstock/iStockphoto, **137** */JackF, **137** */Africa Studio, **137** */Hirurg, **137** */stockyimages, **138** */qech, **138** */contrastwerkstatt, **138** Thinkstock/iStockphoto, **138** Thinkstock/iStockphoto, **138** Thinkstock/photodisc/Keith Brofsky, **138** */LVDESIGN, **138** */Santiago Cornejo, **139** */eyewave, **139** */jogyx, **139** */Joop Hoek, **139** */T. Michel, **139** Thinkstock/iStockphoto, **139** */dextroza, **139** Thinkstock/iStockphoto, **139** */lowtech24, **139** Thinkstock/iStockphoto, **139** Thinkstock/iStockphoto, **139** Thinkstock/Comstock, **139** */Picture-Factory, **139** Thinkstock/iStockphoto, **140** Thinkstock/iStockphoto, **140** Thinkstock/iStockphoto, **140** */zhu difeng, **140** */Gina Sanders, **140** */Bauer Alex, **140** */Andres Rodriguez, **140** */Kzenon, **140** */Alex Tihonov, **140** */Alex Tihonov, **140** */Christophe Fouquin, **140** */Sven Weber, **140** */mediagram, **140** */bradleyhebdon, **140** */Africa Studio, **140** */paul prescott, **140** */Tyler Olson, **141** */shotsstudio, **141** */luanateutzi, **141** */adisa, **141** */scaliger, **141** Thinkstock/Fuse, **141** Thinkstock/Andrey Burmakin, **141** Thinkstock/Digital Vision/RL Productions, **141** */ Pumba, **141** */lightpoet, **141** Thinkstock/Fuse, **141** Thinkstock/iStockphoto, **141** */chamillew, **141** */gemenacom, **141** */mangostock, **141** */Tyler Olson, **141** */Kzenon, **142** */photocreo, **142** Thinkstock/photodisc/Siri Stafford, **142** */T. Michel, **142** */filtv, **142** */apops, **142** */Monkey Business, **143** */JJAVA, **143** */JJAVA, **143** */JackF, **143** */Pavel Losevsky, **143** */Pavel Losevsky, **143** */erwinova, **143** */JJAVA, **143** */Art Allianz, **143** */Sam Spiro, **143** */adisa, **143** */JackF, **143** */JackF, **143** */rufeh, **143** Thinkstock/Hemera, **143** */M. studio, **143** Thinkstock/iStockphoto, **144** */Minerva Studio, **144** */eyetronic, **144** */paul prescott, **144** */corepics, **144** */AlienCat, **144** */Thomas Francois, **144** */ag visuell, **144** */Minerva Studio, **144** */contrastwerkstatt, **145** */Art Allianz, **145** */adisa, **145** */ Pumba, **145** */adisa, **145** */Vitaly Maksimchuk, **145** Thinkstock/iStockphoto, **145** */amlet, **145** Thinkstock/Brand X Pictures, **145** */

Joshhh, **145** */karandaev, **145** */808isgreat, **145** Thinkstock/iStockphoto, **145** */Andres Rodriguez, **146** */ruigsantos, **146** */Pixel & Création, **146** Thinkstock/iStockphoto, **146** */robert, **146** Thinkstock/Ingram Publishing, **146** */by-studio, **146** Thinkstock/Digital Vision, **146** */viperagp, **146** */OlegDoroshin, **146** */Pixelwolf2, **146** */VL@D, **146** */rekemp, **146** */Natalia Merzlyakova, **146** */spaxiax, **146** */Sunshine Pics, **146** */eyewave, **147** */nicknick_ko, **147** Thinkstock/iStockphoto, **147** Thinkstock/iStockphoto, **147** */Mingis, **147** */nyul, **147** Thinkstock/iStockphoto, **147** */Africa Studio, **147** */Minerva Studio, **147** Thinkstock/iStockphoto, **147** */fottoo, **147** */Africa Studio, **147** Thinkstock/iStockphoto, **147** */Digitalpress, **148** Thinkstock/Hemera, **148** Thinkstock/iStockphoto, **148** */cottonfioc, **148** */goodluz, **148** */Alen Ajan, **148** */Artur Bogacki, **148** */leungchopan, **148** */Paul Vinten, **148** Thinkstock/Jupiterimages, **148** */amarok17wolf, **148** */Scott Griessel, **148** */fxegs, **148** */terex, **149** */kameraauge, **149** */LianeM, **149** */XtravaganT, **149** */vom, **149** */dbvirago, **149** */Stuart Monk, **149** */legeartispics, **149** */phant, **149** */ArTo, **149** */Sorry, **149** */bbourdages, **149** */Furan, **149** */bluclementine, **150** Thinkstock/iStockphoto, **150** */AV, **150** Thinkstock/Mikhail Markovskiy, **150** */DragonImages, **150** */piccaya, **150** */Leonid Tit, **150** */ArtHdesign, **150** */womue, **150** */Maurizio Malangone, **151** */alex200464, **151** Thinkstock/iStockphoto, **151** */Arkady Chubykin, **151** Thinkstock/iStockphoto, **151** */djama, **151** */Schulz-Design, **151** */Martinan, **151** */Ammentorp, **151** */Gerhard Seybert, **151** Thinkstock/Digital Vision, **151** */travis manley, **152** */Nika Novak, **154** */Gennadiy Poznyakov, **154** */sdenness, **154** */contrastwerkstatt, **154** */Monkey Business, **154** */Robert Kneschke, **154** */shock, **154** */Monkey Business, **154** Thinkstock/iStockphoto, **154** */Cozyta, **154** Thinkstock/Comstock, **154** */tiero, **154** */contrastwerkstatt, **154** */hues, **155** */Gennadiy Poznyakov, **155** */kritchanut, **156** */luminastock, **156** */robert, **156** */yeyen, **156** */auremar, **156** */Javier Castro, **156** */peshkova, **156** */Gennadiy Poznyakov, **156** */Kzenon, **156** */sunabesyou, **156** */gemenacom, **156** */shock, **156** */Jürgen Fälchle, **156** */Nosvos, **156** */luminastock, **156** */kartos, **156** */peshkova, **157** */Olga Galushko, **157** */AVAVA, **157** */Tyler Olson, **157** */Sven Bähren, **157** */alco81, **157** */paylessimages, **157** */Robert Kneschke, **157** */auremar, **157** */ayutaroupapa, **157** */Aiwendyl, **157** */kmiragaya, **157** */contrastwerkstatt, **157** */Tomasz Trojanowski, **158** Thinkstock/iStockphoto, **158** */Africa Studio, **158** */Zerbor, **158** */dkimages, **158** */babimu, **158** */phloxii, **158** */Africa Studio, **158** */Vlad Ivantcov, **158** */Vladyslav Danilin, **159** */ThorstenSchmitt, **159** Thinkstock/PhotoObjects.net, **159** */lily, **160** Thinkstock/iStockphoto, **160** */leszekglasner, **160** */Mat Hayward, **160** */Konstantin L, **160** */josje71, **160** */xy, **160** */Creativa, **160** */Monkey Business, **160** */Monkey Business, **160** */aidaricci, **161** Thinkstock/iStockphoto, **161** */Marius Graf, **161** */muro, **161** */BEAUTYofLIFE, **161** */ia_64, **161** */lu-photo, **162** */Jörg Lantelme, **162** */Berni, **162** */Jeanette Dietl, **162** Thinkstock/Brand X Pictures, **162** */Randall Reed, **162** */Minerva Studio, **162** */trotzolga, **162** */johannesspreter, **162** */Africa Studio, **162** */Alexander Raths, **162** */contrastwerkstatt, **162** */agenturfotografin, **162** */lightpoet, **163** Thinkstock/James Woodson, **163** */CandyBox Images, **163** */Igor Mojzes, **163** */WavebreakmediaMicro, **163** */Africa Studio, **163** */Andres Rodriguez, **163** */xy, **163** */apops, **163** */pearl, **163** */Robert Kneschke, **163** */Markus Haack, **163** */lightpoet, **164** */Minerva Studio, **164** */WavebreakmediaMicro, **164** */goodluz, **164** */lightpoet, **164** */goodluz, **164** */Kzenon, **164** */CandyBox Images, **164** */Fuse, **164** */goodluz, **164** */pearl, **164** */mangostock, **164** Thinkstock/iStockphoto, **164** Thinkstock/Digital Vision, **165** */contrastwerkstatt, **165** */A_Bruno, **165** */WavebreakmediaMicro, **165** */Geo Martinez, **165** */Geo Martinez, **165** */endostock, **166** */Minerva Studio, **166** */apops, **166** */bevangoldswain, **166** */Adam Gregor, **166** */Kzenon, **166** */Kzenon, **166** */michaeljung, **166** */ontrastwerkstatt, **166** */Tyler Olson, **166** */Valentina R., **166** */contrastwerkstatt, **166** */Iurii Sokolov, **166** */Kzenon, **166** */Picture-Factory, **166** */Rido, **166** */nyul, **167** */goodluz, **167** */Kadmy, **167** */Peter Atkins, **167** */jörn buchheim, **167** */Kadmy, **167** */Kurhan, **167** */krizz7, **167** */Kadmy, **167** */ikonoklast_hh, **167** */Marén Wischnewski, **167** */apops, **167** */goodluz, **167** */Cyril Comtat, **167** Thinkstock/Andriy Fomenko, **167** */manu, **167** */petert2, **168** */Monika Wisniewska, **168** Thinkstock/iStockphoto, **168** */goodluz, **168** */Minerva Studio, **168** */Kzenon, **168** */Kzenon, **168** Thinkstock/Photodisc, **168** */Kzenon, **168** */Claudia Nagel, **168** */Minerva Studio, **168** */Kzenon, **168** */contrastwerkstatt, **168** */CandyBox Images, **168** */Kzenon, **168** */Kzenon, **168** */Kurhan, **169** */goodluz, **169** */contrastwerkstatt, **169** */Igor Mojzes, **169** */mezzotint, **169** */claudiaveja, **169** */Andrey Kiselev, **169** */WavebreakmediaMicro, **169** */Elnur, **169** */diego cervo, **169** */Africa Studio, **169** */Africa Studio, **169** */berc, **169** */Natali_ua, **169** Thinkstock/Fuse, **169** */lightpoet, **169** */contrastwerkstatt, **172** */terex, **172** Thinkstock/iStockphoto, **172** */nikkytok, **172** */marcoprati, **172** */eyewave, **172** */Africa Studio, **173** */Africa Studio, **173** */Diana Taliun, **173** */Rulan, **173** */interklicks, **173** Thinkstock/iStockphoto, **173** Thinkstock/iStockphoto, **173** */Corwin, **173** */rangizzz, **173** */monstersparrow, **174** */Picture-Factory, **174** */Carlos Caetano, **174** */vda_82, **174** */vetkit, **174** */Jacek Fulawka, **174** */masterzphotofo, **175** */Viorel Sima, **175** */Mi.Ti., **175** */Brian Jackson, **175** */juniart, **175** */Oksana Kuzmina, **175** */Marcin Sadlowski, **176** */Gelpi, **178** */TAlex, **178** */karandaev, **179** */Maksym Yemelyanov, **179** */Vitas, **179** */romantiche, **179** */rawcaptured, **179** */AVD, **179** */Sergey Dashkevich, **179** Thinkstock/iStockphoto, **179** */Artur Synenko, **179** */dimakp, **179** */heigri, **179** */Lusoimages, **179** */Apart Foto, **179** */sonne fleckl, **179** */Manuela Fiebig, **179** */Klaus Eppele, **179** */Artur Synenko, **180** */Gina Sanders, **180** */snyfer, **180** */snyfer, **180** */Iurii Timashov, **180** */Iurii Timashov, **180** */Iurii Timashov, **180** */Iurii Timashov, **180** */Iurii Timashov, **180** */Iurii Timashov, **180** */WonderfulPixel, **180** */Iurii Timashov, **180** */Iurii Timashov, **180** */Iurii Timashov, **181** */WonderfulPixel, **181** */WonderfulPixel, **181** */WonderfulPixel, **181** */WonderfulPixel, **181** */WonderfulPixel, **181** */vasabii, **181** */grgroup, **181** */Skipic, **181** */vector_master, **181** */Scanrail, **181** */Vectorhouses, **181** */Vectorhouses, **181** */Vectorhouses, **182** */Metin Tolun, **182** */inal09, **182** */electriceye, **182** */Do Ra, **182** */Do Ra, **182** */Do Ra, **182** */Do Ra, **182** */Do Ra, **182** */Do Ra, **182** */Do Ra, **182** */Palsur, **182** */marog-pixcells, **182** */Palsur, **183** */mtkang, **183** */Taffi, **183** */pizuttipics, **183** */by-studio, **183** */Scanrail, **183** */RTimages, **183** */Aleksandr Bryliaev, **183** */JcJg Photography, **183** */Coprid, **183** */tanatat, **183** */Palsur, **183** */Andrew Barker, **184** */ashumskiy, **184** */Gewoldi, **184** */Vitas, **184** */singkham, **185** */Sebalos, **185** */tomispin, **185** */manaemedia, **185** */Niceregionpics, **185** */thanomphong, **185** */Lusoimages, **186** Thinkstock/Alexander Podshivalov, **186** */wellphoto, **186** */Stefan Körber, **186** */Pavel Losevsky, **187** */TrudiDesign, **187** */WavebreakmediaMicro, **187** */ArtHdesign, **187** */valdis torms, **187** */cirquedesprit, **187** */Alexandra GI, **187** */Sergey Nivens, **187** */imkenneth, **187** */WavebreakMediaMicro, **188** */jfv, **188** */pressmaster, **188** */jminso679, **188** */Marco2811, **188** */Johanna Mühlbauer, **188** */A_Bruno, **189** */pedrosala, **189** */fotomatrix, **189** */Uwe Bumann, **189** */robert, **189** */Milan Surkala, **189** */the_builder, **189** */reich, **190** */Scanrail, **190** */Dron, **190** */drubig-photo, **190** */mirabella, **190** */gradt, **191** */gradt, **191** Thinkstock/iStockphoto, **191** */JiSIGN, **191** */JiSIGN, **191** */JiSIGN, **191** */Rido, **191** */auremar, **192** */Elenathewise, **194** */mirpic, **194** */KB3, **194** Thinkstock/Stockbyte, **195** */lesniewski, **195** */Lario Tus, **195** */Melinda Nagy, **195** */kostasaletras, **195** */contrastwerkstatt, **195** */

beachboyx10, **196** Thinkstock/iStockphoto, **196** */Val Thoermer, **197** Thinkstock/Dorling Kindersley RF, **197** */snaptitude, **198** */Pavel Losevsky, **198** */.shock, **198** */Nicholas Piccillo, **198** Thinkstock/Photodisc, **198** Thinkstock/Photodisc, **198** Thinkstock/Photoobjects.net, **198** */.shock, **198** */micromonkey, **199** */kromkrathog, **199** Thinkstock/Fuse, **199** */Stian Iversen, **200** */Tan Kian Khoon, **200** */modestil, **200** */Igor Sokolov, **200** */piai, **200** */Will Hughes, **200** */Actionpics, **200** */Kelpfish, **200** */Africa Studio, **200** */Brocreative, **200** */karaboux, **200** */Lance Bellers, **200** */Sean Gladwell, **200** */by-studio, **201** */kanate, **201** */by-studio, **201** */Michael Pettigrew, **201** Thinkstock/Ingram Publishing, **202** */Katya Constantine, **202** */Nicholas Piccillo, **203** */Dmitry Vereshchagin, **203** */PinkBlue, **203** */PinkBlue, **203** */PinkBlue, **204** */Kris Strach, **204** */Kzenon, **204** */Kzenon, **205** */Quasarphoto, **205** */sumnersgraphicsinc, **205** */sumnersgraphicsinc, **205** */Veniamin Kraskov, **205** */Apart Foto, **205** */RTimages, **206** */zozulinskyi, **206** */Stefan Schurr, **206** */berc, **206** */mezzotint, **206** */ekarin, **206** Thinkstock/Digital Vision, **207** */Sportlibrary, **207** */lilufoto, **207** */roibu, **207** Thinkstock/TongRo Images, **207** */lilufoto, **207** Thinkstock/iStockphoto, **207** Thinkstock/iStockphoto, **207** */Michael Rosskothen, **207** */Oscar Brunet, **207** */Oscar Brunet, **207** Thinkstock/Comstock/JupiterImages, **208** */alessandro0770, **208** */Stefan Schurr, **208** */Maridav, **208** Thinkstock/moodboard, **208** */endostock, **208** */lightpoet, **208** */yanlev, **208** Thinkstock/Fuse, **208** */Wong Hock Weng, **209** */Andres Rodriguez, **209** */goldenangel, **209** */wellphoto, **209** Thinkstock/Digitial Vision, **209** */wellphoto, **209** */Cpro, **209** */Cpro, **209** */Birgit Reitz-Hofmann, **209** */Kitch Bain, **209** */Tony Taylor Stock, **209** */xy, **210** */marsyk, **210** */Sportlibrary, **210** */agentur2728.de, **210** Thinkstock/Hemera @ Getty Images, **211** Thinkstock/iStockphoto, **211** Thinkstock/iStockphoto, **211** Thinkstock/Comstock, **212** Thinkstock/iStockphoto, **212** */dima266f, **212** */Maridav, **212** */Anion, **212** */beatrice prève, **212** Thinkstock/Hemera, **212** */EpicStockMedia, **212** Thinkstock/iStockphoto, **212** Thinkstock/iStockphoto, **212** Thinkstock/Monkey Business, **213** Thinkstock/Fuse, **213** Thinkstock/iStockphoto, **213** Thinkstock/Pixland, **213** */attltibi, **213** */attltibi, **213** */belinka, **213** */Andrey Kiselev, **213** */auremar, **213** */tunedin, **213** Thinkstock/Hemera, **213** */Dmitry Vereshchagin, **213** */Elnur, **214** */Kseniya Abramova, **215** */Thierry RYO, **215** */Kseniya Abramova, **215** */Kseniya Abramova, **215** Thinkstock/Thomas Northcut @ Getty Images, **215** */Margo Harrison, **215** */fifranck, **215** */hosphotos, **215** */Heike und Hardy, **215** Thinkstock/iStockphoto, **215** */PackShot, **215** */auremar, **216** */Ljupco Smokovski, **216** */SS1001, **216** */Vadim Bukharin, **216** */Dmitry DG, **217** */ftlaudgirl, **217** */U. Woell, **217** */Anton Gvozdikov, **217** */project1photography, **217** */Volker Skibbe, **217** */Marcelo Dufflocq, **217** Thinkstock/iStockphoto, **217** */roblan, **217** */andreshka, **217** */stoonn, **217** */daseaford, **217** */sablin, **217** */garry_images, **218** */dell, **218** */Silvano Rebai, **218** */dell, **218** */victor zastol'skiy, **218** */mradlgruber, **218** Thinkstock/iStockphoto, **218** */© Olympixel, **218** */Val Thoermer, **218** */terranova_17, **219** Thinkstock/iStockphoto, **219** Thinkstock/moodboard, **219** */Galina Barskaya, **219** Thinkstock/Hemera, **219** */Dreef, **219** */Steeve ROCHE, **219** Thinkstock/iStockphoto, **219** Thinkstock/Photodisc/Ryan McVay, **219** */corepics, **219** */Lsantilli, **220** Thinkstock/iStockphoto, **220** */Netzer Johannes, **220** */Stefan Schurr, **220** */inigocia, **220** */Netzer Johannes, **220** */Jan Kranendonk, **220** */monster85, **220** */Avantgarde, **220** */photomag, **220** */storm, **220** */Fotoimpressionen, **220** */Marco2811, **220** */yanlev, **220** */lassedesignen, **220** */Stefan Schurr, **220** */Grigorenko, **221** */lilufoto, **221** */3dmentat, **221** */maxoidos, **221** */Bergringfoto, **221** */Marin Conic, **221** */Dimitar Marinov, **221** */just2shutter, **221** Thinkstock/iStockphoto, **221** */Shmel, **221** */olly, **221** Thinkstock/iStockphoto, **221** Thinkstock/Cameron Spencer @ Getty Images, **221** */ChantalS, **221** */Felix Mizioznikov, **221** Thinkstock/Digital Vision, **221** */artjazz, **222** Thinkstock/iStockphoto, **222** */okinawakasawa, **222** */VIPDesign, **222** */okinawakasawa, **222** */starush, **222** */Hetizia, **223** Thinkstock/Wavebreak Media, **223** */Lerche & Johnson, **223** */Lerche & Johnson, **223** */Lerche & Johnson, **223** */Lerche & Johnson, **223** Thinkstock/iStockphoto, **223** Thinkstock/iStockphoto, **223** */Lerche & Johnson, **223** */Wisky, **223** */nito, **223** */Kzenon, **224** */Africa Studio, **226** Thinkstock/iStockphoto, **226** Thinkstock/Digital Vision, **226** Thinkstock/iStockphoto, **226** Thinkstock/Purestock, **226** Thinkstock/iStockphoto, **226** */Andrey Burmakin, **226** */Andrey Burmakin, **226** */Nejron Photo, **226** Thinkstock/JupiterImages © Getty Images, **227** Thinkstock/Digital Vision, **227** Thinkstock/Digital Vision, **227** Thinkstock/Digital Vision, **228** Thinkstock/iStockphoto, **228** */Africa Studio, **228** */Kalim, **228** Thinkstock/iStockphoto, **228** */ysbrandcosijn, **229** */Klaus Eppele, **229** */scalaphotography, **229** */cynoclub, **229** */Brian Jackson, **229** */mekcar, **229** */by-studio, **229** */Henry Schmitt, **229** */Henry Schmitt, **229** */alephcomo1, **229** */Henry Schmitt, **229** */deusexlupus, **229** */apops, **229** */MUE, **229** */MUE, **229** */MUE, **229** thinkstock/Hemera (Cagri Oner), **230** */ReMuS, **230** */soerenkuhrt, **230** */Maruba, **230** */cjansuebsri, **230** Thinkstock/iStockphoto, **230** */Constantinos, **230** */ILYA AKINSHIN, **230** */dvs71, **230** */Jürgen Fälchle, **230** */Uros Petrovic, **230** */Distrikt3, **230** */Lucky Dragon USA, **230** */Denis Ivatin, **230** */photlook, **230** */Klaus Eppele, **230** */venusangel, **231** Thinkstock/iStockphoto, **231** */visivasnc, **231** */sumnersgraphicsinc, **231** */ArtFamily, **231** Thinkstock/iStockphoto, **231** */ysbrandcosijn, **231** */jehafo, **232** */Andrey Armyagov, **232** Thinkstock/iStockphoto, **232** */G.Light, **232** Thinkstock/Digital Vision/A J James, **232** Thinkstock/iStockphoto, **232** */bizoo_n, **233** */Bombaert Patrick, **233** */tuja66, **233** */Giuseppe Porzani, **233** */ILYA AKINSHIN, **233** */jiggo, **234** */starman963, **234** */Kirill Zdorov, **234** */tobago77, **234** */Steve Mann, **234** */Michael Flippo, **234** Thinkstock/iStockphoto, **234** */Martina Berg, **234** */st-fotograf, **234** */imagika, **234** Thinkstock/iStockphoto, **234** */WavebreakMediaMicro, **234** */jillchen, **234** */Alexander Raths, **235** */Warren Millar, **235** Thinkstock/Stockbyte, **235** Thinkstock/iStockphoto, **235** Thinkstock/iStockphoto, **235** Thinkstock/iStockphoto, **235** Thinkstock/iStockphoto, **235** */ksena32, **235** Thinkstock/iStockphoto, **235** */AllebaziB, **235** */Barbara Pheby, **235** Thinkstock/Hemera, **235** */womue, **235** */Liliia Rudchenko, **235** Thinkstock/iStockphoto, **235** */jogyx, **235** */Marius Graf, **236** */Regina Jersova, **236** */bittedankeschön, **236** Thinkstock/iStockphoto, **236** */franzgustincich, **236** */openlens, **236** */bruniewska, **236** */Amid, **236** Thinkstock/iStockphoto, **236** */Gino Santa Maria , **236** Thinkstock/iStockphoto, **236** */krimzoya46, **236** */sandis94, **236** */tsaplia, **236** */tigger11th, **236** */neirfy, **236** */bahrialtay, **237** */akekoksom, **238** Thinkstock/iStockphoto, **238** Thinkstock/iStockphoto, **238** */Sergiogen, **238** Thinkstock/iStockphoto, **238** */babimu, **239** */uckyo, **239** */RTimages, **239** */Africa Studio, **239** */Africa Studio, **239** */luiscarceller, **239** */Neyro, **239** */kornienko, **239** Thinkstock/thinstock Ablestock.com @ Getty Images, **239** */Mushy, **239** */maestria_diz, **239** Thinkstock/iStockphoto, **239** */U. Hardberck, **239** */Andreja Donko, **239** */koosen, **239** Thinkstock/iStockphoto, **239** Thinkstock/Hemera @ Getty Images, **240** */Printemps, **240** */Africa Studio, **240** Thinkstock/iStockphoto, **240** */shooarts, **240** */Vyacheslav Plyasenko, **240** */Artranq, **240** Thinkstock/JupiterImages © Getty Images, **240** */Firma V, **240** */ronstik, **240** */lunamarina, **240** */iampuay, **240** */Kuzmick, **240** */marysa03, **241** Thinkstock/Fuse, **241** Thinkstock/Creatas Images, **241** Thinkstock/Fuse, **241** */Kzenon, **241** */nyul, **241** */

Sergey Nivens, **241** */Nejron Photo, **242** */Robert Neumann, **242** */ratana_k, **242** */Marius Graf, **242** Thinkstock/iStockphoto, **242** */Unclesam, **242** */indigolotos, **242** */Birgit Reitz-Hofmann, **242** */fotomanu21, **242** */Hamik, **243** */Lichtmaler, **243** */Cmon, **243** Thinkstock/iStockphoto, **243** */DoraZett, **243** */NoName, **243** */RTimages, **243** */avtor_ep, **243** Thinkstock/Comstock, **243** */Dan Race, **243** Thinkstock/Digital Vision/Ryan McVay, **243** Thinkstock/Ingram Publishing, **243** Thinkstock/iStockphoto, **243** */seen, **244** Thinkstock/Zoonar, **244** */donfiore, **244** Thinkstock/iStockphoto, **244** */eldadcarin, **244** */eldadcarin, **244** */Anja Roesnick, **244** */Anja Roesnick, **244** */Anja Roesnick, **244** */Africa Studio, **244** */Foto-Ruhrgebiet, **244** Thinkstock/Zoonar, **244** */eldadcarin, **244** */STUDIO12, **245** Thinkstock/iStockphoto, **245** */sergign, **245** */schoki_01, **245** */aleciccotelli, **245** */Fyle, **245** */frank peters, **245** */Christer Tvedt, **246** */benjaminnolte, **246** Thinkstock/iStockphoto, **246** Thinkstock/Digital Vision/Alexander Hassenstein, **246** */Aleksandar Todorovic, **247** Thinkstock/iStockphoto, **247** */f9photos, **247** Thinkstock/iStockphoto, **247** */photocrew, **247** Thinkstock/iStockphoto, **247** */Aleksandar Todorovic, **247** */mikesch112, **247** */rangizzz, **247** */chulja, **247** Thinkstock/iStockphoto, **247** */pressmaster, **247** Thinkstock/iStockphoto, **247** */arnau2098, **248** */B. Wylezich, **248** */philipus, **248** */Angus , **248** */od - pictureworks, **248** */bergamont , **248** */risto0, **248** */full image, **248** */Coprid, **248** */f9photos, **248** */sss78, **248** */federicofoto, **249** */Africa Studio, **249** */Ljupco Smokovski, **249** */Danicek, **249** Thinkstock/iStockphoto, **249** */Alexey Potapov, **249** */scphoto48 , **249** */tolism, **250** */babimu, **252** */CLIPAREA.com, **252** */CLIPAREA.com, **253** */CLIPAREA.com, **253** */CLIPAREA.com, **254** Thinkstock/Zoonar, **254** Thinkstock/Hemera @ Getty Images, **254** Thinkstock/iStockphoto, **255** */mrgarry, **255** */turhanerbas, **256** */adimas, **257** */adimas, **258** */pixelcaos, **259** */3drenderings, **259** */3drenderings, **259** */3drenderings, **259** */3drenderings, **259** */3drenderings, **259** */3drenderings, **259** */arsdigital, **259** */pixelcaos, **260** */pixelcaos, **261** */pixelcaos, **261** */Diana Taliun, **262** */vectorus, **262** */Lsantilli, **262** */Sven Bähren, **262** */Tyler Olson, **262** */GordonGrand, **262** */iStockphoto, **263** */reflektastudios, **263** Thinkstock/oksun70, **263** */Robert Angermayr, **263** */silverrobert, **263** */Popova Olga, **263** */gradt, **264** */Alexander Raths, **264** */fhmedien_de, **264** */Creativa, **264** */ISO K² - photography, **264** */Sashkin, **264** */Africa Studio, **265** */Monkey Business, **265** */dalaprod, **265** */drubig-photo, **265** */drubig-photo, **265** */vladimirfloyd, **266** */Africa Studio, **266** */iko, **266** */DoraZett, **266** */Creativa, **266** */Gina Sanders, **266** */Subbotina Anna, **266** */drubig-photo, **266** */Ocskay Bence, **266** */detailblick, **266** */Kurhan, **267** */Creativa, **267** */underdogstudios, **267** */Dmitry Lobanov, **267** */rangizzz, **267** */Dan Race, **267** */Eisenhans, **267** */smikeymikey1, **268** Thinkstock/iStockphoto, **268** */Guido Grochowski, **268** */Dmitry Vereshchagin, **268** */HBK, **268** */treetstreet, **268** */Peter Atkins, **268** */Bandika, **268** */wckiw, **269** */ksena32, **269** */Igor Mojzes, **269** */st-fotograf, **269** */Vidady, **269** */Maridav, **269** Thinkstock/iStockphoto, **269** Thinkstock/iStockphoto, **269** */Kondor83, **269** */Gelpi, **269** */Volker Witt, **269** */apops, **269** */juefraphoto , **269** */Joss, **270** */CandyBox Images, **270** */alswart, **270** */hitdelight, **270** */unclepodger, **271** */Igor Zakowski, **271** */Rade Lukovic, **271** */draw05, **271** */blende40, **271** */Kurhan, **271** */Jessmine, **271** */contrastwerkstatt, **271** */apops, **272** */Alexandr Mitiuc, **272** Thinkstock/iStockphoto, **272** */Tyler Olson, **272** */Africa Studio, **273** */malajscy, **273** */Gerhard Brée, **273** */ep stock, **273** */ksl, **274** */Gennadiy Poznyakov, **274** */Topilander, **274** */malajscy, **274** */starman963, **274** */Jim Vallee, **275** */danutelu, **275** */spotmatikphoto, **275** */Robert Kneschke, **275** */Dmitry Vereshchagin, **275** */itsmejust, **275** */Robert Kneschke, **275** */WONG SZE FEI, **276** */Africa Studio, **276** */Africa Studio, **276** */contrastwerkstatt, **276** */khuntapol, **276** */Coprid, **276** */Anatoly Repin, **276** */adisa, **276** */Borys Shevchuk, **276** */Manuel Schäfer, **276** */Nataraj, **277** */Gordon Saunders, **277** */seen, **277** */only4denn, **277** Thinkstock/Hemera, **277** */Coprid, **277** */blondina93, **277** */by-studio, **277** */Jiri Hera, **277** */Johanna Goodyear, **277** */Nazzu, **277** */Tharakorn, **277** */Tarzhanova, **277** */terex, **278** */Tatjana Balzer, **278** */Tyler Olson, **278** */Schlierner, **278** */Kzenon, **278** */modul_a, **278** */Nikki Zalewski, **278** */Khorzhevska, **278** */bertys30, **278** */Tran-Photography, **278** */Zdenka Darula, **278** */WONG SZE FEI, **278** */pearl, **278** */Taffi, **279** */Gennadiy Poznyakov, **279** */ecobo, **279** */pukall-fotografie, **279** */goodluz, **279** Thinkstock/Dorling Kindersley RF, **279** Thinkstock/iStockphoto, **279** */Artem Merzlenko, **280** */Han van Vonno, **282** */CandyBox Images, **282** */Roman Milert, **282** */Volker Witt, **282** */AK-DigiArt, **282** */Dario Lo Presti, **282** */benjaminnolte, **283** */Michael Schütze, **283** */brozova, **283** */Rodja, **283** Thinkstock/iStockphoto, **283** */cristi180884, **283** */Lisa F. Young, **284** Thinkstock/iStockphoto, **284** Thinkstock/Photodisc, **284** */VRD, **284** */Andre Bonn, **284** */shutswis, **285** */Lukas Sembera, **285** Thinkstock/liquidlibrary, **285** */marog-pixcells, **285** Thinkstock/iStockphoto, **285** */koszivu, **285** */Photographee.eu, **285** Thinkstock/iStockphoto, **285** */Monkey Business, **285** */Photographee.eu, **285** */Gerhard Seybert, **285** */Artem Furman, **286** */PictureArt, **286** */Pavel Losevsky, **286** */davis, **286** */Arcady, **286** */playstuff, **286** */beermedia, **286** */Lucky Dragon USA, **286** */Igor Kovalchuk, **287** */Christa Eder, **287** */Svetlana Gryankina, **287** */creAtive, **287** */Berry, **287** */Maygutyak, **287** */WoGi, **287** */Tobboo, **287** */jogyx, **287** */rouakcz, **287** */Silvano Rebai, **288** */Fiedels, **288** */nupsik284, **288** */Birgit Reitz-Hofmann, **288** */Claudio Divizia, **288** */GP, **288** */S.Kobold, **288** */amorfati.art, **288** */CPJ Photography, **288** */Zacarias da Mata, **288** */Hugh McKean, **288** */aquapix, **288** */Eric Gevaert, **289** */andrewburgess, **289** Thinkstock/iStockphoto, **289** */lassedesignen, **289** */Heinz Waldukat, **289** */Sergey Kamshylin, **289** */Nazzalbe, **289** */Kalle Kolodziej, **289** */Roy Pedersen, **289** */MacX, **289** */reeel, **289** */marqs, **289** */william87, **290** */Igor Kovalchuk, **292** Thinkstock/iStockphoto, **292** */Artenauta, **293** */fergregory, **294** */Jürgen Fälchle, **294** */peresanz, **294** */magann, **294** */vencav, **294** */virtua73, **294** */Kovalenko Inna, **294** */creatifixus, **294** */cbpix, **294** */Florent DIE, **294** */ping han, **294** */peresanz, **294** */kevron2001, **294** */peresanz, **295** */jeremyculpdesign, **297** */Arid Ocean, **298** */artalis, **299** */jokatoons, **299** */Thomas Röske, **299** */jokatoons, **299** */jokatoons, **299** */jokatoons, **299** */jokatoons, **299** */jokatoons, **299** */jokatoons, **299** */jokatoons, **299** */jokatoons, **299** */jokatoons, **299** */jokatoons, **299** */jokatoons, **299** */jokatoons, **299** */jokatoons, **299** */jokatoons, **300** */jokatoons, **300** */jokatoons, **300** */jokatoons, **300** */jokatoons, **300** */jokatoons, **300** */jokatoons, **300** */jokatoons, **300** */jokatoons, **300** */jokatoons, **300** */jokatoons, **300** */jokatoons, **300** */jokatoons, **300** */jokatoons, **300** */jokatoons, **300** */jokatoons, **300** */jokatoons, **301** */jokatoons, **301** */jokatoons, **301** */Thomas Röske, **301** */jokatoons, **301** */jokatoons, **301** */Pekchar, **301** */jokatoons, **301** */jokatoons, **301** */jokatoons, **301** */jokatoons, **301** */jokatoons, **301** */jokatoons, **301** */jokatoons, **302** Thinkstock/Hemera, **302** Thinkstock/Hemera, **302** Thinkstock/Hemera, **302** Thinkstock/Hemera, **302** Thinkstock/Hemera, **302** Thinkstock/Hemera, **302** Thinkstock/Hemera, **302** Thinkstock/Hemera, **302** Thinkstock/Hemera, **302** Thinkstock/Hemera, **302** Thinkstock/Hemera, **302** Thinkstock/Hemera, **302** Thinkstock/Hemera, **302** */Route66, **302** Thinkstock/Hemera, **302** Thinkstock/Hemera, **303** Thinkstock/Hemera, **303** Thinkstock/Hemera, **303** Thinkstock/Hemera, **303** Thinkstock/Hemera, **303**

Thinkstock/Hemera, **303** Thinkstock/Hemera, **303** Thinkstock/Hemera, **303** Thinkstock/iStockphoto, **303** Thinkstock/iStockphoto, **303** Thinkstock/iStockphoto, **303** Thinkstock/iStockphoto, **303** Thinkstock/iStockphoto, **303** Thinkstock/iStockphoto, **303** Thinkstock/iStockphoto, **303** Thinkstock/iStockphoto, **304** Thinkstock/iStockphoto, **304** Thinkstock/iStockphoto, **304** Thinkstock/iStockphoto, **304** Thinkstock/iStockphoto, **304** */romantiche, **304** */romantiche, **304** */romantiche, **304** */romantiche, **304** */romantiche, **304** */romantiche, **304** */romantiche, **304** */romantiche, **304** */romantiche, **304** */romantiche, **304** */romantiche, **304** */romantiche, **305** */romantiche, **305** */romantiche, **305** */romantiche, **305** */romantiche, **305** */romantiche, **305** */romantiche, **305** */romantiche, **305** */romantiche, **305** */romantiche, **305** */romantiche, **305** */romantiche, **305** */romantiche, **305** */romantiche, **305** */romantiche, **305** */romantiche, **305** */romantiche, **306** */romantiche, **306** */romantiche, **306** */romantiche, **306** */romantiche, **306** */romantiche, **306** */romantiche, **306** */romantiche, **306** */romantiche, **306** */romantiche, **306** */romantiche, **306** */romantiche, **306** */romantiche, **306** */romantiche, **306** */romantiche, **306** */romantiche, **307** */romantiche, **307** */romantiche, **307** */romantiche, **307** */romantiche, **307** */romantiche, **307** */romantiche, **307** */romantiche, **307** */romantiche, **307** */romantiche, **307** */romantiche, **307** */petra b., **307** */petra b., **307** */petra b., **307** */petra b., **308** */petra b., **308** */petra b., **308** */petra b., **308** */petra b., **308** */petra b., **308** */petra b., **308** */petra b., **308** */petra b., **308** */petra b., **308** */petra b., **308** */petra b., **308** */petra b., **308** */petra b., **308** */petra b., **308** */petra b., **308** */petra b., **309** */petra b., **309** */petra b., **309** */petra b., **309** */petra b., **309** */petra b., **309** */petra b., **309** */petra b., **309** */Yotama, **309** */petra b., **309** */petra b., **309** */petra b., **309** */petra b., **309** */petra b., **309** */petra b., **309** */petra b., **309** */petra b., **310** */petra b., **310** */petra b., **310** */petra b., **310** */petra b., **310** */petra b., **310** */petra b., **310** */petra b., **310** */petra b., **310** */Pekchar, **310** */megastocker, **310** Thinkstock/iStockphoto, **310** */Thomas Röske, **310** Thinkstock/iStockphoto, **310** Thinkstock/iStockphoto, **310** Thinkstock/iStockphoto, **310** Thinkstock/iStockphoto, **311** Thinkstock/iStockphoto, **311** */Thomas Röske, **311** Thinkstock/iStockphoto, **311** Thinkstock/iStockphoto, **311** Thinkstock/iStockphoto, **311** Thinkstock/iStockphoto, **311** Thinkstock/iStockphoto, **311** */jokatoons, **311** */yannik LABBE, **311** */Dream Cursor, **311** */sunt, **311** Thinkstock/iStockphoto, **311** */Andreas Meyer, **311** */DomLortha, **312** */Elena Petrova, **312** */Christian Pedant, **312** */Tomas Sereda, **312** Thinkstock/Fuse, **312** */Masson, **312** */Alliance, **312** */marog-pixcells, **312** */byheaven, **312** */joda, **312** */Miredi, **312** */momanuma, **312** */pictureguy32, **312** */bugphai, **313** */Nathan Jaskowiak, **313** */Vera Kuttelvaserova, **313** */rangizzz, **313** Thinkstock/Image Source, **313** */Leonid Tit, **313** */hjschneider, **313** */tiplyashina, **313** */Serg Zastavkin, **313** */Vera Kuttelvaserova, **313** */Vera Kuttelvaserova, **313** */RyszardStelmachowicz, **313** */Hamik, **313** */rangizzz, **314** */Sunny Forest, **314** Thinkstock/iStockphoto, **314** */Minerva Studio, **314** Thinkstock/iStockphoto, **314** */steffendia, **314** */FrankBirds, **314** */Sunshine Pics, **314** */Christophe Fouquin, **314** Thinkstock/iStockphoto, **314** */lassedesignen, **314** Thinkstock/iStockphoto, **314** Thinkstock/iStockphoto, **314** */Maygutyak, **314** */mario beauregard, **314** */victor zastol'skiy, **314** */macky_ch, **315** */scattomatto74, **315** */Sabine Kipus, **315** */Cmon, **315** */Dario Bajurin, **315** */jacare35, **315** */kohy, **316** */nni94, **316** Thinkstock/Ingram Publishing, **316** */ollirg, **316** */Martin M303, **316** */mrks_v, **316** */doris oberfrank-list, **316** Thinkstock/iStockphoto, **316** */steffus, **316** */smereka, **316** */Ben Burger, **316** */kentauros, **316** */Bernd S., **316** */Dario Bajurin, **316** */acceleratorhams, **316** */Fyle, **316** */Alena Stalmashonak, **317** */siimsepp, **317** */siimsepp, **317** */siimsepp, **317** */siimsepp, **317** */siimsepp, **317** */Tyler Boyes, **317** */siimsepp, **317** */Tyler Boyes, **317** */vvoe, **317** */wlad074, **317** */Tyler Boyes, **317** */iraries, **317** */Ekaterina Fribus, **317** */Ekaterina Fribus, **317** */marcel, **317** */siimsepp, **318** */boykung, **318** */Alexander Hoffmann, **318** */Alexander Hoffmann, **318** */Atiketta Sangasaeng, **318** */byjeng, **318** */Alexander Hoffmann, **318** */Alexander Hoffmann, **318** */apttone, **318** */Alexander Hoffmann, **318** */bigjo, **318** */Rozaliya, **318** */VL@D, **318** */Alexander Hoffmann, **318** */Alex Shadrin, **318** */Alexander Hoffmann, **318** */Alexander Hoffmann, **318** */Digipic, **318** */volff, **318** */Alexander Hoffmann, **318** */Alexander Hoffmann, **319** */Alexander Potapov, **319** */Tiler84, **319** */Tiler84, **319** */Tiler84, **319** */Tiler84, **319** */lamax, **320** */vladimirkim3722, **320** */k_kron, **320** Thinkstock/iStockphoto, **320** */iko, **320** */ürgen Fälchle, **320** */ondrej83, **320** */Heinz Waldukat, **320** */termis1983, **320** */Tom, **320** */mubus, **320** */veneratio, **320** */Roman Pyshchyk, **320** */Picture-Factory, **320** */Omika, **320** */funnycreature, **320** */Almgren, **321** */Nik, **321** */Tonanakan, **321** */motorlka, **321** */Pavlo Vakhrushev, **321** */Miroslawa Drozdowski, **321** */pia-pictures, **322** */Gang, **322** */Africa Studio, **322** */felinda, **322** */sergio37_120, **322** */eyetronic, **322** */sergio37_120, **322** */VICUSCHKA, **322** */tr3gi, **322** */Tim UR, **322** */alfastudiofoto, **322** */sergio37_120, **322** */lenkusa, **322** */sergio37_120, **322** */Friedberg, **322** */Africa Studio, **322** */Roxana, **323** */anankkml , **323** */Daniel Strauch, **323** */Stefan Körber, **323** */hans klein, **323** */juiceteam2013, **323** */audioscience, **323** */keller , **323** */flucas , **323** */ijacky , **323** */Tomashko , **323** */Serghei Velusceac , **323** */Andrea Wilhelm, **323** */tab62, **323** */Ichbins11, **323** */Studio Barcelona, **323** */volkerr, **324** */Farinoza, **324** */Eric Isselée, **324** */jagodka, **324** */Azaliya Elya Vatel, **324** */Eric Isselée, **324** */Uros Petrovic, **324** */Katrina Brown, **324** */eastmanphoto, **324** */nn-fotografie, **324** */cynoclub, **324** */biglama, **324** */Eric Isselée, **324** */grafikplusfoto, **325** Thinkstock/iStockphoto, **325** */Eric Isselée, **325** */JackF, **325** */Eric Isselée, **325** */Eric Isselée, **325** */Aaron Amat, **325** */Eric Isselée, **325** */Eric Isselée, **325** */anekoho, **325** */Christian Musat, **325** */Eric Isselée, **325** */Eric Isselée, **325** */Christian Musat, **325** */ILYA AKINSHIN, **325** */Eric Isselée, **325** */Eric Isselée, **326** */Eric Isselée, **326** */StarJumper, **326** */Eric Isselée, **326** */Anatolii, **326** */Vera Kuttelvaserova, **326** */Eric Isselée, **326** */Coprid, **326** */Eric Isselée, **326** */JackF, **326** */nexusseven, **326** */EwaStudio, **326** */cynoclub, **326** */anankkml, **326** */tiero, **326** */Taalvi, **326** */Eric Isselée, **327** */Alexander Potapov, **327** */Eric Isselée, **327** */Eric Isselée, **327** */Eric Isselée, **327** Thinkstock/iStockphoto, **327** Thinkstock/iStockphoto, **327** */Mike Price, **327** */Roman Samokhin, **327** */Eric Isselée, **327** */Eric Isselée, **327** Thinkstock/iStockphoto, **327** */maz12, **327** */Eric Isselée, **327** */Smileus, **327** */XK, **327** */anankkml, **328** */Eric Isselée, **328** */Steve Byland, **328** */Eric Isselée, **328** */Eric Isselée, **328** */Eric Isselée, **328** */Eric Isselée, **328** */Eric Isselée, **328** */fotomaster, **328** */jakgree, **328** */Farinoza, **328** */Farinoza, **328** Thinkstock/iStockphoto, **328** */Eric Isselée, **329** */Uryadnikov Sergey, **329** */phant, **329** */Eric Isselée, **329** */Eric Isselée, **329** */ILYA AKINSHIN, **329** */Janis Smits, **329** */Aaron Amat, **329** */ILYA AKINSHIN, **329** */Eric Isselée, **329** */fotomaster, **329** */Roman Samokhin, **329** */shishiga, **329** */Nicolette Wollentin, **329** */sval7, **329** */Eric Isselée, **329** */Eric Isselée, **330** */eastmanphoto, **330** */eastmanphoto, **330** */Smileus, **330** */Daniel Nimmervoll, **330** */kurapy, **330** */Eric Isselée, **330** */jagodka, **330** */Richard Carey, **330** */Anatolii, **330** */antpkr, **330** Thinkstock/iStockphoto, **330** */Eric Isselée, **330** */eastmanphoto, **331** */Irochka, **331** */Giuseppe Porzani, **331** */eyeblink, **331** */manuart, **331** */Eric Isselée, **331** */lunamarina, **331** */pistol7, **331** */Richard Carey, **331** */Witold Krasowski, **331** Thinkstock/Hemera, **331** Thinkstock/

iStockphoto, **331** */Coprid, **331** */tongdang, **332** */Oliver Klimek, **332** */Valeriy Kirsanov, **332** */defun, **332** */Alekss, **332** */JPS, **332** */Gewoldi, **332** */Henrik Larsson, **332** */vnlit, **332** */Klaus Eppele, **332** */xiaoliangge, **332** */VRD, **332** */Alekss, **332** */Marco Uliana, **332** */morelia1983, **332** */Zbyszek Nowak, **332** */npps48, **333** Thinkstock/iStockphoto, **333** */defun, **333** */Cosmin Manci, **333** Thinkstock/Hemear, **333** */fancyfocus, **333** */gertrudda, **333** */xjbxjhxm, **333** Thinkstock/iStockphoto, **333** */defun, **333** */emer, **333** */chungking, **333** */Coprid, **333** Thinkstock/iStockphoto, **333** */eastmanphoto, **333** */Carola Schubbel, **333** */natara, **334** */tescha555, **336** */DDRockstar, **336** */Denys Prykhodov, **336** */Denys Prykhodov, **336** */Denys Prykhodov, **336** */Denys Prykhodov, **336** */Denys Prykhodov, **336** */Denys Prykhodov, **336** */Africa Studio, **336** */Africa Studio, **336** */Africa Studio, **336** */DB, **339** */robert, **340** */magann, **340** */magann, **340** */magann, **340** */magann, **340** */magann, **340** */magann, **340** */magann, **340** */magann, **340** */magann, **340** */magann, **340** */magann, **340** */magann, **340** */magann, **341** */magann, **341** */magann, **341** */magann, **341** */magann, **341** */magann, **341** */magann, **341** */magann, **341** */magann, **341** */magann, **341** */magann, **341** */magann, **341** */vvoe, **341** */Lucky Dragon, **342** */tomreichner, **342** */Marco2811, **342** */merydolla, **342** */in-foto-backgrounds, **342** */Reicher, **342** */ARochau, **342** */Yahya Idiz, **342** */motorradcbr, **342** */Beboy, **342** */Dmytro Smaglov, **342** */Anton Gvozdikov, **342** */sborisov, **342** */Netzer Johannes, **343** Stockphoto/Juffin, **344** */Juulijs, **344** */m.u.ozmen, **344** */ucato, **344** */www.strubhamburg.de, **344** */guynamedjames, **344** */Jörg Hackemann, **344** */MaxWo, **345** */AI, **345** */hayo, **345** */ufotopixl10, **345** */vector icon, **345** */vector icon, **345** */vector icon, **345** */vector icon

Frisch weiterlernen mit den PONS Bildwörterbüchern:

ISBN 978-3-12-516241-9

ISBN 978-3-12-516415-4

ISBN 978-3-12-516409-3

ISBN 978-3-12-516411-6

ISBN 978-3-12-516412-3

ISBN 978-3-12-516354-6

ISBN 978-3-12-516413-0

ISBN 978-3-12-516277-8

ISBN 978-3-12-516276-1

ISBN 978-3-12-516273-0

ISBN 978-3-12-516242-6

ISBN 978-3-12-516243-3

ISBN 978-3-12-516245-7

ISBN 978-3-12-516414-7

ISBN 978-3-12-516246-4

Weitere Sprachen:

Bulgarisch
Chinesisch
Dänisch
Griechisch
Kroatisch
Kurdisch
Norwegisch
Portugiesisch
Rumänisch
Schwedisch
Serbisch
Thai
Tigrinisch
Tschechisch
Ukrainisch
Ungarisch
Urdu

PONS

Bildwörterbuch
Tschechisch - Deutsch

Tschechische Übersetzung: © Shanghai Foreign Language Education Press, China

Bearbeitet von: Dagmar Heeg, A.C.T. Fachübersetzungen GmbH; Anette Dralle

1. Auflage 2019 (1,05 - 2025)

www.pons.com

Projektleitung: Christiane Mackenzie
Gestaltung: Petra Michel, Essen
Satz: Satzkasten, Stuttgart
Umschlagfotos von links nach rechts: Shutterstock/Tim UR;
Shutterstock/Mike Flippo; GettyImages/Tarzhanova
Logoentwurf: Erwin Poell, Heidelberg
Logoüberarbeitung: Sabine Redlin, Ludwigsburg
Druck und Bindung: Publikum d.o.o.

ISBN: 978-3-12-516194-8